Reinhard Falter

Warum ist Bayern
immer noch
anders?

Das Buch

Es ist eine eigenartige und eigenwillige Mischung aus Land und Völkern, die sich findet, kratzt man die Patina des Bayern von heute ab. Erstaunt wird man feststellen, daß die Vergangenheit nicht irgendwo zu suchen ist, sondern ganz nah: Fröhlich pulsiert sie in den Adern der Gegenwart. Die Brüche der Geschichte sind in Bayern milder als anderswo, seit fernsten Tagen schiebt der Strom der Zeit die Grundcharaktere mit, die den Bayern ausmachen. Hinter nahezu allen Bräuchen verbirgt sich ein uralter Sinn, in den bayrischen Heiligengestalten stecken oft die Götter einer erfahrungsreligiösen Zeit. Kelten und Römer, Germanen und Slawen - der Bajuware ist ein europäisches Ge- bräu, geprägt von seinem Land am Rande der Alpen. Hier wird seine Kon- sistenz analysiert, ohne falschen Patriotismus und mit historischem Kenner- blick; und der Bayer wird, sich selbst erkennend, ausrufen »Ja varreck!«, der Nichtbayer endlich die Antwort darauf finden, was ihn an Bayern und seinen Bayern so seltsam aufwühlt. Es ist darüber hinaus ein Appell, die Wurzeln nicht leichtfertig abzuschneiden in einer (post)modernen Welt, die um des Kommerzes willen alles andere ist als konservativ.

Die ersten Auflagen dieses Buches erschienen in den Jahren 2001 bis 2003 unter dem Titel »Warum ist Bayern anders?«. Seither hat sich einiges verän- dert, auch diese Neuauflage ist ergänzt, überarbeitet und gut bebildert, die Titelfrage bleibt nach wie vor: Warum ist Bayern immer noch anders?

Der Autor

Reinhard Falter, geboren 1960 in München, arbeitet als Historiker, Philosoph und Naturschützer. Er ist Autor zahlreicher Veröffentlichungen zur Geschichte der Spätantike, zum Verhältnis Mensch-Natur sowie zur Kritik des natur- wissenschaftlichen Reduktionismus. Darüberhinaus hält er Vorträge zu geschichtlichen Themen und Seminare zur allsinnlichen Naturerfahrung. Als Naturschützer hat er die Isarrenaturierung im Süden von München initiiert (Initiative Mühltal). Das vorliegende Buch ist entstanden aus seinen immer wieder begeistert aufgenommen Kursen, wo sich Bayern und Nichtbayern glei - chermaßen fragen: Warum ist Bayern anders?

Reinhard Falter

Warum ist Bayern
immer noch
anders?

via verbis bavarica

Bibliografische Information der Deutschen Nationalbibliothek
Die Deutsche Nationalbibliothek verzeichnet diese Publikation in der Deutschen Nationalbibliografie;
detaillierte bibliografische Daten sind im Internet über http://dnb.d-nb.de abrufbar.

Druck: Präbst Satz & Druck GmbH, Dorfen

Verlagsanschrift:

via verbis bavarica
wambach 23
84416 taufkirchen

www.viaverbisverlag.de
viaverbis@aol.com

ISBN 978-3-935115-26-1

5. Franken, Preußen, Protestanten 167

6. Königlich-bayerischer Ausgleich mit der Moderne 219

7. Die königslose, die schreckliche Zeit

8. Laptop und Lederhosn oder Artenschutz für Bayern? 309

Vorwort

Die Reaktionen von Rezensenten und Lesern, darunter viele Kenner der bayerischen Geschichte, haben das als im Wesentlichen gelungen gezeigt, worin sich dieses (nun in neuer Aufmachung umgearbeitet und erweitert vorgelegte) Buch »Warum ist Bayern *immer noch* anders?« von anderen Bayerischen Geschichten unterscheidet: dass es nicht allgemein europäische Geschichte mit bayerischen Beispielen erzählt, sondern versucht, eine Herzlinie dieser Geschichte nachzuzeichnen, aus der sich die bayerische Identität von heute ergibt.

Das ist zugleich eine Art »Geschichte von unten« und Geschichte des Volksgeistes. Damit verbunden ist ein »volkspädagogisches« Anliegen. Das Buch will dazu beitragen, dass es Alt- und Neubayern noch besser gelingt, gegenüber den Zeittendenzen der sogenannten Globali - sierung, die in Wirklichkeit Entwurzelung und Heimatlosigkeit ist, eine Wiederverwurzelung in »implantierenden Situationen« (wie es der Philosoph Hermann Schmitz nennt) zu fördern.

Ich mute umgekehrt dem Leser etwas mehr Verständnisbemühung zu als in der vorangegangenen Ausgabe, so wie ich manches darstellen will, was ich selbst erst nach längerer Beschäftigung verstanden habe. Einen neuen Forschungsstand, der einzuarbeiten war, gibt es vor allem im Bereich der Vor- und Frühgeschichte. Das Thema der Prägung des Menschen durch die Landschaft habe ich in - zwischen in einer eigenen Monographie behandelt und kann es hier systematischer darstellen. Die neuen Ein - fügungen bringen insgesamt mehr österreichische und Tiroler Geschichte mit hinein, weil ich hier zunehmend die Zusammengehörigkeit sehe.

Verändert hat sich zudem meine Perspektive. Der Schluss von 2001 scheint mir heute zu hoffnungsvoll. Die Symptome der Herrschaft universeller Kulturlosigkeit sind erdrückend.

Weil das Baierische am Land hängt, ist das Wesentliche für die Bewahrung der Identität die Bewahrung des Landes, deshalb kommt Naturzerstörung und Naturschutz bei der neueren Geschichte Bayerns eine enorme Bedeutung zu. Die wesentlichen Entwicklungen in Bayern sind nicht mit den Namen von Ministerpräsidenten verbunden, sondern mit der Dynamik des Ausverkaufs und der Zerstörung des Landes und den Gegenkräften.

So hatte ich zwischenzeitlich Bedenken, ob es sich noch lohnen würde, eine Neuauflage zu erstellen, wenn doch das eigentliche Anliegen des Buches - nicht nur Wissen zu tradieren, sondern das spezifisch Baierische unter den Bedingungen der Moderne fortführbar zu machen - kaum noch aussichtsreich erscheint. Seit 2009 allerdings hat sich zunehmend eine andere Perspektive ergeben. Es erscheint mir immer wahrscheinlicher, dass die große Krise der Globalisierung, die ich (wie auch viele Studien seit der des Club of Rome 1972) für die Jahre 2030 bis 2050 prognostiziert hatte, eventuell viel schneller eintreten wird, so dass es für eine Betrachtung »Was bleibt von Bayern« nicht mehr nur darum geht: Was wird den Kahlschlag der Globalisierung mit ihrer sich multi - kulturell nennenden Unkultur überstehen? Sondern auch: Welche Voraussetzungen hat Bayern für eine Be - hauptung im Zusammenbruch dieser Globalisierung?

Ich perspektiviere die bayerische Geschichte nicht mehr allein unter der Fragestellung, wie ist das geworden, was heute ist, sondern wie steht diese Geschichte im Be - zug auf die heute allein bestimmende Tendenz des Zusammenhangs von Kulturverfall und ökologischer Krise. Dass diese Perspektive von der veröffentlichten, unter dem Diktat der politischen Korrektheit stehenden Mei - nung weitgehend ignoriert wird und dass die eigentlichen Krisenmomente, die nicht »Klima« sondern »Bevölke - rungsexplosion«, nicht periphere »Auswüchse der Finanz - märkte«, sondern generell das »Wirtschaften auf Kosten der Zukunft« sind, gar nicht genannt werden, ist nur ein Symptom der Blindheit, die dazu führen wird, dass das gegenwärtige System fast ohne Bremsspur an die Wand fahren wird.

Mein Dank geht deshalb an all die vielen, die mehr oder weniger sprachgewandt und verständig zum Ausdruck gebracht haben, dass (nicht nur in Bayern und nicht nur an Stammtischen) vielen doch der Schnabel nicht so krumm gewachsen ist, wie es die offiziellen Meinungsmacher vorgeben.

Wesentlich zu den Erweiterungen und Änderungen beigetragen hat die Herausforderung, in fast 500 Vorträgen, die ich in den letzten zehn Jahren zum Buch gehalten habe, den Stoff immer wieder neu zu akzentuieren.

Ganz herzlicher Dank geht an meinen Verleger, der sich der Mühe unterzogen hat, all meine Umarbeitungen zu korrigieren und eine neue Gestaltung zu finden, obwohl die alte Ausgabe sich genauso gut verkauft und vielleicht weniger Kritik herausgefordert hätte. Meine Sprache ist kompromissloser und härter geworden. Aber wer die Zerstörer der Natur und des eigentlich Menschlichen - auch und gerade wenn sie ihr Werk im Namen von Liberalität und Menschenrechten weitertreiben - nicht kompromisslos anprangert, der macht sich selbst zu ihrem Handlanger.

Günther Maschke hat mein Buch »Natur prägt Kultur« 2007 mit dem Lob bedacht, es sei nicht nur grund - gelehrt, sondern er habe darin keine einzige auch nur anmerkungsweise Konzession an den Ungeist der politi - schen Korrektheit gefunden. Dem will ich auch hier gerecht werden.

Die Endnoten sind ganz weggelassen, das hat damit zu tun, dass es mir nach der Erfahrung der letzten zehn Jahre nicht mehr darum zu gehen scheint, mögliche Weiterarbeiter anzuregen, wie das jeder Beitrag zum wis - senschaftlichen Betrieb natürlich tun sollte, sondern darum, eine Art Samenverkapselung oder Flaschenpost des - sen zu bilden, was das Baierische ausmacht, sei es, dass es, wenn diese Flaschenpost nach der großen Krise wieder auftaucht, etwas unwiederbringlich Vergangenes sein wird oder etwas in einer überraschenden, neuen Metamorphose wieder Aufgetauchtes. Es wird auch dem Lesefluss dienen, nicht ständig zu Fuß- oder Endnoten springen zu müssen. Die verarbeitete Literatur ist über das deutlich erweiterte Literaturverzeichnis greifbar.

Wer ernsthaftes Interesse, sei es an einer historisch fachlichen, sei es an einer perspektivischen Diskussion hat, ist herzlich eingeladen, sich an das Institut für naturphilosophische Praxis zu wenden.

Reinhard Falter, im Sommer 2012

Einführung

Es ist hier mehr vom Volks*geist* als vom Volks*charakter* die Rede, mehr von dem, was sich aus der Geschichte ablesen lässt, als von einem Typus von Menschen oder einer Mentalität, die angeblich für ein Land bestimmend sein sollen. Wir werden die Antwort nicht in biologischen Kategorien finden, aber auch kaum in Ereignisgeschichte, wir müssen die Ereignisse auf ihre Bedeutung hin befragen lernen. Also keine Angst vor Daten-, Zahlen- und Faktenfluten, mit denen man so vielen Menschen in der Schule Geschichte vergällt hat. Es sind nicht die Ereignisse, die ein Land wirklich prägen, sondern Strukturen oder Konstellationen, die höchstens in Ereignissen als Symptomen fassbar werden.

Man muss in sich selbst Verwandtschaft zu dem haben, was man beschreibt. Was dieses Buch darstellen möchte, ist, dass Baier sein wesentlich nicht heißt, ein bestimmtes Blut in seinen Adern fließen zu haben - da spielen eher noch die anderen Säfte der alteuropäischen Medizin eine Rolle, einen gewissen Schleim und eine gewisse Galle, sondern dass Baier sein heißt: ein bestimmtes Verhältnis zur Tradition zu haben; und diese Tradition ist genau besehen gar keine so spezifisch baierische, sondern ein Verhältnis zu dem, was Menschsein überhaupt ausmacht, oder vielmehr in 99 Prozent der bisherigen Menschheitsgeschichte ausgemacht hat.

»... dass Baier sein wesentlich nicht heißt, ein bestimmtes Blut in seinen Adern fließen zu haben ...«

Kurz, hier wird behauptet, dass die Bayern die wahren Menschen sind - wenn auch vielleicht nicht die einzigen.

Vielleicht liegt das Geheimnis des Baierischen ja darin, dass wir nicht anders sind als andere, aber uns mehr zugestehen, wie wir sind oder wie eigentlich Menschsein ist. Das heißt freilich, dass wir ein Wissen um das haben, was Menschsein ausmacht, ein unthematisches freilich, deshalb können wir dem preussischen Gscheithaferl (übersetzt: »Gefäß für Geist«) kaum Paroli bieten, das eifrig darüber doziert. Wir merken nur ganz sicher, dass er eigentlich nichts kapiert hat. Der Baier ahnt, dass die besseren Argumente nicht immer auch Recht haben, deshalb ist er skeptisch gegenüber allem sokratischen Gerede.

Es gehört schon seit dem 18. Jahrhundert zu den Stereotypen des Bayernbildes, dass die Grobheit des Baiern hauptsächlich darin besteht, eine abschlägige Antwort nicht in einem Strom von Ausflüchten zu ersäufen (wie der Schwabe oder Pfälzer), sondern nur ein »I mog ned« zu knurren; dass er eher persönlich argumentiert, als sich hinter scheinbaren Sachaussagen versteckt. Das ist unhöflich im wahrsten Sinne des Wortes, insofern bei Hofe niemand (außer vielleicht der König) sich unverstellte Haltung leisten kann.

Nicht nur wegen äußerer Indizien wie Lederhosen und Gamsbart ist der Bayer der prägnanteste Deutsche, sondern weil er etwas darstellt. Jedes Ding symbolisiert zunächst sich selbst, sagt Goethe. Das Kennzeichen des modernen Menschen und seiner Machenschaften und Machwerke ist die sich darstellende Nichtigkeit. Das findet man in Bayern ein bisschen weniger häufig.

Die Bayern sind die markantesten Deutschen. Aus amerikanischer Perspektive sind Lederhose und Gamsbart ja kennzeichnend für den Deutschen. Daran, dass Bayern den größten Teil der amerikanischen Besatzungszone aus-

Das Kennzeichen des modernen Menschen und seiner Machenschaften und Machwerke ist die sich darstellende Nichtigkeit. Das findet man in Bayern ein bisschen weniger häufig

machte, kann es zumindest nicht allein liegen. Vielleicht liegt es daran, dass sie die traditionsbewusstesten sind, obwohl oder weil sie gar keine richtigen Germanen waren. Ja, der französische Historiker Henri d'Arbois hat einmal provokant behauptet, dass die Süddeutschen vielleicht mehr keltisches Blut in ihren Adern hätten als die Franzosen. Aber wer sagt denn, dass es aufs Blut ankommt? Über weite Strecken handelt es sich um Annäherungsversuche an ein Wesen, das, wie der größte griechische Naturphilosoph, Heraklit, von der Natur sagt, »es liebt, sich zu verbergen«.

Annäherungsversuch an ein Wesen, das es liebt, sich zu verbergen

Das vorliegende Buch richtet sich, wie die Kurse, aus denen es entstanden ist, einerseits an Bayern: Es soll Hilfe geben, die eigene Identität, die zerrieben zu werden droht zwischen politischer Instrumentalisierung und McDonald's-Multikulturalität, bewusster zu ergreifen; andererseits wendet es sich auch an Zuagroaste und Bayernfans, die verstehen wollen, was sie mit der seltsamen Mischung aus Sehnsucht und Ablehnung erfüllt, die allseits zu vernehmen ist.

Es kann doch zu denken geben, wie viele, die einerseits auf den schwarzen Sumpf schimpfen und in ihm das Produkt bayerischer Rückständigkeit, Gedankenfaulheit und Fremdenfeindlichkeit sehen, doch nicht wieder wegziehen möchten. Zu vordergründig ist sicher der Hinweis auf Kriminalitäts- und Arbeitslosenstatistik, mit denen sich die CSU gern den Erfolg ans Revers heftet. Es wird aus der bayerischen Geschichte deutlich werden, dass es kein Zufall ist, dass die CSU wie keine andere Partei in einem anderen Bundesland es seit 40 Jahren geschafft hat, sich als politischer Ausdruck des in Bayern Gewachsenen darzustellen. Wie immer man dazu steht, an diesem Faktum kann man nicht vorbei. Und gerade wenn man in der CSU nicht den echten bayerischen Konservativismus sieht - und damit verbunden die Gefahr, dass sie einen Großteil der konservativen Traditionen, die sie instrumentalisiert und ausgesaugt hat, mit in ihre schleichende Anpassung an den individualitätsvernichtenden Weltmarkt reißen wird - muss man sich mit ihrem Erfolgsrezept auseinandersetzen. Bayern ist anders.

Im Buch wird manchmal »bayerisch«, manchmal »bai(e)risch« geschrieben. »Baierisch«, die alte Schreibung vor 1800, bezieht sich auf altbairisch (geografisch, politisch), aber auch auf das den Charakter Betreffende (der Baier als Menschenschlag), während »bayerisch« das (geografische) Bayern der letzten 200 Jahre meint, bzw. das politische Bayern. Nicht immer lässt sich das so eindeutig trennen, so dass es bisweilen eine Sache der Abwägung ist; »bajuwarisch« nenne ich dagegen Groß-Altbaiern, den Siedlungsraum der Bajuwaren von Ingolstadt bis Innichen. Das Bayern, das hier im Buch vor allem gemeint ist, hatte durch die Jahrhunderte recht verschiede - ne Grenzen. Es ist kein Staat, sondern ein Lebensgefühl, wenn auch ein territorial gebundenes und von seinem Erdenfleck nicht ablösbares.

1.
Die Landschaft und ihr Mensch

Es wird schon schwierig, wenn wir angeben sollen, worüber wir reden, wenn wir von Bayern sprechen. Dieses heutige Bayern (von kleinen Verschiebungen wie dem ehemals sächsischen Herzogtum Coburg abgesehen) ist erst 200 Jahre alt. Und nicht ganz wenige der damaligen Beutebayern wehren sich noch heute, wenn sie als Bayern angesprochen werden. Das heutige Bayern ist also ein Produkt der Zentralisierung der Epoche der bürgerlichen, meist französisch genannten Revolution.

Altbaiern zusammen mit weiten Teilen des heutigen Österreichs ist bereits 1200 Jahre vorher als Einheit fassbar. Der Unterschied von Altbaiern und Österreich läßt neben dem Unterschied von Binnen- und Grenzland vor allem die Prägekraft der Herrscherhäuser Habsburg und Wittelsbach spüren. Es erscheint äußerst merkwürdig, wie viel die Charakteristik der Habsburger als Genies des Temporierens und Fortwurstelns und der Wittelsbacher als sich zu kurz gekommen fühlende Träumer (wie Straub formuliert) mit den Charakteren der Österreicher und Baiern zu tun haben, obwohl doch andererseits diese Herrscherhäuser so wenig Verbindung zum Volk hatten, dass sie bis zum Prinzregenten Luitpold nicht einmal des Dialektes mächtig waren.

Dazu kommt als Unterschied seit 1918 erfolgreiches beziehungsweise politisch nicht erfolgreiches Sonderbewusstsein, wenngleich es nach 1918 zunächst die Siegermächte waren, die einen Anschluss Österreichs ans Reich verhinderten. Heute freilich nimmt Österreich den ersten Platz in der Rangliste des Nationalstolzes vor den USA ein, während Deutschland auf dem vorletzten vor der Slowakei steht. Freilich ist heute immer noch zwischen dem Österreicher und dem Altbaiern mehr Gemeinsamkeit als zwischen dem Nürnberger und Würzburger Franken. Zum Unterschied schreibt Friedrich Nicolai: »Der Baier ist im Ganzen nicht so flüchtig in seinem Wesen als der Österreicher; er ist mehr gesetzt; hat nicht soviel Bewegung in den äußeren Gliedmaßen, einen langsamern Gang, einen festern Tritt.«

Von Würzburg nach Nürnberg wechselt die Landschaft und mit ihr die Religion. Im dionysischen Land des windungsreichen Maines ist das Leben Geschenk, im Sand des Reichswaldes ist alles menschengeschaffen. Es ist kein Zufall, dass dort der Protestantismus siegte - Jean Bodin erwähnt Nürnberg als Beispiel für durch kargen Boden verursachte Blüte, während für die größere Einheit des bairischen Stammes der Katholizismus prägend ist. Das Nürnberger Land war politisch gesehen einmal bairisch wie die angrenzende Oberpfalz. Die ältere Bezeichnung ist »Nordmark«. Schon im Sagengut drückt sich der Charakter der Landschaft aus. So ist es aufschlussreich, dass in Mittelfranken die Riesensagen fast völlig fehlen und die Wasserwesen freundlicher sind als andernorts. Darum ist es auch gar nicht nur ein Ergebnis von Machtpolitik, dass im Nürnberger Land sich das Bajuwarentum nicht halten konnte, vielmehr sich die Nürnberger Burggrafen nach Preußen wandten.

Die meisten Beschreibungen des Zusammenhangs von Landschaft und Seele bleiben im Vagen oder bei wenigen Einzelarchetypen hängen. Er ist wohl auch nur poetisch einzufangen, da es sich nicht um Eins-zu-eins-Beziehungen handelt. Ein solcher poetischer Versuch kann dann so klingen:

»Schau dir die weithin schwingenden Hügel unserer Moränenlandschaft an, das gezackte Band der hohen Berge, spüre die Erregung durch Föhn, die Freuden des Lichts und der zartgefärbten Wolken. Horche auf das gewalttätig Ausbrechende unserer Natur, schmecke das fette Grün der Wiesen, den Duft der Zirbeln und das herbstliche Modern der Hochmoore. Denke an das schwere Leben unserer Bergbauern, die durch Blitz, Lawine, Steinschlag und Sturm immer gefährdet waren und darum ein Leben in harmonischer Ruhe weder kannten noch wollten. Höre auf den silbernen Klang unserer Seen und Flüsse, die die Strenge der Hochebene auflockern, wenn Du alles in dich aufnimmst, so wirst du sehen, dass uns diese Naturerscheinungen zum Barock führen mussten ...«. (Springorum, 1968; zit. bei Gockerell)

Und Ernst Maria Lang schreibt über die Kunst der Brüder Asam:

»Oberbayern mit seinen ausschwingenden Landschaftskonturen, von lebhaften Gebirgsflüssen gegliedert, einem weiten Himmel darüber und im Süden die imposanten Bergwände, vor denen im wohlgemessenen Abstand stimmungsvolle Seen glänzen - das hat den Brüdern Asam wohl für ihr ganzes Künstlerleben Grundton und Grundfarbe gegeben.«

Man kann das nachspüren, aber eine kausale Erklärung ist das natürlich nicht. Barock freilich ist nicht nur eine Kunstform, die landschaftlich geprägt ist, sondern die auch Landschaft schafft, indem sie sie akzentuiert. So manches Kirchlein ist gar nicht für sich sondern als i-Tüpfelchen der Landschaft ein wirkliches Kunstwerk.

Akzentuierte Landschaft: hier die Wieskirche bei Steingaden

Auch frühere Autoren brachten Landschaft und Kultur und das Bayernvolk in Zusammenhang: »Neben den Wundern seiner Natur will es auch nicht der Wunder der Kirche entbehren« (Bronner, 1898), oder: »Ihre Religion ist, wie ihre Berge, einfältig und groß! Ihre Gottesfurcht ist daher ungeheuchelt und kömmt aus Überzeugung!« (Schrank, 1785)

Schon etwas anspruchsvoller ist Josef Maria Lutz' Beschreibung:
»Mögen Völker wechseln und Menschen. Der Boden bleibt und formt seine Bewohner und Bebauer. Der Boden Bayerns ist ein schwerer Boden, der das Gewicht seiner Gebirge von den Alpen bis zum Fichtelgebirge, dem Frankenwald, der Röhn und dem Spessart trägt mit ihrem Urgrund, dem Granit. Wie das Schiff den schweren Kiel braucht, um nicht bei jedem Wind, woher er auch wehe, zu kentern, so braucht die Erde auch den Granit und die Granitvölker. Wir Bayern dürfen uns zu ihnen zählen. Es wird uns vorgeworfen, dass wir mehr zur Substanzerhaltung als zum Fortschritt neigen. Freilich, es gibt auch Sandvölker, die den umgekehrten Weg vorziehen. Sand ist immer in Bewegung. Sandvölker sind meist kriegerisch und eroberungssüchtig. Sie sind ohne ruhenden Pol.«

Kurz nach dem 2. Weltkrieg geschrieben, ist die Bemerkung mit den Sandvölkern natürlich auf die Preußen gemünzt, die Bewohner von »des heiligen römischen Reiches Sandstreubüchse«, wie Brandenburg schon viel früher genannt wurde.

Tatsächlich ist eine der wenigen Einheitlichkeiten in der Landschaft des bajuwarischen Siedlungsgebietes die **Dominanz des Kalkes im Bajuwarenland** Dominanz des Kalkes, Kalk ist organisches Material, hat organische und wässrige Formen, leicht löslich aber auch verkalkend (Kronos-Prozesse). Kalkprozesse lassen sich als Verwandeln und Wiederholen, ja Spiegeln und Abbilden beschreiben. Während Urgestein aufs Wesentliche konzentriert, fördert Kalk die Phantasie. Physiognomisch ist es wohl richtig, die nervöse Gemse dem Kalkgebirge, die phlegmatische Kuh dem Urgestein zuzuordnen, aber das muss nicht heißen, dass es im Kalkgebiet weniger Almen gibt. Die Grundpolarität, die hier angesprochen wird, ist die zwischen Umraumkräften und Zentralkräften.

Auch der Vergleich der Baiern mit dem Fichtenholz, der Schwaben mit Leder und der Niedersachsen mit Granit hat manche Plausibilität. Aber eine wirkliche Analyse des Verhältnisses von Landschaft und Mensch fehlt in Bezug auf Bayern. Sie fehlt eigentlich generell, und sie ist trotz des weitläufigen Streits um regionale Identität und Regionalbewusstsein von der heutigen akademischen Geographie auch nicht zu erwarten, da diese völlig am Tropf soziologischer Methoden hängt.

Man müsste einmal genauer dem nachgehen, wie sich landschaftliche Prägung durchsetzt. Den Stand der Forschung historisch aufgearbeitet habe ich in meinem Buch »Natur prägt Kultur« (2006). Es gibt Landschaften, die stärker von natürlichen Prozessen, und solche, die stärker von menschlicher Hand geprägt sind. Bayern mit seinen starken Geländeformationen, insbesondere die alpine Landschaft, ist nicht nur schwerer technisch zu überformen, sie hat auch eine stärkere Widerstandskraft gegen eine funktionale Deutung. Bayern ist zwar genauso wie ganz Mitteleuropa fast durchgehend Kulturland, trotzdem: Hier gibt es noch Natur zu erleben, im Hochgebirge, in manchen Flussauen. Es kommt nicht darauf an, dass die Natur vom Menschen unberührt ist, sondern darauf, dass der Mensch nicht der Hauptgestalter ist.

> Es kommt nicht darauf an, dass die Natur unberührt ist, sondern dass der Mensch nicht der Hauptgestalter ist

Das prägt grundsätzlich das menschliche Weltbild. In der symbiotischen Wahrnehmung erlebt der Mensch Natur als Grundlage, aber doch auch als ihm verwandt. Sie ist nicht das kalte Gegenüber, das keine Seele hat und technisch beherrscht werden muss. Wenn es der Durchschnittsmensch im Alltag fast nur noch mit einer menschengemachten Umwelt zu tun hat, ergibt sich daraus ein Weltbild universeller Machbarkeit und der völlige Verlust des Gefühls für die Unumkehrbarkeit von Lebens- und Todesprozessen, darauf hat bereits Konrad Lorenz aufmerksam gemacht. Die Versuchung dazu ist in Bayern weniger stark.

Insgesamt scheint der Bedeutungsgehalt (neudeutsch die Semiotisierbarkeit) der räumlichen Umwelt und damit ihre Eignung zur Identifikation im Gebirge besonders groß. Nicht nur das unvergleichlich Individuelle der Formen, sondern auch ihre Dauerhaftigkeit (im Gegensatz etwa zur wolken- und himmeldominierten Küstenlandschaft), ihre wenn auch veränderte Betrachtbarkeit von verschiedenen Blickpunkten aus, ihr Wert als Orientierungspunkt lassen eine starke emotionale Beziehung zur Landschaft entstehen. Die baierische Mentalität weiß um das Größere, aber sie ist nicht existentiell von ihm bedroht.

Wer zum Beispiel in den Isarauen aufwächst, der bekommt ein Vertrauen darauf, dass Kiefern und Weiden an den Plätzen stehen, an die sie gehören, und dass, wenn sie unterspült werden und ins Wasser krachen, es seine Richtigkeit hat, und ebenso, wenn der Grundwasserspiegel sinkt und sie absterben und ihre schwarzen Arme in den Himmel recken. Wer hier aufwächst, der hat ein Gefühl für die Zusammengehörigkeit von Leben und Tod und bildet ein dementsprechendes ästhetisches Empfinden aus. Nur Landschaften, in denen man Vertrauen auf die Naturprozesse lernen kann, die einem aber auch dieses Vertrauen zumuten, vermitteln ein Gefühl für das Leben. Anders ist das in den Flachlandschaften, die der Bayer als typisch preußisch (norddeutsch, einschließlich Hollands) empfindet. Der Holländer hat mit einem gewissen Recht das Gefühl, dass sogar der Boden, auf dem er steht, menschengemacht ist und ständiger menschlicher Pflege bedarf, um zu bestehen.

Die geographische Struktur Bayerns zeigt alle Elemente des Siedlungsraums der bajuwarischen Stammesbildung von den Alpen über die himmeldominierten Landschaften der große Moore (Erdinger Moos, Donaumoos) bis zum tertiären Hügelland und dem fruchtbaren Schwemmland des Gäubodens. Die geographische Betrachtung macht dabei nur etwas bewusst, was selbst auf der Ebene des gespürten Tonus, d. h. der spezifischen Gespanntheit seiner Atmosphäre, spürbar ist. Auf der einen Seite wird Blick und Sehnsucht immer nach Süden zu den

Gefühl für die Zusammengehörigkeit von Leben und Tod

Der Bayern föhniges Wesen

Immer wieder findet man in der diesbezüglichen Literatur gute Einfälle, so etwa auch die Rede vom föhnigen Wesen der Bayern:

»Der Föhn hat sie beweglich gehalten. Launig sind sie, aber launisch nicht, lebenslustig und melancholisch, vertrauensseelig und mißtrauisch, derb und zartfühlend, aufbrausend und schnell versöhnt, bockig und vespielt, triebhaft stumpf und voll gestalterischer Phantasie. Und alles heftig und in unberechenbarem Wechsel, ein föhniges Volk.« (Nina Gockerell, 1974)

Bernhard Ücker sah das etwas melancholischer:

»Der Föhn ist viel öfter gegen uns als für uns (...) Da entführt uns ein seifenblauer Himmel in die höchsten Traumreviere, beschwingt uns zu Plänen, läßt Vorsätze reifen - und mittendrin überfällt uns ein Gähnen, über Nacht von einer Stunde zur anderen, ertrinkt unsere Sinne im Regen (...) nicht nur Gartenparties fallen immer wieder ins Wasser, auch die großen politischen Ambitionen. Und hat ein Volk sowas erst etliche hundert Jahre erfahren müssen, dann kann ihm der Satz *Es hat ja eh' alles keinen Sinn* schon zur Lebensregel werden.«

Alpen gezogen. Auf der anderen Seite ziehen die Flüsse und der Weg des geringsten Widerstands zur Donau hin. Nach den Geographen Obst und Hennig fördern parallele Flüsse zusätzlich nicht einen Zentralismus sondern eher eine Regionalisierung. Die natürlichen Handelswege weisen nach Osten. Nichts reizt an der Alb. Was sollte der Bayer im Norden suchen? Von Westen kommt das Wetter, das man nicht beeinflussen kann, aber auch nicht lieben muss.

Ganz ähnlich wie Emil Egli dies für die Schweiz tut, könnte man aus der Zweigliederung des Landes in ein weiches Vorland und eine harte Alpenkrone auch eine seelische Dualität (Wille zur Güte bei gleichzeitiger Fähigkeit zur Härte) ableiten. Die Berge repräsentieren dabei zugleich die unveränderlichen ewigen Werte. Anders als der Schweizer sieht der Bayer freilich die Berge mehr als Grenze denn als Kern seiner Heimat. Dabei stellt sich dem Bayern das Gebirge als sich immer weiter steigernde Kette dar. Die Schneeberge sind nicht Teil des Landes, sondern entrückt, sie repräsentieren viel mehr das ewig Unzugängliche, dem nur der Märchenkönig nahe kommt. Auch ist, anders als in der Schweiz, das Gebirge mit seinen abgeschlossenen, gut verteidigbaren Talschaften, deren Bewohner in Abwehr der Naturgewalten aufeinander angewiesen sind, nicht Kernland der Staatsbildung. Dies sind vielmehr die Flüsse Inn, Isar und Lech.

Die Berge wirken in Bayern nicht in der praktischen Auseinandersetzung gemeinschaftsbildend, sondern in der Betrachtung aus dem Alltäglichen herausziehend.

Die Kampenwand ragt hinter dem malerischen Chiemsee auf - aus dem Alltag herausgehobene Transzendenzverheißung

Auch hier ist freilich eine Nähe von Alpen und Freiheit in der Zuflucht erfahrbar, ebenso wie sich die schwachen menschlichen Kräfte mit der Elementargewalt verbünden - erfahrbar in jeder Birg. Bergindividualitäten mit charakteristischer Gestalt und Gebärde sind die Zugspitze, das Ettaler Mandl, die Benediktenwand, der Wallberg, der Wendelstein, die Kampenwand, der Untersberg und der Watzmann.

Heimat ist nicht Gegensatz, sondern polare Entsprechung zur Weite, in die die Sehnsucht zieht. Berge verbergen das Dahinter und regen damit den Geist gerade zu einer Gegenbewegung des Übersteigens an. Die Phantasie schweift viel mehr in ihre Richtung. Die dominierende Himmelsrichtung in Bayern ist der Süden. Von da kommt der Föhn als Wettermacher, und hier erscheint die Gebirgslinie als Transzendenzverheißung.

Die dominierende Himmelsrichtung in Bayern ist der Süden

Die bayerische Kernlandschaft, in der, zumindest bei Föhn, Gesamtbayern sichtbar ist, ist Oberbayern, wo der blaue Saum der Alpen beständig an das Traumland erinnert. Man könnte von Oberbayern sprechen als Kleinbayern, das geographisch ganz Bayern abbildet - mit der Murnauer Gegend vielleicht wiederum als Essenz dessen. Und in gewisser Weise ist, wie Raoul Heinrich France festgestellt hat, München noch einmal Kleinstbayern gewesen. Er spricht von vier Einflüssen, die sich in der Bevölkerung niederschlagen: der romanisch beeinflusste Schlag des Oberlandlers, der behäbige Moosbauer, der knochige Lehmmensch und der agile Schottermensch, dazu der Schwabinger. Deshalb ist Oberbayern prädestiniert dazu, das baierischste Bayern zu sein, was es ja auch in der Außenwahrnehmung ist.

Dass die bayerische Landschaft als schön empfunden wird, ist vornehmlich Wirkung von zwei Gegebenheiten:

1. die Strukturvielfalt; ja man kann sagen, diese Landschaft hat auf recht engen Räumen eine gewisse »Vollständigkeit«, in der die Grundpolaritäten Berg und See, Wald und offenes Feld zusammenwirken, und zwar in einer sich laufend wiederholenden Grundkonstellation.

2. eine weitgehende Übereinstimmung mit den Standards / Topoi der Kulturlandschaft des 19. Jahrhunderts oder der »romantischen« Landschaft.

Das Grundverhältnis einer Landschaft ist das jeweilige Verhältnis von Himmel und Erde, die ja auch in den meisten Mythologien die Urwesen sind, von denen alles abstammt. Ihre Heilige Hochzeit, die überhaupt erst Landschaft bildet, kann sehr unterschiedlich aussehen. Die Flachlandschaft wird erst durch den Himmel gebildet, im Gebirge, am extremsten in Schluchten, dominiert die

Erde. Erddominierte Landschaften bilden auch erdbezo-
gene Religionen aus - hier überwiegt die Statik, das Stoff-
liche - und übertragen das Mutterprinzip.

Auch der Himmel kann sehr unterschiedlich sein. Der
nordische Himmel ist farbenfroh, der südliche mildert alle Gegensätze. Der bayerische Himmel ist eine merkwürdige Synthese.

Die Grundpolarität von Himmel und erdbetonter
Landschaft ist sehr allgemein. Der Individualitätsgrad einer Landschaft wirkt vermittelt über die Kultur: in der
Ortsgebundenheit oder Übertragbarkeit von traditionel-
lem Wissen. Traditionsbruch führt in stark individuali-
sierten Landschaften dazu, sich in Gegensatz zu den Bedingungen vor Ort zu setzen. Je stärker eine Landschaft
individualisiert ist, desto höher ist die Prämie auf Beibe-
haltung traditioneller, regionalspezifischer Anpassungs-
formen.

Durch den Sonnenlauf sind die Himmelsrichtungen
nur grundlegend bestimmt. Weitere Bestimmungen ergeben sich aus der geografischen Lage zu Meer und Gebirge,
der Hauptwindrichtung, die bis in die Form der Bäume
ablesbar sein kann, und der Richtung der Flüsse und wichtigen Verkehrsverbindungen. Die Himmelsrichtungen haben also an jedem Ort eine andere Qualität, die nicht ver-
allgemeinerbar ist.

Für die baierische Landschaft typisch ist eine gemä-
ßigte Erddominanz, ausgeglichen durch die blaue Hori-
zontlinie der geahnten Berge. Der dadurch gegebenen
Weite tritt polar gegenüber eine kulturelle Zentrierung,
wie sie im Zwiebelturm zum Ausdruck kommt. Er weist
weniger nach oben, als dass er erdet, er spiegelt die
Formbildungen von Wolken und Hügeln.

Das eigentlich baierische Land ist das Voralpenland,
nicht die Hochalpen selbst. Der Hochalpenbaier ist eben
der Tiroler. Das Unterinntal, nicht nur bis Rattenberg, wo
es bis ins 16. Jahrhundert bairisch war, ist ganz bajuwarisch geprägt. Deutlich hebt sich die Freude am Feiern
und Singen und der relativ laxe Umgang mit unehelichen
Kindern, das wenig händlerische Wesen noch um 1900
vom ärmeren aber auch mehr geistig und rechtlich veran-

*Bayern: Erd-
dominanz
und Alpen-
horizont*

lagten alamannisch geprägten Oberinntal ab. Bezeichnend ist auch die im Oberinntal verbreitete Güterzerstückelung, die im Unterinntal bei im allgemeinen sogar reicheren Verhältnissen nicht vorkommt. Interessant ist auch die stärkere Neigung des Oberinntalers und des Alamannen überhaupt zu »Vorweilungen«, zweitem Gesicht und anderen spiritistischen Phänomenen, während das Verhältnis des Baiern zum Göttlichen recht handfest ist. Allerdings, Wolfgang Johannes Bekh schreibt in seinem Buch über den Mühlhiasl: »Mir hat es seit je als ausgemacht gegolten, dass das zweite Gesicht ein Erbe der an Donau und Moldau ansässigen Kelten und ihrer Druiden ist.« Doch der Bayerwaldschriftsteller Baumsteftenlenz meinte: »Diese arme Landschaft, dieser schwermütige Wald, das Traurigschöne an diesem Lande! Das hat doch unsere Menschen beeinflusst, das hat sie doch bedrückt, das hat sie doch dauernd beschäftigt und das hat sie geprägt.«

Der Historiker Arno Borst nimmt an, dass genossenschaftliche Organisation und harte Zucht, wie sie für den Freiheitsdrang, aber auch den Protestantismus der Schweizer bestimmend sind, durch die Lebensnotwendig - keiten der Alpen besonders gefördert wurden. Auch der Oberinntaler legt schon mehr Wert auf Selbstregieren, wie er überhaupt mehr auf Verhandeln und aus bairischer Sicht aufs Rechthaben gibt. Im Voralpenland hat die Eigenbrötelei und Prachtentfaltung mehr Spielraum.

»Traurigschön« fließt die Ilz durch den Bayerwald gen Passau

Die eigentlich bayerischen Landschaften weisen, bis auf die ausgesprochen fetten Böden, eine charakteristische Siedlungsstruktur mit Vorherrschaft des Einzelhofes auf. Der Einzelhof ist die Siedlungsform der Bajuwaren, nicht weil sie sie als Stamm mitgebracht hätten, sondern weil sie von der Landschaft da hin gewiesen und vielleicht erst dadurch zu Bajuwaren wurden. Darin sind das Voralpenland, das Moränengebiet, die südlichen Flusstäler Niederbayerns, wo der burgartig oft auf einer Kuppe stehende Einödhof am ausgeprägtesten ist, verbunden, während die Oberpfalz (Nordmark) als Burgenland näher an der fränkisch-dörflichen Struktur steht und Schwaben ursprünglich ganz in Dorfschaften besiedelt war und dort die »Vereinödung« erst im Zeitalter rationeller Milchwirtschaft begann.

Diese von der Natur bedingten Siedlungsstrukturen prägen die Menschen in einer besonderen Weise. Der Einödbauer ist sehr stark auf die kleinste soziale Einheit, die Familie (einschließlich des Gesindes) bezogen. Die soziale Reglementierung ist weitgehend durch eine am Herkommen ersetzt. Gerade der Einödbauer hält besonders zäh am Brauch fest. Die Gemeinschaft, in der er lebt, ist mehr eine der Ahnen als eine des Dorfes. Daher kommt, was Josef Dünninger als das Monologische des Bayern im Unterschied zum Dialogischen und Rechtenden des Franken beschrieben hat. Darin wurzelt auch das spezifisch baierische Freiheitsverständnis, das widerborstig und zugleich traditionshörig ist.

Das »Monologische« des Bayern

Die verkehrsmäßige Lage stellt Bayern nicht gerade ins Zentrum der Weltgeschichte. Das bewirkt, dass, anders als in einem Durchgangsland, regionale Prägung eine größere Rolle spielt als solche durch Kulturaustausch überregionale religiöse Bewegungen etc. Und Bayern ist ein Land, aus dem schon die Römer wegen seines strategisch wenig bedeutenden Charakters ihre regulären Legionen zugunsten von Wehrbauern zurückzogen, das nur kurze Zeit (vor der Zuordnung des Rheins und damit der Schweizer Pässe zum Ostfränkischen Reich) Bedeutung als wichtigster Verkehrsweg von Deutschland nach Italien hatte, und von dem um 1500 Aventin sagte, dass es nicht viel Handel treibe. Da weder durch Handel noch durch Ackerbau großer Reichtum vorhanden war, waren die Standesunterschiede nicht so stark ausgeprägt, daher die immer wieder bemerkte Biergartengleichheit.

2.
Eine Geschichte abgemilderter Brüche

Der Traditionsstrom durch die Zeiten

Der tschechische Historiker J. Sabata sagte in einem Vortrag zum 20. Jahrestag der Niederschlagung des Prager Frühlings, die Geschichte Polens sei eine Geschichte heroischer Untergänge, die Geschichte der Tschechen eine Geschichte verfrühter Kapitulationen. Wollte man die bayerische Geschichte so auf einen Satz bringen, müsste man sagen: Sie ist die Geschichte der nicht vollzogenen oder abgemilderten Brüche. Zu nennen sind Völkerwanderung und Christianisierung, Reformation und Industrialisierung. Die ersten beiden trennen das Mittelalter von der Antike ab, die letzteren die Moderne von den traditionalen Gesellschaften.

Die Völkerwanderung

Während andere spätere Stammesherzogtümer, wie das der Franken, durch Landnahme ehemals jenseits des Limes sitzender germanischer Völkerschaften entstanden sind, scheint der Vorgang bezüglich der Bajuwaren anders abgelaufen zu sein. Deshalb hat man so lange vergeblich den germanischen Stamm gesucht, der in Bayern eingedrungen sein könnte. Der aussichtsreichste Kandidat dafür und damit der Garant, dass die Bayern, wie alle anderen auch, ein germanischer Stamm sein sollten, worauf vor allem das Dritte Reich größten Wert legen musste, waren die Markomannen: ein germanischer Stamm, der im heutigen Böhmen saß und den Römern im 2. Jahrhundert arg zu schaffen machte. Daran glaubt heute niemand mehr .

Die Bayern sind - flapsig gesagt - die Fußkranken der Völkerwanderung, diejenigen, die sich mehr am Land als am Stamm orientierten, diejenigen, die auch nicht dem Rückzugsgebot des Odoaker folgten, als dieser halb germanisch-, halb hunnischstämmige Heermeister, der sich als Nachfolger des letzten weströmischen Kaisers verstand, Ende des 5. Jahrhunderts seine große Frontbegradigung vornahm. Er hatte angesichts der politischen Lage allen, die sich als Römer verstehen wollten, geboten, nach Süden aufzubrechen und das Alpenvorland denen zu überlassen, die es haben wollten. Die mitzogen, waren wohl fast ausschließlich Soldaten und Mönche. Diejenigen aber, die weder mit den Römern abzogen noch ihnen nachrückten (wie die germanischen Langobarden), das wurden die zukünftigen Bayern. Man kann auch vom Stammmtischprinzip sprechen: »Do hocka die, wo oiwei do hocka.«

Mehr am Land denn am Stamm orientiert

In Fortführung des Ansatzes des Geographen Ewald Banse könnte man von Landschaftsflüchtern und Landschaftsfolgern sprechen: Letztere ziehen ihren Ausgangsbedingungen nach, erstere entfliehen ihnen. Der Geopsychologe Willy Hellpach beschreibt das Stammesgebiet als einen Zirkel, dessen Mittelpunkt Traunstein und dessen Radius der Abstand zur Lechmündung ist. Unter Umständen freilich muss dem bayerischen Teil des Stammesgebiets sogar ein noch glimpflicheres Überstehen der Völkerwanderung zugebilligt werden: Es hatte sowohl unter dem Awarensturm als später auch unter den Ungarn weniger zu leiden; auch die großen Bewegungen des 5. Jahrhunderts gingen eher vorbei. Und die Türken kamen nur bis Tarvis und in die Steiermark, die Schweden von Norden zwar bis Garmisch, ihre größten Verheerungen aber richteten sie im heutigen Nordbayern an.

Kernland: von Traunstein bis zur Lechmündung

So sind die Baiern erst durch ihr Land aus einer Bevölkerung mit unterschiedlichen Traditionen zu einem Volk geworden.

Christianisierung

Bedeutete nun schon diese Randlage in der Völkerwanderungszeit einen kaum vollzogenen Bruch, so erlebt
Bayern die Christianisierung als einen weiteren, abgemilderten Bruch. Die Christianisierung vollzog sich in Bayern in mehreren Wellen. Zunächst einer römischen, die
aber, abgeschnitten von der Verbindung mit Rom, wieder
in eine Art naturalisiertes Christentum zurückfiel; dann
durch die iro-schottische Mission, die wieder an keltische
Traditionen anknüpfte und gar nicht anders konnte als in
den Heiligen die alten Götter fortleben zu lassen.

Die abgemil-
derte Chris-
tianisierung
ist der wich-
tigste Schlüs-
sel für die
Sonderart
der Bayern

Die abgemilderte Christianisierung ist der wichtigste
Schlüssel für die Sonderart der Bayern, soweit sie heute
noch besteht. Denn überall da, wo die Christianisierung
gewaltsam verlief, wo sie die Wurzeln des Volksglaubens
abschnitt, da konnten Reformation und Aufklärung als
weitere Traditionsbrüche die Struktur der Christianisierung übernehmen und kopieren. Die Christianisierung,
wo sie Abschneiden von den Wurzeln ist, wirkt in Schü-
ben weiter und zwar nicht mit dem religiösen Inhalt des
christlichen Glaubens sondern schlicht als Säkularisierung und Entheiligung, so wie sie selbst Entheiligung des
Innerweltlichen war. Diese Schübe erscheinen ihren Protagonisten freilich als Befreiung. Wer einmal seine Wurzeln abgeschnitten hat, der muss, wie man das auch bei
Schnittblumen tut, immer wieder beschnitten werden,
weil sich an der Schnittfläche der Stiel schließt. Ich habe
das Christentum als Pfropfreligion bezeichnet, treffender
ist eigentlich das Bild der Schnittblume. Zu spät merkt
man, dass man sich von dem befreit hat, was einen ausmacht. Dabei geht dann verloren, dass Freiheit nicht
Willkür bedeutet.

Reformation

Dass sich die Reformation im bajuwarischen Siedlungsgebiet nicht durchsetzte, ist einerseits Wirkung und
andererseits Bestärkung der Traditionsverbundenheit.

Der Reformation in Bayern standen keineswegs nur politische Rücksichten der Herzöge im Weg, sondern insbesondere der Hang des Volkes zur Konkretheit und Bildlichkeit. Politische Überlegungen öffnen zwar der Gegenreformation die Tore, langfristig erfolgreich ist sie aber, weil sie an Vorstellungen anknüpfen kann, die in Bayern ohnehin noch tiefer verankert waren als anderswo. So vergleicht denn Canisius die Tiroler und Bayern mit den beiden israelitischen Stämmen, »die dem Herrn allein treu geblieben«. Ja man kann sagen, dass die Gegenreformation in Bayern milder, volkstümlicher und weniger kämpferisch ausfallen konnte, weil hier der Protestantismus anders als in Oberösterreich und der Steiermark nie wirklich Fuß gefasst hatte.

Die Jesuiten als der die Gegenreformation tragende Orden waren überall auf Erfahrbarkeit und Konkretheit bedacht, so propagierten sie zum Beispiel auch häufigere Kommunion. Es sind die Mächte der Erfahrungsreligion, zwar christlich umgeformt und nach gut und böse polarisiert als Heilige, Engel und Teufel, die die Jesuiten neu aufgreifen und den Menschen als Schauplatz und Zankapfel des Kampfes dieser Mächte darstellen. Der Protestantismus hat gerade diese Mächte aus den Kirchen verbannt, doch dem Bauern ist die Vorstellung, dass ein Stoßgebet zum richtigen Nothelfer lebensentscheidend sein kann, plausibler, als dass die Rettung von der richtigen Meinung über Ereignisse, die 1500 Jahre früher in exotischen Ländern stattgefunden haben, abhängen soll. Demgegenüber verraucht sogar der Ärger über Pfaffenwillkür. Hier ist Wahrheit (dass das vorkommt, aus was die Welt doch offensichtlich besteht) eben wichtiger als Gerechtigkeit (dass alle Wein kriegen). Mit menschlichen Schwächen kann man leben, mit menschlicher Anmaßung nicht.

Solcher Protestantismus ist Rückfall in wörtliches Fürwahrhalten von etwas, was längst Gestalt und damit modellierbar geworden ist. Egon Friedell hat das scharfsinnig analysiert:

>»Und doch erkennen wir auch in diesem starren
>Wortaberglauben bereits den modernen Einschlag,

Nothelfer wichtiger als die richtige Bibelauslegung

der für Luther ebenfalls charakteristisch ist. Denn er ersetzt die bisherige oberste Instanz, den Papst, der eine lebendige Autorität von Fleisch und Blut war, durch die tote Autorität der Schrift, die aus Druckerschwärze und Papier besteht; an die Stelle des menschlichen Irrens und Rechtbehaltenwollens eines einzelnen tritt eine ganz unmenschliche Form der Irrlehre und Rechthaberei: die wissenschaftliche, an die Stelle der Theologie die Philosophie (und schließlich sogar der Mikrologie), an die Stelle der heiligen Kirche das Unheiligste: die Schule (...). Von hier führt eine gerade Linie zur reinen Verstandeskultur und Verstandesreligion, zur Aufklärung.«

Säkularisierung

Zwar bewahrt der Süden, dem der Bildersturm erspart geblieben ist, mehr an Substanz, doch verzögert kommt mit Aufklärung und Säkularisierung auch hier die Zerschlagung der Urbilder zum Durchbruch, die im Geist der alttestamentarischen Bildlosigkeit wurzelt. Im Bund mit dem Wissenschaftsgeist der Neuzeit zerstört sie die Grundlage des Erlebens numinoser Mächte im Volksglauben und begründet die Spaltung der »Zwei Kulturen« (Snow): Die antike Tradition muss sich in Reservate der Kunst und Literatur flüchten und wird gerade aus der Sphäre des bäuerlichen Alltags verdrängt, in der sie das Mittelalter überlebt hatte.

Zerschlagung des Erlebens numinoser Mächte

Die katholischen Gebiete gelten in einer auf die Moderne fixierten Geschichtsschreibung gern als rückständig. Doch gerade hier entstanden Ansätze einer »Alternative des Denkens« zum neuzeitlichen Reduktionismus. Man denke an die Landshuter und Münchner Romantik mit Sailer, Schelling und Baader, oder an die Münchner Kosmiker um 1900. Bis auf Baader waren es von der Herkunft her keine Bayern. Vielleicht lag der Philosophiehistoriker Max Wundt gar nicht so falsch, als er meinte feststellen zu können, dass die schöpferischen Kräfte deutscher Philosophie sich im Mittelgebirgsland zwischen Schwaben, Lausitz und Böhmen finden. Nordwestlich davon entarte die Philosophie in scholastischen oder aufklärerischen Rationalismus und Auflösung zur Einzelwissenschaft, südöstlich davon, weil die formende Kraft fehle und alles zerfließe. So wäre es etwa zu verstehen, dass ein Ludwig Klages sich im Süden (München) den Ausgleich seiner rationalistischen Veranlagung in der gegenpolig stimmenden Landschaft suchte. Klages' Behandlungsart seiner Gegenstände verrät ja durchaus eine Neigung zum Hyperrationalismus und Systembau. Baa - der ist, wie wir unten zeigen werden, tatsächlich der Philosoph des bajuwarischen Impulses. Der Antipode ist der Diskursideologe Jürgen Habermas, der zwar in Starnberg geboren wurde, dessen Wirksamkeit in mündlicher Form aber zumindest der Universität München erspart blieb, weil er nach Ablehnung einer Bewerbung sich schwor, diese Universität nie mit seinem Gerede zu bemüßigen.

Industrialisierung

Man könnte als den vierten wichtigen Bruch die Industrialisierung nennen, die in Bayern mangels Bodenschätzen verzögert ausfiel. Auch hier war, wie bei der Reformation, der politische Wille eines »Kulturkönigtums« Unterstützung einer ohnehin bestehenden Tendenz.

Diese Geschichte der abgemilderten Brüche ließe sich freilich auch schon viel früher, bei den Kelten, ansetzen. Ihre Kultur hat bereits in einer erstaunlichen Weise das Erbe archaischer Kulturen, wie zum Beispiel der Hü - gelgräberleute der Bronzezeit, fortleben lassen, ohne sich deshalb zivilisatorischen Neuerungen wie dem Münzgeld zu verschließen. Man könnte die Druiden als eine besondere Variante der stiftungsreligiösen Umwälzung verstehen, die nicht wie Zoroaster die altpersische Götterwelt in gute und böse spalten oder wie Buddha die Relevanz der Götter für das menschliche Heil leugnen, auch nicht wie die altisraelitischen Propheten die volksreligiösen Götter sämtlich verdammen und schließlich ihre Realität ganz

Abgemilderte Brüche schon bei den Kelten

leugnen, sondern nur ein neues Organisationsprinzip einführen, ja, die Gestalten gerade aus der jeweiligen Lokalüberlieferung übernehmen und vorsichtig ordnen.

Die Folge dieser abgemilderten Brüche ist ein gegenüber anderen Gebieten schier unglaublich ungebrochener Traditionsstrom: Denn an allen Staustufen und Überfällen der Geschichte bleibt, wie bei einem Fluss, das Geschiebe liegen. Bemerkenswert ist, dass Christian Meier die Sonderentwicklung der Griechen ganz ähnlich erklärt: dass sie durch eine zentrale und zugleich Tote-Winkel-Lage ermöglicht worden sei und sich gerade deshalb relativ viel Ursprüngliches erhalten konnte.

Der kommende Bruch

Nun kann ich natürlich nicht behaupten, die Bayern wären keine Schnittblumenmenschen (im oben erläuterten Sinn). Wenn ich versuche, das, was ich mit den Wirkungen der glimpflichen Übergängen meine, in das Bild der Schnittblume zu übersetzen, dann muss ich sagen: Manche sind so tief unten unters Messer geraten, dass sie noch Reste von Wurzeln haben. Diese Einsicht bestimmt denn auch die Prognose für Bayern unter den Bedingungen des kommende Zusammenbruchs. Bayern ist keine Insel der Seligkeit, auch hier deutet alles auf Untergang, aber möglicherweise findet auch diesmal wie in der spät - keltischen Zeit und wie in der Völkerwanderung, auch wie in der Industrialisierung der Übergang glimpflicher statt.

Bayern ist heute keine Insel der Glückseligkeit, aber vielleicht wird der Übergang glimpflicher

Was könnte dazu beitragen?

1. eine vielleicht noch etwas größere Intaktheit der Instinkte, die Fremdkörper und Fehlentwicklungen leichter spürt.

2. ein rudimentäres Fortbestehen von bäuerlichen Strukturen und Mentalitäten; viel ist es gleichwohl nicht mehr, was da noch vom einstigen Schatz übrig ist.

3. eine geringere Verfallenheit an die Ideologie der Moderne, was freilich zunehmend auch zu bezweifeln ist.

Tief in seinem Herzen ein Wilderer

Vieles von dem, was Bayern ausmacht, ist nicht eigentlich regionalspezifisch, sondern es ist etwas, was hier bewahrt wurde, anderswo aber der Vergangenheit angehört. Und dennoch ist Bayern nicht ein Freilichtmuseum des 19. Jahrhunderts oder der Zeit vor 50 Jahren - sondern die Verlangsamung der Wandlung legt andere Möglichkeiten der Synthese frei. Präzise ist vielleicht zu sagen: In Bayern ist die Verschiebung zwischen den drei Dimensionen des Menschseins nicht so krass.

Die drei Merkmale des Menschseins sind Werkzeug, Bild und Grab. Aus ihnen entstehen die drei Bereiche jeder Kultur: Wirtschaft, Kunst und Religion. Zu jeder Kultur gehören alle drei Bereiche in je spezifischem Aufeinanderbezogensein. In jedem Menschen finden sie sich als Dominanten, als *homo faber*, *homo sapiens* und *homo religiosus*. Der *homo sapiens* ist der Ichpunkt der Identifikation und Reflexion. Ihm steht in allen vormodernen Kulturen der *homo religiosus* als Spiegel und der *homo faber* als Quälgeist gegenüber. In der Moderne wird der *homo faber* bestimmend, verdrängt den *homo religiosus* und träufelt dem sich aufblähenden Subjekt den Wahn ein, autonom zu sein.

Ausdruck der drei Elemente des Menschseins ist auch die Trinität der Landschaft als Stadt, Land und Wildnis. Ihr entsprechen Handwerker / Kaufmann, Bauer und Jäger / Hirte als archetypische Berufe der Menschheit, wovon letztere heute schon eher in Formen der Freizeit -

beschäftigung erscheinen. Insofern ist bedeutsam, welchen Beruf die jeweilige Gesellschaft als den eigentlichen Beruf des Menschseins betrachtet: die heutige Gesellschaft den Verkäufer seiner selbst auf dem freien Arbeits- und Dienstleistungsmarkt, die mittelalterliche Gesellschaft den Kultivierer, die antiken erfahrungsreligiösen Kulturen aber den Jäger und Hirten.

Wolpertinger und Wilderer - das Anarchische im Bayern

Alle Hauptfiguren des modernen baierischen Mythos entstammen dem Jäger- und Hirten-Leben: vom Wolpertinger über den Wilderer und baierischen Hiasl bis zum Haberfeldtreiben. In all diesen Figuren lebt sich auch das Anarchische aus, das nur in einer Landschaft möglich ist, die Naturräume hat. Der Wilderer vertritt das Prinzip, dass das Wild nicht nur den reichen Herren gehört, sondern Gottes freier Natur.

Reicht unser Traditionstrom vielleicht wirklich bis zur Wildbeuterkultur vor der neolithischen Revolution zurück?

Der Wolpertinger - das eigentliche Wappen Bayerns?

Wir sollten an dieser Stelle nach der Substanz dessen fragen, was da weitergeschoben wird. Das Wort, das ich dafür verwenden möchte, ist »Erfahrungsreligion«. Man könnte auch sagen: mythisches Denken, das ist weniger präzis. Erfahrungsreligion ist nicht Glauben, nicht Konfession, wie überhaupt die Volksreligion nicht ein mehr oder weniger systematisches Gebäude von Meinungen ist, sondern ein Grundverhältnis zum Leben, das sich schon in der Steinzeit zeigt. Wir müssen unterscheiden zwischen dem Kern religiösen Erlebens und den Religionen im Plural, die vielfache kulturelle und auch von Machtansprüchen geprägte Sonderformen aufweisen.

Die Kontinuität des Traditionsstromes können wir uns an einer Symbolfigur deutlich machen: dem Wolpertinger. Den Wolpertinger gibt es natürlich! Nur für borniette Aufklärer ist er ein Fabelwesen. Er spielt eine wich -

tige Rolle in der bayerischen Geschichte, wenn auch eine fabelhafte. Ob der Name freilich alt und richtig ist, darüber läßt sich streiten.

Verfolgen wir die Gestalt einmal in der Geschichte zurück.

Das Bild oben zeigt eine Comic-Figur des mittleren 20. Jahrhunderts, ein Mischtier, fast könnte man meinen: das Goethesche Urtier. Aber es handelt sich um eine Witzfigur, deren wichtigstes Merkmal ist, dass man in der Schwebe hält, ob es sie gibt, und damit »die Preißn« verunsichert.

Und nun betrachten wir darunter eine Perchtenmaske, die zum Winteraus-treiben getragen wurde:

Die Perchten stellen das Gefolge der gro-ßen Göttin, der Se-gen spendenden, aber auch das Le-ben in ihren Schoß zurücknehmenden Göttermutter Ber-tha, Berchta oder Percht dar. Sie ist ar-chetypisch identisch mit Holda oder Holla (Frau Holle), die in Seen oder Bergen (Hörselberg) wohnt, mit Selga, Holda, Domine Huabundie und wohl auch mit der kleinasiatischen Kybele, die - ebenso wie die Percht von den Perchten - von krachmachenden Maskenträgern begleitet wird. Dort ist uns auch ein Mythos überliefert, der den Sinn des Radaus zeigt: Die Korybanten oder Koureten, wie dort ihr Gefolge heißt, übertönen das Geschrei des neugeborenen Götterkindes. Im griechisch-ägyptischen Synkretismus von Alexandria wird in der Nacht vom 5. auf den 6. Januar Aion von der Unterweltsherrin geboren; das heißt: Sie ist (in ihrer Stellung in der Kräftewelt) auch identisch mit der alten Landesgöttin Rethia bzw. Noreia, freilich damit christlich gesehen auch mit des Teufels Großmutter. Im ägyptisch-hellenistischen Mythos ist Aion (= Harpokrates) der in der Nacht vom 5. auf den 6. Januar (Perchttag, Epiphanias) geborene Sohn der jungfräulichen Mutter.

Dass es diese Gestalt so zentral nur im bajuwarischen Siedlungsgebiet gibt, deutet darauf hin, dass sie nicht zum keltischen Urgestein gehört, sondern eine spezifisch römisch-germanische Synthese ist. Diese Perchten sind dann als Totengeister beziehungsweise Ureinwohner des Landes und Garanten seiner Fruchtbarkeit betrachtet worden, sind keineswegs böse, wohl aber unheimlich, und man muss sich hüten, dass sie einen nicht mitnehmen.

Als nächstes sehen wir hier links eine altsteinzeitliche Höhlenmalerei. Sie stammt nicht aus Bayern (hier haben sich nur im Altmühltal einige Kunstwerke der Altsteinzeit erhalten), sondern aus Südfrankreich. Die Altsteinzeit ist gerade wegen der hohen Mobilität einer geringen Bevölkerung eine Zeit großer kultureller Homogenität von Spanien bis Rußland, der Ausgangspunkt der späteren innereuropäischen Differenzierung. Spezifisch baierisch ist nicht die Gestalt selbst, sondern dass sie sich bei uns, und sei es auch unverstanden, gehalten hat, während unsere alamannischen Nachbarn ihr abschwuren, wofür es im Römermuseum Kempten sogar eins der ganz seltenen runenschriftlichen Zeugnisse gibt, eine Gürtelschnalle aus dem Gräberfeld Pfortzen mit zweizeiliger Runeninschrift »aigil andi ailrun ilahu gasohun«, was übersetzt wird als »Aigil und Ailrun haben die Hirsche verflucht« und gedeutet wird als Abschwören gegenüber einem Hirschkult.

Als ältestes Kunstwerk bayerischen Bodens gilt die Gravierung eines Mammuts auf Elfenbein, das heißt auf einen Stoßzahn eines solchen Tieres. Aber unsere Höh - lenmalerei stammt aus einer Kulturformation, die in der letzten Eiszeit auch hier herrschte. Überwiegend zeigen die Malereien dieser Epoche die Tiere, welche die Lebensgrundlage der Großwildjäger waren.

Hier aber handelt es sich um einen als Mischtier verkleideten Menschen. Manche interpretieren ihn als tanzenden Schamanen, andere als einen Gott, den Herrn der Tiere. Wenn wir berücksichtigen, dass Kulthandlungen dieser Art das Sein des Gottes nachvollziehen, dann ist es unwesentlich, ob das Bild einen Schamanen zeigt, der im Tanz den Herrn der Tiere darstellt, oder diesen selbst.

Jedenfalls zeigt sich, dass der Wolpertinger auf einen Gott zurückgeht, der in der Perchtenmaske die Jahrtausende überdauert hat. In spätmesolithischen Gräbern finden sich zum Teil Hirschgeweihe im Kopfbereich der Toten, die wegen ihrer Sprossstruktur als Symbole des neu ansetzenden sich verzweigenden Lebens gedeutet werden können.

Der Wolpertin - ger - Nachfahre eines in der Perchten- maske tradierten Gottes

Was sich bei allen Mischtiergestalten durchhält, ist das Hirschgeweih. Es ist diejenige tierische Form, die pflanzlichem Sprossen am verwandtesten ist und so am unmittelbarsten das zeigt, was der Begriff Natur eigent - lich meint: das Aufsprießen. Der Hirsch ist immer in ausgezeichneter Weise das Symboltier der Gottheit der wil - den Tiere gewesen. Im griechisch-römischen Bereich er - scheint Artemis-Diana mit dem Hirsch.

Jetzt vergleichen wir mit diesen drei Bildern noch den Cernunnos auf dem Kessel von Gundestrup (heute Ko - penhagen), dessen Herkunft an der mittleren Donau oder im südlichen Gallien angenommen wird. Cernunnos ist ein keltischer Gott:

Die Schlussfolgerung lautet demnach: Der Wolpertinger ist ein zur Witzfigur heruntergekommener Nachfahr eines alteuropäischen Gottes. Aber wir verstehen heute kaum mehr, was ein Gott der Erfahrungs - religion ist, wir haben gar kein Wort dafür, denn das Wort Gott ist zu stark eingefärbt durch das christliche oder, allgemeiner gesagt, erlösungsreligiöse Verständnis. Das Wort Dämon, das im Griechischen die dem lateinischen Wort *genius* entsprechende allgemeine Bezeichnung für Wesen ist, ist durch die christliche Verteufelung negativ besetzt. *Numen* klingt dunkel und ist nie in die Alltagssprache eingegangen. Wir könnten Grund-Charaktere, Grund-Qualitäten von Wirklichkeit sagen oder Mächte und Atmosphären.

Die Götter der Erfahrungsreligion sind keine Sache des Glaubens. Die Frage »Glaubst du an Flussgötter?« ist falsch gestellt, es muss heißen: »Bist du bereit, was du am Fluss siehst, als Ausdruck eines Göttlichen anzuerkennen?« Statt »Hast du schon einmal einen Flussgott gesehen?« muss es heißen: »Hast du ein Erlebnis gehabt, das dich vom Sinn solcher Anerkennung überzeugt hat?«, und statt »Gibt es Flussgötter wirklich?«, ist zu fragen: »Gibt es Erlebnisse, die sich als Erscheinung eines Flussgotts sinnvoll begreifen lassen?«

Was ein Gott ist, läßt sich zunächst an einem uns auch als Planetenqualität bekannten römischen Gott erklären: Mars. Seine Bezeichnung als Kriegsgott macht ihn uns nicht sehr verständlich. Soll der Krieg etwa ein Gott sein? Und die Fruchtbarkeit eine Göttin? Lebendig ist älteres, unverstelltes Empfinden oft noch in der Sprache. Ich kann sagen: »Ich werde zornig.« Dann schreibe ich mir den Zorn als meine Regung selbst zu. Ich kann aber auch sagen: »Zorn steigt in mir auf.« Dann ist es immer noch etwas, was in mir geschieht, aber doch eine autonome Kraft hat. Damit spreche ich die Erfahrung aus, dass ich

»Gibt es Flussgötter?« ist die falsche Frage

vielleicht nachher, wenn ich wieder »ganz bei mir bin«, gar nicht mehr recht begreifen kann, »was mich da geritten hat«. Und ich kann sagen: »Zorn ergreift mich.« Dann ist da eine Macht bezeichnet, die über mich und meinen Innenraum hineingreift.

Mars und der aufsteigende Zorn

Erfahrungsreligiöse Auffassung sieht nun diese ergreifende Atmosphäre als eine, die nicht nur in mir und anderen Menschen, sondern ebenso in der Natur anwesend ist. Im Zähne fletschenden Wolf, im angeschwollen (wütend) daherbrausenden Hochwasser zeigt sich dieselbe Grundqualität, die ich im aufsteigenden Zorn von innen her erfahre. Diese Erfahrung von innen her, die mir zeigt, wie sich das von innen anfühlt, läßt mich überhaupt erst den Wolf und auch den Wildbach »verstehen«. Ich weiß von mir her, wie es ist, wenn einem die Adern anschwellen.

Das Wesen wird vom erfahrungsreligiösen Menschen nicht hinter sondern in den Wirkungen gesucht. Goethe, der in vielen Äußerungen seine große Nähe zu erfahrungsreligösem Empfinden zeigte, bemerkt: »Denn eigentlich unternehmen wir umsonst, das Wesen eines Dinges auszudrücken. Wirkungen werden wir gewahr und die Geschichte der Wirkungen umfasste wohl allenfalls das Wesen jenes Dinges. Vergebens bemühen wir uns, den Charakter eines Menschen zu schildern, man stelle dagegen seine Handlungen, seine Taten zusammen und ein Bild des Charakters wird uns entgegentreten.« Mythische Rede über Natur heißt nichts anderes als Rede in Hand-lungen. Der Charakter eines Gottes läßt sich statt in Ad-jektiven eben treffender in Handlungen (Mythen) wie-dergeben.

»Wirkungen werden wir gewahr.«

Der ursprungsnahe Mensch erlebt die Welt als ein Gefüge von Charakteren, die sowohl Mächte als auch Erscheinungsformen und Atmosphären sind. Die Welt wird weniger in Dinge auseinandergelegt (es blieben sonst zuviele »Undinge« und »Halbdinge« übrig) sondern in Charaktere. Eine Blume mag ein Ding sein - eine Blumen-wiese, ein Fluss, ein Windhauch ist es nicht. Der Luft-hauch oder Wind ist ähnlich wie Fluss, Berg und Baum ein Grundwesen der Natur. Das, was einen anweht, ist ja auch die naheliegendste Beschreibung für Atmosphären, und Atmosphären sind die Götter alle. Angeweht wird man aber auch von jeder Art von Seelen, oder anders gesagt, Seele ist das, was einen anweht, und alles, was einen anweht, ist Seele.

Für die alten Griechen und Römer haben vor allem zwei Winde die Konkretheit von wirklichen Charakteren. Das eine ist der *Boreas*, der nordöstliche Kontinentalwind. Es ist die vorherrschende Windrichtung, deshalb ist er in der griechischen Mythologie der Herrscher der Winde. Er bringt trockene Luft und wolkenarmes Wetter. Er hat aber noch eine andere Seite: Als Wintersturm bringt er auch Unwetter. Sein Sitz wird in Thrakien verortet. In der Schlacht von Salamis wurde der griechische Seesieg durch Wind von der Landseite her begünstigt: Das war ein Eingreifen des Boreas, in dessen Gefolge sein Kult in Athen Staatskult wurde.

Zephyros, der Westwind und Gemahl der Iris

Der zweite Wind, der eine bestimmte Individualität besitzt, ist der *Zephyros*, der feuchte Westwind, der den Frühling verkündet und Fruchtbarkeit bringt. Er ist Eröffner der Seefahrt, kann aber als schnellster der Winde Not und Verderben mit sich bringen. In den Darstellungen trägt er jünglingshafte, fast weibliche Züge, in manchen Erzählungen ist er der Gemahl der Iris (der Göttin der Morgenröte) und Vater des Eros. Gegenüber dem Nord- und dem Westwind sind in Griechenland die beiden anderen Winde nur relativ blasse mythische Gestal - ten, die nur im Geviert der Winde eine Rolle spielen.

Im baierischen Mythos haben wir keine so ausgefeilte Mythologie der Winde. Aventin spricht lediglich vom Oberwind, der Regen, und vom Niederwind, der schönes, beständiges Wetter bringt. Übertragen auf unsere Bedin - gungen wäre der Westwind der König der Winde, der Föhn hätte im Alpenvorland am ehesten Zephyroscharakter.

Es gibt in der Erfahrungsreligion nicht die Trennung von heilig und profan und damit auch nicht von instrumentellem und religiösem Weltverhältnis. Wenn zum Beispiel unter Jägern ein Tier erlegt, zerlegt, zubereitet und verteilt wird, dann ist das einerseits überlebens -

notwendig, andererseits wird damit ein Mysterium vollzogen: wie aus dem Tod des Tieres Leben entstehen kann. Dies kommt zusammen mit der religionsstiftenden Grunderfahrung der Sterblichkeit. Ausgangspunkt der Religion ist das Erlebnis des Todes und damit die Reflexion auf eine unumkehrbare Richtung der eigenen Biographie. Die Richtung des Lebens als Altwerden kann in traditionalen Gesellschaften mit lediglich mündlicher Wissensweitergabe positiv besetzt werden. Dazu kommt, dass in Wildbeuterkulturen das Erleben der lebensspendenden Tötung von Tieren sehr stark ist. Die Neigung, den Prozess als positiv zu sehen, und die Erfahrung einer Dialektik von Tod und Leben wirken zusammen und bilden den Kern der Erfahrungsreligion, der auch in der Pflanzenwelt seine Bilder findet: »Wenn das Weizenkorn nicht in die Erde fällt und stirbt, dann bringt es keine Frucht«, heißt es noch im Christentum.

Erfahrungs-religion kennt nicht die Trennung von heilig und profan

Der Mensch denkt damit etwas über ihn als Person Hinausgehendes, in das hinein er sich überschreitet. Die Fähigkeit des Menschen zur Transzendenz, zu einer seinen subjektiven Standpunkt überschreitenden Betrachtung des Lebens wurzelt in der Erkenntnis der eigenen Sterblichkeit und in dem Wissen, dass das Leben auch nach dem eigenen Tod weitergeht und dass es gut ist, dass es weitergeht, weil sonst auch das eigene Leben in die Sinnlosigkeit gerissen würde. Das Totenmahl, dessen besonders ausufernde Gestaltung von Kelten und den baierischen Zeitgenossen Aventins (1477-1534) überliefert ist, inszeniert dies in besonderer Weise. Der Todesfall wird zum Anlass, einen nicht unerheblichen Teil seines Besitzes zu verteilen. Auch hier entsteht aus dem Tod neues, reiches Leben. Das, was im Individuum bei Lebzeiten an Reichtum gebunden war, wird freigesetzt und verflüssigt unter die Leute gebracht. Ähnlich sichtbar wird dieser Kern der Erfahrungsreligionen auch in seinem wichtigsten Ritus, dem blutigen Opfer. Der Sinn des blutigen Opfers ist gerade die Rückerstattung des Einzellebens an das Allleben!

Aus dem Tod entsteht neues Leben – auch darum das üppige Totenmahl

Die Erfahrung des sogenannten Toten als des Lebengebenden und von daher die Aufösung des Gegensatzes

von Allleben und Einzelleben ist der religiöse Kern aller Erfahrungsreligionen. Beim Trankopfer tritt an die Stelle der zu sprengenden Leiblichkeit des Einzellebewesens das Gefäß, dessen Inhalt seine von außen gegebene Formung verliert und in den Kreis des Alllebens zurückkehrt, sei es, dass der Inhalt im Opfer für die Unterirdischen auf die Erde gegossen wird oder durch Feuer sich verflüchtigt.

Alle Erfahrungsreligionen bleiben nah an diesem Kern der Transzendenz im Wissen um die Sterblichkeit. Die Erlösungsreligionen entfernen sich teilweise weit davon und verkehren mit ihrer Unsterblichkeitsvorstellung den Kern sogar in sein Gegenteil. Sie legen den Grund für ein prinzipielles Nichteinverstandensein mit der Welt, das in der Moderne in agressiver Weise praktisch wird und das die Ordnung der Natur, die die Sterblichkeit mitenthält, von Grund aus stürzen will.

Wenn der Mensch an persönliche Unsterblichkeit oder wenigstens individuelle Reinkarnation glaubt, sind das aus der Sicht der Erfahrungsreligion Formen der Ich-Aufblähung und Auflehnung gegen die kindschaftliche Zugehörigkeit auch des Menschen zum Reich der großen Mutter. Im Tod wird die Erde erneut zur Mutter, indem sie ihn in ihren Schoß aufnimmt. Goethes Wort, der Tod sei das Mittel der Natur, viel Leben zu haben, bezeichnet in noch heute verständlicher Sprache den Kern der Erfahrungsreligion.

Wir können nun die grundlegenden baierischen Eigenarten aus den Kennzeichen der Erfahrungsreligion verstehen.

Die Liberalitas Bavariae

Erfahrungsreligion ist tolerant. Alle Erfahrungsreligionen gehen davon aus, dass andere Völker unter anderem Namen im Grunde dieselben Mächte erfahren und verehren. Das spiegelt sich wider in den Berichten des griechischen Geschichtsschreibers Herodot über Ägypter, Skythen und diverse Völker, ebenso wie in Caesars Beschreibung der

Kelten, die wir noch kennen lernen werden. Höchstens kann man sich vorstellen, dass die Wichtigkeiten in anderen Ländern andere sind. In Ägypten etwa tritt der Flussgott Nil in seiner Bedeutsamkeit an eine Stelle, die bei uns der Himmelsgott als Regenspender hat. Damit ist dort ein erdverbundener Gott für die Befruchtung des Landes verantwortlich, während dies sonst ein Himmelsgott ist.

Von dieser Art ist die spezifisch baierische Liberalität, sie ist weder mit moralischer Gleichgültigkeit zu verwechseln noch mit positionsloser Toleranz. *Liberalitas*, das lateinische Wort, das weniger Freiheit als Freigiebigkeit bedeutet, ist am besten mit »Leutseligkeit« zu übersetzen. Viele verstehen nicht, wie Liberalität mit Ablehnung der Multikulturalität genannten Kulturlosigkeit einhergehen kann. Aber eigentlich gibt es kaum schärfere Gegensätze.

Die Liberalitas als Leutseligkeit setzt auf Kultur statt Multikultur

Eine lebendigere Tradition des Mythischen bedeutet nicht mangelndes Weltverständnis, sondern eine zusätzliche Dimension des Weltverständnisses. Eine solche Dimension, eine solche Erfahrung trägt der Baier aus jenen fernen Zeiten noch in sich. Darum sieht er die Welt auch gelegentlich mit anderen Augen, das verleiht ihm den etwas anderen Schlag.

Der Baiern Zungenschlag

Zu den seelischen Kennzeichen der Traditionsverbundenheit gehört der Unglaube an den Fortschritt und eine gewisse Traurigkeit über das Verblassende. Mit jedem Toten verblasst ein Stück Erinnerung. Stolz richtet sich auf das Bewahrte, zwar erlebt man sich selten als Sieger - aber hat man nicht in tausend Niederlagen doch mehr gehalten als andere in ebensovielen Siegen?

Was ein Volk im Seelischen ausmacht, lebt in der Sprache, und zwar in ihrer Melodie und in ihrer Grammatik. Was wir Heimat nennen, ist zuallererst die Sprache. Zuhause bin ich, wo ich verstanden werde, auch in Nuancen. Dass überhaupt Dialekt gesprochen wird prägt freilich die Menschen bereits wesentlich, denn es bedeu -

Wer Dialekt
spricht hat
den Vorrang
der Tradition
vor der
Norm gelernt

tet eine Selbständigkeit des Überkommenen (Unausge-
sprochenen) gegenüber dem nach Regeln Angelernten.
Wer Dialekt spricht, hat mit ihm den Vorrang der Tradition vor der Norm eingelernt. Das ist völlig unabhängig
von der Eigenart der Mundart oder der Klangfärbung.

Die Sprache prägt den in sie hineinwachsenden Menschen aber auch durch die ihr innewohnenden Bilder und
durch den seelischen Ton ihres Klanges. Hier spielen Dialekt und Klangfärbung eine Rolle. Willi Hellpach orientiert sich mehr an dem Seelischen, das in der Sprachfär-
bung zum Ausdruck kommt, nicht an den Einzeldialek-
ten, von denen R. H. France um 1900 allein in München
vier zählte: den Altstadtdialekt, den Oberlandlerdialekt
vorwiegend im Süden, den Vorstadtdialekt besonders im
Osten und den Dachauer Dialekt im Norden.

Während es in Oberfranken auch heute noch in jeder
kleinen Stadt Dialektunterschiede zu den benachbarten
gibt, ist Niederbayern zwischen Gäuboden und Isartal ein
einheitliches Dialektgebiet. Darin spiegelt sich ein enge-
res oder weiträumigeres Regionalbewusstsein. Freilich
geht die Tendenz zu größeren Regionen, in denen dann
nicht einer der früheren Lokaldialekte herrschend wird,
sondern eine Umgangssprache, wie sie sich um überregionale Zentren als »Ausgleichssprache« verschiedener
Lokaldialekte bildet.

Das Baierische ist ursprünglich eine Sprache, die nie
Gebildetensprache geworden ist, und deren Wortschatz
deshalb die hohe Kultur nicht erfasst. Der bayerische Mo-
narchist Georg Lohmeier schreibt 1967:

»Das Altbayrische wäre allein noch lebendig genug, um den Sprechbedarf eines wortkargen Stammes wenigstens werktags befriedigen zu können. Für
den Feiertag, will sagen: für all das Höhere, das in die
erhabenere Region aufsteigt, für die große Dichtung,
für die Wissenschaft, für Predigt, Gebet und Politik,
da benützen auch wir schon seit nun bald zwei Jahrhunderten das Schrift- oder Hochdeutsche. In diesem
Schriftdeutsch ist ja von Haus aus schon genug Bai-
risches enthalten - Oberdeutsches.«

Ja, mehr noch, die baierische Sprache ist Grundlage für das Deutsche geworden, weil in ihr sich als erster ostgermanische und westgermanische Ausdrücke mischten.

Schon der Altmeister der baierischen Mundartkunde, Andreas Schmeller, hat auf den Unterschied zum Schwyzerdütsch hingewiesen, der zum einen darin besteht, dass der Schweizer sich auch national abgrenzen wollte, der Bayer dagegen gerade nach 1813 sich als Deutscher fühlte; zum anderen darin, dass in der Schweiz die Standesunterschiede relativ geringer waren und damit die Volkssprache nicht als so unfein gilt. Je weniger ständisch-hierarchisch die Verhältnisse, desto stärker der mundartliche Einschlag in der Oberschicht. Auch die Biergartengleichheit schlägt sich in mundartlicher Färbung der Hochsprache nieder. Das hat freilich als Kehrseite eine gewisse Nivellierung zur Folge. Der Schweizer ist auch in seinen oberen Schichten verbürgerlicht, geprägt vom Häuslebauergeist, Sauberkeitsfimmel und Freundlichtun.

Das Schriftdeutsche ist erst seit gut 100 Jahren festgelegt. Kodifizierung aber ist nie schöpferisch, und wo sie es sein will, vergewaltigt sie das Empfinden. Allenfalls konservativ kann sie mit gewissem Recht sein, mit dem Recht, das daraus erwächst, dass ohnehin der Wandel so schnell geht, dass »die Seele nicht nachkommt«, wie die Indianer sagen, und deshalb das Neue meist seelenlos ist. Lohmeier findet das schöne Bild von den Mundarten als Quellen der Schriftsprache. Nun bemerkt er: »Wenn wir es genau besehen, dann fließen dreiviertel all jener Quellen, aus denen der Fluss unserer deutschen Sprache entstanden ist, im heutigen Bayern.« Man merke die Analogie zu den natürlichen Quellen: »Die Quellen sind der Mund des Landes, die Ströme ihre Rede«, schreibt Guardini in seinem Hölderlinbuch.

Noch 1816 konnte Schmeller erwägen, das Baierische als eigenständige Sprache festschreiben zu lassen mit grammatischen Regeln, Wörterbuch etc. Er machte sich jedoch selbst den Einwand: »Solch eine gänzliche Abtrünnigkeit und Selbständigmachung der bairischen Sprache tritt aber andererseits dem Streben nach Einheit der Deutschen in den Weg.« Es zeigt sich darin im Kleinen

Schriftdeutsch: Kodifizierung ist nie schöpferisch

das Grundproblem, dass die Staatlichkeit des 19. Jahr-hunderts, die aus dem Absolutismus hervorgegangen war, aus prinzipiellen Gründen nicht in der Lage war, bewahrend oder wirklich »konservativ« zu wirken. Das Einzige, was geholfen hätte, wäre gerade die Rücknahme des Staates gewesen. Überhaupt keine Rechtschreibung mehr für verbindlich zu erklären, hätte der Wirklichkeit der fließenden Übergänge entsprochen. Aber der Nationalstaat ist Protagonist nicht nur der militärischen, sondern auch der kulturellen Uniformierung. Er ist Produkt machtpolitischer Konzentrationsprozesse und nicht eine Organisation der partikularistischen Gegenkräfte.

Der Fehler: formieren zu wollen, was seinem Wesen nach fließend ist

Partikularismus und Parteien sind Reaktionen auf eine übermächtige Uniformierung; sie vernichten, was sie erhalten wollen, weil sie formieren, was seinem Wesen nach fließend ist. Dieses Grundproblem des Konservativismus wird uns noch öfter begegnen.

Aus der überflüssigen und nicht mehr ohne weiteres hingenommenen Rechtschreibreform des Jahres 2000 ergibt sich die Chance, den Unfug erzwungener Einheits-schreibung überhaupt wieder aufzugeben, vielmehr als nicht zwingende, aber doch Zugehörigkeit oder Nichtzu-gehörigkeit zur Bildungsgemeinschaft anzeigende Norm einzig und allein die Fähigkeit zu schulen, die Sprache der Klassiker (der Tradition) zu verstehen, die ja auch noch keine staatlich normierte Schreibung kannten. Es ist ja bezeichnend, dass mit der Reform noch mehr Verlage zur Schreibweise des jeweiligen Erstdrucks zurückkehrten, statt jetzt Goethe wie vor 100 Jahren nochmal irgendwel-chen Schulmeistern anzupassen.

Genau genommen gibt es aber eben deshalb, weil es nie Baierisch als Staatssprache gegeben hat, gar nicht *ein* Baierisch, sondern es gibt Dorf- und Regionalsprachen. Solche Sprachen fließen, vermischen, ändern sich not-wendigerweise in Zeiten großen sozialen Wandels. Es ist Unsinn, von »fehlerfreiem« Baierisch zu reden, wie es selbst Lohmeier tut, denn es handelt sich eben nicht um eine festgehaltene Schulsprache.

Und das Aussterben alter Bilder und Begriffe ist nur durch Assimilierung zu verhindern. Wenn diese Assimilationskraft dahin ist, dann ist eine Sprache notwendig zum Sterben verurteilt.

Feldhütter meint als wesentlichen Unterschied zum Norddeutschen ein Vorwiegen des Seins gegenüber dem Haben ausmachen zu können, das im Gebrauch des Hilfszeitwortes zum Ausdruck kommt: »Ich bin gestanden« statt »Ich habe gestanden«. Grammatisch auffällig sind im Baierischen die Betonung des Passivs und des »Es«. Das »Es« ist der sprachliche Rest eines göttlichen Subjekts. Das unpersönliche »Es regnet« stammt von »Jupiter oder Taranis regnet« ab, »Es geht« stammt von: »Das Fatum (Schicksal) geht seinen Gang«.

Süddeutsches Vorwiegen des Seins gegenüber dem Haben und das göttliche »Es«

Gemütlicher Klang

Die heutige Dialektforschung trägt freilich zu dem von uns Gesuchten wenig bei, sie ist Teil einer Wissenschaft, die nur Gegenständliches erfasst. Es gibt zwar eine Fülle von Büchern, die Lokaldialekte aufzeichnen, auch solche, die sie nach den Schubladen einer Grammatik ordnen, aber kaum Versuche, zu beschreiben, was in der Sprache an Seelischem lebt. Das lebt nämlich mehr in der Melodie als in einzelnen Wendungen. Wichtiger für das Wesen des Baierischen ist wohl sogar die Klangfärbung als der eigentliche Dialekt.

Franz Marc schreibt 1914 aus dem Felde: »Das Bayerische (...) hat etwas Würdiges, Bedächtiges und ungeheuer Sicheres. Wenn man einen Bayern zwischen all diesen Mundarten hört, imponiert es, es liegt etwas Ruhendes darin.«

Gemütlichkeit kommt von Gemüt. Gemütlich ist, wo nicht nur Rationalität und Rechenwesen zählt, wo Sinn nicht mit Zweck verwechselt wird. Über den Sinn läßt sich auf merkwürdige Weise nicht sprechen. Sinn wird erlebbar in Momenten der Zweckfreiheit. Das Wesen der Zweckfreiheit aber ist Bejahung. Was der Argumente bedarf, ist nie wirklich bejaht. Die Sinnfrage ist immer schon Symptom der Sinnlosigkeit. Nicht Antwort ist eigentlich gewünscht, sondern Verstummen der Fragen.

»Wenn man einen Bayern zwischen all diesen Mundarten hört, imponiert es, es liegt etwas Ruhendes darin.«

Wie vor dem Anblick der Geliebten die Frage nach nenn-
baren Vorzügen nicht aufkommt und ihre Unbeantwort-
barkeit, wenn sie von außen gestellt wird, nicht stört. Sinn
kann weder thematisiert noch gesucht werden.

Maulfaulheit
oder wortlo-
ses Verste-
hen?

Was dem Bayern gern als Maulfaulheit ausgelegt wird,
ist oft einfach die Weigerung, etwas zu beschreiben, was
sich nur wortlos verstehen läßt.

Und Wortkargheit kann auch Ausdruck einer geradezu
philosophischen Haltung sein. Gehört zum Philosophen
im Unterschied zum Gscheithaferl (dem Sophisten) doch,
dass er nachdenklich und nicht »schnell fertig mit dem
Wort ist«. »Si tacuisses, philosophus mansisses« (wenn
du s' Maul gehalten hättest, hättest du auch weiter als
Denker gelten können) sagt der Lateiner. Der Bayer sagt
»Ja mei« und bleibt Philosoph. Aber merke: Nicht »die
Weisheit mit Löffeln gefressen« zu haben, bedeutet
keinen Relativismus.

Bayern und Franken

Da nach 1945 im deutschen Sprachraum kaum dazu ge-
forscht wurde, ist der wichtigste Autor dazu immer noch
der Psychologe und Politiker Willi Hellpach, dessen Le-
bensthema der Zusammenhang von Landschaft und Seele war. Hellpach meint eine Nord-Südverteilung bei verschiedenen Völkern ausmachen zu können:

> »Der Unterschied ist gekennzeichnet durch ein psy-
> chologisches Vorwiegen der Verstandes- und Willens -
> seite bei den Nordteilen und der Phantasie- und Ge-
> mütsseite bei den Südteilen der Völker. Die Südteile
> der Völker leben ein stärker und unbewusster krea -
> türliches Dasein, die Nordteile ein bewusster planen-
> des; jene sind mehr instinktiv und leidenschaftlich,
> diese mehr nüchtern und vorberechnend.«

In seinem Buch »Deutsche Physiognomik« von 1942
wandte sich Hellpach jedoch gegen vorschnelle Wenn-
dann-Erklärungen und nahm ein Geflecht von »Erbgut-

Landschafts-bündisch-sozialer« Prägung des Menschen an. Für die landschaftlich-klimatische Beeinflussung macht er u. a. das »biogeographische Gesetz« geltend, nach dem sich Pflanzen, Tiere und Menschen in Nord-Süd-Richtung gravierender verändern als in Ost-West-Richtung. Er unterscheidet Naturgesicht, Trachtgesicht und Erlebnisgesicht. Naturgesicht sei nicht mit Erbgesicht gleichzusetzen, vielmehr werde dieses durch die umgebende Natur, Radioaktivität, Ernährung usw. überformt. Ob nun allerdings bei der Verwandtschaft von Franken und Bayern in ihrem »böhigen« Temperament der römische Einfluss, der Katholizismus, als prägend oder geprägt zu verstehen ist, bleibt unklar.

Naturgesicht, Trachtgesicht und Erlebnisgesicht

Selbst bei der Ausbildung des Gesichts spielt nach Hellpach die Mundart eine große Rolle: Sie bilde die Mundpartie. Ihr entspreche aber auch ein das angeborene Temperament überprägendes Konventionstemperament, das auch entscheidenden Anteil an der Ausprägung von Berufsgesichtern habe. Hellpach greift zur Erklärung auf den Carpenter-Effekt zurück: »Auch der Stille taut in temperamentvoller Umwelt auf (...). Umgekehrt erlahmt ein lebhaftes Temperament auf die Dauer, wenn es ohne Widerhall bleibt. Heftigkeit stößt an einer gelassenen Umgebung sich die Hörner ab.« Eine solche Wirkung gehe nicht nur von der menschlichen Umwelt aus, sondern, wenn sich ein Mensch etwa bei der Feldarbeit hauptsächlich allein auf weiter Flur bewege, auch von der Natur. Hellpach weist darauf hin, dass der Anpassungsprozess in der Stadt meist schneller geht, da die Rückzugsmöglichkeit des Einzelnen geringer sei, man könnte aber auch betonen, dass in ländlicher Umgebung und bei vermehrter einsamer und stiller Beschäftigung nicht einfach nur Eigenbrötelei gefördert wird, sondern der (Natur)Raum seine Prägewirkung deutlicher entfaltet.

Für besonders charakteristisch hält Hellpach die Sprechweise. »Wollte man Apothekenvergleiche zu Hilfe nehmen, so möchte man die saxothüringische Redeweise einem Salben, die bairische einem Stoßen vergleichen. Für die niedersächsische würde dann das Reiben wohl ein naheliegendes Bild sein.« Als weitere Kennzeichen des

Bayern führt er eine leicht gebeugte Kopfhaltung an (die er besonders der fränkischen entgegenstellt), weiter den raschen Wechsel gegensätzlicher Stimmungsäußerung in der Mimik und eine Verschiebung von der (unterentwickelten) Sprechmimik in die Blickmimik (letztere wieder besonders im Gegensatz zur fränkischen Tendenz deutlicher Sprechmimik).

Bayern und Franken oder Bayern und Pfälzer werden gern als Gegensätze dargestellt. Die Pfälzer hatten die höchste, die Bayern die niedrigste Auswanderungsquote, was freilich nicht so sehr mit Wanderlust als mit dem Erbrecht zusammenhing. Fränkisches Brauchtum scheint leichter auszusterben, was sich am ehesten erhalten hat, sind Sagen von Hausgeistern, was die starke Bindung ans Gebaute, weniger an die Natur ausdrückt.

Das, was wir heute Franken nennen, hat ohnehin wenig mit den Franken als Völkerwanderungsstamm zu tun, es ist deren östlichstes Verbreitungsgebiet, wo sie nur eine dünne Oberschicht auf alamannischer und thüringischer Grundlage darstellten. In anderer Hinsicht erscheinen die Franken auch wieder den Bayern relativ nah. Der Franke macht aus seinem Herzen keine Mördergrube, der Niedersachse oder auch der Schwabe, der das eher tut, erscheint ihm deshalb als falsch und tückisch, während diese umgekehrt den Franken als »unbeständig« bezeichnen, weil seine Stimmung schnell wechselt.

Was aber sind nun die besonderen Kennzeichen baierischer Eigenart?

Schreit und singt, tanzt und kartelt ...?

Zumindest von fern betrachtet, scheint der Baier als das, was er angeblich immer war: Die klassische Beschreibung des Aventin um 1500 scheint zutreffend und wird ausschnittweise immer wieder zitiert, ohne freilich den historischen Kontext zu berücksichtigen:

»Das baierisch Volk (gemainiglich davon zu reden) ist geistlich schlecht und gerecht, get und läuft gern kirchferten, hat auch vil kirchfart, legt sich mer auf den ackerpau und das viech dan auf die krieg, denen es nit vast nachläuft; pleibt gern dahaim, reist nit vast auß in fremde land; trinkt ser, macht vil kinder; ist etwas unfreundlicher und ainmüetiger als die nit auß kommen, gern dahaims erhalten, wenig hantierung treiben, fremde lender und gegent haimsuechen; achten nit der kaufmannschaft, kummen auch die kaufleut nit vast zu inen. Und im ganzen baierland sein dreierlei ständ, die da zu eren und verwaltung gebraucht werden. Der gemain man, so auf dem gä und land sitzt, gibt sich auf den ackerpau und das viech, ligt demselbigen allain ob, darf sich nichts on geschaft der obrikait understen, wird auch in kainen rat genomen oder landschaft ervordert; doch ist er sunst frei, mag auch frei ledig eigen guet haben dient seinem herrn, der sunst kain gewalt über in hat, jerliche güld, zins und scharwerk, tuet sunst was er will, sitzt tag und nacht bei dem wein, schreit, singt, tanzt, kart spilt; mag wer tragen schweinspieß und lange messer. Große und überflüssige hochzeit, totenmahl und kirchtag haben ist erlich und unsträtlich, raicht kainem zu nachttail kumpt kainem zu übel.«

»... trinkt ser, macht vil kinder ...«

Ähnlich, aber etwas drastischer und unfreundlicher über die baierischen Nachbarn äußert sich der Schwabe Sebastian Franck 1534 in seinem Weltbuch:

»Es hat ein wenig grobe Leut an Red und Person, gesund was männlich Geschlecht ist. Weibsbilder hat es fürbündig schöne, doch etwas braun und gemeiniglich von schwarzen Augen. Es ist auch nit seer ein höflich Volck, sundern von groben Sitten und grober Sprach. Zwey Laster werden diesem Volck vor andern Nationen als angeboren zugeschrieben, dass es karg und unwillig gegen die Gäste, grappisch und nachgriffig gegen ander Leute Gut sei.«

Es ist schwierig, Klischee und Wahrnehmung voneinander zu unterscheiden. Aber wir können die Signatur eines Landes auch noch anderswo ablesen. Als Historiker suche ich sie in der Geschichte. Um in der Gegenwart anzukommen, werden wir dabei weit zurückgehen ...

Und die Antwort finden:
Warum Bayern (immer noch) anders ist.

3.
Das Land
entsteht

Drei Gruppen sind es, die das Land spürbar formen: Kelten, Römer und Bajuwaren. Zunächst wollen wir uns anschauen, was es in Bayern gab, bevor es Bayern gab: die Zeit vor der Völkerwanderung. Und hier stoßen wir bereits auf das Phänomen besonderer Kulturkontinuität zu den bronzezeitlichen, ja steinzeitlichen Vorgängern, wobei freilich das Alpenvorland erst mit der Bronzezeit und dem einsetzenden Handel an Bedeutung gewann, während es für die rein bäuerliche Wirtschaft des Neolithikums, dessen Beginn für Bayern auf etwa 5350 v. Chr. angesetzt wird, randständig blieb. Dagegen haben andere Vorgeschichtsforscher sogar eine erste »Übervölkerung« annehmen wollen. Im Sommer 2005 wurde im niederbayerischen Aufhausen ein Frauengrab gefunden, das auf ca. 5300 v. Chr. geschätzt wurde.

Allerdings spricht man neuerdings von einem südostbayerischen Neolithikum (SOB) als erster eigenständiger Kultur Bayerns mit Ritzlinien- und Stichbandkeramik, der sogenannten *Oberlauterbacher Gruppe* und Brandbestattung. Sie gehört in die mittlere Jungsteinzeit, nach dem Zerfall der von Ungarn bis zum Pariser Becken reichenden linearbandkeramischen Lengyel-Kultur, dessen Ursachen nicht geklärt sind, vielleicht aber auf einen Nomadeneinbruch aus der südrussischen Steppe zurückgeht. Archäologen nehmen bisweilen eine Einwanderung aus Böhmen in ein weitgehend entvölkertes Bayern an. Vorsichtiger wäre zu sagen, dass sich dort in Böhmen die charakteristische Keramik zumindest früher findet. Vielleicht handelt es sich nur um die bevorzugte Innovationsverbreitungsrichtung.

Zwischen 4900 und 4600 haben wir es dann mit einem durch charakteristische Verzierungen (Stichbandkeramik) abgrenzbaren Kulturraum zu tun. Die Keramik wurde wohl noch nicht geschäftsmäßig, sondern von den Frauen für den eigenen Bedarf hergestellt, Verbreitungen bestimmter Muster über hunderte von Kilometern bringt man mit Heiraten über diese Distanzen hinweg in Verbindung. Auf einen noch engeren Zeitraum - das 48. Jahrhundert v. Chr . - begrenzt scheinen die spektakulärsten Bauten dieser Kultur: die Kreisgrabenanlagen mit Palisaden, die man als Kalenderbauten intepretiert (hat). Das bekannteste, das von Künzing Unternberg im Landkreis Deggendorf, hatte einen Durchmesser von 110 Metern. Ähnliche Anlagen sind in Kothingeichendorf und Viecht (Landkreis Landshut) entdeckt worden. Die Anlagen waren anscheinend nur wenige Jahrzehnte in Betrieb. Nach 4500 folgt dann auf die SOB die sogenannte Münchshöfener Kultur. Der fruchtbare Boden im Donau- und unteren Isartal blieb das Zentrum der »baierischen« Kultur der frühen Ackerbauern. Ortsnamen wie Flintsbach (im Donautal nahe Osterhofen und im Inntal bei Brannenburg) verweisen auf Feuerstein (Flint).

Das Verstehen einer Kreisgrabenanlage bedeutet nicht: die verschiedenen (oft haltlosen) wissenschaftli - chen oder auch esoterischen Theorien, wie es habe sich dabei um »Sonnentempel« gehandelt, zu kennen, sondern es bedeutet, zu erfahren, was das für Plätze waren. Das geht ansatzweise (trotz der Unwägbarkeiten der Un - terschiede der Vegetation) nur da, wo solche Plätze noch in einer überwiegend von natürlichen Faktoren (Dyna - men) geprägten Landschaft liegen. Dann kann man z. B. bemerken, dass es sich vielfach um Plätze handelt, die empfindungsmäßige Brennpunkte darstellen (was man bei vorhandener Sensibilität daran merkt, dass alles recht nah, Geräusche - auch Störungen aus der Umgebung - überstark erlebbar sind).

War man dann einmal in Goseck, so weiß man wie die Abschirmung durch die zwei Palisadenreihen auf solchen Plätzen wirkt: die konzentrierende Wirkung bleibt, aber die Außeneinflüsse und Störungen werden zurückgehalten.

Ansonsten ist von den Anlagen der Frühzeit kaum etwas erhalten. Wie weit z. B. der wachsende Stein von Usterling zurückgeht, ist schwer zu bestimmen. Es handelt sich beim »wachsenden Stein« um eine Kalksinterformation, die dadurch entstanden ist, dass Menschen über Jahrhunderte, ja Jahrtausende durch Pflege verhinderten, dass das Wasser seitlich herabrann, und so der Stein immer weiter zum Wachsen gebracht wurde.

Jedenfalls handelt es sich um ein weit über das Mittelalter zurückreichendes Quellheiligtum, das schon auf der spätgotischen Altartafel der Ortskirche in annähernd heutiger Größe dargestellt ist. Wenn man berücksichtigt, wie langsam der Stein nur wachsen kann, ist ein sehr hohes Alter wahrscheinlich.

Der »wachsende Stein« bei Usterling im Landkreis Landau a. d. Isar

Besonders schön dokumentiert die Abfolge bayerischer Frühzeit das kleine Museum in Altdorf bei Landshut, wo es nicht nur besonders rührige Vorgeschichts- und Heimatforscher sondern auch besonders günstige Erhaltungsbedingungen gibt. Geschlossene und offene Siedlungsformen wechseln mehrfach je nach Bedrohlichkeit der Zeiten. So ist etwa die im nahe liegenden Altheim lokalisierte, sogenannte Altheimer Kultur um 3600 durch palisadenbewehrte Dörfer gekennzeichnet. Schon die steinzeitlichen Kulturen hatten weite Handelsverbindungen, so bezogen die Altdorfer nicht nur ihren lebenswichtigen Feuerstein aus dem Altmühltal, sondern so nebensächliche Dinge wie Muschelschmuck aus der Ägäis!

Das Museum in Altdorf bei Landshut

Die Kelten

Seit dem Linear B-Fund von Bernstorf ist das älteste schriftliche Dokument Bayerns nicht mehr die griechische Inschrift »BOIOS« aus Manching sondern mehr als ein Jahrtausend früher der Na-

me auf dem Bernsteinsiegel: »Panwati«. Das Spektakulärste daran: Dieser Name taucht in der Argonautensage auf - und ihre Fahrt zum goldenen Vlies geht ursprünglich ja nicht übers Schwarze Meer sondern donauaufwärts ...; so wäre vielleicht Medea eine Bayerin und das goldene Vlies aus Bernstein.

Die erste namentlich fassbare Gruppe in Bayern sind die Kelten. In unsere Breiten dürften sie ebenso aus dem Osten eingewandert sein wie 700 Jahre vor ihnen, also um 1200 v. Chr., jene Leute, die wir als Urnenfelderleute bezeichnen, weil sie um 1200 die Feuerbestattung mit sich brachten. Wenn diese nicht eigentlich schon die Vor - läufer der Kelten sind. Zwischen Urnenfelder- und Latènezeit schieben die heutigen Historiker die Hallstattzeit ein, benannt nach einem Fundort auf später bajuwarischem Boden.

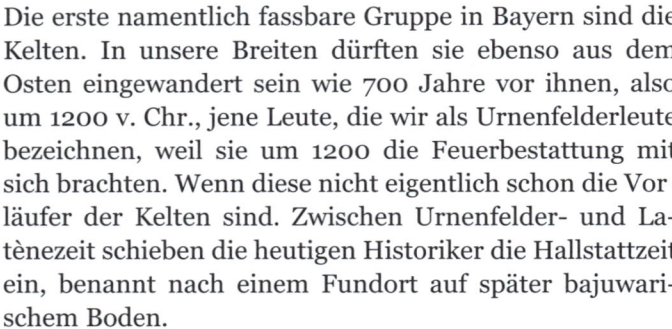

Bereits aus der Bronzezeit wird in der Nähe von Freising bei Bernstorf im Ampertal nach Funden und Grabungen auf einem Bergsporn eine Stadt verortet, die demnach gleichzeitig mit Troja VI existiert hat und gelegentlich das »bayerische Troja« genannt wird. Bernstein und Schriftzeichen in Linear B, einem Vorläufer der griechischen Schrift, zeigen die Handelsverbindungen von der Ostsee bis Griechenland. Bayern war auch damals kein Hinter - wäldlerland, aber wir wissen nicht einmal, welcher Volksgruppe diese damaligen Bayern zuzurechnen sind. Interessant ist im Fall Bernstorf auch, wie weit zurück Volksüberlieferung reichen kann, gab es doch in der Gegend die 1864 zum ersten Mal aufgezeichnete Sage von einer versunkenen Stadt ...

Ab dem 5. Jahrhundert v. Chr. sind Kelten im Gebiet der heutigen Tschechei und Altbaierns fassbar. Wohl als Boier geben sie dem Land den Namen Böhmen. Auch nachdem sie um 60 v. Chr. dort auswanderten und in augusteischer Zeit die Markomannen nachrückten, gab es noch boische Reste am norischen Donauufer, und für Carnuntum (Hauptstadt der römischen Provinz Pannonien, etwa 40 Kilometer östlich von Wien am Südufer der Donau) ist noch im 2. Jhdt. eine *Civitas Boiorum* epigraphisch belegt.

Die Kelten gründeten keine dauerhaften Reiche. Das Verbindende war vermutlich die religiös-kultische Orga -

nisation, die wir als Druiden kennen. Diese auch politi - sche Macht ihrer Priesterschaft unterscheidet sie am stärksten von Römern und Griechen. Auch sind die Kelten wohl weniger ein Volk als eine Kulturgruppe, die wiederum an ältere Kulttraditionen ihrer Siedlungsräume anknüpft.

Immer wieder finden sich keltische Spuren in der Nähe von Hügelgräberfeldern, die aus der Zeit zwischen 1800 und 1200 v. Chr. stammen, und in der Volkssage hat sich die Kontinuität oft bis in die Neuzeit erhalten, so am Durling, wo kopflose Pferde und Reiter umgehen sollen. Die Kelten haben auch Relikte der Megalithkultur weitergepflegt, daher die Keltensteine, Teufelssteine etc., die oft weit älter als keltenzeitlich sind.

Vieles von dem, was sonst heute als typisch baierisch gilt, geht auf dieses immer noch rätselhafte Volk bzw. diese Kulturgruppe zurück. So ist zum Beispiel in der römischen Welt der keltische Käse berühmt gewesen, wie bei uns der Emmentaler. Die Kelten betrieben bereits Almwirtschaft, und Wörter wie *Alm*, *Alp* sollen aus dem Keltischen kommen, *Senn* dagegen stammt wohl vom römischen *senior* (der Ältere, in der Bedeutung von Chef) ab, Kaser von *casa* (das Haus).

Vieles typisch Baierische geht aufs Keltische zurück

Die »bayerischen« Kelten bestehen aus diversen Stämmen, vermutlich den Vindelikern, Norikern, Tauriskern, etc. Während letztere den Tauern den Namen gegeben haben, befand sich das Hauptheiligtum der Noriker - geweiht einer Muttergottheit Noreia, die in römischer Zeit mit Isis gleichgesetzt und mit Schlange und Füllhorn dargestellt wurde - nördlich des heutigen Klagenfurt. Ein anderer wichtiger Lokalgott Norikums, der dann auch Hauptpatron von Aquiläa wurde, ist der römischerseits als Apollo apostrophierte Belenus. Von den Norikern schreibt Florus: »Noricis animos Alpes dabant, quasi in rupes et nives bellum non posset ascendere« (Den Norikern gaben die Alpen die freie Gesinnung, als ob der Krieg durch Fels und Schnee sie gar nicht erreichen könnte). Die Vindeliker siedelten im westlichen Südbayern, wonach ihr Hauptort Manching (bei Ingolstadt) gewesen sein könnte, der vielleicht größten vorgeschichtlichen

Siedlung Europas, die um die Mitte des 1. Jahrhunderts v. Chr. aus bisher nicht bekannten Gründen aufgegeben wurde (eine andere Theorie, insbesondere vorgetragen von der Regensburger Archäologieprofessorin Sabine Rieckhoff, verortet die Vindeliker lediglich am Alpenfuß und ordnet sie ethnisch eher den - nicht keltischspra - chigen - Rätern aus den Alpen zu; Manching sei, ebenfalls Rieckhoff zufolge, bereits bald nach dem Beginn des 1. Jahrhunderts v. Chr. aufgegeben worden, also rund 40 Jahre früher als die noch vorherrschende Meinung).

Die einstige Keltenstadt Manching im Modell, wie es sich für Archäo - logen nach ih - ren Ausgrabun - gen darstellt: Um die 10 000 Menschen könnten hier in der Blütezeit im 3. Jhdt. v. Chr. gelebt und gear - beitet haben. (kelten römer museum manching)

Eine weitere wichtige keltische Siedlung war Alki - moennis am Michelsberg beim Weltenburger Donau - durchbruch, wo eine gewaltiger Erzabbau und die folgen - de Erzverhüttung stattfand. Im Namen Boiodurum (Passau-Innstadt von keltisch *durum* = Tor) findet sich wieder der von dem Stamm der Boier abgeleitete Name. Am Auerberg im Allgäu ist die von dem römischen Geo - graphen Strabo genannte »Akropolis Damasia« (wohl von der keltischen Wurzel *Dam* für Gefolgschaft, ver - wandt dem griechischen *Demos* der Likater) zu lokali - sieren. Vielleicht ist der Auerberg aber auch eine erst von den Römern angelegte Höhensiedlung (die erste befes - tigte Militärbasis in Bayern nach dem Feldzug über die Alpen im Jahre 15. v. Chr.), die bald wieder aufgegeben wurde, nachdem sowohl von der einheimischen Bevöl -

kerung keine Aufstände zu erwarten waren, als auch die strategische Bedeutung durch den weiter nach Norden gen Donau vorgeschobenen Grenzverlauf des Imperiums gesunken war.

Im Chiemgau und Salzburgischen saßen die Alaunen oder Alonen, deren Stammesgottheiten sich in Seebruck noch auf Weihesteinen aus der Römerzeit finden. Hier ist der Lokalgott Bedaius zuhause, den Sten Nadolny so herrlich geschildert hat, und der seinen Haupthelden zu den Saligen auf dem Geigelstein führt. Die Römer hätten ihm, als sie herrschten, Heiligtümer errichtet wie einem Gott, berichtet Bedaius in diesem Roman, »aber ned aus Ehrfurcht, nix wia Boledick war's von dene Saubazin, fia des, dass s' uns no bessa ausschmiern hä'n woin«.

Merkwürdig ist die Häufigkeit von keltischen Vierecksanlagen im oberbayerisch-niederbayerischen Raum. Interessanterweise endet ihr Verbreitungsgebiet kurz vor dem Alpensaum, was darauf hindeutet, dass dieser von einer anderen Kultur besetzt war. Bis heute ist nicht zweifelsfrei geklärt, ob es sich bei den Viereckschanzen um Kultanlagen oder umfriedete Höfe handelt. Derzeitiger Forschungsstand ist, dass es sich wohl um eine Kombination gehandelt hat, gegebenenfalls auch mit wechselndem Schwerpunkt. Wehrbauten scheinen es jedenfalls kaum zu sein - dann wären die Kelten schlechte Festungsbaumeister gewesen.

Für die Kelten gilt nicht, was Aventin von den späteren Altbayern sagt, dass sie nicht gern hinauskommen. Im Gegenteil: Sie trieben regen Handel und gingen auf Beutezüge. Kelten bildeten die Basis für die Reorganisation des Heeres Hannibals in Unteritalien. Im Jahre 387 v. Chr. waren sie mit der Plünderung Roms in die mediterrane Geschichte eingetreten. Ein knappes Jahrhundert später, 279 v. Chr., standen einige Stämme vor Delphi. Nordöstlich von Byzanz gründeten sie in Kleinasien ein Königreich Galatien mit Zentrum beim späteren Hadrianopolis (heute Edirne) mit

Der noch gut erhaltene Wall einer Viereckschanze bei Walpertskirchen im Landkreis Erding

der Stadt Tylos, das bis 193 v. Chr. bestand. Im Jahr 101 v. Chr. wurden die germanischen Kimbern und Teutonen, die die Noriker und Taurisker im Jahr 113 überrannt hatten, bei Vercellae geschlagen. Schon ein knappes Jahrhundert später rief ein keltischer Stamm, die Taurisker, die Römer gegen die andrängenden Germanen zu Hilfe.

Der heutige Bayer - Caesars Kelte?

Caesar beschreibt als Eigentümlichkeit der Kelten den Dualismus zweier herrschender Stände und die Dominanz des religiösen Elements durch die Druiden. Beides weist aufs Mittelalter voraus, und es ist in diesem Zusammenhang vielleicht nicht zufällig, dass auch in der keltischen Kunst Formen dominieren, die in der Gotik wiederaufgenommen werden. Ich setze die Beschreibung, die Caesar in seinem Werk über den Gallischen Krieg um 50 v. Chr. von Kelten und Germanen gibt, und die, da die Kelten selbst kaum schriftliche Selbstzeugnisse hinterlassen haben, eine unserer wichtigsten Quellen ist, in fast voller Länge hierher und kommentiere einzelne Punkte:

Keltisches als Vorläufer für das Mittel- alter

>»In ganz Gallien gibt es zwei Klassen von Menschen, die irgendwelche Geltung und Ehre genießen. Das niedere Volk nimmt beinahe die Stellung von Sklaven ein. Es darf von sich aus nichts wagen und wird auch zu keiner Versammlung hinzugezogen (...) Aber von den beiden Ständen ist der eine der der Druiden, der andere der der Ritter.«

Einziger Ehrgeiz der Ritter sei, möglichst viele Gefolgsleute zu haben, sagt Caesar später (VI,15). Die Drei-Stände-Ordnung ist für die kommenden Jahrhunderte bayerischer Geschichte - bis auf die letzten zwei - wesentlich wegweisender als die römische Sozialordnung. Sie ist in gewisser Weise archetypisch, wenn man an Platons Staatskonzeption und ihrer Eindeutschung als »Lehrstand«, »Wehrstand« und »Nährstand« denkt.

»Die Druiden versehen den Gottesdienst, besorgen die öffentlichen und privaten Opfer und legen die Religionssatzungen aus. (...) Bei allen öffentlichen und privaten Streitigkeiten urteilen und entscheiden sie (...) Fügt sich ein Privatmann oder ein Stamm ihrer Entscheidung nicht, so schließen sie den Betroffenen vom Gottesdienst aus. Dies bedeutet bei ihnen die härteste Strafe. Die so Ausgeschlossenen gelten als gottlose Verbrecher, ihnen gehen alle aus dem Weg, ihre Annäherung und ihr Gespräch meidet man (...) Ihnen wird, auch wenn sie darum nachsuchen, kein Rechtsbescheid erteilt.«

»... so schließen sie den Betroffenen vom Gottesdienst aus. Das be-deutet bei ihnen die här-teste Strafe.«

Auch das hat eine christliche Nachfolge gefunden: in der Eigenständigkeit des Kirchenrechts (das freilich zum weltlichen Recht in Konkurrenz stand und in seinem Geist römisch war) und insbesondere im Machtmittel von Kirchenbann und Interdikt.

»Die Druiden tagen zu einer bestimmten Jahreszeit an einer geheiligten Stätte im Lande der Carnuten, das ungefähr in der Mitte ganz Galliens liegt (...) Ihre Lehre soll in Britannien aufgekommen und von dort nach Gallien gelangt sein und auch jetzt noch reist, wer sie genauer erforschen will, meist dorthin, um sie zu lernen.«

Britannien ist nicht das Herkunfts- und Kernland der keltischen Kultur, aber es war später ihr wichtigster Rückzugsraum. Betrachtet man das keltische Verbrei-tungsgebiet, das sich S-förmig durch Europa schlängelt, dann ist wahrscheinlich, dass sich die Keltisierung oder Druidisierung von Südosten nach Nordwesten vollzogen hat, nicht als immer weitere Ausstrahlung von einem festen Zentrum aus, sondern sozusagen als Wanderung, die bis Britannien führte. Es handelt sich nicht um Mission, sondern um Kulturierung.

Weiter schreibt Caesar:

»Die Druiden ziehen gewöhnlich nicht mit in den Krieg und zahlen auch keine Abgaben wie die anderen (...) Durch so große Vorrechte angelockt, begeben sich viele freiwillig in ihre Lehre oder werden von ihren Eltern und Verwandten hingeschickt. Sie sollen dort Verse in großer Zahl auswendig lernen. Deswegen bleiben einige zwanzig Jahre in der Lehre. Sie halten es für Frevel, sie schriftlich niederzulegen, während sie fast in allem Übrigen, in Staats- und Privatgeschäften die griechische Schrift benutzen. Sie scheinen mir aus zwei Gründen dies eingeführt zu haben: Sie wollen nicht, dass die Lehre unter der Menge verbreitet werde, noch dass die Schüler, sich auf das Geschriebene verlassend ‚in ihrem Lerneifer und im Gedächtnis nachlassen.«

Die Nichttrennung von Wissen und Person: Weisheitswissen

Die Entkoppelung von Lehre und Person und der Grad an Verinnerlichung, der nur durch das Auswendiglernen entsteht, sind auch die Hauptpunkte der platonischen Schriftkritik. Es ist eine andere Form der Tradition, der Weitergabe: Schriftlich Niedergelegtes wird leichter dem Buchstaben nach bewahrt. Aber die Interpretation kann sich völlig wandeln, gerade weil man meint, im Schrifttext ja das Wesentliche unverlierbar zu haben. Dagegen stellt sich in der persönlichen Beziehung bei mündlicher Weitergabe meist schnell heraus, ob der Lernende die Sache so auffasst, wie sie vom Lehrenden gemeint war. Diese Nichttrennung von Wissen und Person begründet einen anderen Typ von Wissenschaft: Weisheitswissen.

Heute geht dieser Wissenstyp fast in allen Bereichen verloren. Die Kelten waren in kulturellen Angelegenheiten erzkonservativ, in wirtschaftlichen dagegen sehr weltoffen. Der Slogan »Laptop und Lederhosn« versucht etwas Ähnliches für heute zu beschwören: im Bereich der instrumentellen Vernunft mit der Zeit zu gehen, das Wesentliche der Kultur aber bis in die äußeren Formen hinein zu bewahren. Nur ist das heute nicht mehr so leicht zu trennen. Das Leben in prekären Beschäftigungsverhältnissen, ob als Manager oder Handlanger, prägt die Persönlichkeit umfassender und läßt sich mit Gemütlichkeit vielleicht noch weniger vereinbaren als mit Zen-Meditation.

Zu den Inhalten der druidischen Lehren schreibt Caesar:

>>Vor allem wollen sie die Überzeugung hervorrufen, dass die Seelen nicht vergehen, sondern nach dem Tode vom einen zum anderen wandern. Sie glauben, dass die Menschen vor allem durch diese Lehre, die die Todesfurcht beseitige, zur Tapferkeit angespornt würden.<<

Damit ist tatsächlich der Kern der Erfahrungsreligion angesprochen, die Aussöhnung mit der Sterblichkeit. Ob die keltische Reinkarnationslehre personales Wiedergeborenwerden meinte, ob sie das ausschloss, oder ob sie es nur für entsprechend entwickelte Menschen gelten ließ, wissen wir nicht. Ersteres ist sehr unwahrscheinlich, denn eine so große Rolle gibt die keltische Kultur und bis heute auch die baierische dem Individuum nicht.

Kern der Erfahrungs - religion: die Aussöhnung mit der Sterblichkeit

Doppelt unverstandenes Brauchtum

Caesar erwähnt die auch archäologisch (etwa für Man - ching und Eglofstein) bezeugten Menschenopfer. Er schreibt (ob vielleicht auch etwas propagandistisch eingefärbt, wissen wir nicht):

>>Andere Stämme haben Gebilde von ungeheurer Grö - ße, deren aus Ruten zusammengeflochtene Glieder sie mit lebenden Menschen füllen, sie werden dann von unten angezündet, und die von der Flamme Ein - geschlossenen kommen um. Die Opferung der bei Diebstahl, Raub und anderen Verbrechen Ergriffenen ist nach ihrer Ansicht den unsterblichen Göttern am angenehmsten, aber so oft es an solchen fehlt, schrei - ten sie auch zur Opferung Unschuldiger.<<

Ein später Nachfahre davon ist das Verbrennen von Strohpuppen bei Sonnwendfeuern und anderen Festen. Der Brauchtumsforscher und Abgeordnete der »Bayerischen Patriotenpartei« Johannes Sepp schreibt:

>»In der Umgegend von Erding, Freising und Abensberg verbrennt man nach der Auferstehung den strohernen Ostermann mit der geweihten Kerze und streut am Ostermontag die Asche auf die Felder, um diese gegen Schauer zu schützen. Teilweise wird die Strohpuppe auch mit dem Winter identifiziert, aber auch Holle oder männlich Lolle genannt. Gemeint ist damit die Herrin des Winters. Obwohl der Brauch als heidnisch bereits auf der Regensburger Synode von 742 verboten wurde, hat er in verschiedenen Formen überlebt.«

Ursprünglich wird nicht eine böse Macht vernichtet, auch nicht der Tod, vielmehr wird der tote Vegetationsgeist oder der Genius des vergangenen Jahres in die Erde gelegt oder verbrannt, damit er auferstehe. Bezeichnend ist, dass die verkohlten Reste der Strohpuppen auf die Felder ausgebracht wurden, um die Fruchtbarkeit zu fördern. Ins Christentum hat man solche Riten zum Teil zu Fasnacht übernommen, also in einen Bereich verlegt, in dem sich Heidnisches ausleben konnte. Dabei spielte eine Rolle, dass mit dem alten Jahr zugleich alte Rechnungen vernichtet wurden, so berichtet der Sammler der Bavaria aus der Eichstätter Gegend, dass der Strohpuppe alle Diebstähle und Vergehen des vergangenen Jahres angelastet wurden. Andernorts verbrannte man auch alte Kleider und nahm damit symbolisch Abschied vom alten Jahr. Bezeichnend ist aber, dass dieselbe Bedeutung, die einerseits dämonisiert, andererseits (und nicht nur andernorts) auch mit christlichen Zeichen verbunden wurde, so etwa mit Johannes dem Täufer.

Das »Judasbrennen« war 1956 noch im Gebiet Dachau-Aichach-Schrobenhausen üblich. In den 1980er Jahren ist es dann sogar andernorts wieder neu aufgenommen worden.

Keine böse Macht verbrennt, sondern der tote Vegetations - geist, auf dass er auf - erstehe

In jüngster Zeit ist eines dieser Feste in Obermenzing im Münchner Westen in die Schusslinie politischer Korrektheit gekommen: 1994 hatte schon einmal der (aus Norddeutschland stammende) Pfarrer die Umbenennung in Osterfeuer veranlasst und die Strohpuppe durch einen Strohballen ersetzt, doch dann hatte sich die Tradition wieder Bahn gebrochen. Nun ereifern sich andere, die es makaber finden, in einer Zeit, in der es Brandanschläge auf Menschen gibt, Strohpuppen - egal welcher Herkunft - zu verbrennen, auch Sentimentalisten, die glauben, dass man dies in echt (im Gegensatz zum Fernsehen) Kindern nicht zumuten könne. Ein Journalist der linken Tageszeitung in Berlin schrieb gar, in einem Münchner Vorort würden symbolisch Juden verbrannt ... Dabei war nicht nur der Pfarrer päpstlicher als der Papst, sondern auch die Deutschen jüdischer als die Juden. So machte der Bezirksausschuss des Stadtteils zur Auflage für eine Genehmigung des Jaudes-Feuers, dass die Veranstalter das Gespräch mit der jüdischen Gemeinde suchen. Diese hatte zwar außer dem Namen nichts einzuwenden, aber es ist schon ein wenig eigenartig, dass Vertreter der jüdischen Kultur über bayerisches Volksbrauchtum richten sollen ...

Strohballen statt Strohpuppe ...?

Leider war mit diesem Possenspiel die Sache nicht ausgestanden, denn trotz mangelnder Argumente ließ die rot-grüne Stadtspitze durch das Baureferat, das nun wahrlich nicht für Brauchtumspflege sondern nur für Sicherheitsvorschriften zuständig sein sollte, zwar das Feuer genehmigen - aber nur ohne Puppe. In einem Artikel der Süddeutschen Zeitung von Andreas Flessa vom 15.4. 2003 wird ohne Belege, aber in Übereinstimmung mit heute geltender Korrektheit die These vertreten, von den Nazis sei dieser antijüdische Kult zielgerichtet wiederbelebt worden.

Das Missverständnis und der Name des Judasverbrennens ist durch den kirchlichen Zwang zur Uminterpretation eines alten Vegetationskults zustandegekommen, wobei der Vegetationsgeist (der eigentlich das Vorbild der Christus-Gestalt ist) zum Bösewicht, zu Judas oder einer Hexe dämonisiert wurde. Denn der Geist der alten Zeit war für die Kirche der Geist des Unglaubens -

Missverständnis durch kirchliche Uminterpretation

und der war böse. Die Schuld der eigenen, die Welt in gut und böse spaltenden Lehre wird nun der Tradition in die Schuhe geschoben. Die Tradition des einstigen kirchlichen Antijudaismus wird verleugnet und die alttestamentarische Bilderfeindschaft neu belebt. Der leidende Christus dominiert gegenüber dem Auferstandenen, an den man nicht mehr so recht glauben kann, und damit predigt man eine Religion, in der die Nachfolge Christi darin besteht, Opfer zu sein.

Eine andere Art des Menschenopfers war das Ertränken, woraus der Brauch des »Wasservogels« entstanden ist. Auch im alte Rom wurden Strohpuppen in den Tiber geworfen. Das letzte Wasservogelfest in München fand im Jahr 1828 statt. An anderen Orten, wie in Neuburg an der Donau, wo die Reformation vielleicht auch nach ihrer Rückgängigmachung nachwirkte, war es dank einem eifernden Pfarrer bereits 1639 von der Obrigkeit verboten worden.

Hier finden wir vielleicht auch einen Grund für den religiösen Widerborst im Bayern: Die uralten Zusammenhänge der Natur ahnend, saugt er aus den Wurzeln seiner naturreligiösen Herkunft die Freude am alten Brauch, hält an heidnischen Riten fest (auch wenn er sie sich gelassen christlich verpacken lässt), schafft es im Katholizismus sogar, die barocke Freude über das Opfersein zu stellen. Nur ist sich der Bayer dessen oft gar nicht mehr bewusst. Er hält an Bräuchen fest, deren Sinn er vielleicht erahnt, nicht aber gegenüber seinen Kritikern verteidigen kann. Denn diese Art der Tradition konnte über Jahrhunderte nur äußerlich weitergegeben werden, da seine Köpfe (die heidnischen Priester oder Weisen) gekappt waren. Ja, in gewisser Weise ist das Missverstehen des Brauchs die Bedingung seines Überlebens gewesen, denn wäre er als heidnisch und nichtdualistisch verstanden worden, hätte ihn die Kirche bekämpft. Trotzdem: Auch unter dem offiziellen Namen und in der Sprachlosigkeit der Volkskultur ist der Kern solcher Bräuche in der Tiefe der Psyche verstanden worden. »An den Judas denkt eigentlich niemand«, schrieb ein Volkskundler bereits im 19. Jahrhundert. Das war nur der offizielle Name.

Hier finden wir den tieferen Grund für des Bayern Freude am alten Brauch

In der heidnischen Vorstellung ist der Vegetations-
könig oder der Geist des alten Jahres nicht »böse«, nicht
deshalb muss er sterben, er unterliegt nur dem Schicksal
alles Irdischen, und aus seinem Tod geht das neue Leben
hervor, deshalb wird seine Asche auf die Felder gestreut.
Auch der Drache ist als Sinnbild des sich in die Erde
zurückziehenden Teils des Jahres und des Vergangenen,
so des Ahnengeistes, nicht ursprünglich böse.

Gute Kontakte zur Anderswelt

Im erfahrungsreligiösen Kontext wurde das zum Opfer
vorgesehene Tier oder der Mensch besonders geschmückt
und auch besonders pfleglich behandelt. So hatte der zum
Opfer ausersehene Widder Zutritt zu allen Häusern und
bekam dort die besten Bissen zugesteckt. Der letzte Nach-
klang davon ist die Henkersmahlzeit. Schließlich ist der
Getötete ja immer auch Bote in die Anderswelt.

Der Widder
als Bote in
die Anders-
welt, aber
auch viele
unblutige
Riten

Die meisten Opfer freilich waren unblutig: Sitten wie
das Füttern von Quellen mit Brot und Käse oder des Windes mit Mehl hat sich mancherorts, wie im Klein-
walsertal, erhalten. Auch in der Oberpfalz streute man
Mehl in den Wind. Hier deuten die Namen auf Reste eines Wotanskultes. Zum Kinderschreck geworden ist er als
»Woutzl«. In einer Lokalsage von Neuenhammer an der
Pfreimd ist er zu einem zauberkundigen König Woud ge -
worden. Seine Frau heißt Freid.

Als segensreich gilt der Dreikönigswind. Ihm öffnet
man Türen und Fenster, damit er Glück ins Haus trägt.
Der Übergang zur Wilden Jagd ist fließend, ihr muss man
die Fenster öffnen, damit sie das Haus nicht zerstört.
Beim Heuen und Fruchtschneiden läßt man etwas für die
Holzfräulein liegen. Sehr weit verbreitet ist die Vorstel -
lung, dass die Holzfräulein ständig auf der Hut sind, nicht
von den Riesen oder der wilden Jagd zerrissen zu werden.
Schlangen wurden in der Antike auf Altären Opfer darge-
bracht.

Bis in die Neuzeit hinein gab es in bayerischen Bau -
ernhöfen die Sitte, eine Hausschlange zu pflegen. Der

Volkskundler Leoprechting berichtet aus einer Zeit Ende des 19. Jahrhunderts: »Noch muss ich die Hausnatter er-wähnen. Ihrer hat jedes Haus eine; sie ist weder giftig noch den Hausbewohnern feind. Wenn sie klappert, muss eines im Hause sterben. Auf den Betten, wenn sie gesonnt werden, in der Kuchel und auf dem Brunnenrand kann man sie diemalen sitzen sehen.«

Die »Haus-schlange« als Glücksbrin-gerin

Leider erwähnt er die Art der Schlange nicht; sehr wahrscheinlich handelt es sich um die Ringelnatter, die dafür bekannt ist, in Menschenobhut handzahm zu wer-den. Solche Schlangen sind ungiftig und können bis zu zwei Meter lang werden. Sie galten im europäischen Kul-turkreis vielerorts als Glücksbringer, besonders wenn sie sich unter der Türschwelle, dem Sitz der Ahnengeister, oder auch sonst irgendwo im Anwesen einnisteten. Sie wurden mit Milch gefüttert, und es gab den Glauben, wer ihr Schaden zufüge, müsse noch im selben Jahr sterben.

Mit Prunk in die Unterwelt

Während die Germanen ihre Toten verbrannten, übten die Kelten Erdbestattung. Man kann darin ein Indiz einer stärker auf die Unterwelt ausgerichteten Religion sehen. Caesar überliefert zudem, dass die Kelten sich rühmten, vom Gottvater (dem Unterweltsgott) abzustammen, und beschreibt dann Sitten, die auf Reste von Matrilinearität (Mutterrecht) hindeuten, nämlich einerseits das Zählen nach Nächten statt nach Tagen, andererseits, dass der Sohn ganz in der Familie der Mutter, nicht des Vaters auf-wächst und sich mit diesem auch nicht vor Erreichen des Mannesalters in der Öffentlichkeit zeigt. Caesar erwähnt den Aufwand, den die Kelten für Begräbnisse treiben. Die Freude an einer schönen und großen »Leich« ist in Bay-ern erhalten geblieben. Prunkvolle Leichenschmäuse wa-ren immer wieder Gegenstand kirchlicher Proteste.

Die Freude an der gro-ßen »Leich« als keltisches Erbe

Auch die Zurschaustellung von Schädeln und Gebei-nen, was schon dem griechischen Schriftsteller Poseido-nios bei den Kelten aufgefallen war, hat ihre Fortsetzung gefunden: Alfred Weitnauer vermutet, »dass mit der im

17. Jahrhundert in den katholischen Gegenden Baierns und Schwabens aufgekommenen Sitte, die Skelette von Heiligen und Märtyrern in prunkvoller Gewandung und zum Teil unter geradezu erdrückendem Schmuck in den verglasten Schreinen der barocken Altäre zur Schau zu stellen, eine uralte Hinneigung des bäuerlichen Volkes zur Heroenverehrung, zum Gräberkult und Begräbnispomp noch einmal zum Durchbruch kommt«.

Gegenüber der frühkeltischen oder Hallstatt-Zeit mit ihren großen Fürstensitzen z. B. am Ipf im Nördlinger Ries und ihren Handelsbeziehungen in den Mittelmeerraum und die Bernsteinregion nimmt sich die spätere Keltenzeit (La-Tène-Zeit) eher bescheiden aus. Großskulpturen wie vom Glauberg wurden bisher im späteren Bayern nicht gefunden. Allerdings hat die Luftbildarchäologie in den letzten Jahren eine Reihe von Herrensitzen und zugehörige Grabhügel entdeckt, von denen manche wie z. B. Niedererlbach auch ausgegraben wurden. So schließt sich auch diese vermeintliche Lücke in der Siedlungskontinuität zumindest der besten Ackerbauplätze in Bayern.

Dennoch scheint es gerade in Südbayern gelegentlich zu massiven Ausdünnungen der (keltischen) Bevölkerung gekommen zu sein, für das 1. Jahrhundert v. Chr. ist die massivste anzunehmen, was sich im auffallend spärlichen archäologischen Fundgut ausdrückt (auch die Aufgabe der einstigen Großstadt Manching fällt in diese Zeit; es gibt Forscher, die für Südbayern - ohne das unmittelbare Alpenvorland - eine auch von antiken Schriftstellern zitierte, allerdings nicht exakt zu lokalisierende Einöde annehmen).

Südbayern - die große Einöde?

Götter und Ahnen

Prägnant äußert sich die Weltanschauung einer Kultur zumeist in den Göttergestalten, die sie ausprägt. Wir wollen uns einige einmal anschauen, auch wenn das keltische Pantheon etwas eigenartig Verschwommenes hat, wie Caesar uns berichtet:

»Unter den Göttern verehren sie am meisten Merkur. Er hat die meisten Bildnisse. Ihn halten sie für den Erfinder aller Künste, den Führer auf Wegen und Wanderungen, ihm sprechen sie den größten Einfluss auf Gelderwerb und Handel zu. Nach ihm verehren sie Apoll, Mars, Jupiter und Minerva. Von diesen haben sie ungefähr dieselbe Vorstellung wie die anderen Völker.«

Die alten Götter: die Grundcharaktere des Seins

Caesar bezeichnet die Götter mit den seinen römischen Lesern vertrauten Namen. Die Götter der Erfahrungsreligion sind ja, wie schon beschrieben, Qualitäten, aus denen die Welt gebildet ist, die Grundcharaktere des Seins, die sowohl in der Natur draußen als auch in den eigenen Regungen, Gefühlen und Stimmungen erfahren werden. Ein erfahrungsreligiös denkender Autor setzt voraus, dass auch andere Völker im Prinzip ähnliche Qualitäten erfahren, wenn auch landschaftlich und klimatisch modifiziert, kulturell anders benannt und durch Genealogie miteinander in Verbindung gebracht. Wir finden auch tatsächlich bestimmte Formen wie den Hammergott, den Reitergott, die Schlangengöttin überall wieder.

Freilich ärgern wir uns heute, dass Caesar nicht die keltischen Namen überliefert, aber um das Fortleben der Archetypen im baierischen Bereich zu verstehen, helfen uns vielleicht die römischen Namen weiter, denn die keltischen Götter wurden in den ersten 500 Jahren unserer Zeitrechnung romanisiert. Und sie sind zu unscharf in ihren Bereichen voneinander abgegrenzt, als dass sie sich zur Charakterisierung von Archetypen eignen würden. Es ist überhaupt die Frage, ob es im Keltischen ein Pantheon vergleichbar dem Olymp gegeben hat. Die Druiden scheinen weniger interessiert an den Einzelqualitäten der Welt gewesen zu sein als an ihrer Verwandlung ineinander. So mag es richtig sein, als Kern der druidischen Religion die dreigestaltige Göttin zu verstehen, die wir noch überliefert in den drei Bethen (und auch in der Anna Selbdritt) kennenlernen werden: die Aufblühende, die Fruchtbare und die sich Wandelnde; ihnen entsprechen männlich der Lichtgott, der Herrscher und der Kesselgott.

Vermutliche Teutates-Darstellung auf dem Kessel von Gundestrup

Beim Teutates!

Der als Merkur bezeichnete Gott ist wohl der wichtigste Gott des keltischen Pantheons. Er führt oft den Beinamen *Teutates*, was soviel heißt wie »Vater des Stammes«. Eher entspricht er dem germanischen Wotan / Odin, denn keineswegs vertritt er so sehr den profanen Handel, von dem der lateinische Merkur manche Züge von Untertänigkeit und sich Durchwinden hat, was den Kelten wie den Altbaiern immer sehr fremd geblieben ist. »Sie achten der Kaufmannschaft nit«, schreibt Aventin. Der keltische »Merkur« ist ebenso der zentrale Gott der Druiden, wie Taranis jener der Ritter. Der griechisch-römische Hermes-Merkur ist freilich der Führer in die verborgenen Geheimnisse und in die Anderswelt, und wie Wotan der Führer der abgeschiedenen Seelen durch die Lüfte und Totenherr ist, so ist auch Hermes-Merkur der »Seelengeleiter«.

Teutates dürfte auch der dreiköpfige Gott mancher Darstellungen sein. Lorenz Westenrieder (1749-1829) berichtet in seiner 1782 erschienenen »Beschreibung von München«, dass noch Ende des 18. Jahrhunderts in der Torwächterstube am Münchner Neuhauser Tor ein Dreikopf in den Farben schwarz-weiß-rot gezeigt worden sei, angebliches Relikt eines Heidentempels an dieser Stelle.

Heidnischer Tempel am Neuhauser Tor in München?

Was ist der Kern der Hermes-(Merkur)-Teutates-Gestalt? Es ist die Herme: Die Herme ist Wegweiser und insofern reale Inkarnation des Wegweisenden in der Welt, die Herme ist aber auf der anderen Seite auch Grenzpfahl, und sie verlässt die Linearität des Weges, sie weist zugleich in die dritte Dimension nach oben. Die Gestalt des Hermes-Merkur könnte man als die Atmosphäre der Grenze fassen - aber auch deren Überschreitung -, des Weges (der immer eine doppelte Richtung hat), ja, der Moira oder, uns heute verständlicher, des Tao. Hier liegt der Keim dazu, dass er zum Allgott werden kann, denn er ist eine Seite des Grundgeheimnisses der Welt. Unmittelbar zeigen kann er sich deshalb in Hermen, weil diese als Wegweiser dienen und damit real ein Stück von seiner Funktion übernehmen. Elementarer Dienst an Hermes ist es, dem Steinhaufen einen Stein hinzuzufügen, ein Stück der Entropie entgegenzuarbeiten. Die Hermen weisen aber auch auf einen phallischen Charakter. Hermes-Merkur ist der Fruchtbarmacher; insofern dies im Makrokosmos der Blitz ist, ist er Sohn des Zeus-Jupiter. Im Mikrokosmos entspricht dem der geniale Einfall, der Glück bringt. Jede Chance gilt als Geschenk des Hermes.

Die Herme weist den Weg

Hermes ist der Gott des Humors. Das Wort Humor kommt von Flüssig-sein. Humor ist die Flüssigkeit, der Saft. Das Wasser findet überall seinen Weg. Und in nächtlicher Gestaltauflösung hat auch er, der Aktive, seine Rückbindung an den Geist der Erfahrungsreligion, die tief in der Wahrheit des schöpferischen Grundes des All-lebens wurzelt.

Grenze, Weg und Transzendenz gehören, wie jeder halbwegs naturbelassene Fluss uns lehren kann, als eine Dreiheit zusammen. Wer den Weg ohne Grenze will, wird zum Händler, wer die Grenze ohne Weg, zum Geheimnistuer. Wirkliche Transzendenz gibt es für keinen von beiden. Die neuzeitliche Spaltung der Welt reißt Hermes mitten entzwei. Das Wort »hermetisch« hat in Verbindung damit einen Bedeutungswandel von Öffnung zu Verschlossenheit durchgemacht. An Hermes, den Dreimalgrößten, wie er in der Spätantike heißt, knüpft sich die

Grenze, Weg Transzendenz - was der Fluss uns lehrt; und die Spaltung des Hermes

Vorstellung von einer esoterischen Geheimlehre, die durch die Gestalten der Mythologie verhüllt ausgedrückt werde. Die ursprüngliche Dreiheit ist die von Grenze, Weg und Herme.

Der griechische Schrifsteller Lukan berichtet von Teutates, dass die ihm geweihten Opfer in einem Kessel ertränkt wurden; aber der Kessel ist auch das Attribut des Herrn der Unterwelt. Die volkstümliche Bezeichnung »Abrahams Wurstkessel« für das Tuch, in welchem auf manchen mittelalterlichen Darstellungen, z. B. am Nordtor des Bamberger Doms, der biblische Stammvater Abraham die Seelen der Verstorbenen versammelt, dürfte auf alte Vorstellungen vom Gott mit dem Kessel, der den Tod in Leben umschmilzt oder braut, zurückgehen. Denn aus dem Kessel, in den er die Toten steckt und umrührt, zieht er die jungen Seelen.

Abraham, der am Nordtor des Bamberger Doms die Seelen sammelt

Eine andere Gestalt, in der Teutates nach der Christianisierung weiterlebt, ist St. Veit mit dem Kessel. Caesars Satz, die Kelten glaubten, vom Totengott abzustammen, wäre wohl eher umzudrehen: Sie betrachteten ihren Ahnherrn als den Herrn der Andersswelt. Und die christianisierten Bayern nannten den Stammvater und Kesselgott eben nach dem biblischen Stammvater Abraham.

Eine weitere Form, in der sich Hermes-Merkur als Totengeleiter verchristlicht wiederfindet, ist Christopherus, der Überwinder des trennenden Flusses. Er hat in byzantinischen Darstellungen noch einen Hundekopf wie der ägyptische Totengott Anubis, der den Isissohn Horus sicher über den Nil getragen hat. Dass Christophorus, der Träger, auch Behüter der Schatzsucher ist, kann einerseits mit deren unterweltlichem Charakter zu tun haben, andererseits aber auch damit, dass er Züge des riesenhaften Schatzhüters Thor übernimmt. Weil man sagte, dass, wer einen Christopherus gesehen hat, an diesem Tag nicht eines unvorbereiteten plötzlichen Todes sterben wird, hat man diesen oft riesengroß außen an die Kirchen gemalt, damit ihn die Bauern beim Gang aufs Feld sehen konnten, ohne in die Kirche gehen zu müssen. Erst zum Patron der Autofahrer verkommen, hat man ihm schließ - lich auch kirchlicherseits das Existenzrecht genommen, weil es nach der Vorstellung heutiger Glaubenshüter eben keine Riesen gibt. Die Welt ist ewiger Wechsel und muss umgerührt werden wie der Gerstensaft, der sich sonst zer- setzt (aqua viva Prinzip), sagt Heraklit, und Novalis sieht im Schlaf die Flut des unsichtbaren Weltmeeres und im Wachen die Ebbe.

Der Riese, zum Auto- fahrerpatron verkleinert ...

Succellus - das Bier weckt Tote!

Eng verwandt ist damit der keltoromanische Succellus, der Hammergott, der - ursprünglich wohl ein Totengott - zum Gott des Brauergewerbes wurde, eine echte Hades- Dionysos-Gestalt, die den Tod als Verwandlung fasst. Zu Succellus gehört als Opfertier der Hund. Es ist die Ver- wandlung vom Tod zum Leben, die den Hammergott zum Brauer werden lässt.

Wir erahnen diese Beziehung, wenn wir W. F. Ottos Beschreibung der Weinreife lesen:

»Der geheimnisvolle Prozeß der Gärung und Reifung des Weines vermag selbst heute noch bei Weinbauern und Kennern Vorstellungen hervorzurufen, die von Ferne an Mythisches erinnern. Sie sehen ihn wie ein lebendiges Wesen an, das sich aus dem chaotischen Brausen des Jugendalters stufenweise zur Klarheit und Kraft durchbildet. Dabei kommt es vor, dass, wenn die Reifung beendet und der höchste Grad an Klarheit und Güte erreicht scheint, die chaotische Be - wegung von neuem einsetzt, wie bei einem Menschen, der in die Pubertät zurückfiele, um den Weg der Ent - wicklung nocheinmal zu durchlaufen und nun zu noch edlerer Klärung emporzusteigen. Man glaubt so - gar an eine geheimnisvolle Sympathie zwischen den der Reife entgegengehenden Weinen und hält es für unvorsichtig, sie wahllos miteinander in Berührung zu bringen, weil die individuelle Entwicklung durch die Nachbarschaft befördert oder gestört werden könne. Durch seine Wandlung scheint der Wein die draußen empfangene Sonnenglut wieder hervorzubringen und ein alter Volksglaube meint, dass er mit dem Leben der Natur in Zusammenhang bleibe. Daher soll die erneute Bewegung des reifenden Weines im Frühjahr, wenn die Reben blühen, zu erklären sein.«

Das Arbeiten des Weines im Dunkel der Keller geschieht im Winter und ist anschauliche Parallele zum scheinbaren Tod der Natur. Die zweite Pflanze des Dionysos, Efeu, blüht im Herbst und trägt im Frühjahr Früchte.

Im Wein liegt die Wahrheit des scheinbaren Todes

Vielleicht ist es an dieser Stelle wichtig zu erwähnen, was manchem aufmerksamen Leser schon bei der berühmten Baiern-Beschreibung des Aventinus aufgefallen sein könnte: dass nach diesem das Volk beim Wein und nicht beim Bier sitzt! Tatsächlich war Bayern nicht nur zur Zeit der römischen Okkupation sondern auch wieder 1000 Jahre danach ein Weinland, und teilweise dürften sogar, wie für Köln bezeugt, Feigen reif geworden sein. Die Ursachen des Grundzyklus der nacheiszeitlichen Klimageschichten, der die Warmzeiten immer mit den Jahrtausendwenden zusammenfallen lässt, dürfte in Zyklen der Sonnentätigkeit liegen. Was derzeit als angebliche Klimakatastrophe in aller Munde ist, ist aus traditioneller und bodenständiger Sicht ein Klimaoptimum - und wir haben das Optimum der Römerzeit noch gar nicht erreicht. (Natürlich setzen viele, gerade auch Naturschützer, große Hoffnungen auf die Angst der Menschen, und Maßnahmen zur Senkung des Energieverbrauchs und Schadstoffausstoßes sind auch wahrlich wichtig, dennoch: Nicht wegen des Klimas und der Erwärmung sterben Tier- und Pflanzenarten aus, sondern wegen unsrer Art der Landwirtschaft, Landverbauung und Überbevölkerung; wie auch die Hochwasser kaum vom Klima kommen, sondern von den Flussverbauungen! Die Maßnahmen zum »Klimaschutz« sind weitgehend Ablenkung von den eigentlichen Problemen; die angebliche Klimaka-

Nicht wegen des Klimas sterben Tier- und Pflanzenarten aus, sondern wegen uns ...

tastrophe wird hochgejubelt, weil sie gerade niemandem zuweisbar ist und man unter Klimaschutz beliebige Kostenerhöhungen und Investitionsprogramme lancieren kann.) Der Bayer aber misstraut der Klimahysterie ohnehin etwas mehr, weil er weniger leicht glaubt, dass der Mensch und nicht die Natur die großen Prozesse steuert. Ein Niederländer, dessen Landschaft weitgehend vom Menschen bestimmt ist, glaubt auch eher daran, dass der Mensch für das Klima verantwortlich ist.

Rad und Hörner

Taranis, Lug und Esus (Ziu)

Der pferdegestaltige, aber mit Menschenkopf dargestellte keltische Himmelsgott Taranis - er ist auch der Radgott - hat seine römische Entsprechung vermutlich in Jupiter. Beim Rad handelt es sich wohl um ein Symbol der Sonne und zugleich des Kreislaufs des Lebens. Die Prozedur des Räderns ist vermutlich aus einem Opfer an den Radgott hervorgegangen. Eine weitere Reminiszenz sind die getrockneten Stierköpfe, die in Süddeutschland und in der Schweiz bis ins 19. Jahrhundert als magische Blitzableiter verwendet wurden. Der Stier ist das Opfertier des Donnergottes, im Keltischen besonders ausgeprägt als dreigehörnter Stier. Succellus vereint wohl Unterweltsgott und Donnerer, jedenfalls könnte er durchaus mit Caesars Jupiter gemeint sein. Die auf seinem Gewand häufig eingeritzten Kreuze wurden als Sterne gedeutet, er scheint interessanterweise als Silvanus übersetzt worden zu sein.

Auch der keltische Lug - primär ein Sonnengott - kommt als Analogie zu Jupiter oder Merkur in Frage. Bei Caesar scheint er eher mit Apollo gleichgesetzt. Caesar betont an Apoll vor allem dessen Heilkunst, was besonders dem Apollon Grannus, der unter anderem in Faimingen (Phoebiana von Phoebus Apoll) am Zusammenfluss von Donau und Brenz verehrt wurde, entspricht, dessen Partnerin Sirona ganz wie die römische Heilgöttin Salus mit Schlange und Schale dargestellt wird.

Der keltische Gott, den Caesar Mars nennt, ist wahrscheinlich Esus, dessen Opfer an Bäume gehängt wurden und der von den Alamannen später mit ihrem Ziu gleichgesetzt wird. Noch heute heißt in Schwaben der Dienstag (Marstag) Ziestag. Gerade die Gleichsetzungen mit Merkur und Mars wechseln aber, was damit zusammenhängen könnte, dass aus römischer Sicht der oberste keltische Gott und der germanische Wotan-Odin irgendetwas zwischen Merkur und Mars darstellt, weil hier Handel und Gewalt nicht klar gegeneinander abgegrenzt sind, und auch in den Wetterphänomenen des Nordens sahen die Südländer für sie schwer einzuordnende Übergänge. Der Wotanstag / Wednesday entspricht dem Merkur-Tag der Römer. Auf der Marc-Aurel-Säule erscheint der als Merkur bezeichnete Gott des Regenwunders als ein wilder bärtiger Gott mit triefendem zotteligen Fell - ganz als der Gott der für die Römer schaurigen Heimat der Germanen.

Minerva ist wohl die keltische Rigani, die Eulengöttin, im Westkeltischen auch mit Birgit oder Brig gleichzusetzen. Auch die Athena Minerva des mittelmeerischen Bereichs ist keineswegs nur eine lichte Göttin. Sie ist die Schüttlerin der Aigis, einem Schaffell. Wenn die Aigis tatsächlich Wolken bedeutet - bzw. die Kraft, Wolken hervorzubringen (und die Analogie zu Regenzauberritualen verschiedenster Kulturen ist plausibel) -, dann ist Pallas Athene tatsächlich eine Art griechischer Frau Holle.

Der Unterweltgott, den Caesar *Dispater* nennt und von dem die Kelten sich herleiten, könnte sowohl der Hammergott Sucellus als auch der Gehörnte, Cernunnos, sein. Cernunnos, der Gott der Wachstumskräfte und Herr der Tiere, wird zunächst mit dem Herdenvermehrer Pan und schließlich auch mit Merkur, der im griechisch-römischen Bereich als Pans Vater gilt, gleichgesetzt. Cernunnos hat keine eigentliche Entsprechung in der griechisch-römischen Kultur, dort ist die Herrin der Tiere eine weibliche Gottheit: Artemis-Diana. Cernunnos verweist uns, wie wir schon bei der Herkunft des Wolpertingers gesehen haben, auf eine ältere Schicht, die bis in die Wildbeuterkulturen zurückreicht. Im Keltischen ist er auch ein unterweltlicher Gott der Lebenserneuerung, in dem der düstere Unterweltgott Hades und der Rausch -

Minerva, Cernunnos

gott Dionysos verschmelzen. Sein Name ist in römischer Zeit Serapis. Auch der dem mythischen Denken noch nahe stehende griechische Weise Heraklit hatte ja formuliert: »Einer sind Hades und Dionysos.« Heraklit bringt damit zum Ausdruck, dass der Herr der Toten und der Unterwelt zugleich der Gott der Lebenserneuerung ist, weil alles Einzelleben, wenn seine Zeit abgelaufen ist, wieder eingehen muss in den gemeinsamen Grund, aus dem es, neu konfiguriert als das Selbe oder als ein Anderes, wieder hervorgeht.

Eine Quelle der Drachen - sagen

Vielleicht in Gleichsetzung mit dem römischen Merkur hat Cernunnos manchmal Flügel statt Hörner am Kopf. Als Attribut hat er aber auch die Schlange, so dass auch der Drache, der in Europa wie in Asien mit Wasser und Fruchtbarkeit zu tun hat, in unseren Breiten als Restform eines Cernunnos-Numens betrachtet werden kann. In anderen Regionen erscheint drachenartig der Kronos-Aion, und so mancher Drachenkampf eines Heiligen mag sich auf die Stürzung eines drachenartigen Götzenbildes beziehen, oder aber darauf, dass der Heilige die Rolle eines Lichtgottes übernimmt, der selbst als Drachenbezwinger auftritt. Hier ist das Erdhafte und Finstere nicht als böse missverstanden, sondern als im wahrsten Sinne des Wortes grundlegender Teil der Welt. Das Wort Drache kommt aus dem Lateinischen, und die Vorstellung einer Verschmelzung von Erd- und Luftwesen in einer Gestalt dürfte bei uns auch aus dem Mittelmeerraum eingeführt worden sein.

Es gibt bis in die Neuzeit hinein in Bayern Drachensagen, bei denen die positiven Eigenschaften überwiegen, wie beim Drachen von Kierwang. Der Drache ist ein Fruchtbarkeitsbringer, der akzeptierte Preis dafür scheint gelegentlich ein Tier oder ein Mensch zu sein. Die Verbundenheit von Leben und Tod ist der Kern der Erfahrungsreligion. Hochzeiten und Totenmahle gehören, wie schon Aventin bemerkte, zusammen.

Großkopferte und Zwerge

Der keltische Künstler unterscheidet Menschen und Götter vor allem dadurch, dass letztere übergroße Köpfe haben. In Bayern redet man noch heute von Leuten gehobenen Standes als »Großkopferte«.

Typisch für keltische Gottheiten ist die Haltung mit abgewinkelten Armen, die sich auch noch bei Dämonendarstellungen romanischer Kirchen findet, so etwa im Kreuzgang von Steingaden.

Keltoromanischer Herkunft sind die Vorfahren unserer Zwerge, die *Genii cuculati*. Der Name »Goggolori« ist wohl eine Verballhornung davon. Im Griechischen entspricht ihm Telesphoros; er ist derjenige, der nach dem Kassler Hymnos das Gebären der Frauen zu einem guten Ende führt, allgemein der, der das Leben hervorbringt. Bedeutsam ist seine betont aktionslose Haltung. Der scheinbare Stillstand ist auch im Winter, der als Jahreszeitengenius genauso mit Kapuze dargestellt wird, der Punkt des kraftvollen bei sich Seins. Wahrscheinlich ist der griechische Telesphoros selbst keltischer Herkunft und durch die keltischen Galater im griechischen Bereich verbreitet worden. Die Genii cucullati, oft in Verbindung mit Muttergottheiten dargestellt, sind wohl jene unterweltlichen Kräfte, die das Zugrundegegangene wieder zu neuen Lebenskeimen gestalten.

Keltisch sind nach herrschender Auffassung die Flussnamen Inn, Regen, Sempt, Abens, Amper, Lech, Laaber (vielleicht tatsächlich von einem keltischen Wortstamm, der auch im Irischen »geschwätzig« bedeutet) und Isar. Letztere hat viele Verwandte: wie die Isère in Frankreich, Isarco in Südtirol und Norditalien und Iser in Böhmen, Riu Isalle in Sardinien, Isine bei Isny im Allgäu, Ijssel und Ijsendoorn in Holland, Yser in Belgien und Oise in Frankreich, auch Iskar - antik Oiskos - in Bulgarien und nicht zuletzt der Istros oder Hister als griechischer Name für die Donau; der Wurzel entspringt wohl auch der Eisbach. Ob dieser Vielfalt käme auch eine Ableitung von der vaskonischen Wurzel »is« für Wasser statt der indogermanischen *eis*, *is*, oder *ois* für »schnell fließen« in Frage.

Der »Goggolori«, ein keltischer Zwerg

Unser Wort »Galosche« kommt von den »Gallicae«, den berühmten keltischen Schuhen. Keltisch sind auch die Wortstämme von Pferd, Rain, Land, Leder, Amt, Beute, Eid, Held und Glocke.

Das berühmteste Fundgut in Bayern aus keltischer Zeit sind die Regenbogenschüsselchen, jene merkwürdigen kleinen, schüsselförmigen Münzen aus Gold und Elektron, von denen die Bauern, die sie beim Pflügen fanden, meinten, sie entstünden da, wo ein Regenbogen die Erde berühre. Noch Goethe war sich nicht ganz sicher, ob es sich um Natur- oder Kulturprodukte handle, so fremdartig waren die stilisierten Ornamente.

Damit ist nur angedeutet, wie sehr das Erbe jener Zeit im heutigen Bayern pulsiert, welche Kontinuität sich durch die Jahrtausende zieht. Das ist die älteste benennbare Schicht unserer baierischen Volksseele. Die nächste ist die der Römerzeit.

Merkwürdig ist, wie verbreitet bestimmte Sagenmotive sind. In der Aubinger Lohe, wo es neben zwei Keltenschanzen einen »Teufelsberg« genannten Burg- stall gibt, hängt u. a. die Sage, der Schlossherr sei auf einem Ausritt von Räu- bern überfallen worden. Sein treuer Hund brachte seine abgehackte Hand mit dem Ehering zurück ins Schloss zur Herrin, die daraufhin das Schloss ver- fluchte, so dass es im Boden versank. Das Motiv findet sich sowohl auf einer Skulptur der Latènezeit, es zeigt ein Ungeheuer, löwen-, wolfs- oder hunde- ähnlich, dem ein Arm aus der Schnauze hängt, die Vorderpfoten stützen sich auf abgeschlagene Köpfe, als auch auf einer Münze der Stadt Laranda in Ly- kaonien in römischer Zeit (Bild u.). In Rom kommt es in der Vita Vespasians bei Sueton (5,4) vor: »Einst war er gerade beim Frühstück, da trug ein Hund, der nicht zum Haus gehörte, von der Straßenkreuzung eine Hand herein und legte sie unter den Tisch.« Die Hand steht vmtl. für die abgerissene Herrschaft Neros. Und in der Thomasvita, der *Legenda aurea*: Ein Mund- schenk, der den Apostel der Inder erschlagen hat, wird von wilden Tieren zerrissen, weil es für ihn besser sei, die Strafe statt im Jenseits zu büßen, und ein Hund trägt die Hand, die Thomas geschlagen hat, im Maul zu Thomas.

Die Römer

»Als die Römer frech geworden« - ließen die Kelten sie ins Land. Denn sie waren ihnen allemal lieber als die germanischen Nachbarn im Norden, derer sie sich zu dieser Zeit schon kaum mehr erwehren konnten. Die bayerischen Kelten scheinen der römischen Invasion wenig Widerstand entgegengesetzt zu haben. Caesar hatte bereits der Gallier Furcht, den Germanen zum Opfer zu fallen, ausgenutzt. Das Eingreifen der Römer ist vielleicht sogar als Füllung des entstandenen Machtvakuums in Bayern zu verstehen, das durch den bis heute noch nicht ganz geklärten Verfall der keltischen Machtbasis entstanden war: Das Oppidum Manching, die größte Keltenstadt nördlich der Alpen, war spätestens um die Hälfte des 1. vorchristlichen Jahrhunderts aufgegeben worden (ohne kriegerische Einwirkung, wie es scheint).

Die Römer drangen also über die Alpen nach Bayern vor, das manchen Archäologen zufolge um diese Zeit (15. v. Chr.) zumindest zwischen Alpenvorland und Donau nur noch extrem dünn besiedelt war (die Gründe hierfür sind noch nicht geklärt), und riegelten das Land mögli - cherweise damit auch profilaktisch gegen erwartete Germaneneinfälle ab. Auch damit ist eine Kontinuität der bayerischen Geschichte begründet, sich lieber als nordalpiner Vorposten einer mediterranen Kultur denn als Ostmark eines nordischen Reichs zu definieren. Wo die »Bayern« die Freiheit hatten, haben sie meist diese mediter - rane Variante gewählt.

Lieber mediterran als nordisch!

Die Fundlage für die Kontinuität über den Herr - schaftswechsel von den Kelten zu den Römern ist dürftig. Jedenfalls scheinen die Römer an dem Land außerhalb des Dreiecks Kempten-Augsburg-Gauting, wohin sie auch raetische Gruppen mit Skelettgräbern aus den Alpen an - siedelten, längere Zeit kein Interesse gehabt zu haben bzw. noch nicht entschieden zu haben, was sie hier wollten; sie zogen die Legionen des Drususfeldzugs (darunter die unter dem Kommando des Varus) wieder ab.

Angesichts des zunächst guten Verhältnisses der Rö- mer zu den Markomannen nördlich der Donau gab es

auch keine aufwändigen Sicherungen an der Donaugren-
ze. Westlich des Dreiecks dürfte vielleicht tatsächlich ein
durch den Helvetierabzug weitgehend verödeter Land -
strich gelegen haben. Östlich davon scheint ein eher
herrschaftsfreier Raum bis in spätclaudische Zeit bestanden zu haben, in dem sich die (vermutet spärliche) Bevöl -
kerung allmählich auf römische Strukturen umstellte, insbesondere am neuen Straßennetz orientierte, aber wenig
von Zwangsrekrutierungen und Deportationen betroffen
war, bis diese ab 20 n. Chr. ohnehin der Maxime Aufbau
einer flächendeckenden provinzartigen Struktur Platz
machte.

Es war also, ganz anders als in Gallien (wo Caesars
Krieg etwa 1,2 Millionen Todesopfer forderte), ein recht
allmählicher Übergang. Es scheint jedenfalls wenig sinnvoll, wenn es auch heute in Zeiten neuer Unübersichtlich-
keit, Ächtung des Marsischen und Effeminierung mo-
disch ist, der angeblich friedlich matriarchalen Wand-
lungswelt der Kelten die patriarchale Welt der Römer mit
ihren scharfen Distinktionen entgegenzusetzen, wie das z.
B. der ansonsten oft recht interessante Georg Rohrecker
tut. Es ist beispielsweise Unfug, Mut-
ter Danu gegen den römischen Danu-
vius auszuspielen, es sind unter -
schiedliche Aspekte. Die Kelten sahen
im großen Fluss eine Erscheinungs -
form der Mutter aller Wandlung, die
Römer in jedem Fluss vor allem die
treibende Kraft und jene Macht, wel -
che Landschaft gestaltet. Beides sind
Aspekte der Wirklichkeit.

Der Bayern Preußenhass ist ein verspäteter Reflex der Abneigung gegen
die unzivilisierten und kriegerischen
Nordlinge, war doch die Fußbodenheizung römischer Villen eine viel weniger zweifelhafte Errungenschaft als die
Nibelungentreue. F. H. Mößlang
schreibt, mit Preußen meinen die Bayern »jenen unangenehmen Typ von
Deutschen, der auch ohne Uniform ein
Komißkopf geblieben ist, servil nach
oben, autoritär nach unten, taktvoll
nur im Gleichschritt, fortschrittsfähig
nur in der Kolonne, herrisch und
machtlüstern auch in Zivil«.)

Zu dieser langen Übergangszeit
hat die Varusschlacht im Jahre 9 n.
Chr. wesentlich beigetragen. Die Ger -
manen verschafften uns den Spiel -
raum zu einer relativ selbstbestimm -
ten Romanisierung - wie auch später der alte Fritz Retter
der bayerischen Selbständigkeit gegen Habsburg wurde.

Erst sechzig Jahre nach der offiziellen Annexion wurden Raetien und Noricum formell römische Provinzen

und damit Teile eines Weltreichs, einer Weltwirtschaft und einer Kultur, in der uns einzelne Individuen fassbar werden. Auf Grabsteinen kennen wir zum ersten Mal Name und Portrait. Sechzig Jahre liegt heute die Amerikanisierung Westdeutschlands zurück, und die Sowjetisierung Mitteldeutschlands hat nicht einmal soviel Zeit gehabt. Die bayerischen Kelten hatten also Zeit, sich auf die Umwälzung einzustellen. Erst unter Kaiser Claudius (41-54) beginnt zielstrebige Romanisierung bis zur Donau. Auch der Ausbau der Verkehrsverbindungen mit Reschenpass und Brennerstraße fällt in die Jahre 46/47 n. Chr., Bregenz (Brigantium) und Salzburg (Juvavum) erhielten Stadtrecht. Das ist Anzeichen dafür, dass die römische Machtübernahme keineswegs die Gegend entvölkert hat oder sie überall entvölkert vorfand. Die antiken Schriftsteller, insbesondere Strabo und Plinius, berichten auch von stattlichen keltischen Völkern in Bayern: den *Likatern* am Lech (Likias Potamos), den *Estionen* an der Iller (beides deutliche Beispiele, dass Stämme, die keinen Widerstand leisteten, auf dem *Tropaeum Alpium* fehlen), den *Cattenaten* mit ihrem Oppidum im Mangfallknie; darüber hinaus den *Genaunes* an der oberen Isar, den *Breuni* (Innsbruck und Achensee), den *Focunates* (Rosenheim und tirolisches Unterinntal) und den *Cosuantes* südlich von Isar und Ambra z. B.

Und da ist die Kultplatzkontinuität. Freilich scheint der Schwerpunkt der Zeit eher östlich des Inns gelegen zu haben, wo die Focunaten am Chiemsee und die Ambisonten an der oberen Salzach und südlich davon die Genauer

Geigenland-
ler und Klari -
nettenlandler
markieren
Grenze

und Breuner im Inntal siedelten; also in dem Teil des späteren Bayerns, den die Römer *Noricum* nannten. Die
Schwerpunktverlagerung nach Osten ist möglicherweise
ein Nebenprodukt von Caesars Kriegen in Gallien, die das
Handelsnetz zerstörten, an dem die Oppida Niederrätiens
hingen, und an denen möglicherweise, wie die Trophäe
eines Römerhelms aus Caesars Zeit in Straubing zeigt,
auch Widerstandskämpfer aus Bayern auf antirömischer
Seite beteiligt waren.

Der Inn ist bis ins 20. Jahrhundert die Grenze zwi -
schen dem »schleifenden« Geigenlandler und dem »sto -
ßenden« Klarinettenlandler geblieben.

Rätien

Es leben keineswegs in ganz Rätien Räter und in ganz
Norikum Noriker. Das waren nur die aus römischer Sicht
prominentesten Stämme. Dabei ist von den Norikern wie
den meisten ihrer Nachbarn klar, dass es sich um Kelten
handelte, ebenso wie von den meisten Völkerschaften Niederrätiens. In Alpenrätien, von dessen Hauptstadt Chur ja
noch heute die rätische Bahn in rätoromanisch spre -
chende Täler fährt, lebte das Rätische, das heute vielfach
für eine semitische mit dem Altakkadischen verwandte
Sprache gehalten wird, weiter.

Zwar hat Linus Brunner, ein Schweizer Forscher, von
dem diese Theorie stammt, die mit Abstand die besten
Deutungen der rätischen Felsinschriften geliefert hat, da -
mit den Historikern das Problem zugeschoben, zu erklä -
ren, wie eine große semitisch sprechende Volksgruppe in
die Zentralalpen gekommen sein soll. Die Theorie ist zwar
vielleicht heute genauso zeitgeistgemäß wie vor 70 Jahren
der Pangermanismus, der in der bayerischen Ortsnamens-
forschung immer noch fortlebt, doch ist sie auch nicht
weniger hypothetisch.

Eine Lösung bietet der freilich auch nicht mit zu wenig
Phantasie gesegnete Sprachwissenschaftler Theo Venne -
mann, der für Gesamteuropa eine nacheiszeitliche Urbe -
völkerung, deren Sprache am ehesten dem heutigen Bas -

kischen verwandt gewesen sein soll, annimmt. Damit wären die Räter keine Ausnahme der Sprache mehr, sondern durch ihre bis heute erhaltenen Felsinschriften nur die einzigen schriftlichen Zeugen einer Zeit, in der noch relativ viele Relikte dieser europäischen Ursprache erhalten waren.

Die nördlichste rätische Felsinschrift ist neuerdings in den Ammergauer Alpen gefunden worden, davor bei Steinberg im Rofan an einem Quellheiligtum. Die Quelle wurde übrigens weit vor der wissenschaftlichen »Entdeckung« der rätischen Inschriften weiter besucht. Namensritzungen bieten Jahreszahlen zwischen 1730 und 1927. Die hier angerufene Gottheit klingt für uns recht römisch, es ist Kastor, den wir aus Rom als einen der Dioskuren kennen, er ist hier vielleicht Heilgott, vielleicht ist sein Name auch mit der Kastalia verwandt. So ist auch die schon bei Livius stehende Vermutung nicht absurd, dass das Rätische dem Etruskischen, das ja auch nicht indogermanisch ist, ähnlich sei - nur durch »die Wildheit der Gegend« entstellt. Beide verwenden zudem das selbe Alphabet. Aber die Anrede an ihn als *esi* (von akkadisch asuu = Arzt) oder gar das *usipe* (vermehren) wie hebräisch *jasaf* (daher der Name Josef), lassen sich am ehesten erklären, wenn man das Rätische als semitische Sprache annimmt. Es hat einiges für sich, dass der Name des Inns (griech. *Ainos*, röm. *Oenus*) auf semitisch *ainu* (Quelle, Bach) zurückgeht, sowie die Alpen auf semitisch *alpu* (= Rind) als der Bereich der Almwirtschaft (= Rinderwirtschaft).

Die Verteilung der einzelnen Völker ist unsicher, dem Brenner scheinen die Breuni / Breones den Namen gegeben zu haben, ein indogermanischer Volksstamm in Nordtirol, der noch im 6. Jahrhundert als politische Einheit erscheint, wenn es sich dabei nicht um einen ähnlichen Rückgriff auf alte Völkernamen handelt, wie wir ihn beim Namen der Bajuwaren noch kennenlernen werden.

In seiner Ausgabe 4/2011 berichtete das Fachmagazin *Bayerische Archäologie* u. a.

Neue Forschungen belegen, da[s] Rätische mit dem Etruskische[n verw]andt ist/ Silberring aus de[...] [m]it rätischer Inschr[ift...] über einen sensationellen Fund rätischer Steininschriften in den Ammergauer Alpen- den ersten in Bayern.

Die Grenze Rätiens zur Provinz Obergermanien bildete die Wutach.

Beide Stämme - Räter und Noriker - hatten eine ihnen den Namen gebende Schutzgottheit: *Noreia* und *Reitia,* beides typische keltische Muttergottheiten, die wohl lokale Ausformungen der einen großen Mutter der Hallstattzeit sind. Reitia hat möglicherweise mit der aus dem Lateinischen bekannten Wurzel *rectus* (gerade, recht) zu tun und entspricht sehr genau der griechischen Göttin Orthia (deren Name das gleiche bedeutet). Ebenso wie Noreia handelt es sich um eine Göttin, die sowohl Fruchtbarkeitsbringerin und Heilerin als auch Herrin der Toten ist. Verehrt wurden diese Göttinnen vor allem an Quellen, den Nahtstellen von Unterwelt und Oberwelt. Wahrscheinlich waren diese Göttinnen ursprünglich androgyn; mit fortschreitender Anthropomorphisierung setzte sich die weibliche Darstellung durch, und der männliche Aspekt wurde zu einem Beisitzer, dessen Name im Fall der Noreia als Caruontanus überliefert ist und der dem Attis der Kybele, aber wohl auch dem Endymion etc., entspricht. Alle diese männlichen Paredroi stellen den sterbenden und wiederauferstehenden Zeitaspekt dar. Dämonisiert hat dieses Verhältnis als das von Luzifer und seiner Großmutter überlebt. Kybele führt ja den Titel »Göttermutter«.

Die Blütezeit des römischen Raetien ist identisch mit der des Kaiserreichs unter den Flaviern und den Adoptivkaisern (70-180 n. Chr.). In dieser Zeit konnte man glauben, dass Roms Herrschaft eine ewige sein werde, und der Kaiser Antoninus Pius, der die 900-Jahr-Feier der Stadt pompös beging, drückte seinen Willen zum Frieden in dem Satz aus, dass ihm das Leben eines römischen Bürgers wertvoller sei als der Tod von tausend Feinden.

78-80 n. Chr. wurden die Kastelle von Günzburg, Kösching und Abusina (Eining bei Kelheim) und Boiodurum (Passau) erbaut. Die letzten beiden befinden sich im unmittelbaren Einzugsbereich alter keltischer Orte. Quintana (zwischen Vilshofen und Osterhofen) gibt heute noch dem Ort Künzing den Namen. Der Name Boiodurum

Noreia und
Reitia -
Schutzgott-
heiten der
Stämme in
und an den
Alpen

heißt soviel wie Tor (Befestigung) des Boios. Auch hier geht der keltische Fundhorizont ohne Spuren von Zerstörung in den römischen über. Die Weitertradierung von verschiedenen Namensformen Boiotro-Beiderwies und Passau lässt auch auf Kontinuität über die Völkerwanderungszeit hinweg schließen.

Noch im Jahr 69 versuchte der Boier Mariccus, Gallien von der römischen Herrschaft zu befreien. Er beanspruchte dabei die Würde eines Gottes. Im Lauf des 2. Jahrhunderts verlagerte sich der kritische Punkt der rö - mischen Nordgrenze vom Rhein an die mittlere Donau, sozusagen an Bayern vorbei. Bayern geriet nie zum militärischen Brennpunkt, so dass diese Grenzprovinz weniger von regulären Truppen als von Hilfstruppen und halbbäuerlichen Grenzmilizen geprägt war.

Hauptstadt der Provinz war zunächst Cambodunum (keltisch *cambo* = krumm, *dunum* = befestigte Stadt), das heutige Kempten. Die Stadt dürfte überwiegend von Kelten (Estionen, die vielleicht Isny den Namen gaben, bzw. ihn wie die Likater vom Lech von dem lokalen Flüßchen Isine empfingen) bewohnt gewesen sein, jedenfalls übertrifft die Zahl der gefundenen Weihegaben im keltischen Heiligtum die der im römischen Tempel bei weitem. Das keltische Heiligtum ist auf die Illerschlucht orientiert, das römische auf die ferne Bergkette.

Kempten, erste Hauptstadt der rätischen Provinz

In Epfach (Abudiacum) waren etwa 80 Soldaten, 500 in Eining (Abusina - beide abgeleitet von dem keltischen Personennamen Abudos, der auf gallischen Münzen aus dem Gebiet der Bituriger erscheint), in Augsburg etwa 3000 römische Soldaten stationiert. Augsburgs zivile Blüte beginnt mit der Erhebung zum Municipium durch Hadrian, der im Jahre 121 die Provinz Rätien besuchte.

Unter Hadrian (117-138) beginnt sich der scharfe Gegensatz von Zivilsiedlungen und Militärlagern aufzulö - sen. Die Hilfstruppen und die Grenzmilizen verbäuerli - chen zunehmend. Kaiser Septimius Severus (193-211) er - laubt dann auch den regulären Soldaten die Vollehe und das Zusammenleben der Familie außerhalb des Lagers.

Die severische Dynastie bedeutet eine zweite Blütezeit Rätiens. Rechtlich bringt sie die Gleichstellung der Provinzialen mit römischen Bürgern durch die *Constitutio Antoniniana* (Erlass des Antoninus Caracalla im Jahr 212), wenn diese auch hauptsächlich dadurch motiviert war, die Provinzialen zur Erbschaftssteuer heranzuziehen, die vorher nur von Vollbürgern zu leisten war. Die Erhöhung des Soldes von 375 auf 500 und schließlich 750 Denare durch die Dynastie, die als erste ihre Herrschaft ganz auf das Militär stützte, wirkte in den Grenzprovinzen als Wirtschaftsanreiz, während sie in den entwickelten Gebieten mit der gleichzeitigen Erhöhung des Steuerdrucks eher lähmte.

Beste römische Lage

Auch wenn nicht allzuviele Ortsnamen von der römischen Zeit zeugen, so finden sich doch immer wieder Spuren der römischen Vergangenheit. Peiß bei München dürfte auf ein *Bitanum* zurückgehen. In *Bedaius* ist uns der Name des keltoromanischen Gottes des Chiemsees erhalten, *Bedaium* ist der alte, römische Name Seebrucks, wo sein Heiligtum auf dem Hügel der jetzigen Pfarrkirche über dem Ausfluss der Alz stand.

Nachbau auf originalem Fundamet: die villa rustica bei Möckenlohe, Landkreis Eichstätt

Villen und Güter wurden mit Vorliebe in Hanglagen zwischen feuchten Niederungen, die sich zur Viehhaltung eigneten, und trockenen Höhenlagen, auf denen Ackerbau betrieben wurde, angelegt. Aber auch den landschaftlichen Ausblick schätzten die Römer, man denke an die Villa am Südhang des Hexenberges bei Treuchtlingen. Das Gut hatte seinen Absatz sicher nicht zuletzt im fünf

Kilometer entfernten Weißenburg. Die größte römische Villa, deren Fußbodenmosaik ein Prunkstück der Archäologischen Staatssammlung in München ist, wurde bei Westerhofen (nördlich von Ingolstadt) ausgegraben. Auch die Landgüter und Handwerkerdörfer entstanden größtenteils im Gefolge des Militärs. Nur wenige konnten sich halten, wenn das Militär wieder abgezogen wurde.

Faimingen wiederum verdankt seine Bedeutung dem Heiligtum des Apollo Grannus. Der Beiname Grannus verweist auf die Gleichsetzung mit einem keltischen Gott. Dargestellt wird er wie der griechische Apollon Lykaios mit überkreuzten Beinen stehend, nur dass ihm statt der Schlange ein Greif zugeordnet ist, der im römisch-griechischen Bereich das Tier der Radgöttin Nemesis ist. Kaiser Caracalla, der anno 212 allen Provinzialen das Bürgerrecht verlieh, besuchte das Quellheiligtum im selben Jahr. Bei Gelegenheit seines Aufenthalts in Rätien unternahm Caracalla einen Präventivschlag gegen die Chatten weit ins germanische Gebiet hinein, der den Römern noch einmal für 20 Jahre Respekt verschaffte.

Gepflegtes römisches Leben gab es auch nördlich der Alpen, wie das Fußbodenmosaik aus einer Römervilla bei Ingolstadt zeigt (zu sehen heute in der Archäologischen Staatssammlung in München)

Grenzen

Die Römer konturierten in unserem Raum zum ersten Mal deutliche Grenzen. Man kann ihre geographischen Vorstellungen auf der Peutingerschen Tafel, einer mittelalterlichen Kopie einer römischen Straßenkarte mit Entfernungsangaben, nachvollziehen. Baiern zog sich bis 1778 deutlich (und mit dem Chiemgau auch heute noch) ins alte Norikum hinein, der Hauptteil aber gehörte zu Rätien. Nach Norden reicht Altbayern bis heute ziemlich

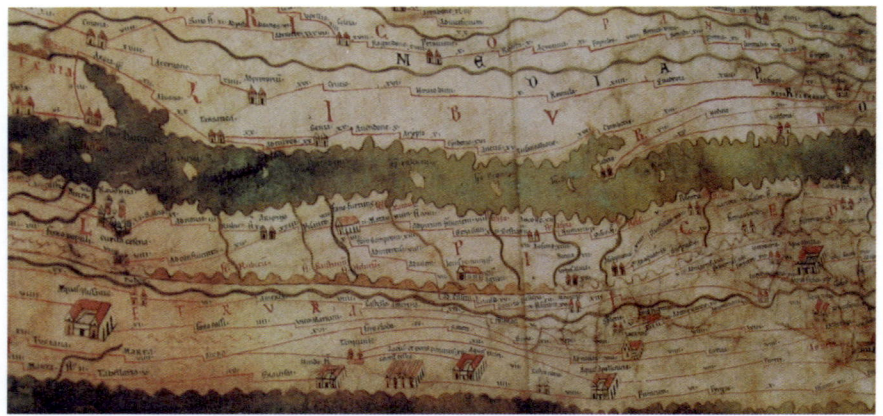

Römischer Stra-
ßenatlas: die
Tabula Peutin -
geriana; be-
nannt ist sie
nach dem Augs -
burger Konrad
Peutinger, der
diese um etwa
1200 angefer-
tigte Kopie eines
verschollenen
römischen Ori-
ginals ab 1507
zeitweilig besaß;
die Karte ist fast
sieben Meter
lang, aber nur
34 cm breit

genau so weit wie der damalige römische Einfluss. Dort
verläuft auch die europäische Wasserscheide, die der sagenhafte Kaiser Karl, den die Kirche den Großen nannte,
mit dem Karlsgraben zu durchstoßen versuchte. Es war
ein erster Versuch, Bayern seine Identität zu nehmen. Auf
wirtschaftspolitischer und zugleich auf geomantischer
Ebene sollte damit die Süd- und Ostorientierung Bayerns,
die durch den Lauf seiner Flüsse vorgegeben ist, umge-
polt werden. Man wollte Bayern im wahrsten Sinn des
Wortes einnorden.

Karl der Große dürfte dabei in erster Linie militärische
Bedürfnisse angesetzt haben, wollte er doch sein Heer in
der einen Richtung zu den Awaren in der anderen gegen
Frankreich hin bewegen. 793 scheint er von Regensburg
her gekommen zu sein, und im Winter ist er dann zu -
nächst in Würzburg, dann in Frankfurt, von wo er im
Sommer gegen die Sachsen zieht. Andererseits war aber
gerade im Westen 793 eine große Missernte, der vielleicht
mit Lieferungen aus Bayern zu begegnen gewesen wäre.
Aber schon die Ernährung von Schätzungsweise 7000 Ar -
beitern plus Hofstaat war ein riesiges Problem, das zu -
sammen mit den geologischen Schwierigkeiten zum Ab -
bruch der Arbeiten geführt hat und vielleicht auch zur
Weiterreise des Hofs nach Frankurt noch im Winter, weil
einfach die Versorgungsmöglichkeiten erschöpft waren.
Möglicher Weise wurden trotz Nichtfertigstellung auch
die Teilstücke des Wasserscheidenübergangs benutzt,

finden wir unter Karls Nachfolger doch Nachrichten von Schiffen, die sich für kürzere Stecken Landtransport in vier Teile zerlegen ließen.

König Ludwig I. machte im 19. Jahrhundert unter völlig veränderten Vorzeichen einen zweiten Versuch mit der Donau-Main-Verbindung. Dahinter stand diesmal die Vorstellung von einer Brückenfunktion Bayerns zwischen den beiden deutschen Antipoden Österreich und Preußen. Doch auch dieses Projekt zeigt, dass die Aufgabe Bayerns nicht verstanden wurde: Bayern ist kein Durch - gangsland, sondern ein Schwamm und seine Identität die von Sitzengebliebenen. Mit der Zerstörung des Mains ist auch die Identität Frankens zu einer Brückenlandschaft verkommen, dasselbe, was aktuell der bayerischen Donau und mit ihr Altbaiern droht.

Es ist vielleicht typisch, dass die Queralpenautobahn verhindert wurde (nicht zuletzt mit der Thematisierung, dass diese Autobahn unmittelbar an der Wieskirche vorbeigeführt hätte) - dagegen die Autobahn durch das Herz Frankens vorbei an Banz und Vierzehnheiligen nicht auf genügenden Widerstand stieß ...

Doch auch das mittel- und oberfränkische Land war einst keltisches Einflussgebiet, was sich im Sagengut und in Namen wie am Hesselberg (wo jüngst das größte Römerkastell am bayerischen Limes rekonstruiert werden konnte) und der Honbirg gehalten hat. Letztlich freilich sind dann doch die im Norden sitzenden Germanen stär - ker gewesen: Chatten und Hermunduren, Quaden und Markomannen. Aber die gemeinsame keltische Grundla - ge hat doch die relative Einbayerung der Franken und Schwaben überhaupt ermöglicht.

Mediterranes Bayern

Die erste Hälfte des 2. Jahrhunderts bedeutet nicht nur für das Römische Reich die Zeit seiner größten Aus - dehnung, sondern auch einen Höhepunkt, der durch die Beendigung der Bürgerkriege eingeleiteten Epoche von Frieden und Wohlstand. Das Fußbodenmosaik einer rö-

mischen Villa, nur acht Kilometer hinter dem Limes im heutigen Köschinger Forst gelegen, beweist, dass Bayern zu dieser Zeit nicht nur Militärprovinz war, sondern auf dem Weg zu einem Leben nach mediterranem Vorbild. Der Schwerpunkt des Provinzlebens verschob sich in der Zeit der Flavier und Adoptivkaiser immer mehr in den Donauraum. Hier gab es Villen mit Fußbodenheizungen, hier ließ man sich Weine vom Mittelmeer und Öllämpchen aus Nordafrika liefern, aber auch das in Westerndorf (bei Rosenheim) hergestellte Geschirr hatte damaliges Weltmarktniveau.

Römisches Geschirr aus Bayern hatte Weltmarktniveau wie die berühmte terra sigillata-Ware aus Westerndorf bei Rosenheim

Der Wind dreht

Lange hält der südliche Wind nicht, schon in der zweiten Hälfte des 2. Jahrhunderts beginnt ein ungemütlicher Nordwind, wird die Lage der Nordprovinzen des Römischen Reiches unruhig. Für das Jahr 162 ist ein Einfall der Chatten (aus dem Frankfurter Raum kommend) bezeugt. Er trifft zusammen mit der aus dem Orient eingeschleppten Pest. Die Germanen ziehen 168 plündernd bis Aquiläa in Friaul, erst im Jahr 170 gelingt es den Römern, die Germanen aus den Alpen und Voralpengebieten Rätiens und Norikums zu vertreiben.

Noch ist es eine Zeit des römischen Landesausbaus. Um 180 wird die Straße über den Zirlerberg von Innsbruck über Scharnitz nach Partenkirchen gebaut. Langsam aber werden die durch Pest und Krieg entstandenen Bevölkerungslücken durch Ansiedlung von Überläufern oder Angeworbenen aus den Germanenstämmen geschlossen.

Die Götter sind den Römern noch bis zum großen Alamanneneinfall von 233 gewogen. Im Markomannen-

krieg erlöst sie das sogenannte Regenwunder: ein plötz-
lich einsetzender Regen, der die römische Armee vor dem
Verdursten rettet, während die angeschwollenen Gebirgs-
bäche die Feinde in Bedrängnis bringen.

Unter Marc Aurel sind es noch die herkömmlichen
Nachbarn, Markomannen und Quaden, die nicht nur die
Grenze bedrohen, sondern wohl auch ins Landesinnere
vorgestoßen sind. In Gauting hören abgesehen vom Bereich der weiterbestehenden Straßenstation die Münzfunde mit Commodus auf, was auf eine Aufgabe des Ortes
schließen lässt. Die Umorganisation im Abwehrkampf hat
eine Verschiebung der Zentren zur Folge. Nach Regensburg und Lorch wird jeweils eine Legion mit einem Sena-
tor im Range eines gewesenen Prätors als Kommandant
verlegt. Damit ist die militärische Verwaltung nun deutlich höherrangig besetzt als die zivile Leitung der Provinz,
der ein Procurator aus dem Ritterstand in Augsburg bzw.
Virunum (bei Klagenfurt) vorsteht. Das hat zur Folge,
dass letztere auf die finanziellen Aufgaben begrenzt und
die Jurisdiktion von dem Truppenkommandanten bzw.
von Regensburg und Lorch übernommen wird. Wels, seit
Hadrian Municipium, wurde unter Caracalla Kolonie.

50 Jahre später erscheinen als Bedrohung bereits die
Alamannen, die den Römern das Dreieck zwischen oberer
Donau und Rhein entreißen und eine ständige Gefahr bis
nach Italien darstellen. Im Jahr 233 verheeren die Alamannen zum ersten Mal in weitem Umfang das Land,
nachdem Alexander Severus Truppen für seinen Krieg gegen die Sassaniden in Persien abgezogen hat. Zwar führt
sein Nachfolger, der Thraker Maximinus, einen erfolgreichen Gegenschlag weit in germanisches Gebiet hinein,
doch das römische Bayern erholt sich nicht mehr.

Die
Alamannen
kommen -
das römische
Bayern wird
sich davon
nicht erholen

Gladiatorenspiele wie in der hölzernen Arena von Künzing gehören ebenso der Vergangenheit an wie der Tempel des Apollo Grannus in Faimingen. Die Produktion von
Luxusgütern, wie der figurenverzierten Terra Sigilata aus
Westerndorf, bricht ab. Was zerstört ist, wird, wenn überhaupt, meist nur noch verkleinert wieder aufgebaut,
Handwerksbetriebe werden jetzt in die Kastelle mit hi-
neingenommen.

Mit dem Alamannensturm verbunden sind die Funde eingeschlagener Menschenschädel und gesichtsloser römischer Götterstatuen und Weihesteine in Brunnen. Es ist völlig undenkbar, dass die abziehenden Römer oder romanisierten Kelten ihre Götterbilder versenkt haben, um sie nicht den Germanen in die Hände fallen zu lassen oder um sie quasi zu beerdigen. Dies entspricht überhaupt nicht dem griechisch-römischen (und auch keltischen) Verständnis von Göttern, die niemals an Völker, sondern eher an Gebiete gebunden sind. Dagegen können wir eine dem Hebräertum ähnliche Vorstellung von der **Blinde** Bindung von Göttern an »Völker« oder Stämme bei den **Zerstörung** Alamannen nicht ohne weiteres ausschließen. Wenn tat- **der Götter -** sächlich nur sie als Zerstörer übrigbleiben, dann ist aber **oder Angst** immer noch die Vorstellung auszuschließen, es sei darum **vorm »bösen** gegangen, das Land vom Besitz der römischen Götter frei- **Blick«?** zumachen, denn es spricht alles dagegen, dass sie die Vorstellung hatten, sie könnten es dauerhaft in Besitz nehmen. Möglich allerdings, dass sie den Blick der Götter fürchteten, und abergläubisch meinten, sie könnten sich durch noch größere Zerstörung ihrem Zorn entziehen.

Es könnte einen Zusammenhang mit der von Caesar beschriebenen germanischen Praxis geben, sich durch verwüstete Landstriche als Niemandsland von Nachbarn abzugrenzen.

Im Jahr 254 führt die Entblößung der Grenze durch den römischen Oberbefehlshaber Valerian, der aus vornehmer italischer Familie stammend in Rätien zum Kaiser ausgerufen worden war und nach Süden zieht, um seinen Anspruch auf den Thron in Rom durchzusetzen, zu einem nächsten verheerenden Einfall. Zwischen Weißenburg und dem Auerberg sind fünf Schatzfunde jeweils mit Volusian (dem Vorgänger Valerians, bzw. seines Gegners Aemilian) als Schlussmünze bekannt. Für den 24./25. April 260 wissen wir durch ein Siegesdenkmal von einem zwei Tage währenden Kampf mit eingedrungenen Juthungen bei Augsburg. Dieser Stein, geweiht im September, gibt den Hinweis, dass Rätien sich zumindest kurzzeitig dem in Köln residierenden Gegenkaiser Postumus angeschlossen hatte.

Zum Druck an den Grenzen kam noch die innere Un-einigkeit im Römischen Reich. Die wachsende Bedeutung des Militärs gegenüber der Zivilkultur brachte die Ära der Soldatenkaiser hervor, die fast alle zur Regierung ge-langten, indem sie ihre Vorgänger ermordeten, um ein paar Jahre später durch ihr Nachfolger ermordet zu wer-den ...

Vergessenes Bayern

Nach dem Alamannensturm sind die nördlich der Alpen gelegenen Teile von Rätien und teilweise auch schon No-rikum keine blühenden Provinzen mehr, sondern ledig-lich noch militärisch bedeutsame Grenzregionen. Immer - hin gab es um 430 in Rom noch einen berühmten Wagen - lenker, der Noricus (also sozusagen Österreicher) hieß und der sogar auf Kontorniaten abgebildet wurde.

Die Bevölkerung dünnt aus und zieht sich zunehmend auf höher gelegene, gut verteidigbare Orte (Bregenz, Salz - burg etc.) zurück, so wie sie es aus keltischer Tradition heraus gewohnt ist. Viele dieser Orte tragen heute noch entsprechende Namen. Birg - in den fränkischen Gebie-ten meist Bürg - kommt wie auch unser Wort Berg von *bergen*. Es hängt wohl auch mit der keltischen Göttin Brig zusammen (Bregenz hat von ihr seinen Namen). Der Mut - tergöttin Ratis - ihr Name bedeutet nach Birkhan zumin - dest bei den britischen Kelten Festung - wiederum verdankt Ratisbonae (Regensburg) seinen Namen (demnach »Gute Festung«).

Die Ausdünnung der Bevölkerung führt auch zur Aufgabe eines Großteils der Ackerflächen. Die Provinz bietet nur noch geringe Steuereinnahmen und stellt ab jetzt eher eine Pufferzone zu den unruhigen Germanen dar. In der Spätzeit werden die Fronten unklar. Bereits 401 unter Stilicho waren Vandalen und Alanen unter Godegissel und seinem Sohn Gunderich in Norikum und Rätien erschienen. Sie hatten ihre Wohnsitze an der mittleren Donau verlassen und strebten nach Gallien. Ende 406 gelang ihnen der Sieg über die Franken und das Überschreiten des Rheins. Zwischen 401 und 406 dürfte ihr Hauptgebiet das später alamannische gewesen sein. Ihr Durchzug lässt sich am ehesten mit dem Aufhören der Münzfunde im Münchner Raum (Grünwald, Widdersberg) in Verbindung bringen. Zu holen war hier wenig. Die Gotenkoalition des Alarich überrollte Pannonien und Norikum, zog dann über die Ostalpen 406 nach Italien und nach dem Bruch des Stilicho mit ihm nicht einmal plündernd nach Norikum zurück. Erst 410 eroberten sie Rom.

Unter den Taten des Reichsfeldherrn Aetius zum Beispiel ist 431 von einem Sieg über »Nori« die Rede. Drei Jahre vorher hatte Aetius einige Erfolge gegen die eingedrungene Germanen (Juthungen) gehabt. Doch nun war es wohl ein durch den Steuerdruck ausgelöster interner Aufstand, den er blutig unterdrückte. In Analogie zu ähnlichen Vorgängen in Pannonien ist daran zu denken, dass ein Teil der ansässigen Bevölkerung sich - verbunden mit eingedrungenen Germanen - erhoben hatte. Was hatten sie von der römischen Herrschaft auch noch Gutes zu erwarten? Schutz vor einfallenden Germanen gewährte sie nicht, eher waren da noch direkte Verhandlungen erfolgreich; das Geld war weitgehend entwertet, die Herrschaft jedoch durch Besteuerung und vor allem Arbeitspflichten drückend.

Das Römische Reich als Ganzes änderte seinen Charakter. Stabilisierungs- und Destabilisierungsphasen trugen dazu gleichermaßen bei. Diokletian etwa beendete die Ära der Soldatenkaiser durch ein Vierkaisersystem und

Um 400 ist nicht mehr viel zu holen in Bayern

Das Reich ändert seinen Charakter und wird weltfremd

versuchte eine Reorganisation des Reichs, doch mit zunehmender Steuerlast und Unterdrückung der kommunalen Freiheiten trieb er nur den Ruin der Kulturzentren voran, auch wenn sich die Lage äußerlich stabilisierte. Mit Gewalt verfolgte er die Christen, aber seine Politik trieb immer weitere Kreise in einen Abscheu vor dem sinnlosen nur vom Machtstreben beherrschten Hin und Her dieser Welt und unterhöhlte so die Basis der weltbejahenden antiken Kultur und förderte so wider Willen das Christentum.

Während sich bis dahin die keltische mit der romanischen Kultur gemischt hat - schöne Belege sind die Statue der Pferdegöttin Epona von Brigantium (heute im Museum Bregenz) und der Mars von Eining (heute in der Archäologischen Staatssammlung München) - gesellen sich ab dem 3. Jahrhundert zu dem kelto-romanischen Mischvolk Germanen hinzu, angeworbene Grenztruppen hauptsächlich, wie sich aus Gräberfunden u. a. von Neuburg zeigen läßt. Auf dem Steppberg im Landkreis Neuburg fand sich 1956 eine Weihung an Jupiter und den Neptun der Donau, von einem Toppo, dessen Name auf keltische Herkunft schließen läßt.

Zu den Kelto-Romanen gesellen sich Germanen

Die Zeit der römisch-keltischen Synthese in Bayern ist kürzer als im Rheinland, sie bringt keine so eindrucksvolle Blüte hervor wie das Moselgedicht des spätrömischen Dichters Ausonius, doch gerade diese Kürze bewahrt Bayern davor, den Charakterwandel des Römischen Reichs mitzumachen hin zum totalitären Staat des 4. und 5. Jahrhunderts. Und die römische Herrschaftszeit war nicht lang genug, um das keltische Erbe so weitgehend zu verdrängen, wie das in Zentralfrankreich der Fall war. Brown schreibt: »Wenn dort die römische Herrschaft schon zur Zeit des Kaisers Marcus Aurelius geendet hätte, hätte man im Mittelalter in Gallien und Spanien keltische Sprachen gesprochen.« Erst um 600 sind sie in unseren Gegenden völlig ausgestorben.

In der römischen Kürze gründet der bairische Charakter

Noch etwas unterscheidet Rätien und Norikum vom Rheinland: Dort brach die Wirtschaftsstruktur mit dem Abzug des römischen Militärs und vor allem der hauptstädtischen Verwaltung in Trier (nach 402) zusammen,

da das Rheinland vorher ein wirtschaftliches Zuflussge-
biet gewesen war, weil die dortige Militärkonzentration
und der Hof nur durch Steuerzuflüsse anderer Provinzen
finanziert werden konnte. Dagegen war das bayerische
Gebiet nach dem Alamanneneinfall ohnehin weitgehend
auf Subsistenzwirtschaft herabgesunken, so dass sich der
Übergang hier allmählicher und zum großen Teil noch
unter römischer Oberhoheit vollzog.

Andre Herrscher, andre Götter

Auch die erste Prägung durch das Christentum war eher
flüchtig. Die Romanisierung ist zwar in der Spätzeit verbunden mit einer ersten Mission Bayerns. Aus dieser Zeit
kommen die zwei wichtigsten einheimischen Märtyrer:
Afra und Florian. Afra, die Patronin Augsburgs, ist im
Jahre 304 hingerichtet worden. Wahrscheinlich war sie
ein Freudenmädchen dunkler Hautfarbe, das ihren Beruf
leid war und sich zum Christentum bekehrt hatte. Viel-
verehrte Heilige wurde sie wohl vor allem, weil sie einem
Archetypus entsprach: der schwarzen Göttin, die zugleich
Liebesgöttin ist; also der kleinasiatischen Kybele-Astarte,
deren Nachfolge dann einerseits die diversen schwarzen
Madonnen, andererseits des Teufels Großmutter antra-
ten. Afra gehört in die Zeit der diokletianischen Christenverfolgung. Ebenso der spätere Feuerpatron Florian als
wichtigster Heiliger von Norikum. Ihn stürzte man bei
Enns in die Donau, welche seinen Leichnam erschrocken
an Land setzte.

In dieser Zeit sind die Naturmächte noch handelnde
Bestandteile der Legenden. Die römische Christianisierung drang nie in die Tiefe. Und auch der Organisations-
grad scheint im heutigen bairischen Gebiet (Flachlandrä-
tien und westliches Ufernorikum) gering gewesen zu sein,
größere Ortskirchen und möglicherweise sogar Bischofssitze sind eher im norischen Gebiet zu suchen. Für das
vierte und fünfte Jahrhundert sind hierzulande weder Synoden belegt, noch gibt es Hinweise darauf, dass Bischöfe
aus Bayern an anderen Synoden teilgenommen hätten.

Noch sind
die Natur-
mächte han-
delnde
Größen

Das hängt zunächst damit zusammen, dass das Christentum außerhalb der Städte bis 500 nur im Ostteil des Reiches Fuß gefasst hatte. Es scheint, als hätten die Römer zwar das Christentum mitgebracht, es aber ebenso bei ihrem Abzug auch weitgehend wieder mitgenommen. Sogar südlich der Alpen war seine Durchsetzung nicht total und blieben heidnische Reminiszenzen lebendig. Als der Gotenkönig Alarich im Jahre 410 Rom einschloss, wurden in der Stadt mit Zustimmung des Papstes heidnische Opfer vollzogen. Das zeigt, dass die Christen die Götter zumindest als mächtige Dämonen ernst nahmen. Noch Petrarca glaubte bei Orakeln Dämonen wirksam.

Diese erste Eroberung Roms durch die Goten hatte keine bleibende politische, sehr wohl aber eine große psychologische Bedeutung. Rechtgläubige Christen unterlagen arianischen Christen (die Goten waren von Bischof Wulfila missioniert worden, der den 80 Jahre zuvor als ketzerisch verurteilten Arianismus predigte). Wirksamer noch ein anderer Verdacht: In Rom konnte man sehr leicht auf den Gedanken kommen, die Abkehr von den alten Göttern hätte diese Niederlage beschert. Diesen Konflikt versuchte Augustinus mit seiner Zwei-Reiche-Lehre zu lösen: Die Wahrheit des Christentums hänge nicht mit dem äußeren, irdischen Erfolg zusammen. Wenn die immer schlechter werdende Welt nicht fähig sei, das Göttliche wahrzunehmen, dann müsse man sich eben an die Glaubenszeugnisse früherer Generationen halten. Die Schrift ist dann wichtiger als die eigene Erfahrung. Jetzt wird das Christentum zu einer Jenseitsreligion, die zugleich das Jenseits in eine beliebig lang zu verschiebende Zukunft projeziert. Damit verbunden ist aber auch seine zunehmende Lösung vom Judentum und Anreicherung mit erfahrungsreligiösen Elementen. Der Messianismus und mit ihm die Naherwartung vom Ende der Welt tritt zurück. Man richtet sich ein in den irdischen Bedingungen.

Der Arianismus ...

... ist eine christliche Richtung, die auf den Priester Arius, 4. Jhdt., gründet. Arius wirkte in Alexandria und vertrat, kurz gesagt, die Ansicht, dass Jesus nicht im selben Sinne Gott sei wie der Vater, da er von diesem geschaffen sei; diese Lehre verurteilte das Konzil von Nicaea 325 als Irrlehre und postulierte das heute gültige Glaubensbekenntnis.

Die Karten werden neu gemischt

Entscheidend für die weitere geopolitische Entwicklung ist der Einbruch der Hunnen in Osteuropa und der Untergang des Westgotenreichs in der Gegend, die heute Südrussland ist. Bereits 376 hatten die Westgoten Aufnahme ins Römerreich begehrt. Der Kaiser Valens verweigerte diese zunächst und büßte in der Schlacht von Hadrianopolis mit dem Leben. In der Folgezeit drängen Vandalen, Sueben und Alanen in ehemals römische Gebiete. Odoaker, ein römischer Machthaber germanisch-hunnischer Herkunft, zieht 488 die letzten römischen Truppen aus dem Gebiet nördlich der Alpen ab, wohl weil er alle verfügbaren Leute brauchen konnte und weil er den Rugiern, die nicht zuletzt von der Ausbeutung der verbliebenen Provinzialen lebte, die wirtschaftliche Basis abgraben wollte.

Mit Odoaker, der 476 den weströmischen Kaiser Romulus (mit Spitznamen Augustulus) abgesetzt hatte, ohne es für nötig zu befinden, sich selbst oder einen anderen zum Kaiser zu machen, geht nach der Zählung der meisten Historiker das Weströmische Reich zu Ende. Einen wirklichen Bruch bedeutet das Jahr 476 ebensowenig wie der Übergang der Hegemonie an den Ostgotenkönig Theoderich. Theoderich siegte 493 über Odoaker. Das Ostgotenreich mit Zentrum in Ravenna setzte relativ bruchlos die weströmische Tradition fort, ja, stellt ein wesentlich stärkeres Machtzentrum dar als Rom in seiner Spätzeit. Zu ihm gehörte bis 536 auch Rätien. In der Zeit der Ostgotenherrschaft dürfte hier sogar Ruhe und relative Sicherheit eingekehrt sein.

Auf die Römer folgen Ostgoten

In dieser Zeit vollzieht sich wohl, vielleicht sogar von Theoderich gegen die Gefahren von fränkischem Einfluss im Westen und langobardischem im Osten planmäßig gefördert, die Volkwerdung der Baiern. Theoderich siedelte neben verschiedensten, unter seinem Schutz Land suchendenden Germanen einen Teil der von den Franken geschlagenen Alamannen in den beiden rätischen Provinzen an. Im Inntal ist noch heute der Unterschied zwischen alamannischem Oberinntal und bajuwarischem

Unterinntal deutlich. Die Ansiedlung von Alamannen bedeutet eine Verstärkung des germanischen Elements,
aber auch hier kommt nicht ein geschlossener Stamm an,
sondern durch die Niederlage zersprengte Gruppen. Die
Angaben, dass diese Provinzen weitgehend menschenleer
gewesen seien, sind freilich - ebenso wie beim Übergang
vom keltischen zum keltoromanischen Bayern - starke
Übertreibungen.

Vielleicht rührt daher auch die Beliebtheit Dietrichs
von Bern in der süddeutschen Sage. Der Dietrich der Hel -
denlieder verkörpert nicht nur das Schicksal Theoderichs,
sondern das des ganzen Ostgotenreichs, daher seine Ver-
knüpfung mit Etzel. Der Zwergenkönig Laurin verkörpert
die keltoromanische Bevölkerung der Alpen mit ihrer
noch heidnischen Magie. Die katholische Propaganda hat
dem Arianer nachgesagt, er sei bei der Verfolgung eines
Hirsches geradewegs in die Hölle geritten. So wird es in
St. Zeno in Verona dargestellt. Ob die Darstellungen von
Hocheppan und Tötschling auch Theoderich meinen,
oder allgemein den Verfolger, ist umstritten. Die Gegner
verweisen darauf, dass der Höllenrachen fehle, aber deuten sie doch als Bilder der Verfolger der Unschuld; in gewisser Weise war gerade hier auch wiederum eine Identifikation mit Wotan als wildem Jäger möglich. Umgekehrt
kann der Hirsch - insbesondere der weiße - zum Symbol
Christi werden, der von Unwissenden verfolgt wird. Das
ist deutlich in der Geschichte des Eustachius.

Theoderich (493-526) ist wohl der Festiger der baieri -
schen Vielfalt, die sich insbesondere in den Frauengrä -
bern des 6. Jahrhunderts dokumentiert, wo durch ihre typischen Fibeln gepidische, gotische, alamannische, rugi -
sche, langobardische usw. Abkunft der Bestatteten wahrscheinlich ist. Möglich ist es auch, dass die Lebendigkeit
der Theoderich-Geschichte damit zu tun hat, dass die
letzten Reste der Ostgoten hier mit ihrer Tradition weiter -
wirken. Im Jahre 553 stürzt sich das letzte Aufgebot der
Goten unter Konig Teja am Vesuv in eine mörderische
Schlacht mit den Byzantinern unter der Devise, es sei eh -
renhafter zu fallen, als Sklave zu werden. Der byzantini -
sche Feldherr Narses gewährte den Resten freien Abzug

Theoderich,
der Festiger
der
baierischen
Vielfalt

unter der Bedingung der Auswanderung aus Italien. Ob sie in den Alamannen oder Bajuwaren aufgegangen sind ist unklar.

Die Bajuwaren - ein Vielvölkervolk

Im Jahr 551 nennt Jordanes in seiner Gotenchronik die »Baibari« oder »Baiobari« als Nachbarn der Schwaben. Da taucht der Name zum ersten Mal auf. Doch hat der in einem bulgarischen Kloster sitzende byzantinische Mönch gotischer Abstammung, aus dessen Mund wir zum ersten Mal unseren Namen hören, bestimmt nur etwas abgeschrieben, möglicherweise bei Cassiodor, der Kanzler Theoderichs war. Wenig später findet sich bei Venantius Fortunatus, der zwischen 565 und 571 auf der Pilgerfahrt nach Tours das Grab der Heiligen Afra in Augsburg besuchte, die Form »Baiuvari(i)« wobei das »varii« in Anlehnung an ähnliche Namen wie Amsivaruier (als Leute von der Ems) oder Ripuarier (Rheinfranken) als »Leute von ...« gedeutet wird. In Bayern haben wir als solche Bildung Raetobari, die Bewohner des Rieses, die aber als alamannischer Stamm oder Stammessplitter gelten. Auch der Landesname »Baiuaeia« erscheint hier schon.

Wer uns eigentlich den Namen gegeben hat, wissen wir nicht sicher. Es hat einiges für sich, dass es ein Mitarbeiter der Kanzlei des Theoderich ist, der damit gar keine Einwanderungstheorie verbunden hat, sondern aus dessen Perspektive die zu benennenden Föderaten ungefähr da saßen, wo er von alten Büchern (etwa Ptolemaeus) her die Boier vermutete. Es gibt aber auch andere Theorien, so die Herleitung des Namens von *baie* oder *boie* für groben Wollstoff, dann wären die Baiern Lodenträger, oder von dem auch in der Severinsvita auftauchenden *baioli* für Lasttiertreiber. Dann wären die Bayern so etwas wie Alpen-Scherpas ...

Der von Odoaker angeordnete Rückzug Roms hatte die letzten regulären Truppen gemeint sowie alle, die sich Rom mehr verbunden fühlten als dem Land. Die Wehrbauern, aus denen die politisch handlungsfähige Gruppe der Bajuwaren hervorgingen, waren dies nicht, interessanterweise aber wohl ein Großteil der Mönche. Die Vita des heiligen Severin, mit der unsere Kunde vom römischen Bayern endet, ist von einem seiner Schüler Eugippius bereits in Süditalien geschrieben. Sie beginnt mit dem Jahr 453 und vermittelt uns ein Bild von den bayerischen Verhältnissen aus der Sicht derer, die hier nicht wirklich verwurzelt waren. Severins Rolle beruhte nicht zuletzt darauf, dass er auch bei Rugiern und Alamannen Ansehen genoss und als Vermittler auftreten konnte. Diese Germanen betrachteten die romanischen Stadtbürger vielfach als »ihre Römer«, die sie durch Tribute melken konnten und die sie dann schon aus Eigeninteresse gegen konkurrierende Germanenhaufen verteidigten.

Auch jetzt noch bleibt das spätere Altbaiern (Niederrätien) ein relativ toter Winkel mit nur geringen Durchzügen, 457 unternahmen zwar alamannische Krieger von Raetia I aus über Chur und den Splügenpass einen Einfall in Italien. Klaus Rosens Angabe, »Rätien und Teile Norikums wurden alamannisch«, ist aber wohl weit übertrieben. Auch Ostgoten unter König Vidimer schwenkten 473 aus Pannonien kommend in Norikum nach Süden ab, zogen über die julischen Alpen nach Italien.

Man kann sich das Ende der Römerherrschaft insofern fließend vorstellen, als schon ab Diokletian die Grenzverteidigung mehr einer neu angesiedelten Wehrbauernschaft als normalen Legionen oblag. Diese Wehrbauern waren selbst stark mit germanischen Einwanderern durchsetzt. Abgeschnitten von Befehlen und vom Sold verständigten sie sich mit eingedrungenen Gruppen, die ihnen ethnisch und sprachlich nahestehen konnten und wiesen ihnen vielleicht sogar Land an.

In Regensburg ist archäologisch gut nachweisbar, dass hier an der Wende zum 5. Jahrhundert die letzte Tausendschaft der 3. italischen Legion, die seit Marc Aurels Markomannenkriegen hier stationiert gewesen war und als Legionswappen den Storch führte (s. Münze r.), nach Vallatum (Weltenburg) abzog. Die danach in die Kaserne einziehenden verbündeten Germanen hausten auf deutlich

Severin ein Konsul?

Umstritten ist, ob Severin identisch ist mit dem Konsul des Jahres 461, in dem freilich der wirkliche Machthaber der General Ricimer war, der den Kaiser Julius Maiorinus (457-461) vergiften ließ, weil seine Erfolge ihn zu überstrahlen begannen; Severin hätte dann der obersten römischen Schicht angehört, bevor er das Leben eines Gottesmannes übernahm.

primitiverem Niveau, nicht nur die Fußbodenheizung ließen sie verfallen, sie besserten auch die Bauten nur not-
dürftig aus und legten offene Feuerstellen an. Geradezu
symbolisch für den jetzt stattfindenden Prozess ist, dass
sich nun Töpferware in römischer Technik, aber nach elb-
germanischem Geschmack verziert findet. Es ist allerdings nicht plausibel, diese Gruppe von Germanen zu den
Vorfahren aller Bayern zu machen, wie das nicht nur ger-
manentümelnde Autoren immer noch gerne tun.

Diejenigen, die sich dem Abzug über die
Alpen nicht anschließen, sind jene, deren
Bindung an das Land größer ist als die
Bindung an einen Stamm oder an die
römische Kultur. Dass hier auch in
den angeblich ganz dunklen Zeiten
(dark ages) nicht nur arme Schlu-
cker saßen, beweist ein Grabfund
aus Unterhaching bei München, in
dem sich sogar chinesische Seide
fand. Das heißt, dass auch Infrastruktur
und Handelsbeziehungen nicht völlig auf-
gehört haben können. Es ist sehr fragwürdig,
hier die Alternative zu diskutieren, ob es sich bei der
Oberschicht der Zeit des Übergangs von Raetien zu Baju-
warien um Romanen oder Germanen gehandelt habe und
etwa die Schmuckmotive für ersteres, die Körpergröße für
letzteres anzuführen, denn auch die sogenannten Romanen waren als Nachkommen von den Römern ins Land
geholter Wehrbauernführer eher germanischstämmig,
wenn auch stärker romanisiert, als mancher Nachfahre
keltischstämmiger Bauern. Und es spricht einiges dafür,

Zwei Scheiben-
fibeln (je 5,7 cm
Durchmesser)
sind 2004 in
Unterhaching
gefunden wor-
den: sie zeugen
von bisher nicht
gekannten Eli-
ten auf dem
Lande am Ende
des 5. Jahrhun-
derts, einer Zeit
in der sich nach
dem Abzug der
Römer die Ge-
nese der Baju-
waren vollzieht;
auch die Fisch-
fibel stammt
aus diem Fund

dass auch später mit den Agilolfingern nur die oberste Familie aus fränkischem Blut eingesetzt wurde und nicht der gesamte Adel. Aber die alte Vorstellung vom Gegenüber von Germane und Romane ist so stark, dass sie auch bei Funden wie dem Karfunkelstein von Haching die Fragestellungen prägt.

Die gemeinsame Identität ergibt sich aus dem gemeinsamen Feindbild: Wie schon bei den Kelten schaut einen das aus dem Norden an. Das Bewusstsein gravitiert ebenso wie die Flüsse Altbaierns nach Südosten hin. Die Alpen bilden eine natürliche südliche Barriere, die aber gerade zum (geistigen) Übersteigen reizt, die offene Grenze nach Norden hin dagegen muss befestigt werden. Und gerade in dem Maß, in dem sie militärisch nicht zu halten ist (sei es gegen Germanen, Franken, Preußen) wird sie bewusstseinsmäßig zementiert und ideell befestigt. Der »Weiß-wurstäquator« hat wohl sehr alte Wurzeln.

Die sehr alten Wurzeln des »Weißwurst-äquators«

Ein europäisches Gebräu

Lange hat man die Bajuwaren als mit den Markomannen identisch erklärt. Die Bezeichnung Bajuwaren meint tatsächlich wohl »Leute aus Baju«. Merkwürdig ist die Namensähnlichkeit zu den keltischen Boiern, deren Siedlungsgebiet in etwa dem späteren der Markomannen entsprach. Die Boier sind nach antiken Berichten etwa 60 v. Chr. abgezogen, aber noch Mitte des 2. Jahrhunderts lokalisiert der Geograph und Astronom Ptolemaeus sie dort. Vielleicht ist es realistischer, sich vorzustellen, dass das Siedlungsgebiet der Kelten, das bis ins 1. Jahrhundert v. Chr. auf unserer Breite ganz Bayern umfasste, später eben zum Teil unter römische und zum anderen unter germanische Oberhoheit gelangte, so dass die Markomannen nicht alle Boier vertrieben haben, sondern auch eine boisch geprägte Unterschicht gehabt hätten. Bereits in der Mitte des 7. Jahrhunderts hat das Jonas von Susa (= Jonas von Bobbio) zu der Gleichsetzung »Boiae qui nunc Baioarii vocantur« (Die Boier, die nun Bajuwaren genannt werden) gebracht, was später Aventin im Anschluss an Enea Silvio Piccolomini bekräftigt und Karl Bosl 1971 als akademische These wiederaufgegriffen hat.

Kurioserweise hat das bis zur Entdeckung von Bernstorf älteste schriftliche Zeugnis aus Bayern, eine in Manching gefundene Tonscherbe, die Inschrift BOIOS. Dazu wurde in Manching 1999 auch ein großer Schatz boischer Goldmünzen gefunden, was auf rege Beziehungen gen Böhmen deutet. Bei der Inschrift BOIOS handelt es sich aber wohl um einen Personennamen »Böhme«, keineswegs um einen Hinweis, dass hier in Manching Boier saßen. Auch unsere Familiennamen »Schwabe«, »Franke«, »Böhme« etc. wurden ihren Trägern ja dort angeheftet, wo sie fremd waren. Schon eher könnte auf boische Anwesenheit der Ortsname Penzberg deuten, der vielleicht ein Bonnonia - gleichlautend mit dem von den Boiern so benannten Bologna (vorher etruskisch Felsina) - zurück - geht, doch wie überall gilt auch hier: Den Sprachwissenschaftlern, die alles aus allem ableiten, ist mit einer gewissen Vorsicht zu begegnen.

Die germanische Bevölkerung Böhmens scheint tatsächlich Mitte des 6. Jahrhunderts, also nach dem Zusammenbruch des Gotenstaats in Italien, abgezogen zu sein. Der Großteil dürfte mit den Langobarden nach Italien marschiert sein. Nur die »Fußkranken« blieben nördlich der Alpen und bildeten hier wohl die ersten Reihengräberfelder, die lange als besonderes Indiz der bajuwarischen Siedlung galten. Sie gehören wohl in die Phase, als die Bevölkerung sich angesichts unruhiger Zeiten aus der Fläche in größere, möglichst befestigte Siedlungen zurückzog, aus denen sie später in der Phase der Gründung der *ing(en)*-Orte wieder in die Fläche expandierten.

Die Ger - manen zogen mit den Lan - gobarden nach Italien, die »Fuß - kranken« blieben nördlich der Alpen

Das ist der wirkliche Vorgang der früher sogenannten »bajuwarische Landnahme«, die keine Invasion von außen, sondern eine Evasion aus den Rückzugsbastionen ist. Der Name der Bajuwaren könnte tatsächlich von den Männern aus Böhmen kommen. Aber sie waren wenn nur ein kleiner Teil der germanischen Durchsetzung der Bevölkerung, möglicherweise die geschlossenste Gruppe, die das fruchtbare Donautal um Regensburg und Straubing (Sorviodurum) besetzte.

Und die Markomannen? Diese selbst waren nach der Einschätzung von Georg Lohmeier bereits ein »Vielvölkerstaat von Goten und Thüringern, Alamannen, Burgundern, Rugiern, vielleicht sogar Slawen und Kelten«. Gallienus nimmt die Tochter des Markomannenkönigs Attalus (Pipa oder Piparia) als Konkubine zu sich. Zur Zeit des Ambrosius wird noch einmal ein Markomannenkönig Fritigil erwähnt, der um Belehrung im christlichen Glauben bittet. Es scheint an der Gegend zu liegen, die Sammelbecken und Mischtopf ist.

Dass die Bayern erst zwischen Donau und Alpen sich zu einem Volk von Völkern geformt haben, ist auf jeden Fall die heute plausiblere These, ob man sie nun gelehrt als »These von der sekundären Stammesbildung« bezeichnet oder liebevoll als »Sauhaufentheorie« oder auch als Stammtischprinzip: »Da hocka die, wo oiwai da hocka«.

Wenn sich die Bajuwaren von anderen germanischen Stämmen dadurch unterscheiden, dass sie ein Mischvolk auf keltoromanischer Grundlage sind - wenn auch mit starkem Zuzug von nördlich der Donau her - dann war hier das Land in ungleich höherem Maß prägend für die Volkbildung. Ob die Herausbildung einer einheitlichen Herrschaft und eines Gesamtstammesgefüges schon in die Zeit des Ostgotenkönigs Theoderich oder erst um 530 anzusetzen ist, ist demgegenüber weniger wichtig.

Bei den Germanen müssen wir ihre ursprüngliche Kultur und ihre Überformung durch den Einfluss der asiatischen Reiternormaden (Jazygen, Roxolanen, Sarmaten, später auch Hunnen) unterscheiden, die seit dem ersten Jahrhundert n. Chr. die ungarische Tiefebene beherrschen. Am meisten iranisiert waren die Quaden. Die Übernahme von Bewaffnung und Taktik der Reitervölker führte zu einer militärischen Überlegenheit der Ost- gegenüber den Westgermanen. Die Franken, die sich selbst die Freien nannten, und die Alamannen, deren Name so viel wie Männerbund bezeichnet, sind Zusammenschlüsse zum Zweck des räuberischen Einfalls ins Römische Reich.

Die Bajuwaren sind ein Produkt der Völkerwanderung, aber man darf ihre Stammesbildung nicht in Ana -

Die »Sauhaufentheorie«

Dass sich die Markomannentheorie so lange hielt, war auch eine Folge ideologischer Germanentüme - lei. Hätte man den Bayern zu- viel »Römi - sches« zugebil- ligt, sah man das als Gefahr der Desintegra- tion in der (nationalsozia- listisch interpre- tierten) Germa- nennation Deutschland. Vielmehr dich- tete man den Bayern eher einen größeren Widerstand ge- gen die Assimi- lierung im Rö- merreich als anderen Germanen an.

logie zu rein germanischen Stämmen oder Stammeszu-
sammenschlüssen und ihren Reichsbildungen sehen. In
Bayern fehlt eine eigene Stammes-Sage als Ausdruck der
Identität, wie etwa die der Abstammung der Merowinger

**Die
Bajuwaren -
am Ararat
geboren?**
vom Seeungeheuer Merowech und der Franken aus Troja.
Erst im 12. Jahrhundert leiteten mönchische Schreiber
die Bayern von einem Norix, Sohn des Hercules ab.
Gleichzeitig erfanden sie auch einen Urkönig Bavarus, der
aus Armenien, wo Noah am Ararat gelandet war, ausgezogen sein sollte. Dort in Armenien oder Indien treffe
man nach dem Annolied noch heute bairisch sprechende
Menschen (bawarizantes). Das Baierische wurde hier sogar zur Ursprache der Deutschen erhoben.

Die Reichsbildungen der Goten, Langobarden und
Franken bilden freilich den Rahmen. Deutlich ist, dass ei -
ne Kontinuität von germanischen Gräberfeldern schon ab
der Mitte des 5. bis ins 7. Jahrhundert besteht. Sie zeigt,
dass es in Rätien in der Zeit der spärlichsten schriftlichen
Überlieferung zwischen 400 n. Chr. und der ersten Nennung der Bajuwaren 550 n. Chr. eine Siedlungskontinuität gegeben hat und zwar von kulturell germanisch geprägten Leuten, die sich aber als Außenposten des Römischen Reichs und seiner Nachfolger verstanden. Dass
diese Leute, gemessen an ihren Vorgängern, sogar als
reich zu bezeichnen waren, zeigen die Grabbeigaben aus
den Frauengräbern des 5. und 6. Jahrhunderts in Strau -
bing, wo Gold und Silber, zu Fibeln verarbeitet, nicht
mehr die Ausnahme sind. Dieser neue Reichtum macht
verständlich, dass in dieser uns so verheerend erschei -
nenden Zeit das Sagenmotiv vom Nibelungenschatz ent -
stehen konnte. Die Zeit der Völkerwanderung stellt für
die späteren Deutschen eine mythische Vorzeit dar, die
ihre großen Sagenzyklen prägt (Etzel, Nibelungen, etc.).

In den Orten klingt ein alter Geist

Doch in Baiern ziehen die Nibelungen der Sage nach
durch, ohne Spuren zu hinterlassen. Die früheste Version
der Sage wird häufig mit Bischof Pilgrim von Passau (971-

991) verbunden, der als Oheim von Kriemhild galt, die Reliquien des Heiligen Maximilian von Altötting nach Passau bringen ließ, den er zum Erzbischof von Lorch umfälschen ließ, um Passau zum Metropolitansitz zu machen. In Wirklichkeit spiegelt der Untergang der Nibelungen in Etzels Halle aber wohl ein Geschehen, das 436 in Gallien stattfand, wo die vom römischen Reichsfeldherrn Aetius mitgebrachten Hunnen die Burgunder unter König Gundicharius (Gunther) aufrieben. Der Etzel der ursprünglichen Sage hat wohl mehr von Aetius als von Attila.

Spuren hinterlassen haben in den Ortsnamen dagegen sowohl Romanen als auch Germanen / Bajuwaren. Deutlich heben sich von den -*ing(en)*- und -*ham*-Orten, die nach der gängigen Theorie mit einem Personennamen ge - bildet werden (so dass Pasing Hof des Paoso, Giesing Hof des Kieso, etc. bedeutet), romanische bzw. auf romanische Bevölkerung deutende Ortsnamen ab. Walchen-Namen (auch Walchstadt zwischen Schäftlarn und Aufkirchen und ein anderes am Wörthsee) bezeichnen direkt die »Welschen«, aber auch Irschenberg (Ursinperga um 1070), Irschenhausen und ähnliche Orte gehen nach klassischer Lesart auf den romanischen Personennamen Urso zurück. Neuerdings wird hier wie für Irrsee (Oberösterreich bzw. Schwaben ursprünglich Urisesseo bzw. Ursinun um 1000 bzw 1050) eine Kombination von *Ur-* und *is*-Wurzel vorgeschlagen. Im alamannischen (schwäbi - schen) Bereich entspricht dem -*ing* das -*ingen* als Ortsna - mensendung (ursprünglich hatten auch die bairischen *ing*-Orte die volle *ingen*-Endung: Erdingen, Freisingen zum Beispiel, was auf den alamannischen Einfluss verweist; die etwas mundfauleren Bajuwaren verkürzten im Mittelalter diese Endungen).

Walchen und Welsche und die -ing / ingen-Orte

Freilich sind nicht alle *ing*-Orte in die Zeit zwischen 600 und 900 zu datieren. Mancher Ort, wie das schon erwähnte Faimingen, wurde so genannt, weil es eben üb - lich war, und mancher *ing*-Ort verschwand auch wieder von der Landkarte, wie das Derbolfingen, das nach der dort gebauten mittelalterlichen Burg heute Grünwald (bei München) heißt. Es ist aber auch gar nicht sicher, dass wirklich alle diese *ing*-Orte von Personennamen abgeleitet sind: Der Großteil dieser angeblichen Personennamen ist nur wiederum aus Ortsnamen erschlossen - ein Zirkelschluss also, und insgesamt ist es äußerst unwahrscheinlich, dass, wie die gängigen Herleitungen meinen, weniger als ein Prozent der Ortsnamen vorgermanisch seien. Vielmehr beruht dieses Ergebnis darauf, dass heutige Sprachforscher genauso wie frühere Volksetymologen oft bemüht waren, Ortsnamen auf eine in der eigenen Sprache greifbare Bedeutung zurückzuführen, dass aber wahrscheinlich Schweinfurt, Ochsenfurt, Katzenfurt, Gänsefurt und Frankfurt nichts mit Schweinen, Ochsen etc. und wahrscheinlich auch nichts mit Franken zu tun haben: Denn es gab bestimmt keine getrennten Furten für bestimmte Tierarten, dafür aber Ochs-, Frank-, Swin - etc. als Gewässernamen. Auch hier gilt, dass Bedeutungen, die nicht mehr verstanden wurden, durch neue ersetzt, dann die Namen auch diesen Bedeutungen angeglichen und eindeutig gemacht wurden, bis dahin, dass der Ort sich auch ein Wappen zulegte, das der Bedeutung entsprach, so wie Füssen die Füße ...

In der Randspalte:

In Ochsenfurt gab's keine Ochsen-Furt

Bezüglich Pasings würde es zum Beispiel durchaus passen, in dem Namen eine aus ähnlichen Lautungen herausgelesene Bezeichnung als sumpfiger Fluss zu sehen. Es scheint mir durchaus ein sinnvoller Ansatz, vergleichende Ortsnamenforschung zu betreiben und auf die Lage ähnlich lautender Orte weit über Bayern hinaus zu achten, wie sie etwa bei Fritzlar und Freising gegeben ist. Nicht unbedingt zwingend ist freilich die Annahme einer gemeineuropäischen, mit dem Zurückweichen des Eises von Süden eingewanderten Bevölkerung, deren Sprache am ehesten noch im heutigen Baskischen konserviert sein soll. Hinter die keltische Schicht zurückzugehen, bedeutet immer, im Reich der Vermutungen zu weilen, wenn auch sicher uns durch die schon geschilderte Eigenart der Kelten viel Vorkeltisches bewahrt wurde.

Zurück auf festeren Boden, zum völkerwanderungszeitlichen Bayern!

Es gab Gebiete im heutigen Bayern, in denen damals das germanische Element fast allein vorherrschte, und andere, die mehrheitlich romanisch geblieben waren. So muss die Salzburger Gegend noch überwiegend romanisch gewesen sein, als der Missionar Rupert sich hier um 696 niederließ. Die Flussnamen Salach und Salzach sind wohl erst nachträglich von Salz abgeleitet worden, ursprünglich hängen sie mit dem lateinischen Wort für den Weidenbaum (salix) oder dem keltischen *salacos* (feucht) zusammen. Der Name für denjenigen, der in der Nähe von Weiden seinen Hof hat, ist in romanischen Gebieten »Salcher«, in germanischen »Wimmer«.

Salcher und Wimmer wohnten bei den Weiden - und damit vielleicht auch an der Sal(z)ach

Römisch-rechtliche Traditionen halten sich auch im Passauer Raum noch bis ins 8. Jahrhundert. Wilparting am Irschenberg geht ebenso wie Weihenlinden möglicherweise auf einen heidnischen Baumkult zurück. Hier dürften die Missionare aber ebenso wie die Anwohner Romanen gewesen sein.

Ein Großteil der *ing*-Orte dürfte wohl zunächst tatsächlich Einzelhöfe gewesen sein. Diese setzten nicht die Plätze der römischen Villen fort, sondern dazwischen liegt eine Konzentration der überdies ausgedünnten Bevölkerung in größeren und wohl auch befestigten Orten. Eher könnten dabei Plätze hallstattzeitlicher Herrensitze eine Rolle gespielt haben: wie etwa in St. Jakob in Schondorf am Ammersee, das ein Stück südlich einer Hügelgräberansammlung auf einem Hügel liegt; auch die obere Schondorfer Kirche St. Anna liegt auf einem Keltenwall, beide zusammen bilden eine Orts-Gestalt, die freilich heute durch Bahn und Staatsstraße zerschnitten ist.

Das Herausgehen in die Einzelhofsiedlung dürfte das Ergebnis ruhiger werdender Zeiten, aber auch schon eines Selbständigkeitsdrangs sein, wie er sich vor allem in den schon fast burgartig zu nennenden Vierseithöfen Niederbayerns erhalten hat.

4.
Das baierische Christentum

Die Anfälligkeit oder Aufgeschlossenheit für das Christentum hängt bei den Germanen wohl damit zusammen, dass die Nichtsesshaftigkeit der Wanderzeit die alten religiösen Bindungen gelockert hat. »Der Jahresring der uralten Feste entsprach nicht mehr dem neuen Dasein« (Joseph Vogt, Der Niedergang Roms, Zürich 1965, 431 f.).

Die Götter wurden stärker personalisiert und zu persönlichen Schutzmächten, damit aber auch depotenziert. Half ein Gott nicht, wurde er ersetzt, oder es kam gar zu offenem Atheismus wie im Fall eines Priesters des Frey, der seine gesamte Habe in das Heiligtum des Gottes gestiftet hatte, das aber dann von seinen Feinden verbrannt wurde und der nun ausrief: »Torheit an Götter zu glauben.« Diese stärker personalisierten und vereinzelten Götter waren nicht mehr in einer Naturordnung verwurzelt und damit mit dem Menschen auf Augenhöhe. Macht konnten sie nur in der Art menschlicher Macht, nicht mehr als struktive Kräfte haben. Umgekehrt ist nicht verwunderlich, dass sich bei den Fußkranken der Völkerwanderung das originäre weltverbindende Heidentum besser gehalten hat.

Die Fortdauer der Verehrung Afras in Augsburg ist ein Indiz dafür, dass es eine Kontinuität des Christentums über die Völkerwanderungszeit hinweg gegeben hat. Insbesondere in den romanischen Bevölkerungsgruppen, wenn es auch einer Wiederverheidung ausgesetzt war, die in den Augen strenger Rechtgläubigkeit eine erneute Mission notwendig machte. Gerade in den einstigen Rückzugsgebieten der Romanen, wie der Jachenau, hielten sich urtümliche Bräuche: z. B. das jährliche Widderopfer.

Es ist für die Kontinuität der bayerischen Geschichte nicht ganz unbedeutend, dass die zweite Welle des Christentums eine Wiederberührung mit dem keltischen Element brachte. Bezeichnend für das keltische Christentum ist eine weniger ausgeprägte Feindschaft zur Naturreligion.

Die Iren kommen

Die Anbindung des Christentums an keltische Religiösität bei der zweiten Christianisierung Bayerns ist möglich, weil diesmal die Mission nicht aus Rom kommt, sondern durch iro-schottische Mönche geschieht. Der bayerische Kirchenhistoriker Benno Hubensteiner beschreibt sie drastisch als Erben der Druiden mit langem Haar und gefärbten Augenlidern. Dadurch gelangt nun erneut keltische, in Irland bewahrte Tradition ins Land. Die Christianisierung Irlands um 400 von Britannien aus war kampflos verlaufen. Sogar Druidenschüler scheinen vielfach als Mönche aufgenommen worden zu sein. Es muss im keltischen Druidentum eine Strömung gegeben haben, der der Übergang von der Erfahrungs- zur Erlösungsreligion nahe lag.

Missioniert von den »Erben der Druiden«

Das irische Christentum ist durch einen starken direkten Einfluss des syrischen Anachoretentums und koptischer Frömmigkeit geprägt, der legendenhaft in der Vorstellung einer Verbindung zu Josef von Arimathäa zum Ausdruck kommt, der den Gral (dieser Legende nach der Kelch mit dem Blut Christi) nach Glastonberry gebracht haben soll. Der so verstandene Gral ist wohl eine Umwandlung des im keltischen Bereich so wichtigen Kessels. Das östliche Christentum betont als heilswichtig mehr die Erkenntnis als den Willen. Auch darin sind sich irische und Ostkirche merkwürdig ähnlich. Und die geringere Betonung des Willens, das Lassenkönnen, kommt nicht nur dem Nationalcharakter der Slawen, sondern auch dem der Baiern entgegen.

Die Kirche hatte in Irland andere Voraussetzungen als im römischen Gebiet, da sie sich nicht auf dessen Herr -

schaftsstrukturen und Infrastruktur stützen konnte. Das Christentum traf in Irland auch nicht auf eine Staatsreligion, sondern auf die bei Caesar beschriebene Zwei-Stände-Teilung. Darin wurzelt die starke Stellung von Klöstern als weitgehend autonomen Verbreitungszentren, die der Gebietsebene von Clans entsprechen. Das Christentum hat in Irland zudem nicht eine Phase der Verfolgung durchlaufen, die Mission verlief vielmehr von oben, von den Clanchefs her. Von daher war das Verhältnis zur heidnischen Tradition weniger von Hass und Kampf geprägt als von Assimilationstendenzen und geradezu antiquarischem Interesse. Die Mythen blieben Identität stiftende Erzählungen der Clans. Vor allem ging die Christianisierung langsam vor sich, die frühen irischen Christen fühlten sich eher als Elite denn als Kämpfer.

Als der erste berühmte irische Wanderprediger Columban um 590 ins Frankenreich kam, war in Irland das Christentum noch keineswegs allgemein durchgesetzt, sondern eher die Sache einer Minderheitenelite. Seine Auswanderung war sicher zu einem erheblichen Teil von der Sehnsucht nach einer umfassenderen Gemeinschaft lateinischer Bildung bestimmt, andererseits legte er sein elitäres Bewusstsein nicht ab.

Das »Parallelprojekt« des Columban Für Columban und seine Nachfolger war es selbstverständlich, völlig unabhängig von der kurz zuvor etablierten benediktinischen Ordnung, die Gebet und Arbeit verbindet, ein Parallelprojekt zu etablieren. Die columbanische Liturgie mit ihrem anderen Taufritus und anderem Ostertermin (ostkirchlich) hält sich bis etwa 700. In recht selbstbewusstem Ton schrieb Columban an Papst Gregor (590-604), was ihm einfalle, Ostern an einem falschen Termin zu feiern: »Wie kannst Du bei all Deiner Gelehrtheit ... ein dunkles Ostern feiern wollen, ein Ostern, das nachgewiesenermaßen nicht Ostern ist?«

Was die dogmatisch fassbaren Inhalte betrifft, scheint die Abweichung nicht allzu bedeutsam. Es ist mehr die Achtung für die lokalen Traditionen und eine gewisse innere Freiheit der Auffassung, die von der römischen Mission absticht. Das zeigt sich zum Beispiel an der Bewahrung frühchristlicher, dem Heidentum noch näherer Kon -

zeptionen. In der Frühchristenheit war die Gottessohn-
schaft Christi noch in Analogie zur mythischen Religio-
sität dargestellt worden. Gleichnisse wie das von Quelle
und Fluss, Sonne und Strahl für das Verhältnis von
Schöpfer und Erlöser konnten mehr auf die Verschieden -
heit oder mehr auf die Gleichheit hin betont werden.
Ursprünglich hat ja der Titel »Sohn Gottes« mit Zeugung
gar nichts zu tun. Der geistig beweglichste frühchristliche
Theologe, Origines, hatte zum Beispiel das Hervorgehen
des Sohnes aus dem Vater als ständigen Prozess aufgefasst. Damit wäre aber wieder die Eigenständigkeit der
Person des Sohnes negiert und das Christentum weniger
historisches Ereignis als mythisches Geschehen.

Wesentlich für die Eigenart des irischen Christentums
ist außerdem, dass Sünde in Analogie zu der Befleckung
der Ehre gesehen wurde und die Vorstellung vorherrschte, dass jedes Unrecht prinzipiell durch angemessene Vergeltung, Strafe oder Buße abgegolten werden konnte. Keltisches Erbe ist insofern das Tarifsystem für Sünden, gegen das sich später die rejudaisierende Reformation
wandte.

Das Christentum war in Irland zudem Träger klassischer Bildung, während im Mittelmeerraum die frühen
Christen die altrömische und griechische Überlieferung
zumindest phasenweise als unrettbar heidnisch verseuch-
ten Plunder betrachteten. Die irischen Missionare und
auch die englischen, die im Wetteifer mit den Iren ebenfalls mehr antike Bildung hatten als ihre Kollegen auf
dem Kontinent, führten ihre Bildungstradition hier fort.
Auch in England, wo die Mission zunächst ebenfalls von
Irland aus erfolgt war, kam es nicht mehr zu einem Sturm
auf die heidnischen Tempel.

Der aus Irland stammende Bischof Virgil (keltischer
Name: Ferghal) von Salzburg erregte um 770 unter ande -
rem dadurch das Missfallen seines romhörigen Konkur -
renten Bonifatius, dass er die Kugelgestalt der Erde und
die Vorstellung von Menschen auf der anderen Seite der
Erde, sogenannter »Gegenfüßler«, vertrat. Von Bonifati -
us beim Papst angeschwärzt, rechtfertigte er sich durch
Hinweis auf die spätantiken Kirchenlehrer Isidor von Se -

Virgil und
die Kugel -
gestalt der
Erde

villa und Beda den Ehrwürdigen, jenen englischen Musterschüler des Theodor von Tarsos, den doch Rom in England eingesetzt hatte, und der mit seiner Gelehrsamkeit gerade dem irischen Einfluss Paroli bieten sollte. Andererseits verteidigte Virgil einen Priester, der mangels Lateinkenntnissen »in nomine patria et filia« (im Namen die Vaterland und die Tochter) taufte. Bonifatius hatte die Gültigkeit seiner Taufen angezweifelt, aber auf Intervention Virgils vom Papst einen scharfen Verweis kassiert. Virgil ging es um Bildung, Bonifatius um Korrektheit. Dennoch kündigte Bonifatius' kleinliches Bürokratenchristentum die Zukunft an.

Den Streit um die Gültigkeit von Sakramenten kann man auch von daher verstehen, dass die Auffassung der Iren dem Heidnischen näher steht, wonach die Wirkmacht von Riten nicht vom subjektiven Glauben abhängt. Allein der Ritus muss korrekt sein, wenn der, der ihn ausführt, selbst nicht daran glaubt, spielt dies keine Rolle - auf diese Weise ist der Staat an die Religion gebunden, ohne dass der Einzelne in seinen Überzeugungen unfrei wäre, Glaubensfreiheit ohne Trennung von Staat und Kirche.

Der wichtigste Unterschied aber war wohl, dass die Iren das Christentum nicht als etwas sahen, was in der Welt zu herrschen hat und was anderen aufgezwungen werden und alles Leben durchdringen solle, sondern dass die Klöster Inseln - freilich ausstrahlungskräftige Inseln - der Anderswelt in dem Meer eines Lebens sind, das natürlichen Gesetzen folgt. Sie wollten nicht die Welt organisieren, sondern in der Welt Stätten des Göttlichen schaffen. Wenn man davon ausgeht, dass schon Bonifatius, wie später die Aufklärer, gegen das von ihm als typisch irisch gesehene Unwesen von Bildstöcken, Feldkreuzen und Kapellen auf den Feldern anging, dann ist in Bayern viel Irisch-Keltisches lebendig geblieben, obwohl die irischen Missionsmethoden den Sturz Tassilos 788 nicht lange überlebt haben können, denn die bayerischen Klöster wurden konsequent nach dem Modell des Benediktinerordens reorganisiert. Wichtig aber ist wiederum die gemächliche Übergangszeit, in der man Bestattungen mit

Viel Irisch-Keltisches ist in Bayern geblieben

Kreuz und mit Charonspfennig in einem Grab finden konnte; und noch in der frühmittelalterlichen Heilig Kreuz Kirche von Fröttmaning wurden um 1100 auf den Ziegelwänden mit Kalkfarbe Symbole wie Lebensbaum und Sonnenrad gemalt - Rückübersetzung der christlichen Botschaft in Natursymbole für die Bauern.

Wenn in dem schon erwähnten Fund aus dem Hachinger Tal der der Ausstellung den Namen gebende Karfunkelstein mit Phoenix-Motiven als früheste Spur des Christentums gedeutet wird, dann muss man dazusetzen, dass der Phoenix als altes ägyptisches, aber zyklisches Auferstehungssymbol, ein Symbol ist, das auch erfahrungsreligiös verständlich ist, wenn nicht sogar das Christentum ins Erfahrungsreligiöse rückübersetzt: Der sich selbst verbrennende und aus der Asche neu erstehende Phoenix ist Symbol der Welterneuerung durch Weltbrand, der alle geprägte Form vernichtet, aber die Feuchtigkeit unter der Erde und die Keime des neuen Lebens in ihr unangetastet lässt, was Seneca im Rückgriff auf die ägyptische Form der Elementenlehre beschrieben hat. Der Phoenix kommt nicht erst auf römischen Münzen der Konstantinssöhne vor, sondern schon als Symbol-Tier der Aeternitas und auf ägyptischen Münzen des 2. nachchristlichen Jahrhunderts. Einmaligkeit oder Zyklizität der Jenseitsvorstellung sind hier nicht entschieden.

Der Phoenix - ein Detail aus der originalgetreuen Replik einer Unterhachinger

Scheibenfibel; die Materialien: Granate, Malachite, Glas (Augen und Schnabel) sowie eine Meerwasserperle auf der Brust

Leben, sterben, leben lassen

Die erfahrungsreligiöse Auffassung des Jenseits ist die einer Anderswelt, in welche dem Menschen nur seltene Einblicke möglich sind, in der die unsterblichen Grundkräfte der Welt miteinander spielen. Die Vorstellung eines Heraufrufens von Gestalten aus der Unterwelt zeigt, was die Realität des Bildes gegenüber der Realität der Idee ist: eben das Bleibende des einmaligen Lebens. Interessiert mich das Individuelle einer Biographie, so muss ich unten suchen; interessiert mich das Überindividuelle, das eingeht in den Reigen der Geister, muss ich oben suchen. Und wenn erfahrungsreligiös gestimmte Menschen auf Bleibendes gerichtet waren, dann auf das Bleiben des Bildes, etwa im Nachruhm. So konnte die Reinkarnation für sie ebenso wenig wie für die Inder ein Trost sein.

Das prägt die Vorstellung von einem Elysium, das nicht oben, sondern auch im Reich des Hades und der Persephone (oder mit keltischen Namen Succellus und Nanosvelta, der Hausgöttin) zu finden ist. Das Kind der Persephone ist nicht nur der natürliche Reichtum, den die Erde aus der Verwesung gebiert. Sondern der Reichtum der Kultur ist veranlagt durch ihre Heroen und in der Erinnerung an sie zugänglich. Diese Erinnerung quillt aus der Erde. Die Toten sind Geister, insofern sie nicht mehr der linearen, sondern nur noch der zyklischen Zeit unterworfen sind.

Die Anderswelt baut das Tote in Leben um

Während wir oben in der Tagwelt nur das Sterben wahrnehmen, baut die Anderswelt gleich wie die Erde das Tote in Leben um. Die Verbindung zur Anderswelt existiert in der Erinnerung an die Toten und im Denken, das das Denken der Götter ist. Ganz unverständlich ist einer solchen Konzeption, dass die Toten bis zu einem Jüngsten Gericht oder einem Ende der Welt warten sollen. Sie wirken unmittelbar nach ihrem Tod im Guten oder im Bösen weiter.

Iren und Schotten: Brüder im Geiste

Was begründet den Erfolg der irischen Mönche in Bayern? Es ist wohl nicht so sehr eine theologische Abweichung als vielmehr ihr anderer Stil. Sie sind, misst man an benediktinischen Standards, eher als unregulierte Wanderprediger zu bezeichnen.

Hinweise darauf ergeben sich zum einen aus Darstellungen wie denen von Columban, Mang oder auch Korbinian, die von einem Bären als Vertreter der gezähmten Natur begleitet werden; zum anderen auch aus Legenden, die zum Beispiel auf die Trinkfreude mancher iro-schottischer Missionare hinweisen. So in St. Ursanne im

Schweizer Jura: Von einem weltlichen Hoheitsträger Euclion zu Tisch eingeladen und nach Gott befragt, redete sich der Heilige, der auch wieder einen Bären im Namen und als Zeichen führt, in Rage und merkte nicht, dass sich sein Gastgeber inzwischen zum Satan verwandelt hatte und seinen Becher in immer kürzeren Abständen füllte und ihn schließlich als Abgesandten des Bacchus schmäh - te und ihm jedes Recht absprach, Andersgläubigen im Namen höherer Sittlichkeit entgegenzutreten.

Die Iren bewegen sich zudem in altem keltischen Ge- biet. Damit stehen sie der Mentalität der Leute näher; ihr Erfolg zeigt aber auch, dass die keltischen Traditionen im Land noch stark gewesen sein müssen. Mit den Iren und Schotten verbindet uns Bayern ja bis heute eine Wahlver- wandtschaft und nicht nur die Städtepartnerschaft mit Edinburgh.

Kratzt man am baierischen Heiligen ...

Der Einfluss keltischer Traditionen läßt sich auch unter der Patina so manches baierischen Heiligen entdecken. Kratzt man etwas daran, kommt oft der Naturgott zum Vorschein. So dürfte es durchaus der keltische Einfluss sein, dass eine Heilige wie Anna, die auch im Namen mit der keltischen Muttergottheit Ana (auch Anu oder Danu) verwandt ist, als Bild der Ge - nerationentradition und der drei Wandlungs - phasen der Muttergottheit besondere Vereh - rung genoss. Als Anna Selbdritt ist sie Nachfol - gerin eines Mutterkultes, wie er etwa in der Dreiheit von Demeter, Persephone und dem Plutoskna - ben für Griechenland schon durch archaische Bilder belegt ist. In manchen Darstellungen wird die Gruppe durch die apokryphe Großmutter Mariens, die Heilige Emerentia, zu einer weiblichen Dreiheit mit Sohn er - gänzt, ein besonders schönes Beispiel ist aus einer Augs - burger Holzbildhauerschule der Spätgotik hervorgegan- gen.

Anna Selbdritt-Darstellung in der Bergkirche von Vilsbiburg

In der Samm- lung des Mün- chener Georgia- nums gibt es >

eine Allgäuer
Darstellung des
13. Jahrhun-
derts, die eher
provinziell
wirkt, jedoch
durch die Far-
ben Sonnenrot
für die Dea Na-
tura, blaugrün
für die auch wie
eine Nymphe
liegende Maria
des vermitteln -
den Flusses so -
wie Weiß für
das ganz aufge-
richtete und die
Hand wie die
Geschichte be-
endend über
den Globus, den
Maria genau auf
die Mitte der
Brust Annas
hält, eine tiefe
archetypische
Wirkung hat.
Dagegen haben
wir in Pfreimd
das Nackte Kind
vor grünem
Untergewand,
als Natur und
die rote Maria
als Gnade

Besonders bezeichnend für keltisches Christentum ist die starke Verbindung zum Wasser als Übergang und Boten der Anderswelt. Das kommt nicht nur in Mythen wie der vom Heiligen Brendan zum Ausdruck, der im Westen die Inseln der Seligen findet, sondern auch in der Verehrung von Quellen und Seen. Nicht nur bei den Nachfahren der Averner in der Gegend von Tours hat sich ein Ritual der Übergabe von Opfern an das Wasser bis 1868 gehalten, ebenso am Walchensee, wo die Äbte von Benediktbeuern den Ritus des Seeumgangs mit Opferung eines goldenen Rings übernahmen. In den Weißensee bei Füssen warf man allerlei Geweihtes, um sich vor Hagelschlag zu schützen.

Teilweise war dies auch mit Orakelbräuchen verbunden, so in Oberfranken, wo für jede Person Ringlein aus Weidenrinde ins Wasser geworfen wurden, und der, dessen Ring unterging, als todgeweiht galt. Ein ähnlicher Brauch hat sich in der fränkischen Schweiz bis in unser Jahrhundert hinein erhalten. Um Regen bittend, mussten dort junge Mädchen je drei Stöckchen in einen dem Heiligen Moritz geweihten Brunnen werfen. Zusätzlich hatte dies auch noch eine Orakelbedeutung: Sank ein Stöckchen unter, so bedeutete dies Unglück für die Werferin oder sogar ihren Tod in diesem Jahr. Schon 731 verbot Papst Gregor III. in einem Erlass an die Fürsten und das Volk in der germanischen Provinz den Aberglauben von Weissagungen bei besonderen Quellen, und 70 Jahre spä - ter fühlte man sich berufen, das Verbot von Opfern an Quellen einzuschärfen.

Freilich hat das Wasser auch einen dämonischen Aspekt, der besonders in der Oberpfalz mit ihren vielen dunklen Weihern längs des Pfahles und in der Waldnaab-Niederung besonders ausgeprägt ist. Hier heißt der Was - sermann auch der »blutige Mann«. Insbesondere gilt er als Schreckgestalt für Kinder. Er blickt diese, wenn sie ins Wasser schauen, unverwandt an und winkt ihnen mit den feuchten Augen. Der Blick zieht sie hinunter. Es gab dort noch im vorigen Jahrhundert auch ein Kinderspiel, bei dem einer am Boden liegend den Wassermann darstellte, und wen er beim Blinzeln erwischte, den zog er hinab.

Ähnlich wie vom Walchensee ging auch vom Ordel-
bach bei Eichstätt die Sage, dass er einmal die Felswand,
von der er herabstürzt, zerreißen und Stadt und Tal über-
fluten würde. Zur Beschwichtigung wurde hier heiliges
Walpurgisöl in die Felsspalte gegossen. Im ganzen Alpenraum verbreitet war die Sitte, Flüsse, die regelmäßig über
die Ufer traten, auch mit geweihten Hostien zu be-
schwichtigen, ähnlich wie man bei Feuersbrünsten Hosti-
en ins Feuer zu werfen pflegte.

Sitten wie das Osterwasserholen knüpfen an das Bad
der Ostara, des frühlingshaften Aspekts der Holla oder
Percht, an. Viele alte Quellkulte sind mit Heiligen besetzt
worden, so die »Fieberquelle« in Reisbach (Niederbayern) mit der Märtyrerin Wolfsindis. Die Wallfahrt zur
Wolfsindisquelle hat sich freilich erst in der zweiten
Hälfte des 18. Jahrhunderts entwickelt, nachdem ein
Wessobrunner Mönch 1753 die Legende der nichtkanoni-
sierten Heiligen, die hier an den Schweif eines Pferdes gebunden zu Tode geschleift worden sein soll, wiederent-
deckt hatte; danach hielt sich die Wallfahrt auch über das
Wallfahrtsverbot durch die Regensburger Diözese aus
dem Jahr 1772 hinaus. Auch der Heilige Wolfgang, Bischof von Regensburg 972-994, wird mit dem Wasser verbunden: Er soll ein Heer durch den reißenden Fluss Aisne
geführt (Christopherusaspekt) als auch für einen er-
schöpften Begleiter am Falkenstein in Oberösterreich eine Quelle erweckt (Mosesaspekt) haben. Bischöfe wie Ulrich und Wolfgang als Quellherren sollten alte heidnische
Quellkulte überbauen, doch in der Vorstellung des Volkes
verwandelten sie sich selbst in eine Art Quellgötter.

Neben Blasius- und Stephanswasser gibt es auch Ul-
richswasser: Wasser, das an dem Festtag dieses Heiligen
geschöpft wurde. Bei Wolfgang treten noch eine Reihe
auffallender Felsformationen hinzu, die als Fußabdrücke
beziehungsweise Rastplatz des Heiligen gelten, seine
Kraft ist buchstäblich eine, die Steine erweicht; so dass
einmal, weil er ein Gebet verschlafen hatte und sich zur
Buße an Steinen stoßen wollte, diese weich wurden, so in
Graupen im Erzgebirge oder in Kojau bei Krumau. In
Bayern ist es ein Fels in der St. Wolfgang-Kirche von Al-

*Wasser- und
Quellkulte
werden an
vielen Orten
übernommen*

tenmarkt, bei dem es als heilkräftig gilt, wenn man die Füße in seine Abdrücke stellt und durch eine künstlich dazu gebaute Bodenöffnung kriecht. Dieser Kult steht in der Tradition der Kriechspalten, durch die Krankheiten etc. abgestreift werden, die aber auch mit Wiedergeburts - symbolik zu tun haben. In abgelegenen Gebieten wie dem oberösterreichischen Waldviertel, wo Sagengut mit den typischen Andersweltmotiven auf Kontinuität des Kelti- schen schließen lassen, hat sich z. B. die Quelle von Wei- tersfelden unter dem Namen »Heiliges Wasser« unüber- baut gehalten. Auch der Heilige Anianus vom Irschen- berg, dem das Kirchlein im nahe gelegenen Weiler Alb ge- weiht ist, soll einen Stein erweicht haben, auf dem er ruhte. Ob da nicht ein alter Steinkult im Spiel ist?

Die prägnanteste Heiligengestalt der Fruchtbarkeits- brunnen ist Verena, ihr Kultzentrum der alamannische Raum, besonders das Mündungsgebiet von Rhein und Ahre. Auch in Tirol ist der Kult verbreitet. Bei Mittenwald liegt die Vereinsalpe, deren Name ähnlich gebildet ist wie beim rätischen Madulein von Magdalena. Verenas Attri - bute Kamm und Kanne deuten auf ein nymphisches We- sen. Wo Verena am deutlichsten ihre heidnische Gestalt bewahrt hat, ist das Tobel-Vreneli, das zusammen mit dem gespenstischen, aber unschädlichen Nachmittags - lamm erscheint. Verena ist vor allem die Patronin der Brunnen, aus denen die Kinder kommen (heidnisch Hol - la oder Ostara). Der Verenabrunnen im luzernischen Escholzmatt trägt sogar noch den Namen der Glücksgöt - tin Frau Saelde. Im Mittelalter ist Verena vielfach mit Frau Venus im Berg verbunden oder verwechselt worden.

Auch Walpurgis oder Walburga, wie sie etwa in der Pfarrkirche von Schwabbruck zusammen mit Magnus verehrt wird, ist christliche Übernahme des maienhaften Teils der großen Göttin, meist als Venus bezeichnet. Ihr gehören die Weide und vor allem die Weiden- oder Palm - kätzchen zu. Das Katzenartige ist das Wesen der Freya. In etlichen Sagen wird Walpurga als vom wilden Jäger ver- folgte dargestellt, man soll ein Fenster offen lassen, so dass sie sich hinter dem Fensterkreuz verstecken kann, wofür sie sich mit einem Goldstück erkenntlich zeigt.

Wir werden weiter unten noch genauer auf baierische Heilige und Bräuche eingehen, deren Kern aus alten, heidnischen Traditionen besteht. Die Kirche sah sich allerorten vor der Herausforderung, Heidnisches zu integrieren. Tertullian eiferte noch gegen die Regenbetfahrten, Papst Leo I. (440-462) integrierte sie. Ehemalige Blutopfer wurden durch Stellvertreter (z. B. Gebildbrote) ersetzt. Die ehemaligen Hauptopfertiere gaben den Handwasch - gefäßen für den Gottesdienst die Form: Hund, Schwein und Drachen als Aquamanile, wie man sie im Bayerischen Nationalmuseum in München besichtigen kann, entstammen nicht der christlichen Symbolik.

Im Freisinger Dom stellt die »Bestiensäule« eine Szene dar, die der germanischen Götterdämmerungsmythologie entspricht. Widar sprengt den Rachen des Wolfes, der die Götter verschlungen hat. Im esoterischen Christentum ist Widar als Gleichnis der Christusfigur interpretiert worden. Christus wäre, so aufgefasst, nicht der Gegner der Götter der Erfahrungsreligion, sondern der Rächer ihres Untergangs. Durchaus möglich, dass findige Missionare das Christentum auf diese Weise schmackhaft machen konnten. Nach den Wirren der Götterdämmerung würde nun ein neues Göttergeschlecht entstehen. Die alte Auferstehungsdarstellung, die Christus als denje - nigen zeigt, der die ersten Menschen aus dem Rachen des Todes führt, konnte durchaus als Rettung der eigenen Ahnengeister gelesen werden. Auch der um 700 schreibende Bischof Arbeo von Freising bezeugt das noch in vielem den heidnischen Gebräuchen verhaftete Christentum, worauf auch viele Funde hinweisen. Arbeo wird nicht der letzte bleiben, der über heidnische Relikte zu berichten hat.

Auch räumlich ist die Kontinuität groß. Eine der frühesten Klostergründungen ist etwa 620 Weltenburg am Donaudurchbruch gegenüber der einstigen keltischen Stadt Alkimoennis, gegründet von dem Iren Eustasius. Direkt unterhalb des Kirchturms wurde ein keltisches Stier-Figürchen gefunden, das heute im Museum in Kel -

heim zu sehen ist. Es bestätigt den merkwürdigen Zusammenhang von Stier- und späterem Georgskult, wie er sich auch andernorts findet: ganz in der Nähe in Hienheim an der Donau, in Regensburg sowie auf dem Hohensalzberg, wo die Stierfigur eine Weihung an Mars trägt. Auch Arnstorf in Niederbayern, umgeben von keltischen Kultplätzen dürfte auf ein Ur- oder Aurdorf zurückgehen, und auch hier ist die Kirche dem Heiligen Georg geweiht. Die Nachfolge Georgs für alten Stierkult könnte über den keltoromanischen Mars vermittelt sein. Gegenüber auf dem Frauenberg haben wir mit großer Sicherheit das spätrömische, überwiegend von germanischstämmigen Grenzverteidigern bewohnte Vallatum zu suchen. Das von Arbeo geweihte Kirchlein von Kreuzpullach liegt auch sicher nicht zufällig nahe bei einer Keltenschanze. Ebenso das merkwürdige Quellheiligtum von Einsbach, dessen Quelle angeblich aus einer zu Boden gefallenen Hostie entsprungen ist: Es befindet sich in unmittelbarer Nähe einer keltischen Niederlassung.

Sehr umstritten sind die Erdställe oder Schrazellöcher, verwinkelte Gänge unter alten Höfen, nach bisherigen Forschungen überwiegend frühmittelalterlicher Herkunft und meist in Spätmittelalter oder Frühneuzeit rituell verschlossen, die in späterer Zeit nicht mehr verstanden selbst zum Motiv für Sagenbildung wurden - gibt es doch hunderte von Orten mit Sagen über geheime Gänge, meist von einer Burg ins Dorf. Die heutigen wissenschaftsförmigen Theorien reichen von Zufluchtsstätten über unterirdische Geheimkultstätten bis zu Leergräbern bzw. Seelengängen oder Heimstätten für Heinzelmännchen. Auffällig ist das weitgehende Zusammenfallen der Verbreitungsgrenzen dieser Erscheinung mit dem bajuwarischen Siedlungsge-

biet, das fast völlige Fehlen bei unseren westlichen Nachbarn, den Alamannen, und ähnliche Häufungen in Frankreich, was auf die Idee führen könnte, dass es trotz der
späten Datierung etwas mit erhaltenen keltischen Traditionen zu tun haben könnte.

Die fränkische Mission

Um 700 löst die fränkisch-römische die iro-schottische
Mission ab. Bayern ist zu diesem Zeitpunkt bereits weitgehend christianisiert, wenn auch stark der alten, heidnischen Tradition verhaftet und so gut wie nicht kirchlich
durchorganisiert. Bayern hatte wohl das Glück gehabt,
dass es in einer eher toleranten Phase des Christentums
missioniert worden war. Denn solange es auch im Westen
noch eine auf die Macht der Kaiser gestützte Reichskirche
gab, waren die Bestrebungen, das Heidentum auszurot-
ten, stärker gewesen. Ohne durchschlagende weltliche
Unterstützung aber vertrat zum Beispiel Papst Gregor
(590-604) vielmehr die Meinung, dass das Christentum
sich die heidnischen Orte mit viel Weihwasser und nicht
mit brachialer Gewalt aneignen müsse.

Weihwasser
statt Gewalt

Mit der fränkisch-römischen Allianz im 8. Jahrhundert wendete sich das Blatt erneut. Die Ablösung der nach
alter germanischer Tradition langhaarigen Kultkönige
der Merowinger durch die Karolinger vollzieht sich nach
dem alttestamentarischen Ritus der Salbung, sofern diese
nicht eine Rückprojektion von Vorstellungen aus dem In -
vestiturstreit ist. (Bezug auf das alte Testament war im -
mer ein Indiz für wachsenden Totalitätsanspruch; be -
zeichnend ist, dass z. B. Heinrich I., der erste deutsche
Kaiser aus dem Salierhaus, 919-936, die Salbung und die
priesterliche Weihe bei der Krönung ablehnte und sich
damit auf ein von Priestermacht unabhängiges Wahl-Kö -
nigtum bezog.) Gleichzeitig bricht in Ostrom im 8. Jahrhundert der Bilderstreit durch, mit dem die Phase der
Pflege des antiken Erbes zu Ende geht und die Orientali -
sierung beginnt. Für Bayern ist dies verbunden mit einer
wachsenden fränkischen Bedrohung.

Zugunsten der fränkischen Missionare Rupert, Emmeram und Korbinian verblassen nun die Leistungen der iroschottischen Wanderprediger, obwohl auch diese Nachfolger zunächst an der columbanischen Liturgie festhalten. Dass die irischen Bräuche sich in Bayern letztlich nicht halten konnten, liegt am fehlenden Selbstbewusstsein, ihren Unterschied zu Rom deutlicher zu vertreten. Auch naive Gläubigkeit hat eine Rolle gespielt, das zeigt die Synode von Whitby (664), wo der englische König fragt, ob der irische Mönch Columban einen ähnlich direkten Herrschaftsauftrag vorzuweisen habe wie Petrus - und sich dann für die römische Liturgie entscheidet, in dem naiven Glauben, mit dem Großschlüsselbewahrer des Himmelreichs besser bedient zu sein.

Rupert, Emmeram und Korbinian im Kommen

Es sind vor allem die Herzöge aus dem vielleicht sogar fränkischen, sicher aber weitgehend von der Franken Gnaden regierendem Geschlecht der Agilolfinger gewesen, die sich Rom zuwandten, indem sie sich davon - unverständig und kurzatmig »realpolitisch« denkend - ein Gegengewicht gegen den fränkisch-karolingischen Einfluss versprachen. Auch die Agilolfinger (sie behaupteten von 555-788 die Herrschaft in Bayern) begriffen nicht in vollem Umfang die Absichten der Karolinger, die zur Absetzung der Merowinger, die noch Elemente des germanischen Kultkönigtums wie die langen Gewänder an sich hatten, die Heiligung durch Rom brauchten und dafür eine entsprechende Politik machten. Auch der Agilolfinger Odilo hat bei seinem Versuch, sich der fränkischen Herrschaft nach dem Tod Karl Martells (741) zu entwinden, von Rom einen eigenen Legaten angefordert. Dieser trat Pippin im Namen des Heiligen Petrus mit einem Friedensgebot entgegen. Jener aber bestritt den Auftrag des Legaten und ließ ihn nach seinem Sieg über den Agilolfinger Odilo zu sich rufen und diesen Sieg als Gottesurteil dafür auslegen, wo der wahre Petrus stünde.

Agilolfinger: Blickrichtung Rom statt Franken

Es waren gerade vordergründige Machtinteressen der bairischen Herzöge, die dem römischen Einfluss den Weg bahnten. Sie hofften, aus dem Christentum eine Identität stiftende Klammer zwischen den germanischen und romanischen Volksteilen zu gewinnen.

Mit Herzog Theodo (680-717) beginnt die eigentliche römische Christianisierung in Bayern. Theodo veranlasste 712 Emmeram, der eigentlich die Donau hinab zu den Awaren weiterziehen wollte, zum Bleiben in Regensburg. Das war ein Fehler: Im Jahre 715 wurde Emmeram von Theodos Sohn Lantperth ermordet, weil er sich angeblich an dessen Schwester Uta vergriffen hatte. Emmeram wurde später aus der Sicht der siegreichen römisch-fränkischen Macht zum Märtyrer erklärt. Dem Volksglauben, der für politisches Kalkül wenig übrig hat, wurden andere Zeichen seiner Heiligkeit präsentiert: An Emmerams Todesstelle in Kleinhelfendorf soll eine Quelle entsprungen, sein Leichnam auf einem Ochsengespann beziehungsweise einem Schiff ohne Führer nach Regensburg zurückgelangt sein. Das erinnert sehr an die Fortbewegungsart keltischer und germanischer Fruchtbarkeitsgötter wie Sequana und Nerthus auf Schiffen.

Bayern wird römisch-katholisch

Uta und Lantperth wurden verbannt, doch das Ansehen der Mission war beschädigt.

Auch Korbinian (gestorben 730) geriet mit einem Angehörigen des Herzogshauses, Lantperths Sohn Grimoald (ermordet 728), in Streit und floh nach Südtirol. Wie der ungesühnte Tod Emmerams ist auch dies ein Zeichen, dass diese Mission immer nur gestützt auf die fränkische Macht im Hintergrund erfolgreich war. Solange Pippin der Mittlere regierte, konnte Korbinian auch gegenüber dem Herzog das große Wort führen, in den Thronwirren nach Pippins Tod war das vorbei. Herzog Theodo, der un - bedingt einen eigenen bayerischen Bischof unabhängig von fränkischer Loyalität haben wollte, unternahm 715/ 716 eine Romfahrt. Der damals gegebene Kirchenorgani - sationsplan wurde jedoch infolge der Nachfolgekämpfe nach Theodos Tod nicht verwirklicht, so dass sich schließlich doch die fränkischen Interessen durchsetzten.

Erst Bonifatius, von Rom 738 für Bayern und Schwaben mit der Durchorganisierung der Kirche beauftragt, setzte eine fränkisch zentrierte Bistumsorganisation durch. Der Titel eines »Apostels der Deutschen« (*universalis ecclesiae legatus germanicus*) schließt Bayern ei - gentlich nicht ein, denn Germania wird noch in der Be -

grenzung durch Rhein und Donau gedacht, und ein Deutschland gibt es noch nicht. In Freising, Salzburg und Regensburg konnte Bonifatius neue Bischöfe einsetzen. In Passau musste er Vivilo akzeptieren, der sich darauf berief, von Papst Gregor III. selbst geweiht zu sein, und der aber an irischen Bräuchen festhielt. Die Kirchenprovinz Baiern umfasste 798 die Diözesen Säben, Salzburg, Passau, Regensburg und Freising. Eichstätt und Augsburg gehörten zur Mainzer Kirchenprovinz, die später das eigentliche Rückgrat des Aufstiegs der salischen Kaisermacht darstellt.

Johannes Haller hat plausibel gemacht, dass eigentlich erst Bonifatius den Grundstock für das Papsttum gelegt hat, wie es sich in den nächsten Jahrhunderten entwickelte. Bonifatius hätte die Möglichkeit gehabt, eine Reichskirche unabhängig von Rom zu gründen, doch suchte er selbst in Kleinigkeiten immer nach Bestätigung einer höheren Autorität. Haller sieht sein »Christentum als eine Summe peinlich zu beachtender Vorschriften, deren Befolgung das Himmelreich sichere«, ein Extrem mönchischer Werkheiligkeit. Im Papst beziehungsweise in Petrus sah Bonifatius so etwas wie seinen Herren im lehensrechtlichen Sinn. Auch sonst war er ein typischer Anbeter der Macht, die Donareiche in Fritzlar fällte er, um zu beweisen, dass die alten Götter sich gegen seinen Gott nicht wehren konnten.

Neue Namen für alte Geister

Nicht ganz leicht zu bestimmen ist, was in Bayern nun tatsächlich vom Christentum angenommen wurde und Wurzeln schlug. Wir müssen das Christentum des Mittelalters mehr als bisher üblich als städtisches und Oberschichtphänomen begreifen.

Auf dem Land haben wir es mit Überbauungsverhältnissen zu tun. Die Landbewohner (lat. *pagani* von *pagus* = Gau) waren den Göttern der Erfahrungsreligion wesentlich mehr verpflichtet, denn sie erfuhren deren Wirken im zyklischen Geschehen der Natur immer wieder von Neuem. Deshalb ging der Name Heiden (= pagani) von den Landbewohnern auf die im christlichen Sinn Ungläubigen beziehungsweise Fehlgläubigen über. Das Christentum wurde von ihnen als eine nun verpflichtende Variante des immer schon Gewussten wahrgenommen. Förderliche und feindliche Mächte wurden mit neuen Namen belegt, blieben aber die erfahrbaren Geister des Glücks und der Krankheit, der Fruchtbarkeit und des Unwetters. Erst mit der Zeit begann der scharfe Dualismus der Wüstenreligion seelisch zu wirken. In den bajuwarischen Reihengräberfeldern finden sich christliche und heidnische Grabbeigaben nebeneinander.

Das Wesssobrunner Gebet, das aus karolingischer Zeit stammt, ist eine nur durch kleine Änderungen christianisierte Götteranrufung, mit den zwei Teilen Preis und Bitte, die Fritz Steinbock zu rekonstruieren versucht hat:

»Das erfuhr ich unter Menschen als größtes Wunder, Götteranrufung im Wessobrunner Gebet
dass Erde nicht war noch Überhimmel
noch Baum noch Berg war
noch von Süden die Sonne schien
noch der Mond leichtete noch das mächtige Meer
Als da nichts war an Enden und Wenden
da waren doch schon die Herrlichen Götter
die freigiebigsten Schenker und mit ihnen manche
herrliche Geister. Und die heiligen Götter
erhoben Mittelgart und den Himmel hoch
und gaben den Menschen manches Gut.
Mächtige Götter, die ihr Himmel und Erde gewirkt
und den Menschen manches Gut gabt, gebt uns Heil
und Ehre (statt rechten Glauben und guten Willen),
Weisheit und Klugheit und Kraft, Feinden (statt dem
Teufel) zu widerstehen und Übles zu bekämpfen und
ehrenhafte Taten zu wirken«

Ebenso dürfte das in Regensburg St. Emmeram im Stabreim auf die Seiten einer Handschrift, die Adalram von Salzburg Ludwig dem Deutschen geschenkt hatte, notierte Weltuntergangsgedicht »Muspilli« Anleihen bei einer Art deutschen Völuspa gemacht haben:

»So entbrennen die Berge
kein Baum bleibt mehr stehen
auf der Erde
die Wasser vertrocknen,
das Meer verzehrt sich
in Lohe der Himmel
der Mond fällt, Mittilagart brennt«

Aber auch in den Stein gewordenen Zeugnissen der
frühmittelalterlichen Kirche aus Wessobrunn und anderen klösterlichen Kontexten spiegelt sich eine starke erfahrungsreligiöse Kontinuität. Da sind zunächst die
»Grünen Männer«: Köpfe, aus deren Mund Blätter und
Weinranken sprießen. Es sind Vegetationsgeister, die die
Kirche in ihren Bau, der den Kosmos und die
Heilsgeschichte darstellen soll, mit aufneh-
men musste, weil dem Bauern die Fruchtbarkeit der Felder näher ist als eine
Erlösung im Jenseits. Ihre Nachfahren
finden sich auch noch am Ende des
Mittelalters, so auf der Gedenkplatte
zur Errichtung der Kesselbergstraße
von 1492. Die »Grünen Männer« ver-
sinnbildlichen am einleuchtendsten das
Grundgeschehen der Natur. Das Wort
»natura« wie auch die griechische Entspre -
chung »physis« kommen von Wortwurzeln, die
Wachsen bedeuten. Das hat eine religiöse Bedeutung, die
uns heute nicht mehr selbstverständlich ist. Das Aufge -
hen ist ein Wachsen aus der Anderswelt, aus der Gestalt -
losigkeit zur Gestalthaftigkeit, es ist ein zu sich selbst
Kommen, denn der Baum ist der entfaltete Same und der
Same der zusammengezogene Baum.

Aber da sind auch die Sirenen (oder sind es Keren,
Walküren?), die menschenköpfigen Vögel, deren Schwän -
ze aber wieder in vegetabilische Formen auslaufen, sie
sind Toten- oder Ahnenseelen. In diesen Menschenvögeln
ist das noch nicht getrennt, was die spätgotische Kunst in
Sterbeszenen vor allem bei den Schächern in der Kreu -
zigungsszene in zwei Figuren darstellt, die Seele, die als

kleines nacktes Menschlein wiedergegeben wird, und der Engel oder Teufel, der sie holt. Der Seelenvogel ist Dämon und Seele, aber er läuft in vegetative Form aus, er hat An - teil am allgemeinen Kreislauf von Leben und Tod. Die Vorstellung, dass die Seelen Vögel würden, war weit und lange verbreitet. Deshalb wurden sie besonders auf Fried- höfen gefüttert, teilweise auch die Gräber mit Vogelbee- ren, die dem Thor heilig waren, bekränzt.

Gewisse Modifikationen der heidnischen Symbolik schienen den christlichen Missionaren aber unabdingbar. Bei der Übernahme des Bündels der Freya und anderer magischer Kräutersträuße wurde von kirchlicher Stelle ei- nerseits darauf hingewirkt, psychoaktive Pflanzen zu ent- fernen, zusätzlich wurde das Bündel uminterpretiert als das Bündel der süßduftenden Kräuter, die die Jünger an- stelle des Leichnams Mariens gefunden haben. Andere Pflanzen wurden rituell depotenziert. Der Hollunder ist zwar noch das Rückgrat des Palmbüschels, er muss aber geschält werden, da sich unter der Rinde des Holle- Baums eine Hexe verbergen könnte. Dann wurde zusätz - lich uminterpretiert: Jeder Zweig des Palms steht nun für eine christliche Tugend.

Heidnische Symbolik, leicht modi- fiziert

Besonders unbeliebt scheinen bei den Missionaren überall die gehörnten Gottheiten gewesen zu sein, nicht zufällig wird der bocksgehörnte Pan zum Teufel, die dem Kult abschwörende Gürtelschnalle aus dem Römermu - seum Kempten haben wir schon erwähnt.

Sehen wir uns einige besonders prominente Heiligen - gestalten einmal auf ihre erfahrungsreligiöse Substanz hin an!

Maria, die Große Göttin

Maria ist mehr als eine Heilige. Als Muttergottes und Muttergöttin hat sie gleich mehrere Vorbilder. Mit ihrem sterbenden und wiederauferstehenden Sohn übernimmt sie die Stellung der babylonisch-ägyptischen Muttergott - heit Isis; als Maria im Rosenhaag ist sie Venus, als Maria mit dem Ährenkleid stellt sie Demeter dar. In diesen Zü-

gen erhält sich ein tausende von Jahre altes Anderswelt-
gesicht einer Himmelskönigin und *Dea natura*, einer Na-
turgöttin. Sie zertritt nicht die Schlange, sondern thront
auf Gestalten, die Menschenkopf, Tierleib und Pflanzen-
schwanz verbinden.

Auch die Schwarze Madonna, deren Hauptkultplatz in
Bayern Altötting ist, ist eine Nachfahrin der Großen Göttin. Allerdings weist darauf nicht das Gnadenbild selbst
hin. Das Gnadenbild, zu dem die Wallfahrt Ende des 15.
Jahrhunderts nach der spektakulären Heilung verletzter
Kinder aufgeblüht war, ist eine Arbeit, die etwa um 1330
entstanden ist und damit nicht aus viel älterer Zeit
stammt, wie die Humanisten Konrad Celtis und Aventinus meinten, die die Ansicht vertraten, dass das Bild vom
Heiligen Rupert von Salzburg mitgebracht worden sei,
was 1762 in einem Gemälde des großen Barockmalers Johann Babtist Straub Gestalt annahm. Die Humanisten
pflegten zudem die Vorstellung, schon in römischer Zeit
habe sich hier unweit der Verbindungsstraße von Salzburg nach Regensburg ein Tempel der Planetengötter be-
funden. Heute sind sich die Fachleute weitgehend einig,
dass die Schwarze Madonna ein Zufallsprodukt ist, entstanden durch die Oxidation des silbernen Untergrundes
der Bemalung. Doch selbst, wenn dem so ist, dann stellt
eben die nicht willentlich hervorgebrachte Schwärzung
die Übereinstimmung mit dem Archetyp her.

Die kegelförmige Gestalt reicht freilich wirklich weit
zurück. Der Kegel ist die Form der Rhea-Kybele, die in
den Kultmälern der griechisch als Aphrodite bezeichneten Göttinnen von Paphos und Byblos weiterwirkt. Der
Schutzmantel oder Sternenmantel ist ursprünglich das
Himmelszelt. Das wohl populärste Marienbild mit 500
Sekundärwallfahrten ist das Gnadenbild Mariahilf in Passau, das selbst die Kopie eines im Besitz des Passauer Bi-
schofs befindlichen Cranach-Bildes durch einen nicht berühmten aber »frommen Passauer Maler« ist. Hier kann
man durchaus eine gewisse Tendenz zum Ikonenhaften
sehen. Nicht künstlerische Qualität oder gar Originalität
ist wichtig, sondern Urbildübereinstimmung und Aura.

Der Kegel -
die Form der
Rhea-Kybele

Notburga, Nachfolgerin Demeters

Der Demeter-Aspekt Mariens ist nur ein Nebenzug, denn die eigentliche Nachfolgerin von Demeter und auch der auf einem Ochsengespann oder Schiff fahrenden Nerthus oder Herta (Isis) ist Notburga. Es gibt eine ganze Reihe von Heiligen dieses Namens, alle haben in ihren Legenden zumindest einen Teil der demetrischen Symbole (Schiff, Sichel, Ähren), am stärksten Notburga von Hochhausen, aber auch die Notburga von Rattenberg, deren Hauptattribute Sichel und Ähren sind. Notburga war vor allem eine Patronin der Mägde, so in Eben im Inntal westlich von Innsbruck. Die tote Notburga soll von einem Gespann weißer Ochsen, die sich selbst den Weg suchten, auf den Ebenberg gebracht worden sein, als das Gespann an den Inn kam, sei der Fluss zurückgewichen. Das Schiff ist Abbild der Mondsichel und Symbol des Mutterschoßes. Führerloses Fahren auf einem Schiff oder Ochsengespann haben wir schon bei der Legende von Emmeram kennengelernt. Auch von Leonhard wird später an verschiedenen Plätzen berichtet, sein Bild sei auf dem Fluss herangetrieben, so in Aigen am Inn.

Platzsuche-Rituale aus heidnischer Zeit: Schiff oder Ochsen - karren

Sehr an Platzsucheritruale aus heidnischer Zeit erinnert die Geschichte der seligen Edigna von Puch bei Fürstenfeldbruck, die angeblich eine französische Königstochter aus dem 11. Jahrhundert war und sich dort als Ein - siedlerin niederlassen sollte, wo auf dem Ochsenkarren, auf dem sie saß, der mitgeführte Hahn krähen und die Glocke läuten sollte. Das war nun in einer hohlen Linde, die noch heute gezeigt wird. Solche Baumheiligen gibt es sonst eher im frühen Mönchtum des Ostens.

Nikolaus, aus dem Wasser entstiegen

Nikolaus ist der Nachfolger Neptuns und mancher lokaler Wassermänner (auffällig ist die Namensähnlichkeit zum Wassergeist Nöck). Er gilt den Schiffern als Patron, kommt aber auch als Brücken-, Brunnen- und Quellenpatron vor. Bereits um 990 hatte das Kloster Benedikt -

beuern Reliquien von ihm. Zum Teil gilt er als Beschützer vor bösen Wassergeistern, die er überwindet, andererseits tritt er in Gemeinschaft mit Rupprecht auf, der nicht nur den Namen von der Rauhpercht hat, sondern auch ganz ähnlich wie die »schiachen« Perchten auftritt. Nikolaus ist auch der Nachfolger des männlichen Partners der Percht. So ist es kein Zufall, dass der Bildstock an der Quelle unterhalb des keltischen Oppidums der Fentbach - schanze Nikolaus zeigt. Das ganze Hochplateau des Mang - fallknies mit seinen wunderbaren Linden - keineswegs nur der vor einigen Jahren zerstörten Weyarner Linde, sondern auch der Linde im Weiler Fentbach und der auf dem Kapellenhügel von Sonderdilching - ist Reich der Kybele-Perchta. Bemerkenswert freilich, dass neben dem in christlicher Zeit entwickeltsten Kultort der Marien-wallfahrtskirche von Kleinhöhenkirchen eine riesige Esche, der Baum des Poseidon, über einer heute gedeckelten Quelle steht. Die Nebenheiligen hier sind Lucia und Demetrius. Auch findet sich in der Kirche ein eindrucksvoller Jesus in der Rast, der Nachfolger des Dulderheros Herakles.

Nikolaus hat drei Nymphen und drei Äpfel (wie am Rande der Welt die Hesperiden, die Nymphen des Baumes des Lebens) bei sich. Diese Äpfel waren wohl ursprünglich auf die drei Schicksalsgöttinnen verteilt. Der 5. Dezember war neben dem Mittfebruar das zweite Fest des Faunus, des Vegetationsdämons, der in Nikolaus' Knecht Rupprecht und in Gestalten des Perchtentreibens weiterlebt. Der Alte Faunus stellte das vergangene Jahr dar. Nikolaus erscheint in der Legende als Frevler gegen den heiligen Baum der Artemis von Myra. Dass er später den Krampus, einen mit der befruchtenden Rute (Zweig) schlagenden Dämon zu sich nahm, könnte darauf deuten, dass er den Baumkult eher beerbte als ausrottete.

Auch die Bavaria-Buche von Pondorf war durch ein Marienbild christianisiert. Der Historiker Alexander De - mandt bemerkte 2001 das Fehlen des Bildes. Wenig spä - ter brach sie zusammen.

Auch in der Ostkirche nimmt Nikolaus einen besonders hohen Rang ein. Er ist der einzige Heilige der der auf Ikonen im Gestus des Christus mit Buch und Segenshand dargestellt wird, sozusagen der Kleine Herrgott und wichtigste Wundertäter. Diesen Rang hat bei uns der heilige Leonhard.

Leonhard, stürmischer Eisenherr

Manche halten den Heiligen Leonhard (einen Abt zur Zeit des Frankenkönigs Chlodwig), dessen Kult vor allem durch die Zisterzienser verbreitet wurde, für den Vertreter des Sturmgottes. In Schildthurn wird er, wie in Südtirol und Leutstetten Nikolaus, zusammen mit den drei Bethen verehrt. Auch auf dem Atar von Einbettl erscheint Leonhard unter dem Nikolaus. Leonhard wurde vom Patron der Gefangenen, insbesondere der gefangenen Kreuzfahrer, immer mehr zu dem des Viehs, vom Patron der Ritter, woher vielleicht auch noch seine Verbindung zum Eisen rührt, zu einem der Bauern. Dem Eisen blieb er insofern treu, als er der »Eisenherr«, der Patron der Metallhandwerker ist, dem in besonderem Maße auch eiserne Votive geweiht werden (s. Bild r. o.).

In Inchenhofen (Aichacher Land), der bedeutendsten Leonhardswallfahrt Bayerns, findet sich noch der »Leonhardsnagel«, ein 90 Zentimeter langer und 121 Kilo schwerer eiserner, phallusförmiger Gegenstand (s. Bild r. u.); in Gabelbachergreut wurde ein ähnlicher, ursprünglich wohl auch aus Inchenhofen stammender »Nagel« im Frühjahr zur Förderung der Fruchtbarkeit durch die Felder getragen. Auch die Sitte, nicht nur, aber besonders Leonhardskirchen mit umlaufenden Ketten zu umspannen, ist mehr als nur eine Erinnerung an den Gefangenenheiligen; es ist eine besondere

Form der Hege eines Heiligtums, die uns schon in der Antike begegnet.

Es ist nicht ausgeschlossen, dass Leonhard im ehemals keltischen Gebiet gerade deshalb zu einem so großen Heiligen wurde, weil er mit seinen Ketten an den großen Gott anknüpfte, den die Römer *Mars Latobius* nannten: ein unterweltlicher Gott der Fruchtbarkeit, aber auch derjenige, der die Toten in Ketten in sein Reich schleifte, trotzdem nicht als Scheusal galt, sondern sogar mit dem Vater des Stammes Teutates gleichgesetzt wurde.

Auf der anderen Seite könnte das Eisen auch mit seiner Unterweltsführerschaft verbunden sein, womit er insofern tatsächlich ein im christlichen Sinn modernisierender Heiliger wäre. Während in der bronzezeitlich-keltischen Tradition die Vorstellung herrscht, dass die Anderswelt-Wesen kein Eisen mögen und man deshalb Eisen ablegen muss, wenn man Feen sehen will, bzw. den Toten kein Eisen mitgibt, was damit zu tun hat, dass in diese Welt die Individualität im Sinn der Persona nicht hinüberkann. Die Eisenzeit scheint mit einem Wandel vom Sippengrab (Urnenfelder) zum Einzelgrab (Hallstatt) verbunden. Vielleicht ist der Schritt zum Eisen tatsächlich mit einer Stärkung des Ichgefühls verbunden.

Das Eisen - Ausdruck eines neuen Ich-Gefühls?

Ein wie großer Heiliger Leonhard war, zeigt auch der Schwank vom Riekoferer Knecht, zum ersten Mal aufgezeichnet 1899. In der Karwoche geht der Pfatterbauer zu einer Beerdigung, der Knecht schindet sich mit einem Ochsen und einem maroden Pflug durch den Acker:

»Wo gehst denn hin?« fragt das Knechtl.
»Auf a ra Leich!« schreit der Bauer hinüber.
»Wer is'n nachher g'storbn?«
»Unser Herrgott.«
»So so, hab no nix g'hört, dass er krank g'wen wär.«
(Und nach einer Pause:)
»Wer wird denn nachher jetz' Herrgott werdn?«
(Nachdem dem Bauern nichts einfällt, der Knecht:)
»I wüßt' scho oan - vom heilig'n Lienhard hat mer no nia nix Unrechts g'hört, und der verstaandt a mehra vom Viech.«

Auch der Heilige Windher oder Winthir wurde als Wind-Herr aufgefasst und hatte neben der Heiligen Kümmernis, einer weiblichen Gekreuzigten mit Bart, in Maria Eich einen Altar.

Antonius, eine antike Fundsache

Der populäre Heilige Antonius (historisch gesehen Franziskaner der zweiten Generation) ist eine Hermes-Gestalt und nicht nur der Patron des glücklichen Findens, sondern auch ein Heiliger, an den man sich in Liebessachen wenden konnte. Mit dem Kind auf dem Arm entspricht er ganz dem Hermes als Träger des Dionysoskindes.

Petrus, der Donner, der kegelt

Petrus ist der Nachfolger des Donnergotts, der die Kegel schiebt. Er hat rote Haare, und Petrus' im ganzen westlichen Mittelalter beständige Ikonographie mit der gedrehten Stirnlocke deutet dieses Wesen an. Sein Schlüssel ist schon das Attribut des Himmelgottes Phanes-Janus gewesen. Häufig tritt er an die Stelle eines Jupiterkultes, so nicht nur in Rom, sondern wohl auch in Aschaffenburg und Stockstadt. Möglicherweise auch in Regensburg und Salzburg. Typische Petersberge sind oben abgerundete Kegel, die interessanter Weise auch im chinesischen Feng shui dem Planeten Jupiter zugeordnet wurden. Besonders markant ist der Petersberg bei Flintsbach mit der Rachelburg, welche Fundkontinuität von der Bronzezeit bis ins Mittelalter aufweist. Der nahe gelegene Biber (heute St. Magdalena) dürfte wie die Biburg-Orte weit zurückreichen.

Die Wetterherren Johannes und Oswald

Johannes begleitet die Winter- und die Sommersonnenwende (27. Dezember und 24. Juni). Freilich war er ursprünglich nicht Patron der Sommersonnenwende als Jahreshöhepunkt, sondern des erstmals spürbaren Ab-nehmens der Fruchtbarkeit. Es sind ja alle Heiligenfeste mit Bezug zum Wetter seit der gregorianischen Kalenderreform zehn Tage zu früh, der Heilige des längsten Tages ist ursprünglich Barnabas, von dem die Bauernregel heißt, er habe »den längsten Tag und das längste Gras«.

Die Wetter-heiligen sind zu früh dran

Johannes' abgeschlagenes Haupt vertrat das des Jahrkönigs, wie es etwa in der griechisch römischen Antike als Haupt des Alten Silens neben dem Flöte spielenden jungen Silen des Praxiteles dargestellt wurde. An seinen Tagen steht in besonderer Weise das Tor zum Erdinneren, zu geheimen Schätzen offen. Sein mythischer Vorgänger ist Orpheus, der von den Mänaden, den wildgewordenen Verehrerinnen des Dionysos, zerrissen und enthauptet wurde, dessen Haupt aber weiter sang. Von daher konnten Herodias und Salome mit solchen Wesen im dionysischen Taumel identifiziert werden. Das Haupt auf dem Schild oder einem runden Teller, das in der Spätgotik auch allein dargestellt wird, ist das Gesicht der Sonne. Als Herr der Sommersonnenwende ist Johannes eher Nachfolger eines Sonnengottes, und es ist kein Zufall, dass nach der »Legenda Aurea« der Heilige Benedikt, als er in Monte Cassino das Christentum durchsetzte, den dortigen Tempel des Sonnengottes Apoll gerade in eine Kirche des Täufers umwandelte.

In Usterling, wo der Täufer mit Johannes dem Evangelisten gemeinsam auftritt, ersetzt er wohl das Numen, das am wachsenden Stein verehrt wurde. Die Felsbildung hat Schlangenqualität, was gut zu Johannes dem Evangelisten, der durch Kreuzzeichen eine Schlange aus dem Gift im Becher beschwört, passt. Der Altar in der Kapelle oberhalb des Steins ist Agnes gewidmet, die als Heilige mit dem Lamm Partnerin Johannes des Täufers ist. Inter - essant ist, dass die oberste Stelle im Gesprenge Sebastian, der Vertreter Apolls, einnimmt.

Sankt Oswald mit dem Raben, der einen Ring im Schnabel trägt, mit der goldenen Kugel und dem Szepter, als Wetterherr verehrt, ist eine Verchristlichung von Odin. Eine Version seiner Legende erzählt, dass er ein Kö - nigssohn (das heißt: Anwärter auf die Regentschaft) war, der eine Prinzessin heiraten sollte, deren Vater als Heide aber gegen diese Verbindung war und sie in einen Turm einsperrte (Barbaramotiv), der Rabe soll die Insignien des Bundes hin und her getragen haben. Diese Legende sagt nichts über die wirkliche Wesenheit von Oswald, wohl aber etwas über seine Verbindung mit der Gottheit, die sich christlich als Barbara einkleidet: die Bergmutter Kybele. Auch Holda-Berchta wurde ja als Gattin des Wo - tan gedacht. In einer anderen Legende war er ein von Heiden vertriebener christlicher König, der sich auf einen Berg zurückzog. Während seiner Regierung herrschten die Zustände des goldenen Zeitalters, was auf eine Gleich - setzung mit Saturn deutet.

Oswalds Tag ist der 5. August. Als sein Berg galt in Südtirol der zweigipflige (gehörnte) Ifinger oberhalb Haf - ling. Der alte Kultplatz mit einer prächtigen »Junkbrun - nen« genannten Quelle wurde erst 1641 mit einer Kapelle, zu der jedes Jahr gewallfahrtet wurde, überbaut und 1879 zugunsten einer größeren Kirche eine halbe Wegstunde weiter unten wieder geräumt. Die Wallfahrt war mit Peit - schenknallen in Analogie zu den Gewittern, die man ab-

Sankt Oswald - der alte Odin

wehren wollte, verbunden. Es scheint, dass man vermute -
te, böswillige Hexer würden vom Junkbrunnen her Hagel
machen. Mit Recht weist Hörmann darauf hin, dass Odin-
Wotan im Gegensatz zu Donar nicht mit Donner verbunden war, es sich also keineswegs um direkte Christianisierung eines heidnischen Kultes handelt, sondern um eine
spätere Sekundärbildung.

Michael, Mang, Georg:
Die Drachenbezwinger

Michael ist der Engel mit der Waage, ursprünglich wohl
einfach der Engel der Zeit dieses Sternzeichens. Die Waage ist aber auch das Attribut der Zuteilerin der Schick-
salslose. In Alexandria erscheint diese Gestalt bereits im
2. Jahrhundert n. Chr. vermischt mit dem Athena-Miner-
va-Typus, den auch Michael übernimmt.

Ein relativ häufiger Typus von Landschaft ist durch
Überbauung durch Michaels- oder Georgskapellen bezeichnet. Es handelt sich um Drachenrücken, das sind Erhebungen, an denen mit der Erhebung zugleich ein Zugang zum Inneren des Berges gegeben ist. Vielfach sind es
auch Verdichtungspunkte der Landschaft. Man hat hier
das Gefühl, auch weit Entferntes näher und genauer als
sonst wahrnehmen zu können. Ein besonders schönes
Beispiel ist die Michaelskirche in Widdersberg bei Herr -
sching. Hier ist das zugehörige Waldtal auch noch Höll -
graben benannt. Der eigentliche Michaelspunkt scheint
aber nicht direkt an der Kirche zu sein, an die die Häuser
des kleinen Ortes auch zu nah herangerückt sind, sondern
etwas weiter oberhalb durch zwei Feldkreuze markiert.
Von hier aus sieht man den nächsten Michaelsort An -
dechs direkt vor der Zugspitze. Zurückblickend liegen
dann auf dieser Linie die Kirche von Widdersberg und der
Funkturm von Schöngeising. Letzterer steht in unmittelbarer Nähe eines keltischen Kultplatzes.

In Widdersberg ist an der Außenwand der Kirche ein
keltoromanisches Relief zu sehen. Münzfunde im Wald

Weitblick
vom
Drachen-
rücken aus

Die Michaels-
kirche von Wid-
dersberg (o. r.)
und das kelto-
romanische
Relief an seiner
Außenmauer (l.)

aus dem 3. und 4. nachchristlichen Jahrhundert lassen
darauf schließen, dass auf dem darüber befindlichen Pla-
teau ein Tempelchen gestanden haben könnte, dessen
»Opferstock« bei der Zerstörung nach unten gekippt wurde. In Andechs, wo sich eventuell bereits in frührömi-
scher Zeit ein Kleinstkastell befand - der Name ist romanisch und hat mit *daksi* = Eibe zu tun - haben Maria und
Michael zusammen wohl Minerva, bzw. ihr keltisches
Pendant beerbt. Der Trumling Richtung Machtlfing, von
dem aus man Diessen sieht und der von einer Krone von
Hügeln umgeben ist, ist der eigentliche Mittelpunkt die -
ser Landschaft.

Dagegen ist St. Mang (Magnus) als Drachenbekämpfer
und Ungeziefertöter der Nachfolger einer Apollongestalt.
Apoll erscheint auch in der antiken Überlieferung als
Mäusetöter so wie als Überwinder des Pythondrachens.
Interessant ist in diesem Zusammenhang, dass auch St.
Mang neben Sebastian und Rochus als Pestpatron verehrt
wird, auch das ein Anklang an die Apollongestalt. St.
Mang ist wohl ein einheimischer Heiliger des Lechtals,
der hier die Natur zähmt. Erst später wurde er als Schüler
von Columban und Gallus als Ire aufgefasst.

Georg ist Nachfolger der Drachensieger: vom griechischen Perseus bis zum germanischen Siegfried und Mar -
tin, des in der Spätantike allgegenwärtigen Reitergotts.

Georg und Martin: weißes und dunkles Pferd

Bezeichnend ist, dass Georg, dessen Fest im April liegt, auf einem weißen Pferd reitet, Martin, der im November gefeiert wird, ein dunkles Pferd hat. So sind sie zugleich Verkörperungen der Jahreszeitenherrscher. Als »Georgi-wind« wurde der oft Mitte März bis April herrschende Ostwind bezeichnet. Als »Allerheiligenwind« oder »Martinsgestämpfe« galten die Herbststürme, die auch mit der wilden Jagd in Verbindung gebracht wurden. Auch was ihre Kultgeschichte angeht, verweisen sie auf entgegenge-setzte Richtungen: Georgspatrozinien in bajuwarischer Zeit verweisen auf östlichen, das heißt byzantinischen Einfluss: Der für die Verbreitung des Georgskults auf deutschem Boden maßgebliche Kaiser Heinrich II. lernte diesen in Regensburg kennen, wo die älteste Georgskir-che (später St. Emmeram) stand. Martinspatrozinien verweisen dagegen auf fränkischen, das heißt westlichen Einfluss.

Georgisteine

Wenn Georg gelegentlich in der Nähe von heiligen Steinen zu finden ist, verweist das auf eine christliche Be-setzung alter heidnischer Steinkulte. So gibt es nicht nur in der Isar einen Georgistein, auch in der Iller findet man einen. Auch das auffällige Bichel bei Ascholding mit der Schimmelkapelle hat ein Georgspatrozinium. Die Sagen weisen auf einen alten Pferde-Opferplatz, und in die Ka-pelle ist ein Opferstein hineinverbaut. Ein sehr ähnlicher Georgsort ist der Auerberg. Hier gibt es (nur an Festtagen ausgestellt) eine mittelalterliche Figurengruppe, bei der die Königstochter mit einem Schaf auf dem Felsen um Hilfe fleht, während Georg den Drachen ersticht, dessen Leib quasi vom Berg herabfließt, während sein Kopf wie der eines Wasserspeiers sich am Berghang aufbäumt. Die an sich gängige Ableitung des 1167 als Urberc zum ersten - mal belegten Ortsnamens vom Auerochsen ist nicht si - cher. Neuerdings wird von der Vennemann-Schule eine Ableitung von der vasconischen Wurzel *Ur* für Wasser mit den Quellen am Berg begründet.

So wie sich in bajuwarischen Gräbern byzantinische und fränkische Kleinkunst begegnet, so wie Martins- und Georgskult zusammentreffen, so begegnen sich hier Ost und West Europas. Die niederbayerischen z. T. noch er -

haltenen Bezeichnungen »Ertag« für Dienstag und »Pfinztag« für Donnerstag gehen auf das Griechische *Areos Hämera* (von Ares = die griech. Entsprechung zu Mars) und *Pempte Hämera* (5. Tag) zurück. Vom Einfluss der Goten rührt es her, dass in Baiern die Wörter »atum« und »wih« (woher z. B. Weihenstephan, Weihenzell und Weihenlinden kommen), erst langsam von »Geist« und »heilig« verdrängt wurden. Ob damit verbunden ariani-scher Einfluss, der in Norikum nachgewiesen ist, sich auch bis Rätien breit machte, ist umstritten. Das Fehlen arianischer Zeugnisse auf bayerischem Boden ist ein wei-teres Indiz für die sekundäre Stammesbildung. Anders als der nachgregorianische Katholizismus, dessen Brücke zum Volksglauben vor allem im Heiligenkult bestand, be-ruhte die Verbindung des Arianismus, der noch keinen Heiligenkult ausgebildet hatte, zu den germanischen Strukturen vor allem darauf, dass der Monotheismus eine ideologische Funktion für sein weltliches Abbild, die Kö-nigsherrschaft im Unterschied zu dem polyzentrischen und vom Erfolg abhängigen Häuptlingstum hatte. Aria-nismus setzte sich da durch, wo Germanen Reichsbil-dungstendenzen ausbildeten. Bezeichnend ist z. B., dass die Wandalen in Nordafrika das Heidentum wütender verfolgten als die Römer vor ihnen. In Baiern haben wir dergleichen nicht. Der im spätrömischen Reich verketzer-te Arius sah eine klare Hierarchie von Vater, Sohn und Geist und betrachtete nur den Vater im vollen Sinn als Gott. Die für Baiern nicht ganz unbedeutenden Goten z. B. waren Arianer.

Ungarn, Österreich und Baiern sind die Vermittler östlicher Kultur nach Westen, der auch eine Sprachbewe-gung entspricht, die nicht durch eine wandernde Bevöl-kerung getragen wird, sondern sich wie eine Welle fort-pflanzt.

Der »fünfte Tag« - ist der »Pfinzta« / Donnerstag, wenn man die Woche nach christlicher Zählweise mit dem Sonntag anfängt.

Margret, oder der Drache als Haustier

Margret ist die Nachfolgerin der alten Ackerbaugöttin. Ihr Festtag ist der 20. bzw. 21. Juli. So wie an diesem Tag das Wetter ist, bleibt es die nächsten zwei Wochen. Deshalb ist sie als »nasse Gret« gefürchtet, was den Sagenforscher Mannhardt auf die Idee gebracht hat, sie mit der altnordischen Wetterriesin Grid in Verbindung zu bringen. »Margaret stößt die Sichel ins Korn« heißt es. Von der römischen Ceres-Demeter, die mit einem Wagen geflügelter Schlangen fährt, hat sie auch den Drachen geerbt.

Im ladinischen Margarethenlied ist sie noch keine Heilige, sondern ein Almgeist, mit dessen durch menschliche Neugier bewirktem Verschwinden die goldene Zeit dahingeht. Ihr Verhältnis zum Drachen, den sie eher liebevoll betrachtet, und zu Georg als Drachentöter wird nur verständlich von der ursprünglichen kosmogonischen und theogonischen Einbettung der Geschichte her. Diese spiegelt die Ablösung der Herrschaft des vorzeitlichen Gottes (Kronos oder Saturn), dessen Herrschaft mit dem goldenen Zeitalter, aber auch mit recht primitiven Verhältnissen gleichgesetzt wurde, durch die des neuen Himmelsgottes. Eine kleinasiatische Mythenversion besagt, dass Kronos-Saturn die Heilige Hochzeit, die Vermählung von Himmel und Erde, entweder selbst nicht vollzog, oder dem Himmelsgott Zeus die Braut vorenthielt und erst durch die Gefährdung der Welt durch schlangenfüßige Ungeheuer dazu gezwungen wurde, Zeus die Braut und das Reich zu versprechen. Diese Mythe hallt nach in den unzähligen Märchenmotiven vom Helden, der durch eine Befreiungstat Braut und Reich gewinnt und die Heilige Hochzeit vollzieht. Der Drache ist dabei durch Jungfrauenzeugung von der vernachlässigten Erde selbst hervorgebracht worden, die sich damit zwar nicht den eigenen Befreier, aber den Anlass zu ihrer Befreiung erzeugt. In gewisser Weise ist der Drache sogar eine andere Gestalt der Erdgöttin selbst, was in den Verwandlungssagen von Jungfrauen (insbesondere der drei Saligen), die sich in Ungeheuer verwandeln, aufscheint. Darauf werden wir weiter unten auch noch einmal kommen.

Der Drache ist das Wesen, das durch seinen Opfertod die neue Qualität des Zeuszeitalters möglich macht: Es kehren Recht und Gesetz ein, Menschen und Götter

Von Helden, die durch eine Befreiungstat die Braut gewinnen

scheiden sich. Während in der Gestalt des Drachens Himmel und Erde ungeschieden sind: Flügel und Augen symbolisieren den Himmel, sein Schlangenkörper die Erde. In gewisser Weise ist das die Stellung, die auch Christus übernimmt. Deshalb wird der Drache zum gefährlichsten Feind des Christentums; vor nichts muss die Kirche soviel Angst haben, als dass die erfahrungsreligiöse Substanz, von der sie lebt, unabhängig von ihr und in ihrer ursprünglichen Gestalt in Erscheinung tritt.

Drachen, Mittlerwesen zwischen Himmel und Erde

Der Drache verweist darauf, dass Himmel und Erde einst ungeschieden waren, und dass, wenn Christus etwas zu kitten hatte, der Bruch in die Welt nicht durch die Schlange oder den Drachen gekommen war, sondern durch die Spaltung der Welt in Gut und Böse. Die Schlange, die sich in den Schwanz beißen kann, repräsentiert die Einheit von linearer und zyklischer Zeit. Bezeichnend ist, dass Margret auch zur Patronin der Gebärenden wurde, weil sie, der Legende nach vom Drachen verschlungen, durch das Kreuzzeichen den freien Ausgang erwirkte. Eine der schönsten Margret-Kirchen Bayerns bei Brannenburg duckt sich unter eine riesige alte Linde.

Maria, als Patrona Bavariae später meist auf der von der Schlange umwundenen Weltkugel gezeigt, stellt das Verhältnis der Erdmutter und ihrer beiden Söhne, des unterweltlichen (Drachen) und des himmlischen (kindlicher Herrscher des neuen Zeitalters), dar. Es ist schwer zu sagen, inwiefern diese Urbilder unter einer gegenläufigen theologischen Erklärung dennoch empfunden wurden.

Barbara, die Bergende

Barbara schließlich ist die alte Rhea-Kybele. Kybele ist ursprünglich als Bergmutter die Bergende (entsprechend der keltischen Birg, die sich noch in vielen Höhennamen erhalten hat). Der Berg hat etwas Bergendes und Verbergendes. Ursprünglich ist

Die Kybele-Statue von Gauting (heute in der Archäologischen Staatssammlung München)

damit wohl eher die Höhlung gemeint, Barbara ist auch die Patronin der Bergleute. Kybele erscheint auch als die Göttin der befestigten Plätze, das dazugehörende Symbol ist die Mauerkrone. Barbara übernimmt das als Heilige mit dem Turm. In Gauting an der Würm, das nicht sicher mit dem römischen Bratananium gleichzusetzen ist (dieses wird neuerdings auch mit Pretzen bei Erding identifiziert), hat man eine beachtenswerte Kybelestatue aus römischer Zeit gefunden. Natürlich kann man von kleinasiatischem Einfluss reden, aber die Erfahrungsreligion der römischen Kaiserzeit verbreitete eben die Figuren, die einen bestimmten Aspekt des Lebens besonders plastisch verkörperten, und bestimmt nur so weit, als dieser Aspekt des Lebens auch für die Menschen alltagspraktische Bedeutung hatte. Gut möglich, dass nicht nur die

Römer, sondern auch die Gautinger zu jener Zeit in Kybele eher eine Birg sahen und dass es dieselbe Gestalt ist, die als Mutter des Götterkönigs in der Sage allmählich zur Mutter Karls des Großen geworden ist, der in der Reismühle, also ein Stück nördlich des bronze- bis römerzeitlich bestehenden Heiligtums, geboren sein und bei Leutstetten sein Schloss gehabt haben soll. Wie passend, dass Karls Mutter auch noch Bertha bzw. Bertrada hieß. Dabei dürfte diese Besetzung erst hochmittelalterlich sein, nämlich aus der Zeit, als Karl eine für Kaiser- wie Papsttum wichtige Sagengestalt war. Schriftlich fassbar ist sie zum ersten Mal bei dem Humanisten Ulrich Fuetrer, der sie 1481 in seiner bayerischen Chronik anführt, was keineswegs bedeutet, dass er sie erfunden hat.

Der deutlichste durch eine Barbarakirche christianisierte Göttermutterort, den ich kenne, ist Castel Feder in Südtirol, ein gut zu verteidigendes Hochplateau mit Wasser und quasi natürlicher Mauerkrone.

Direkte Kultersetzung der Dioskuren durch Kosmas und Damian scheint in Greifenstein bei Bozen der Fall zu sein. In der gleichnamigen Burg Greifenstein in Niederösterreich zeigt man auf dem Boden der Schatztruhe noch den hundegestaltigen Schatzhüter und Unterweltsgott Plutos, von dem die Redewendung »auf den Hund gekommen« herstammt, denn wenn der Hund sichtbar wird, dann sind die Mittel zuende. Darin liegt eine tiefe Symbolik, das wesensmäßig Verhüllte darf nicht erscheinen.

Katharina, die Glücksbringerin

Die Heiligen mit der größten Bedeutung und Popularität sind die, die auch einen lebensweltlichen Aspekt haben. So verkörpert Katharina von Alexandrien mit ihrem Rad (zugleich das Rad der Fortuna) das Auf und Ab des Lebens, das wechselnde Glück, den Zyklus von Tod und Wiedergeburt des Menschen ebenso wie der Vegetation. Das Rad versinnbildlicht auch Sonne und, zerbrochen, Mond.

Das Rad der Fortuna und des Lebens

Bezüglich der Heiligensymbole mag an dieser Stelle vielleicht kurz darauf hingewiesen sein, dass die in den Heiligenlegenden angegebenen Gründe für die Symbole (etwa dass Barbara in einem Turm eingesperrt war, Katharina gerädert werden sollte, aber das Rad zerbrach) für die erfahrungsreligiöse Bedeutung ohne Belang und auch in der bäuerlichen Überlieferung wenig bekannt sind. Selbst das Schwert der Katharina muss nicht als ihr Leidenswerkzeug gedeutet, sondern kann als Zeichen der exekutiven Macht der Glücksgöttin verstanden werden. Die Heiligen vertreten die Kräfte, die im Jahreslauf spürbar werden.

In der Rokokozeit ließ der Abt von Windsberg die einzelnen Heiligenaltäre seiner Kirche sogar den Tierkreiszeichen zuordnen. Eine Zuordnung der zwölf Apostel zu den Tierkreiszeichen findet sich schon auf einem frühmittelalterlichen Elfenbeinschälchen, das heute in der Archäologischen Staatssammlung in München zu sehen ist.

Die drei Madln

Gerade im ehemals keltischen Bereich taucht öfter eine Dreiheit von Muttergöttinnen auf, die auch in der christlichen Ära noch als die drei Madln fortlebt:

Barbara mitm Turm,
Margareth mitm Wurm,
Katharina mitm Radl,
des sind die heiligen drei Madl.

Zählt man z. B. im Bayerischen Nationalmuseum die
Bilder weiblicher Heiliger, so nehmen diese drei Madl die
Spitzenplätze ein, gefolgt von Agnes mit dem Lamm und
Dorothea mit dem Blumenkörbchen, das sie als Nachfol -
gerin der Isis ausweist, wie auch Agatha mit dem Brüsten -
reliquiar eine Vertreterin der Isis ist.

Die Symbole weisen die drei Madl als die drei Göttin -
nen der Lebenswandlung aus. Barbara aus Nikomedia
vertritt den jungfräulichen Aspekt: Der Turm steht für
das Aufrechtstehen, der Kelch ist ein Zeichen der Wand -
lung, das Schwert kann man (wie im Tarot) als Zeichen
der geistigen Energie und Unterscheidungskraft auslegen,
aber auch als Zeichen der vollziehenden Gewalt.

Margareth von Antiochia steht für den roten oder Ve -
nus-Aspekt der Göttin. Der Drache ist das Bild der Ele -
mentarenergie, zugleich im Verhältnis zum Turm die Ho -

rizontale. Katharina mit dem Schicksalsrad ist die Verwandlerin. So wie Margareth sich im Martyrium von Gott die Gnade ausgebeten hat, in Geburtschwierigkeiten hilfreich zu sein, so Katharina die Gnade, der Seele das Paradiestürchen öffnen zu können.

Um diese Götterdreiheiten als solche zu verstehen, ist es sinnvoll, sich den grundlegenden Unterschied zur Vierheit klar zu machen. Dazu ist zunächst die Beobachtung des Bildvollzugs bei der Vierheit notwendig. Die Vierheit, etwa der Jahreszeiten oder der Tageszeiten, bauen wir auf, indem wir einem primären Gegensatz - Tag/Nacht, Sommer/Winter - zwei Übergangsformen an die Seite setzen: Morgendämmerung/Abenddämmerung, Frühling/Herbst. Aristoteles dagegen sagte noch: »Die Dreiheit ist die Zahl des Ganzen, insofern sie Anfang, Mitte und Ende umschließt. Als hätten wir aus den Händen der Natur deren Gesetze empfangen, bedienen wir uns zu den heiligen Bräuchen des Götterdienstes dieser Zahl.« Die Dreizahl ist ein universelles Deutungsmuster. Wachsen, blühen, abnehmen ist der Lauf jedes Lebens. Versuchen Sie einmal, drei Jahreszeiten zu denken, drei Tageszeiten, bevor Sie weiterlesen ...

Dreiheit statt Vierheit

Was verändert sich? Man kann nicht einfach eine weglassen, alle verschieben sich. Möglich wäre zum Beispiel, das Jahr zu denken als Aufstieg, Lebensmitte und Abstieg - fragt sich freilich, ob in einer solchen Betrachtungsweise nicht allzusehr der Tagpol dominiert? Ganz anders ist es, wenn man folgende drei Jahresphasen nimmt: Wachstum, Reife, Schlaf. Zwischen Abstieg und Wiederaufstieg ist ein Zwischenglied notwendig, etwas, in dem Tod in Leben übergeht; dazu, dass Leben in Sterben übergeht, bedarf es keines Umschwungs, keines neuen Einschlags. Ob man diesen Übergang vom Tod zum Leben als Ruhe oder als eigentliches Wachstum fasst, ist zweitrangig. Ersteres legt die Winterstarre nördlicher Gefilde, letzteres die winterliche Feuchtigkeit südlicher Regionen nahe. Die Rauhnächte zwischen Weihnachten und Dreikönig, die als weder zum alten noch zum neuen Jahr gehörig gelten, sind die Zeit des Übergangs.

Die Bethen

Die Farben der drei heiligen Madl sind weiß, rot und schwarz. In Kleranth oberhalb Brixen steht die schwarze mit weißem Untergewand links, die rote hat ein weißes Untergewand, aber eine grüne Gewandinnenseite, und diese ist Untergewand der Weißen Sie stehen für den jungfräulichen, den mütterlichen und den Todesaspekt. Es gibt freilich die Drei auch noch mit einem anderen, höchst seltsamen Namen: die Bethen.

Drei Madl, drei Farben: weiß, rot und schwarz

Eine merkwürdige Parallele bilden die *Litai* (Litä = Bitte, Gebet), die in der Erzählung des Phoinix, des Erziehers des Achill (nach dem Phönizien benannt sein soll), erwähnt werden, wo es heißt »Denn da sind auch die BITTEN, die Töchter des großen Zeus, lahm und runzelig und schielend, deren Geschäft es auch ist, hinter Ate, der Verblendung herzugehen. Ate aber ist stark und hat gerade Füße, darum läuft sie auch weit voraus und ist früher da auf der ganzen Erde, schlafend den Menschen, sie aber heilen hernach es wieder. Wer nun scheut die Töchter des Zeus, wenn sie zu ihm kommen, dem bringen sie großen Nutzen und hören ihn, wenn er betet. Wo aber einer sie abweist und es starr verweigert, da gehen sie denn zu Zeus Kronion und bitten, dass Ate ihn begleite, damit er durch Schaden büße.«

Dass die Bethen am Seitenaltar in Leutstetten im Würmtal Pfeile haben, hängt einerseits, erfahrungsreligiös gedeutet, damit zusammen, dass sie hier Pestheilige sind, ähnlich Apoll und Artemis, die Todespfeile verschießen und zugleich Retter davor sind. Doch die Pfeile können auch christlich gedeutet werden. Die drei Bethen gehören als Heilige zum Gefolge der Heiligen Ursula, die mit elftausend Jungfrauen durch die Köln belagernden Hunnen ermordet worden sein soll. Da man nicht alle elftausend Namen kennt, gibt es hier noch freie Plätze, und weibliche Heilige unklarer Herkunft konnten hier eingereiht werden.

Doch auch die seit 970 als englische Königstochter angesehene Ursula selbst hat wieder einen Bezug zum Heidentum: Sie ist vom Namensanklang her Nachfolgerin

der sächsischen Ursel oder Hörsel, der Anführerin der wilden Jagd, die der römischen Diana oder Kybele und der Percht des Alpenraumes entspricht. Der Name Ursula hängt mit *Ursus* = Bär zusammen, der ja auch das Tier der Artemis ist und dessen Winterlager die Vegetations- göttin teilt. Die »Drei Fräulein« in Reutlingen kommen vom Ursulenberg her, in Kaufbeuern heißt ihr Gebiet »Dreischwesternwald«. Außerdem haben die drei Bethen Palmzweige, die christlich als Zeichen des Märtyrerstatus aufgefasst werden können, aber auch hier gibt es heidni- sche Vorläufer. Im Burgmuseum Grünwald befindet sich ein Weiherelief aus Carnuntum mit drei mit Zweigen um einen Altar stehenden Damen, die hier als Silvanae, weib- liche Genossinnen des Waldgotts Silvanus interpretiert werden.

Schon in der Antike kommt dabei das bei den mittel- alterlichen weiblichen Heiligen so beliebte Attribut des Buches auf. Spindel, Waage und Buch sind die Attribute der drei Parzen (Schicksalsgöttinnen). In Leutstetten tragen zwei der drei Bethen Bücher. Das Buch ist einerseits Buch der Natur oder des Schicksals, denn die Natur ist ein Buch für den, der ihre Zeichen zu lesen gelernt hat. Das hier gemeinte Wissen ist eines, das die Natur selber gibt, weil ihr Aufgehen und Zu-sich-selbst-Kommen zugleich Erscheinen und Offenbarwerden ist.

Leutstetten und die Sage von den drei Saligen

In Leutstetten ist auch eine Sage von drei Saligen, schatzhütenden Frauen auf dem Karlsberg, zuhause. Den Schatz gewinnt, wer den Saligen nicht nur in ihrer schönen jungfräulichen, sondern auch in ihrer schrecklichen drachenhaften Gestalt begegnen kann. Ein Bauernbursch begegnet einer schönen Frau, die von ihm verlangt, sie dreimal zu küssen, dann werde sie ihn reich machen. Er denkt sich: nichts lieber als das!, und beim ersten Kuss ist es auch noch gut, beim zweiten aber ist sie eine Schlange, beim dritten der Leibhaftige ... Der Bauernbursch flieht und wird seines Lebens nicht mehr froh. Hier haben wir nicht nur weißen, roten und schwarzen Aspekt, sondern auch die Abfolge von Barbara als Hüterin, Margreth als Schlangengöttin und Katharina als Schicksalsgöttin. Die Nacht vom 24. auf den 25. Dezember ist die günstigste für die Schatzsuche - bei den Galliern ist dieser Zeitpunkt das Fest der guten Mütter.

Die unglückliche Gräfin von Weyarn

Bezeichnend ist, dass die drei an einem Ort sowohl in christianisierter geheiligter, wie auch in dämonisierter Form vorkommen. In Weyarn (Vare) ist die ehemalige Ortsgöttin des Mangfallgrundes als Jägerin in eigenartiger Weise dämonisiert worden. Zur Stiftungslegende des Klosters durch den Grafen von Falkenstein gehört, dass die Gräfin, die eine leidenschaftliche Jägerin gewesen sein soll, auf einen Hirsch mit Jungen schoss, das Geschoß aber vom Geweih zurückprallte und die Gräfin tödlich traf. Historisch dürfte daran nur der frühe Verlust der Frau des Grafen sein. Mythologisch ist es die Gräfin Diana, die sich selbst vernichtet, indem sie gegen ihre eigene Bestimmung als Herrin der Tiere fehlt und trophäensüchtige Jägerin wird. Die Geschichte steht parallel zu der vom Stier am Monte Gargano und ist eine Negativ-Variante der Geschichte des Jägerpatrons Eustachius, der im Hirsch, den er verfolgt, noch rechtzeitig Christus erkennt.

Andernorts sind von den Jungfrauen zwei weiß und eine schwarz oder gemischt (so bei den Drei Jungfrauen auf dem höhlendurchzogenen Hollenstein bei Velburg in der Oberpfalz), während sie in Leutstetten die Mantelfarben schwarz, weiß und rot zeigen. Interessant ist, dass jede als Untergewand die Farbe der vorigen trägt: die Weißbemantelte schwarz (bzw. dunkelgrün), die Rotbemantelte weiß und die Schwarzbemantelte rot.

Wiederum anderswo vermachen drei geweihte Jungfrauen der Gemeinde ihren Wald. In Dießen heißen die drei Kunigund, Mechthild und Euphemia. Dort bilden St. Georgen, die Burg und der Schatzberg drei Hügel. Am Schlossberg entspringt die Mechthildenquelle.

Die Heiligen sind immer auch Gestaltungen des Geists eines Ortes. So sind die Maria von Maria Eich und die von Altötting oder der Leonhard von Dietramszell und jener von Siegertsbrunn für den Bauern nahezu verschiedene Personen mit unterschiedlichen Fähigkeiten. Sie sind weitgehend zur Ortsgottheit geworden. Der Name des Heiligen typisiert die Art der hier wirkenden Qualität des Genius Loci. Die Verortung ist nicht Vergegenständlichung. Auch wenn das Verhältnis zur Göttlichkeit durchaus derb sein kann: »Der baierische Bauer wirft den hölzernen Herrgott auf den Mist, wenn das Hagelwetter nicht nachläßt«, schreibt der Historiker Friedländer noch 1870. Das ist vielleicht nicht Beleidigung, sondern ähnlich zu denken wie das von den Arkadern berichtete Peitschen des Panbildes, wenn die Jagdbeute ausblieb.

Gleicher Name, verschiedene Ortsgottheit

Die Siebenschläfer

Vielleicht die merkwürdigsten Heiligen sind die Siebenschläfer, denen bei Rotthof im Rottal die (neben einer in Frankreich) einzige Pfarrkirche im westkirchlichen Bereich gewidmet ist. Dort befand sich ein römischer Friedhof, und als man im Mittelalter die Grabsteine entdeckte, davon zwei Familiengräber mit einmal drei und einmal vier Köpfen, da war das Rätselraten groß - bis der Pfarrer die Lösung fand: Sieben Heilige - das müssen die Siebenschläfer sein, jene sieben christlichen Jünglinge, die sich bei einer Christenverfolgung in eine Höhle geflüchtet hatten und dort eingeschlafen waren. Die Gnade Gottes ließ sie solange schlafen, bis nicht nur diese Verfolgungswelle (wohl die des Traianus Decius) vorbei, sondern das Römische Reich christlich geworden war. Nun kannten sie in der Stadt niemanden mehr, und sie wurden wegen ihres altmodischen Geldes, mit dem sie etwas zu essen kaufen wollten, ausgelacht; da begriffen sie, lobten Gott und starben. Das mussten die sieben Köpfe hier in Rotthof sein, also baute man ihnen unter Zuhilfenahme vieler weiterer römischer Steine eine Kirche. Möglicherweise handelt es sich bei diesen seltsamen Heiligen um eine Christianisierung des Siebengestirns, mit dem Polarstern als Hund.

Es wäre nun freilich ganz falsch, zu sagen: Der bairische Bauer hat vom 8. bis zum 18. Jahrhundert im Grunde immer noch an die heidnischen Götter nur mit christlichen Namen geglaubt. Zum einen sind, wie bereits gesagt, die Götter der Erfahrungsreligion keine Sache des Glaubens, zum andern ist das Weltbild des Volkes kein System. Die Figuren von Sagen und Kulten sind vielmehr als Symptome zu sehen für eine Welthaltung und ein Weltbild. Dieses Weltbild ist viel weniger als uns moderne psychologisierende Theorie einreden will geprägt von Angst und Unsicherheit.

Der bairische Bauer - sein Weltbild von Angst geprägt?

Die Menschen früher wussten freilich quantitativ weniger als wir, doch hatten sie nicht den Eindruck des Nichtwissens, und sie wussten vielleicht wirklich eher das Relevante. Es ist jedenfalls problematisch, geschichtliche Reaktionen aus Unsicherheitsgefühlen zu erklären, die wir früheren Menschen unterstellen, weil wir uns an ihrer Stelle unsicher fühlen würden. Auch die Erklärung magischer Praktiken aus dem Fehlen von sicherem Wissen ist Rückprojektion!

Freilich bedeutete ihr Wissen nicht Macht, oder eben nur in dem Sinn, wofür die *ars moriendi* ein Beispiel ist: Die Menschen hatten ein Gefühl dafür, wann ihr letztes Stündlein kommen würde und konnten ihre Angehörigen zusammenrufen und bewusst sterben. Darin liegt auch eine Macht, denn wahrscheinlich hängt, dass sie ihre Verabschiedung im allgemeinen nicht lange überlebten, mit einem den Körper Aufgeben zusammen, das die moderne Medizin fürchtet wie der Teufel das Weihwasser und deshalb den Kranken um jeden Preis zu retten versucht und ihn insofern um einen selbstbestimmten Tod betrügt. Das neuzeitliche Wissen klammert alles, dessen es sich nicht bemächtigen kann, aus. Es verlängert das Leben, ohne sich bewusst zu sein, dass es damit das Sterben verlängert bzw. es als Sterben unkenntlich macht. Die früheren Menschen hatten ein besseres Körpergefühl (nahmen sich von innen wahr und nicht durch die Brille des Anatomen) und, verbunden damit, vielleicht auch ein besseres Gefühl für den anderen. Jedenfalls wussten sie, dass die Seele drei Tage braucht, um sich vom Körper zu lösen. Das ist keineswegs nur eine Sitte zur Verhinderung von lebendigem Begraben bei Scheintod!

Im modernen Leben um den Tod betrogen

Mit der größeren Authentizität der Innenwahrnehmung und der geringeren Fähigkeit, sich von außen zu sehen, ist ein geringerer Grad an Vergegenständlichung und damit vergegenständlichbarem Wissen verbunden. Das erweckt den Eindruck des Nichtwissens. Das traditionale Wissen ist nicht vergegenständlichend und nicht ordinell, dafür ist es authentisch und repetitiv. Was in der traditionalen Vorstellung des Lebenszusammenhangs entscheidend ist, die Korrespondenz zwischen Stelle (Nische, nicht gleichbedeutend mit Funktion) und Aussehen, wird in der Moderne auf funktionale Fassbarkeit hin vereinseitigt. Nicht mehr das Wesen als Ganzes, sondern nur noch, was es leistet, wird gesehen. Das entspricht natürlich genau dem Unterschied zwischen Ständestaat und funktionaler Lohnarbeitsgesellschaft. Im Ständestaat kommt es nicht darauf an, was ein Individuum leistet, sondern was es repräsentiert.

Genau die Grundvoraussetzung traditionalen Denkens, dass nämlich jeder Zusammenhang nicht nur einer von blinder Wirkung (Kausalität) sondern auch von Selbstdarstellung eines Gefüges wie der jeweils erscheinenden Qualität ist, beginnt mit der so genannten Aufklärung unverständlich zu werden. Man streicht deshalb z.

B. aus den Tierbüchern die sinnbildlichen Bedeutungen. Für uns heutige Menschen ist tatsächlich gar nicht mehr verständlich, was z. B. der Löwe als Naturwesen, gar seine Ökologie mit seiner Bedeutung als Wappentier zu tun haben soll, und doch ist der Löwe viel mehr als seine ökologische Funktion. Seine Mähne ist z. B. gar nicht funktional - und doch macht sie ihn erst zu dem Darsteller des Löwenhaften (wofür die Löwenweibchen kaum eine Rolle spielen), sie stellt seinen solaren Charakter heraus ...

Bedeutung wahrnehmen Der traditionale Mensch nimmt oft primär die Bedeutungen wahr, zumindest nimmt er sie mit wahr. Bedeutungen manifestieren sich in Wirkungen, freilich nicht physikalischen sondern in organischen, seelischen und geistigen. In der traditionalen Sprache fällt das alles unter Seele. Seele ist die Fähigkeit, sich etwas Fremdes anzuverwandeln. Das beginnt bei der Pflanze mit den Anverwandlung von Licht und Dünger, geht beim Tier mit der Anverwandlung von Wahrnehmungen als Reiz weiter und endet beim Menschen mit der Anverwandlung von Information als Bildung.

Die Wirkung, die eine Pflanze als Heilmittel auf den Menschen ausübt, gehört mindestens genauso zu ihr wie welchen Tieren sie als Nahrung dient. Geschmack, Geruch und Farben sind ebenso Medien des Selbstausdrucks, ja mehr als bloße Anzahl, Größe und Proportionen von Festteilen.

Archetypen - ewige Mittler in neuen Kleidern

Viele kleinere Naturwesen sind aus unserer Kultur verschwunden, weil sie - auch wenn sie nicht böse waren - gegen das christliche Denken gerichtet schienen. Die gro - ßen Gestalten der Erfahrungsreligion aber sind überwie - gend als Heilige ins Christentum integriert worden. An - ders kann sich letztlich keine Religion behaupten. Wird sie zum Kampf gegen die Wurzeln, stirbt sie innerhalb weniger Jahrhunderte ab, weil mit den erfahrungsreligiö -

sen Bildern zugleich die Wurzeln von Religion überhaupt abgeschlagen sind.

Dem Christentum waren die archetypischen Bilder einer Erfahrungsreligion nicht fremd, weil auch schon das Judentum, auf dem es fußt, aus einer Erfahrungsreligion hervorgegangen ist. So war David ursprünglich der König des neuen Jahres, der den Riesen der Zwischenzeit, Goliath (»Mann des Zwischenraums«) besiegt. Joseph (der Vermehrer - ein kanaanäischer Pluto) war der Kornkönig, der in den Brunnen beziehungsweise ins Gefängnis (= Grab) gelegt wird und dessen Grab die Samariter in Sichem zeigten, und Kain war der hinkende Schmied, der den Regengott Abel (Hobal = Pisser) tötet.

Auf die Dauer verhängnisvoll wirkte im Christentum aber, dass es diese Archetypen ohne eine adäquate Verständnismöglichkeit, ohne ihre Wurzeln überliefert hat. Denn damit wurde es anfällig für rationalistische Zersetzung, die es selbst gegenüber den heidnischen Göttern ge - übt hatte. Hierin wirkt die Nemesis der Pfropfreligion. Die Ersetzung von Göttern durch Heilige zerreißt ihren inneren Zusammenhang. Der Zusammenhang zwischen Heiligen ist ein geschichtlicher, der zwischen Göttern ein naturprozesshafter. Damit ist ein wesentlicher Schritt getan, um die menschlichen Verhältnisse von den natürlichen loszukoppeln, die Menschenwelt ist nicht mehr Spiegel des Kosmos. Dazu kommt: Die Kirche realisiert zuerst Flächendeckung. Im Unterschied zum partikularistischen Heidentum sind die Heiligen - soviel sie sonst von den Göttern übernehmen - nicht mehr Patrone verwandtschaftlicher, sondern örtlicher Gruppierungen.

Vielen der Naturwesen haftet eine Stoßrichtung gegen den christlichen Ritus an, auch wenn sie nicht als böse gelten. Wichtel weden oft als nackt vorgestellt. Legt man ihnen Kleider hin, das heißt, versucht man sie zu zivilisie - ren, so kommen sie nicht wieder. Das wird später damit erklärt, dass sie glaubten, man kündige ihnen damit den Dienst auf, doch ursprünglicher dürfte die Abneigung gegen jeden Versuch der Anpassung an die Zivilisiertheit sein. Häufig zeigen die Wesen auch ihren anderweltli - chen Standpunkt, sie trauern bei Geburt und Hochzeit,

Archetypen - ihre Wurzeln wurden vergessen

die sie als Schritte der Einkerkerung eines Geistes betrachten, und freuen sich beim Tod, den sie als Freiwer -
den eines Geistes feiern. Dieses nach menschlichem Maß
unpassende Verhalten wird in vielen Geschichten der
Auslöser dafür, dass der Mann einer solchen Anderswelt-
frau diese schilt und dadurch verliert. Umgekehrt verlei -
ten die Heidengeister die Christenmenschen zum Fluchen. So in der Nähe der schon erwähnten Ascholdinger
Schimmelkapelle das »Gasta-Weibl«, das als Spinnerin,
eine Gestalt der Schicksalsgöttin, umgeht: Sie hält nächtlicher Weile die Fuhrwerkspferde so lange auf, bis der
Fuhrmann ordentlich flucht.

Mai- und andere Schicksalsbäume

Auch der Maibaum ist Rest eines heidnischen Kultes.
Weit verbreitet sind in verschiedensten Kulturkreisen
Stangen, die den Himmel anritzen. Aufstellung und Ver -
brennung des alten gehört zum Ritual der wiederkehrenden Fruchtbarkeit. Andererseits lebt darin aber auch der
Geschlechterbaum fort. Der Baum entspricht in seiner
Einzelwesenhaftigkeit eher dem Menschen, er ist ihm Gegenüber, ja, Alter Ego. Darin wurzeln die Sagen vom Da -
hinschwinden eines Menschen, der einen heiligen Baum
geschlagen hat, und von der Ablesbarkeit des Schicksals
eines Menschen an seinem Baum, wie im Märchen von
den Goldkindern. Mädchen setzte man bei der Geburt
Birn-, Buben Apfelbäume. Gerne begrub man darunter
die Plazenta. Der Baum wurde zu einem Hüter des Men -
schen, wie die Plazenta das ihn nährende »Mit« gewesen
war, Inkarnation seines Genius, die ihn überwuchs.

Der Mensch und sein Schicksals - baum

Aber auch Orte haben ihren Schicksalsbaum, wie
Athen den Ölbaum auf der Burg, der beim Persersturm
verbrannte, aber gleich wieder austrieb, oder Geschlech -
ter wie die Flavier eine Zypresse auf ihrem Stammgut.
Auch zu jedem Hof gehörte ein Baum. Oft ist es in Bayern
der Hollerbusch, in dem der Schutzgeist des Hofs verehrt
wurde. Vor dem Hollerbusch muss man den Hut abneh -
men wie vor einem Heiligenbild.

Sogar in der graphischen Darstellung des Stamm-baums schwingt noch etwas davon mit, dass es um ein Gedeihen des Stamms nach Art eines Baumes geht. Wieder haben wir es nicht mit etwas spezifisch Bairischem zu tun, sondern mit einer Vorstellung, die weltweit verbreitet ist. Von China berichtet der Religionshistoriker H. G. Wales: »Um einen Geist zu töten, wurde ein Gebäude über seinem Erdhügel errichtet.« Er sieht den Sinn davon nicht zuletzt darin, dass auf dem Hügel kein Baum wachsen sollte, denn Berg und Baum gehörten zusammen, und der Baum war das Symbol des Gedeihens eines Geschlechts, so dass, wenn eine Dynastie überwunden war, ihr Baum abgehauen wurde. Der Baum vor dem Haus ist nicht Abbild des Weltenbaums, sondern legte die Grundlage für diese Vorstellung.

Das Leben ein Stammbaum

Der Maibaum wird mit den Attributen der örtlichen Gewerbe behangen, früher auch mit Armbrüsten als Zeichen der Wehrhaftigkeit, die in alle vier Himmelsrichtungen zeigten. Der Baum beim Richtfest ist unterschiedlich interpretiert worden. Höfler meinte, es handle sich um das Hereinholen des Waldschutzdämons ins Haus.

Wildes Haberfeldtreiben

Im Haberfeldtreiben, einer öffentlichen Rüge, bei der nachts mit Fackeln und großem Lärm vor das Haus des zu Beanstandenden gezogen wird, lebt, mit Bedürfnissen aus dem Mittelalter verwoben, ein Bockskult fort. Johannes Sepp hat es als Nachfolge der bei Tacitus beschriebenen *Harii* und der wilden Jagd beschrieben. Die Berufung auf Kaiser Karl im Untersberg sei ein Weiterleben Wotans, die zwölf Asen durch die zwölf Paladine des Kaisers wiederaufgegriffen. Auch dass Karls des Großen Wiege in der Reismühle bei Gauting gezeigt wird, dürfte eher eine Ersetzung eines in römischer Zeit hier nachweisbaren Göttermutterkults durch den Namen der Kaisermutter (Berhta durch Bertha) sein, wie schon Sepp vermutet, der zugleich auf die Ähnlichkeit mit der Sage vom jungen Kyros hinweist. Wie diese Sage die Meder mit der neuen, persischen Herrschaft versöhnen sollte, so jene die Baiern mit der fränkischen. Karl war zwar nicht der Gott, aber doch (insofern er als erster Kaiser der Kaiser schlechthin ist) der Herr und Formgeber des neuen Zeitalters und zu- gleich ein Heiliger.

Das Zentrum des Haberfeldtreibens in der Frühneu- zeit war in Oberbayern der Bereich Rosenheim-Miesbach, altes keltisches Gebiet um das Mangfallknie. Treffpunkt war die »Habererkapelle« in Festenbach, an deren Ost- wand der heilige Leonhard gemalt ist. Ein Zentrum in Niederbayern ist die so genannte Habererkirche, eine Tuffsteinformation mit eingeritzter Geiß bei Griesbach, deren Alter bis in die Steinzeit zurückdatiert wird. Der Ort hat gar nichts Dämonisches, ist feilich gut als Ver- sammlungsort von Kirche und Herrschaft eher ungelieb- ter Männerbünde denkbar. Der Geomant Wolfgang Si- ckert meint, dass er - christlich - durchaus Marienqualität hätte, aber mehr als Einweihungsort für Männer in Frage komme.

Auch das Jodeln ist nach manchen Theorien Relikt ei- ner verstellten Stimme bei der Geisterbeschwörung. In Missionsakten aus dem Bistum Trient aus dem Jahr 397 n. Chr. wird ein heidnischer Flurumzug geschildert und von »strepends et horridos jubols pastorales« gespro- chen, die wohl nichts anderes waren als Juchzer und Jod- ler. Bemerkenswert ist, dass in der bajuwarischen Volks- musik immer die Männerstimme, die freilich oft an der Umschlaggrenze zum Jodeln geführt wird, primär ist, während das norddeutsche Liedgut eher von der Mäd- chenstimme bestimmt ist. Dort ist Singen und Tanzen etwas für Frauen, in Bayern sind die Burschen »tonange- bend«

Geister-beschwörung durchs Jodeln?

Fronleichnam und Heilige Hochzeit

Gerade die Einführung neuer Feste im Mittelalter geht vielfach auf den Willen der Kirche zurück, heidnische Festdaten zu besetzen. Das gilt besonders für die Marien- feste und die Heiligen als Schutzpatrone zu und gegen bestimmte Naturgewalten, auch Fronleichnam ist nicht zuletzt die Besetzung der Stelle, die in der Erfahrungsreligion das Adonisfest einnimmt. Das geht bis in die äußeren Formen. Auch beim Fest des getöteten Vegetationsdämons wurden abgeschnittene Bäumchen, wie die Birken bei der katholischen Fronleichnamsprozession, verwendet. Hier tritt die Zentralfigur des Christentums in besonders deutlicher Weise in die Fußstapfen des Archetypus des sterbenden und wiederauferstehenden Vegetationsgeistes. Die Einführung des Fronleichnamsfestes gehört in die allgemeine Tendenz der hochmittelalterlichen Kirche, mehr Konkretisierung zuzulassen. Die Monstranz (von *monstrare* = zeigen) ist das am wertvollsten geschmückte Teil der Kirche (was im Osten die goldene Kuppel ist). Damit verbunden ist die Betonung der Inkarnation (Fleischwerdung), die sich vor allem im Jesuskindlein darstellt.

Mit den Maifesten waren Bräuche verbunden, die der Kirche in besonderer Weise ein Dorn im Auge waren, so der Nachvollzug der Heiligen Hochzeit von Himmel und Erde als Voraussetzung aller Fruchtbarkeit. Kirchliche Autoren schildern in schreiendsten Farben, wie die Maibräuche eine wahre Hölle von Unzucht und Tollerei seien. An manchen Orten wurden eine Maibraut und ein Maibräutigam ausgesucht, an anderen durch Los oder Versteigerung den Burschen jeweils ein Mädl als Partnerin für den Maitanz zugeteilt. Abgesehen davon, dass sie in Zeiten von Heiratsbeschränkungen den einfachen Menschen eine kultisch gesicherte Möglichkeit boten, Venus zu leben, sind diese Bräuche beides: kultische Nachahmung des Naturlaufs und Tribut an die wilde Seite der eigenen Natur.

Das Maibrauchtum: eine »Hölle von Unzucht und Tollerei«

Fasching - alle »Narretei« auf einem Haufen

Nicht so stark wie in den alamannischen und rheinischen Gebieten entwickelt ist in Bayern das Faschingsbrauch -

tum. Vielmehr scheint das, was dort in der Zeit unmittelbar vor Beginn der Fastenzeit konzentriert ist, in Bayern verteilt auf Perchtentreiben, Fasching und zum Teil auch Fronleichnam und andere Prozessionen. Darin kann man ein Indiz sehen, dass es hier der Kirche schwerer fiel, das Treiben an die vorgesehene Stelle zu legen. Die Kirche wollte am liebsten alle nicht ausrottbaren Masken- und Spieltraditionen vor der Fastenzeit konzentrieren, um deren Beginn dann als Sieg über die verkehrte Welt, das Reich Satans etc. werten zu können. Deshalb ist das Strohpuppenverbrennen auch mancherorts als Faschingsverbrennen weitergeführt worden, verbrannt werden sollte der Geist des heidnischen Treibens. Dazu passt das Brauchtum, Tiere oder Tiermasken zu töten. So sind für Wasserburg und Nabburg noch aus dem 16. Jahrhundert Rechnungen der Metzger, die den Fastnachtsochsen erschlugen, erhalten. Auch andere Tiere, wie Bär und Hahn, wurden dabei kirchlicherseits als Verkörperungen von Lüsten gesehen, die in der Fastenzeit abgelegt werden sollten.

Wenn schon Gaudi, dann wenigstens konzentriert

Natürlich wurde die Percht kirchlicherseits als die große Hure aufgefasst, deshalb ist sie aber doch viel mehr als nur eine Personifikation des Lasters Luxuria, worauf manche Volkskundler sie reduzieren wollen. Und trotz aller Verdrängung der ursprünglichen Göttin, setzten sich die Bauern in Österreich über das behördliche Verbot des Perchtenlaufens nach 1918 hinweg, weil sie ihre Ernten nicht gefährden wollten.

Das widerspricht gerade nicht der These, dass diese Figuren in erfahrungsreligiösem Denken der einfachen Menschen positiv bewertet oder zumindest nicht so scharf in gut oder böse eingeteilt wurden. Der Fasching war eines der vielen, von der Kirche wohl oder übel akzeptierten Ventile, durch das heidnische Empfindungen sich Luft machen durften. Auch bei den römischen Saturnalien handelt es sich um eine Erinnerung an eine vergangene Epoche: an die Herrschaft des Saturn und das goldene Zeitalter, das zwar unwiederbringlich vorbei ist, aber sehr ambivalent gewertet wird.

Freilich haben sich durch die konsequente kirchliche Besetzung im Lauf der Zeit die Vorstellung vom dummen

Esel, dem schmutzigen Schwein, dem geilen Hahn, dem eitlen Pfau eingebürgert. Doch andererseits sind Glücks- und Sparschwein, Wetterhahn etc. auch mit anderer Bedeutung erhalten geblieben, und der Fasching war die Gelegenheit, wo die normalerweise nicht zugelassenen Triebe zumindest unter dem Vorwand, sie der Lächerlichkeit preiszugeben, dargestellt und gefeiert werden konnten.

Auch von den Tieren der Götter ist denen das intensivste und längste kultische Nachleben beschieden gewesen, die mit den Fruchtbarkeitsgöttern verbunden waren. Das Schwein der Demeter lebt in unserem Sparschwein und als Glückssymbol (»Schwein gehabt«) fort, so wie der Hase des Pan im Griechischen beziehungsweise der Ostara im Germanischen, der sich »vermehrt wie die Karnikel« und immer schon das Opfertier der ärmeren Leute war, in unserem Osterhasen. Auch die andere Darstellungsform des Widersachers des Christentums, der bocksfüßige Gehörnte, ist die des alten Fruchtbarkeitsgottes.

Schwein gehabt!

Der Narr ist der, der die Wahrheit sagen darf, weil er keinen Anspruch erhebt, dass sie gültig sei. Gerade rigide Gesellschaftsformationen brauchen Ventile. Die »Verkehrte Welt« hat aber auch ihre Wahrheit, sie stellt - ob gewollt oder nicht - die Einseitigkeit der scheinbar unabänderlichen Ordnung dar, verdeutlicht die Realität einer Anderswelt. Auch wenn man diese verteufelt oder lächerlich macht: Jedes Jahr wird die Abgründigkeit des scheinbar Selbstverständlichen zelebriert. Darstellungen wie die der Altweibermühle, aus der alte Frauen verjüngt hervorgehen, können nur borniere Ideologen als Verspottung der Absurdität der Vorstellung einer Rückgängigmachung des Alters ansehen, es ist Zelebration der ewigen Wiederverjüngung der Natur! Die Fasnacht ist nicht Erhebung gegen die natürliche Ordnung, sie ist, wie auch schon die Saturnalien in Rom, die Erhebung der natürlichen gegen die kulturelle Ordnung. Es gilt zu verstehen, dass eine nicht vom mechanistischen Naturbild geprägte Zeit unter Natur gerade den ewigen Kreislauf verstand.

Die Erhebung der natürlichen gegen die kulturelle Ordnung

Wenn wir davon ausgehen, dass der antike Bauer in jeder Aussaat Demeter erlebte und in jedem Schuh Hermes, was bedeutet dann überhaupt der Unterschied, dass er jetzt die Namen von Heiligen verwendet? Wenn der antike Handwerker-Künstler den Grünen Mann darstellt, dann liegt das eigentliche nicht im Anschaulichen und nicht im Vorwurf, sondern in der Spannung zwischen beiden, man kann sagen, dass insofern das Bild immer schon im Betrachter stattfand, als er diese Übertragungsleistung vollziehen musste; dieses Gesicht ist das Sprossen der Blätter heißt einerseits: So schaut mich der Frühling an,

Kunst und Natur nehmen mich in die Mitte Kunst lehrt mich Natur wesenhaft sehen, Natur sagt mir, was das ist, das da spricht. Sie legen sich wechselseitig aus und nehmen mich gewissermaßen in ihre Mitte. So wie Kunst Mimesis der Natur ist, ist andererseits auch die sichtbare Natur bereits Mimesis der Götter, und diese sind menschengestaltig, so dass ich mich in ihnen erkennen kann. Nur in diesem Dreieck gegenseitiger Mimesis kann es überhaupt bildende Kunst geben. Der Betrachter des Grünen Mannes ist geleitet von Grundvollzügen, die ihm im Kultus wie in der Arbeit, die beide strukturgleich sind, begegnen. Der mittelalterliche Mensch lernt, im hellen Reiter Georg die geistige Gestalt des Frühlings und im vor dem Jäger fliehenden oder sich dem Eustachius stellenden Hirsch das zu sehen, was der Pfarrer mit Christus bezeichnet, das höhere Selbst.

Doch wenden wir uns nun wieder der politischen Ordnung Bayerns zu und kommen zu einer Zeit, wo es auch in gewisser Weise »narrisch« wird.

5.
Franken, Preußen, Protestanten

Die ersten Preußen, die über Bayern herfallen, sind die Franken. Karl ist der Urahn der Pickelhaube. Voraussetzung dafür war die Schwächung des mittelmeerischen Einflusses, bedingt durch die verfehlte Politik des oströmischen Kaisers Justinian, der dem Traum von einer Wiedererrichtung der Herrschaft über Italien nachhing und die Ostgoten bekämpfte, statt alle Kräfte für die Abwehr der Hunnen, Slawen und Perser zu konzentrieren. Der schließliche Sieg über die Ostgoten 553 war von der mediterranen Kultur her gesehen ein Pyrrhussieg.

Nachfolger der Ostgoten als südliches Machtzentrum wurden die Langobarden, die dem elbgermanischen Kulturkreis angehörten und den Höhepunkt ihrer Macht in der ersten Hälfte des 8. Jahrhunderts erreichten. Sie waren bei ihrem Einzug in Italien noch überwiegend heidnisch. Die fränkische Macht brachte 773/74 das Langobardenreich unter seine Kontrolle. Das Langobardische als oberdeutsche Mundart starb aus. Und Bayern wurde fränkisch.

Der Nordwind bläst

Auch die Bayernherzöge - Tassilo I. (um 590) wird von dem langobardischen Geschichtsschreiber Paulus Diaconus sogar König genannt - haben ihren Teil zum Verlust langobardischer Identität beigetragen. Mit der Ehe des Langobardenkönigs Authari (584-590) mit der bayerischen Herzogstochter Theodolinde waren besonders enge Beziehungen hergestellt worden. Theodolinde heiratete nach Autharis Tod seinen Nachfolger Agilulf (591-615). Auf ihren Einfluss ist der Übertritt der Langobarden vom arianischen zum katholischen Glauben zurückzuführen. Sie ermöglichte dem aus dem Frankenreich vertriebenen Iren Columban, das katholische Kloster Bobbio im teilweise noch arianischen Langobardenreich zu gründen. Damit ging der konfessionelle Sperr-Riegel zwischen Rom und dem Frankenreich verloren, der Katholizismus war nun durchgängig vom Frankenreich bis nach Rom - und der Weg für Karl war bereitet, das Römische Reich wieder herzustellen. Dass sich der Katholizismus gegenüber dem Arianismus durchsetzt, ist weder nur eine Sache der Machtpolitik noch eine Sache überlegener Reflexion, sondern eines Temperaments. Die Germanen strebten nach einem geistlichen König. So stellten sie dann bis ins hohe Mittelalter Jesus sogar am Kreuz königlich dar.

Man kann den damaligen Fürsten bestimmt keine weitschauende, auch die kulturelle Dimension berücksichtigende Politik zuschreiben. Daraus folgte, dass die Kirche das gesamte Kulturleben als Staat im Staate organisieren konnte und, weil unter Blinden der Einäugige König ist, das Konzept einer Wiederherstellung des Römischen Reichs gelingen konnte. Bayern war bald nicht mehr der nördliche Vorposten einer mittelländischen Zivilisation, wie es seine Stammesherzöge auch nach dem Ende des Römischen Imperiums lieber gehabt hätten, eher die Ostmark eines nebulösen Nordreichs. Schon die Kelten hatten ihre Nord-, nicht ihre Südgrenze verteidigt.

Als die Langobarden in der zweiten Hälfte des 6. Jahrhunderts von Pannonien nach Norditalien gezogen waren, hatten die Bayern sie deshalb gewissermaßen als Ersatz für Rom genommen, ebenso wie vorher schon die Ostgoten. Die Bajuwaren hatten damals eine neue Identität als Vorwerk des Ostgotenreichs Theoderichs, des Dietrichs von Bern (= Verona). Theoderich erhob durch seinen plakativ verbreiteten Speiseplan Anspruch auf Rätien und Norikum, indem er Rheinlachs und Donaukarpfen als Gaben seines Reichs aufführte. Und der letzte Agilolfingerherzog, der noch den Spielraum dazu hatte, liebäugelte sogar mit einem Bündnis mit den Awaren, die, seit

(Marginalie links:) Theodolinde macht die Langobarden katholisch

(Marginalie links:) Bayern wird zur »Ostmark« eines nebulösen Nordreichs

sie 670 ins Pustertal eingefallen waren, zu ständigen Nachbarn wurden.

Doch bereits 536 war ein Wechsel der bayerischen Orientierung von der Grenzmark einer südlichen zu der einer nördlichen Macht in den Bereich des Möglichen oder vielmehr Drohenden gerückt. In dieses Jahr fällt die Abtretung Rätiens vom Ostgotenkönig Witgis an die Franken. Bald danach verschwindet der Name Rätien - er erhält sich freilich im Nördlinger Ries (von Pagus Retiae, dessen Bewohner auch Raetobari genannt wurden), nach einer Deutung auch in Ratisbona oder Radasbona (römisch dagegen *castra regina*), das noch bei Arbeo als Name von Regensburg erscheint - und wird durch »Gebiet der Bajuwaren« ersetzt, von denen erst im Jahr 551 in der Gotenchronik des Jordanus erstmals die Rede war. Ein Anonymus von Ravenna schrieb um 670, dass die rätischen Berge nun von den »Baiuvaren« beherrscht würden.

Der erste Agilolfinger Garibald (ca. 555) hatte 1806 gar die späte Ehre, als erster bayerischer König in Anspruch genommen zu werden. Eine Umarbeitung von Mozarts »La Clemenca di Tito« wurde 1806 mit dem Libretto »Garibald der Agilolfinger« aufgeführt: Garibald als treuer Anhänger der Franken gegen byzantinische Intrigen (die für Habsburg stehen).

Der Volkscharakter aber ist gleich geblieben. Wenn man in Caesars Text »Galli« durch »Bavari« ersetzen würde, könnte man weite Teile der Beschreibung der Kelten auf die Bayern übertragen. Bei Aventin liest man von der Dreiständeordnung bis zur Vorliebe für große Leichenbegängnisse dasselbe wie bei Caesar.

Der Volkscharakter bleibt: der Baier, der neue Kelte

Jetzt fangen die Gesetze an ...

Etwa 741 wird die »Lex Bajuwarorum«, eine Sammlung in Baiern gültigen Rechts, in der uns überlieferten Fassung niedergeschrieben, sie ist von fränkischer Vorherrschaft geprägt. Im Prolog heißt es, Herzog Theuderich I. (511-533) habe das Gesetz machen lassen, König Childebert II. (575-595) habe es erneuert, und König Dagobert I. (623-639), in dessen Zeit auch die erste christliche Mission der Bajuwaren fällt, habe es in die endgültige Form gebracht. Damit sind drei Phasen starken fränkischen Einflusses benannt, dazwischen sind die Versuche der agilol - fingischen Herzöge anzusiedeln, sich von der fränkischen Vormacht, der ihr Geschlecht freilich die Stellung verdankte, freizuschwimmen. Das Recht geht vom germani - schen Gedanken der Vergeltung, wie er sich im nach Rang gestaffelten Wergeld ausdrückt, nicht vom römischen der subjektiven Schuld, aus. Die Begründungen aus christlichem Grund scheinen oft nachträglich ersonnen. Das ho - he Wergeld für eine im Mutterleib getötete Leibesfrucht ist nicht, wie es die Lex tut, aus der ewigen Verdammnis des ungetauften Kindes zu erklären, sondern an dem Verlust, die der Sippe durch den Ausfall eines möglichen Stammbaumzweiges entsteht, deshalb soll bis ins 7. Glied Entschädigung geleistet werden.

Die vier Geburtsstände Es gibt vier Geburtsstände: *Genealogiae* (das ist der Hochadel, der nur fünf Geschlechter umfasst: die Huosi, Fagena, Hahilinga, Drozza, Anniona), *Liberi* (die Freibauern), *Frilaze* (Freigelassene), *Servi* (Unfreie). Besonders die Huosi mit Siedlungsschwerpunkt zwischen Lech und Isar zeichnen sich durch eine frankophile oder »westliche« Gesinnung aus. (Auch während des späteren Abfalls Tassilos datierten sie ihre Urkunden - so es nicht spätere Fälschungen sind - nach Regierungsjahren des Frankenherrschers Pippin). Die in ihre Zeit datierten Klostergründungen, Schäftlarn zum Beispiel, haben als Patron oft den fränkischen Hausheiligen Dionysius, der seinen Kopf unter dem Arm tragend dargestellt wird und dessen Gebeine Regensburg im 11. Jahrhundert für sich beanspruchte. Die agilolfingischen Herzöge konnten sich also keineswegs auf eine geschlossene bairische Identität stützen. Zu den Adelsgeschlechtern mit ihren Loyalitäten kam der Unterschied zwischen romanischen und bajuwa - rischen Bevölkerungsgruppen. Deren kulturelle Ver - schmelzung gelang erst im Zeichen des Christentums durch die einheitliche Bistumsorganisation, die Bonifatius durchsetzte. So haben wir das merkwürdige Faktum, dass die Stiftung einer gesamtbairischen Identität von vorneherein mit einem doppelten Vasallentum gegenüber Franken und Rom durchsetzt ist. Dagegen hat die von den Agilolfingerherzögen im 8. Jahrhundert forcierte Chris - tianisierung zu vermehrten Konflikten mit den Slawen im Alpenraum geführt, nachdem das Zusammenleben im 7. Jahrhundert vor der Auseinandersetzung im Pustertal (Sieg der Bayern am Victoribühl bei Toblach 612, nach- dem zwei Jahre zuvor die römische Stadt Aguntum im Pustertal zerstört worden war) weitgehend friedlich ge- wesen war. Der überwiegend wohl in der Sprache der Bai- ern stattfindenden Mission widersetzten die Slawen sich jedoch heftig.

Bairischer Konflikt mit den Slawen - und mit Karl

Karl, der sogenannte Große, hat zwar in Bayern nicht so schlimm gewütet wie in Sachsen, aber hier hat man es ihm weniger rasch verziehen, genau genommen gar nicht ... Vielleicht hat deshalb gerade ein Bayer die eigenartige These aufgestellt, dass es ihn samt den 300 Jahren zwi- schen 600 und 900 gar nicht gegeben hat. Karl beendete 788 die Selbständigkeit des Agilolfinger-Herzogtums, wobei ihm die auf seine Weisung verhängte Bannung Tas- silos durch den willfährigen Papst Hadrian im Jahr 787 sehr zu statten kam. Die Südorientierung und das Gefühl der Kulturzugehörigkeit über die Alpen hinweg ist damit für Jahrhunderte überdeckt und wird erst während der Gegenreformation wieder bewusst aufgenommen. Ein Sinnbild der Brücke über die Alpen sind die Gebeine des Heiligen Valentin - heute hauptsächlich Patron der Lie - bendenden, früher (als »Fallentin« ausgesprochen) mehr der Fallsüchtigen -, die Tassilo III. von Trient nach Pas - sau überführen ließ. Da in der Severinsvita ein »Valentin Raetiarum episcopus« vorkommt, schrieb man dem in Südtirol wirkenden Heiligen auch einen allerdings ver- geblichen Missionsversuch des Passauer Raums zu.

Reichsland, Binnenland

Nachfolger der Franken waren die deutschen Könige. Es war weniger der baierische Volkscharakter als die geopo -

litische Versuchung, die dazu führte, dass die jeweiligen bayerischen Machthaber, mochten sie noch so enge Verwandte des Königs sein, immer wieder versuchten, eigenständige Politik zu treiben.

817 teilt Ludwig der Fromme, der als Kulturvernichter seinen Vater noch übertraf, indem er die von diesem an - geblich gesammelten heidnischen Lieder und Gesänge vernichten ließ, das Frankenreich. Sein Sohn Ludwig der Deutsche erhält den östlichen Teil. Er (gestorben 876) läßt sich um 830 in Urkunden von Gottes Gnaden »rex baioariorum« (»König von Baiern«) nennen, das heißt, er wählt für sein Erbteil den Titel des Stammesherzogtums. Ähnlich betitelt sich auch Karlmann, der älteste Sohn Karls des Dicken 876 als »rex bawariorum«. Auch die Salierkaiser Heinrich II. der Heilige (Stifter des Bamberger Domes, gestorben 1024) und Heinrich III. (gestorben 1056) sind zugleich Herzöge von Bayern. Ersterer wurde von seinem Vater Heinrich dem Zänker zur Erziehung dem Heiligen Wolfgang, von 972 bis 994 Bischof von Regensburg, übergeben. Seine Schwester Gisela, die Frau Stefan des Heiligen von Ungarn, musste nach dessen Tod vor einem Aufstand der Ungarn gegen das Christentum fliehen und brachte ihre letzten Jahre in Kloster Niedernburg in Passau zu. Ihr Zug nach Ungarn dürfte Vorbild für jenen der Kriemhild im Nibelungenlied gewesen sein.

Es ist sehr die Frage, ob man von einer salischen Herr - schaft über Bayern sprechen soll oder vielmehr von einer bayerischen Prägung der Salier gerade mit ihrer Zwi - schenstellung zwischen Italien und Deutschland. Freilich schwächte gerade Heinrich II. die Herzogsstellung entscheidend, das Königsgut im Nordgau übereignete er zum großen Teil dem neugegründeten Bistum Bamberg, das sich der Mission der an Main und Regnitz sitzenden Sla - wen widmen sollte. Das übrig gebliebene Königsgut kon - zentrierte sich um Neumarkt, Altdorf und Pegnitz. Hier erbaute Heinrich III. 1040 die Burg, aus der das später so bedeutende Nürnberg hervorging.

Bereits unter Karl III. wurde es üblich, Westfranken als Gallia und Ostfranken als Germania zu bezeichnen, selbst bezeichneten sich die Menschen als Baiern, Schwa -

Lauter »Bayern - herzöge«

ben, Sachsen. »thiudiska liudi« (»deutsche Lande«) wird bis ins 15. Jahrhundert immer im Plural gebraucht: Gemeint sind die regna der Franken, Sachsen, Bayern, Schwaben und Thüringer. Nur aus dem Vorurteil einer nationalstaatlichen Normalität um 1900 ist es begründet, dies als schlecht zu betrachten, ansonsten zeigt es, dass sich die Deutschen nicht so schnell dazu bringen ließen, die Interessen ihrer Dynastie für ihre eigenen zu halten. Denn auch in Frankreich ist die Nation von oben uniformierend gegen die ursprünglichen Volkscharaktere der Provinzen durchgesetzt. Freilich konnte eine starke Dynastie die an die Sprache gebundene Kultur fördern und verbreiten.

In der Zeit bis zum Regierungsantritt Heinrichs I. (918) sieht es eigentlich so aus, als würde das ehemalige Reich der Karolinger sich wieder in seine ursprünglichen Bestandteile, die Stammesherzogtümer, auflösen. Auch ist Heinrich eigentlich nur in Norddeutschland König, im Süden nur eine Art Ehrenkönig, der mit der Anerkennung seiner nominellen Oberhoheit zufrieden sein muss. So kann man von 907 bis 947 von einem jüngeren Stammesherzogtum unter den Luitpoldingern sprechen. Einer dieser Herzöge, Arnulf (907- 937), hat von den kirchlichen Geschichtsschreibern den Beinamen »der Böse« erhalten, weil er zur Reorganisation der Verteidigung gegen die Ungarn Klostergut einzog, zum Teil freilich auch im Einvernehmen und zugunsten der Bischöfe. In der Liste der eingezogenen Besitzungen von Tegernsee, die ungefähr aus dem Jahr 1030 stammt, erscheint ein »Munihha«, was zu wilden Spekulationen bezüglich des bis dahin noch nicht belegten Münchens geführt hat. Arnulf, der als Gegenkönig gegen Heinrich I. sich als erster »in regno Teutonicorum« nennt, soll vom Teufel geholt und in den See von Scheyarn geworfen worden sein. Arnulf gilt als einer der Anwärter auf den Ruhm, das erste Ritterheer des Mittelalters entwickelt zu haben. Erst Otto der Große stellt 955 durch die Schlacht auf dem Lechfeld die Reichsgewalt wieder her, im selben Jahr besiegt er bei Mühldorf den Widerstand der letzten Anhänger der Luit - poldinger, 962 wird er zum Kaiser gekrönt.

Der eigentliche Träger der Reichseinheit ist die Kirche beziehungsweise die geistlichen Herren, die sich nicht mediatisieren lassen wollen. Diese Machtbasis macht Glanz und Ende des Kaisertums (918-1250) aus. Jene geistlichen Herren muss man sich als Fürsten von viel stärker politischer als religiöser Gesinnung vorstellen, sie reiten zur Jagd und in den Krieg. Was sie von anderen Fürsten unterscheidet und zu Vertretern des Einheitsgedankens macht, ist nur die Nichterblichkeit ihrer Macht. Ein leuchtendes Beispiel ist Ulrich von Augsburg, der 955 selbst in die Schlacht auf dem Lechfeld zieht, um die Ungarn zurückzudrängen.

Der erste heilige Bayer Ulrich ist der erste Bayer, der heilig gesprochen wird, ja die erste in päpstlicher Kanonisation heiliggesprochene Persönlichkeit der Kirchengeschichte. Interessant ist, dass es eine Reihe von Quellen gibt, die ihm geweiht werden, wahrscheinlich in Verchristlichung älterer Quellheiligtümer, als Attribut hat er den Fisch, der in der Legende so begründet wird, dass er in der Fastenzeit ein Stück Fleisch in einen Fisch verwandelt habe. Doch auch hier ist seine Verbindung zu Quellen, insbesondere solcher, deren klares Wasser für klaren Blick sorgen soll, wichtiger.

Mit dem Sieg über die Ungarn beginnt die deutsche Kolonisation bis an die Leitha, ein Österreich entsteht, das politisch noch bis 1156 zu Bayern gehört, aber einen anderen Charakter trägt, denn die Rekolonisation der ungarischen Gebiete versteht sich nicht mehr als Stammes-, sondern als deutsche Leistung. Die Awaren- und Ungarnstürme haben insbesondere im Donautal zu einer Welle von Ent- und Wiederbevölkerung geführt, die Traditionen abbrechen hat lassen, die in von den Bergen geschützten Gebieten und im westlicheren Bayern überlebten. Zwischen der Vernichtung des bayerischen Heeres an der Leitha 907 und dem Jahr 970 fehlen zum Beispiel jegliche Nachrichten über das steirische Mittel- und Unterland. Erst der Sieg über die Ungarn schafft die Voraussetzung für eine dauerhafte Unterwerfung der Lombardei.

Bayern wird Binnenland. Mit der Westerweiterung nach Burgund (im Jahre 1034) und damit der Beherrschung der Schweizer Pässe nimmt auch die Bedeutung

Bayerns als Durchgangsland nach Italien ab. Insofern spiegelt die Abtrennung Österreichs (erstmals unter diesem Namen 996) und der Steiermark Ende des 10. Jahrhunderts und endgültig 1156 eine Realität wider. Bayern ist jener Teil des bajuwarischen Siedlungsgebietes, der Binnen- und nicht Grenzcharakter hat. Der wirtschaftliche Unterschied zwischen Alpen- und Voralpenbauern spielt dabei nicht die entscheidende Rolle. Bayern ist jetzt Binnenland

Mit dem Abflauen der äußeren Bedrohung nimmt auch das Geistesleben einen anderen Charakter an, einen friedlicheren, in dem die Kirche als Organisatorin des gesamten Lebens von der Wiege bis zur Bahre gegenüber dem »Staat«, der im Wesentlichen Organisation der Verteidigung ist, an Gewicht gewinnt. Das wirkt auf die Kirche zurück. Ein Ulrich in seinem ritterlichen Selbstbewusstsein wäre schon 50 Jahre später als sehr »ungeistlich« empfunden und kaum noch heiliggesprochen worden. Man besann sich nun darauf, dass das Christentum ursprünglich nicht zu sehr von dieser Welt sein wollte.

In der Zeit des Heiligen Wolfgang bildet sich zum ersten Mal ein geistig-geistliches Zentrum auf baierischem Boden aus: in Regensburg. Die Regensburger Buchmalerei dieser Zeit, deren hervorragendstes Werk das Evangeliar der Äbtissin Uta von Niedermünster (heute Staatsbibliothek München) ist, vermittelt uns einen Eindruck von dem hier herrschenden Geist, dem es um Verdichtung der evangelischen Darstellungen zu Symbolen und Archetypen ging. Ganz stark treten Personifikationen göttlicher Wesenseigenschaften, die direkt die alten Götter ablösen, hervor. Das dritte Blatt des Kodex mit dem Gekreuzigten ist überzogen mit einem Gewebe von Sprüchen, Figuren, Buchstaben und Zahlen, mit denen wohl die Sphärenharmonien gemeint sind. Zeigt sich in der Volksreligion die Traditionsverbundenheit in der Ähnlichkeit der Heiligen zu den alten Göttern, so in der Hochkultur in den Anknüpfung an antike Kosmosvorstellungen. Geistig-geistliches Zenrum Regensburg

Auch in der literarischen Produktion dieser Regensburger Reformkultur findet sich der selbe Geist: Der Mönch Otloh (ca. 1010-1070), der Biograph des Heiligen

Wolfgangs und Verfasser der ersten mönchischen Autobi-
ographie, ein gebürtiger Baier, schreibt ganz im Geist des
Dionysius Areopagita und Eriugena. Mögen seine etymol-
ogischen Herleitungen auch bei heutigen Philologen nur
ein Lächeln hervorrufen, so legen sie doch Zeugnis ab, für
ein Christentum, das nicht dualistisch das Irdische ablehnt. So leitet er den Begriff Elemente, worunter er auch
Sonne, Mond und Sterne versteht, vom lateinischen »ele-
vare« (= emporheben) ab, denn sie erheben den menschlichen Geist zu Gott. Insofern hat Regensburg nicht zu
Unrecht areopagitischen Geist für sich beansprucht, und
wenn auch die Reliquien nicht die echten waren, so darf
man den »Fälschern« ihrer Translationsurkunde den eigenen Glauben nicht absprechen.

Auch noch im 12. Jahrhundert hält sich in Regenburg
dieser Geist. Honorius Augustodunensis (was gewöhnlich
von Autun abgeleitet, von Otto von Freising aber als Augsburg ausgelegt wird) dürfte hier gewirkt haben, das Portal
des Schottenklosters ist von seinem Hohelied-Kommen-
tar beeinflusst. Natur-Zuwendung und -Forschung begründet er mit dem Satz: »Armselig scheint es, die Dinge,
die doch um unseretwillen gemacht sind, zwar täglich vor
Augen zu haben, aber doch, wie das unvernünftige Vieh,
zu ignorieren, was sie ihrem Wesen nach sind«. Ja, er formuliert auch eine Art christlichen Panentheismus. Gott
als Grund des Seins wird mit Bildern der Naturheiligjkeit
beschrieben: er bleibe »immer er selbst, wie die Quelle,
welcher der Fluss entströmt und die Wurzel, aus welcher
der Baum sprießt. Absolut anti-dualistisch und fast schon
an Heraklit gemahnend, sagt er, aus göttlicher Sicht sei
alles Harmonie, was aus menschlicher Kampf und Chaos
scheint, und: die Welt sei für Gott ein Musikinstrument,
in dessen Erklingen selbst die moralischen Gegensätze in
einer höheren Harmonie aufgehoben sind - »Reciprocum
sonum reddunt spiritus et corpus, angelus et diabolus,
coelum et infernum, molle et durum«.

Auch Otloh hatte bereits - an Heraklit anklingend - gemeint, in Gott sei alles Konsonanz. Dies ist jene Linie des
mittelalterlichen Denkens, die den jüdischen »Vorrang
der Geschichte vor der Metaphysik«, wo der biblische

Gott durch Handeln und Zorn definiert ist, völlig zurücktreten lässt zugunsten des unbewegten Bewegers und Primats des *wu wei*, und in der das griechische Erbe weitergepflegt wird und dessen Spitze zweifellos die ebenfalls auf keltischem Boden erwachsene Schule von Chartres darstellt. Insofern gibt es das Phänomen der Pfropfreligion nicht nur auf der Ebene der Volks- sondern auch der Intellektualkultur, und auch hier scheint sie in Regensburg wenig ausgeprägt.

Man kann die Verlängerung dieses Regensburger Impulses in Albertus Magnus, sehen, der 1260-62 dort Bischof war. Wie Uta und Honorius stammt er aus dem Schwäbischen, in seinem Fall aus dem Geschlecht der Herren von Bollstadt im Ries. Er hat als Antipode augustinischer Diesseitsverachtung die aristotelische Induktion und Naturbeobachtung wieder in die Geistesgeschichte eingeführt.

Albertus Magnus und Paracelsus

Und wiederum 250 Jahre später entstehen im Regensburgischen auch die beiden Hauptwerke des Paracelsus, auch er aus alamannischem Stamm: das *Paragranum* und das *Volumen Paramirum*. Er benutzt die antiken Namen der Götter der Erfahrungsreligion mit gutem Gespür. Im *Volumen Paramirum* nimmt er Venus als *ens seminis* (Keim) und Helena als *ens virtutis* (Kraft) an, wobei der Planet Venus nur frühere Auswirkung ist und Paracelsus meint, auch wenn kein solcher Planet als erstes Abbild der Kraft gemacht wäre, würde doch die Kraft wirken und andere Abbilder hervorbringen. Für ihn sind es nicht die Planeten, die wirken, sondern sie sind primäre Wirkungen und als solche Anzeiger.

Paracelsus wie Albertus Magnus sind im Volksmund sagenhafte Magier. Zu nennen ist als Bindeglied auch Konrad von Megenberg, der von 1348-74 in Regensburg wirkte und die erste Naturgeschichte in deutscher Sprache schrieb.

Natürlich sind sowohl die geopolitischen wie die hochgeistigen Vorgänge den einfachen Leuten relativ egal. Politisch denken außer den geistlichen Herren eigentlich nur die Fürsten. Die Realisierung eines neuen Römischen Reiches ist gebunden an ihre Mitwirkung und ihren politischen Willen. Es handelt sich um einen Kriegerstaat, »der erobern muss, wenn er seine Natur und seine Stärke behalten will« (Johannes Haller).

Die Fürsten tragen die Orientierung der deutschen Politik nach Süden (trotz der geographischen Barriere der Alpen), weil hier allein etwas zu gewinnen ist. Hierin liegt eigentlich so etwas wie die Identitätsstiftung einer deutschen Nation, die Übernahme des Römischen Reiches, soll heißen: die Eröffnung einer Nord-Süd-Achse in Mitteleuropa, einer Vermittlung von römischen und nordischen Traditionen.

Dieses neue Römische Reich aber zerbricht an der kirchlichen Reformbewegung, deren Führung von Regensburg nach Cluny übergegangen ist und dabei einen dualistisch-kulturfeindlichen, aber auch politischeren Charakter bekommen hatte. Sie will die Kirche entweltlichen, ohne aber deshalb ihre Macht preiszugeben. Noch Heinrich III. hat die Reform aus Überzeugung unterstützt, doch bereits unmittelbar nach seinem Tod (1056) schlägt sie um. Bereits 1059 wird zum erstenmal das Verbot der Laieninvestitur festgeschrieben. Im selben Jahr verbindet sich das Papsttum, was die Machtpolitik angeht, mit dem Normannenreich in Unteritalien, gegen das es zuvor beim Kaiser Schutz gesucht hat. Das Endergebnis dieses Kampfes muss als Erweis des himmelschreienden Realitätsverlusts der »Reformer« ausgelegt werden. Schon im Investiturstreit ist die Macht der Bischöfe in der Lombardei zusammengebrochen, die Städte hatten sich unabhängig gemacht und traten als neue Herren des Landes auf.

Auch die Entwicklung der Bischofssitze Regensburg (Privilegien von Philipp II. und Friedrich II.), wo die steinerne Brücke so ungewöhnlich ist, dass sie sogar auf mittelalterlichen Pfennigen der Stadt abgebildet wird, und Augsburg (Stadtrechtsurkunde von 1256, die die bischöflichen Rechte einschränkt) zu reichsfreien Städten wird entscheidend von den Kaisern nach dem Investiturstreit gefördert. Auch hierin ist der Versuch, die Herrschaft einer entweltlichten Kirche aufzurichten, ein Schuss nach hinten geworden.

Die Laieninvestitur ...
... bezeichnet das von Rom ausgerufene Verbot, geistliche Ämter durch Laien zu vergeben, verbietet sich also die weltliche Einmischung der Könige und Fürsten.

Wesentlich für die Identität der bayerischen Herrschaft ist, dass fast alle größeren Städte, die noch aus der Römerzeit stammten, den Status der Reichsfreiheit erlangten oder in bischöflichem Besitz blieben und dadurch Bayern zu einem Flächenstaat wurde, was andererseits die Wittelsbacher zu ihrer Politik des Ausbaus zwang.

Die Zerstörung des Kaisertums wäre nicht möglich gewesen, wenn nicht die Partikularfürsten, zum Teil noch Stammesherzöge, eine Allianz mit der Kirche eingegangen wären, die das Unabhängigkeitsstreben der Stammesherzogtümer ideologisch unterstützte. Dies ist unter Heinrich IV. so und erst recht nach dem Tod des Staufererben Heinrich VI. Der Versuch einer Wiederaufrichtung durch Barbarossa war nicht von vorneherein so chancenlos, wie sein Ende vermuten läßt. Hier wird tatsächlich ein neues Römisches Reich errichtet, das Italien einschließlich Sizilien umfasst und die Herrscher von Zypern und Kleinarmenien ihre Herrschaft vom Kaiser zu Lehen nehmen läßt. Auch der Welfe Otto IV. macht keine andere Politik als die Staufer. Erst mit Friedrich II., der sich als Italiener fühlt, beginnt die Zeit des Aufstiegs der Landesfürsten.

Die Wittelsbacher

Die bayerische Geschichte ist von 1180 bis 1918 untrennbar mit der des Hauses Wittelsbach verbunden, und auch aus dieser langen Tradition ist so manches entstanden, was Bayern anders macht.

1113 hatte Otto IV. Graf von Scheyern seinen Stammsitz zugunsten von Wittelsbach oberhalb Aichach aufgegeben. Um 1120 sind dann die Wittelsbacher zu Pfalzgrafen, das heißt zu Vertretern der königlichen Rechte in Bayern ernannt worden. Später, im 13. Jahrhundert, ist diese Institution der Pfalzgrafen mit dem Schwinden der königlichen Macht überall zugrunde gegangen, nur einer der Pfalzgrafen, der »bei Rhein«, wurde nicht von einem Landesherzog verdrängt, sondern konnte selbst landesherrliche Rechte erlangen. Er nannte sich weiterhin Pfalzgraf. So wurde die Rheinpfalz zur Pfalz schlechthin. Da sie 1314 an die Wittelsbacher fiel und bei den Wittelsbachischen Landesteilungen 1329 Teile Bayerns zur pfälzischen Linie gelangten, entstanden auch in Bayern pfälzische Gebiete. Die Oberpfalz trägt diesen Namen bis heute; es hat auch ein Pfalz-Neuburg gegeben, wovon noch das prächtige Renaissanceschloß zeugt.

Otto von Wittelsbach und der Dank des Kaisers Ihren Aufstieg verdankten die Wittelsbacher ihrer Parteinahme für die Staufer. Dass Otto von Wittelsbach Friedrich Barbarossa 1155 an der Veroneser Klause gerettet hatte, wurde ihm 25 Jahre später mit der Erhebung zum Herzog vergolten. Doch das Herzogtum, das er übernahm, war nicht mehr das alte Stammesherzogtum. Schon 980 waren Kärnten, 1156 Österreich und 1180 schließlich auch noch die Steiermark und Tirol als selbständige Herzogtümer abgetrennt worden. Die Staufer hatten zwar vor allem wegen des frühen Todes von Heinrich VI., dem Sohn Barbarossas, nicht die Kraft, das Reich dauerhaft zu neuem Glanz zu führen, aber gerade noch die Kraft, die alten Stammeseinheiten zu zerschlagen. Bis 1800 handelte es sich um Klein- oder Altbaiern mit Binnenlandcharakter.

Barbarossa hatte Otto von Wittelsbach eingesetzt, weil dieser treu staufisch war und ungefährlicher schien als mächtigere bairische Adelige, etwa die Andechs-Meranier. Aber es folgte ein rasanter Aufstieg. Das Aussterben anderer Adelsgeschlechter, das damals durch häufig blutige Fehden und durch Mangel ehelicher Nachkommen der ständig untereinander heiratenden Geschlechter bestimmt war, und dem die Wittelsbacher manchmal auch noch ein bisschen nachgeholfen haben, spielte dabei eine wichtige Rolle. Entscheidend war, dass 1248 der umfangreiche Besitz der Grafen von Andechs-Meranien an die Wittelsbacher fiel. Schon vorher (1242) war der beträchtliche niederbayerische Besitz der Grafen von Bogen und mit ihm auch das weiß-blaue Rautenwappen an die Wittelsbacher gekommen. Der Löwe stammt von der Pfalzgrafschaft bei Rhein, die 1214 von den Welfen an die Wittelsbacher gekommen war.

Landesausbau

Wichtig für die wittelsbachische Machtstellung war auch ein planmäßiger Landesausbau mit Städtegründungen insbesondere an Donau und Isar. Sie waren zunächst meist rechteckig nach dem Muster römischer Gründungen angelegt. Zu nennen sind: Landshut (1204), Straubing (1218), Landau (1224), Ingolstadt (um 1250, das wohl auf einen fränkischen Königshof nach der Abtretung des Nordgaus an die Franken durch Herzog Odilo um 750 zurückgeht), Deggendorf (um 1250), Dingolfing (1251), Kelheim (um 1270 auf alter Grundlage, denn hier wurde schon 1231 Herzog Ludwig, der deshalb der Kelheimer heißt, auf der Donaubrücke von einem Unbekannten erstochen), Braunau (1260), Neustadt an der Donau (1273). Die auf Dauer wichtigste Gründung war aber bereits Erbe der Welfenherrschaft: München.

München, Stadt des Neuen

München hat keinen Anteil an Antike und Frühmittelalter, das heißt, an der Formierung des baierischen Stammes. Allerdings findet sich in der Umgegend eine auffällige Häufung keltischer Viereckschanzen. Der Name Münchens ist zeitlich nicht datierbar. So richtig es ist, dass er mit Mönchen nichts zu tun hat, das müsste *apud monac(h)os* und nicht *apud Munichen* lauten, so interessant die Parallelen zu anderen Orten auf Flussterrassen sind, etwa zu den spanischen Orten Moncofa und Monca - da: Der Name taucht, außer in einer Entfremdungsliste des Klosters Tegernsee um 1030, in der Form »Munihha« nicht mit Zuweisungsmöglichkeit an den heutigen Platz auf. Und das heißt, wenn es auch einen Ort Namen »Mu - nihha« vielleicht seit vorkeltischer Zeit gegeben hat, war er nicht sonderlich bedeutend. Der Boden, auf dem Mün - chen steht, ist durch diese Zeiten nicht geprägt. Mün - chens Stellung beruht real wie übertragen auf dem Fluss. Die Stadt verdankt Existenz und Wohlstand dem, was von anderswo herkommt. Der Fluss wird ihr in besonderer

Mittelmäßig bedeutender Ort inmitten von keltischen Viereck - schanzen ... zunächst

Weise zum Genius Loci. In antiken Mythen firmieren oft Flussgötter als Stadtgründer. München wäre so ein Fall, wäre es in mythischen Zeiten entstanden. Der Fluss ist zugleich Hindernis (Herausforderung) und Weg (Chance). München ist nicht nur eine junge Stadt, sondern auch eine Stadt des Neuen.

Mit seiner Stadtgründung 1158 steht München gegen einen der bedeutendsten Repräsentanten hochmittelalterlichen Geistes: den Bischof und Geschichtsphilosophen Otto von Freising. Er ist Repräsentant jener mittelalterlich-christlichen Gesinnung, die die Vorstellung eines irdischen Fortschritts ablehnt. Demgegenüber ist die Stadt das Produkt der modernen Verdichtungstendenz zwischen den alten Stützpunkten Augsburg und Salzburg. München ist Produkt der von Fürsten - in seinem Fall Heinrich dem Löwen - geförderten Handelsprosperität, die zugleich mit der Dominanz der bürgerlichen Kaufmannsschicht deren Heilsunsicherheit zu geschichtlicher Bedeutung bringt. Hier liegt der Keim zur Auflösung des Mittelalters.

München wird gegründet gegen Freising, den alten Kulturmittelpunkt dieser Gegend, der mit dem Namen des Korbinian - und das heißt, mittelbar mit der fränkischen Vereinnahmung - verbunden ist. Auf Freisinger Gebiet in Oberföhring liegt der aus der Römerzeit stammende Übergang der Salzstraße, den Heinrich der Löwe nach München verlegte. Er stiftete der Stadt auch ihren Stadtheiligen, den heiligen Onuphrius. Omnophrios (= der in Vollendung währende) ist der griechische Titel des Osiris, dem - wie Johannes dem Täufer - in der Wüste ein Fell gewachsen sein soll, also eine Art Wilder Mann. Heinrich hatte Onuphrius' Hirnschale vom 2. Kreuzzug

Eine unscheinbare Scherbe, gefunden 2011 bei Ausgrabungen im Marienhof, gleich hinter dem Rathaus, gilt seither als kleine Sensation: Sie stammt von einem Topf und datiert ins 11. Jahrhundert, was belegt, dass München schon vor der ersten Nennung 1158 ein besiedelter Ort gewesen ist

mitgebracht. 1576 wurde dann der heilige Benno, dessen Reliquien aus dem protestantisch gewordenen Sachsen gekauft wurden, neuer Stadtpatron.

Die Münchner Geschichte beginnt mit einem Paukenschlag, nicht wie die Geschichte der Orte ringsum, die alle viel früher mit irgendeiner kleinen Schenkungsurkunde in die Geschichte eintreten. An Münchens Anfang steht eine kaiserliche Urkunde, ein Schiedsspruch auf einem Fürstentag in Augsburg. An seiner Wiege stehen die beiden mächtigsten Männer des Reiches: Friedrich Barbarossa und Heinrich der Löwe. Die Verlegung der Brücke von freisingischem auf herzoglich bayerisches Gebiet ist eine Frage der großen Reichspolitik. Und widerstrebend steht da auch Otto von Freising. Nicht nur Reichsbischof ist er, Oheim des Kaisers, sondern einer der bedeutendsten Geschichtsschreiber des Mittelalters. Der Titel »Chronica mundi«, Weltchronik, ist bei ihm ernst gemeint. Sie reicht von der Erschaffung der Welt bis zu ihrem Untergang, ja darüber hinaus zu den Verhältnissen im ewigen Leben. Ob die Frauen als Frauen auferstehen ist zum Beispiel eine der Fragen, die Otto im letzten Buch beschäftigen. Dahinter steht die Frage, ob Frausein eine *natura* oder ein *vitium* (ein Makel) ist, denn »jeder Makel wird von ihnen genommen sein«.

Gründungsakt mit Paukenschlag, Bischof, Herzog, und Kaiser

Neben so viel Berühmtheit geht der erste Münchner, der in der Gründungsurkunde Münchens genannt wird, fast unter. Es ist der Zöllner. Über ihn wissen wir wenig. Ob ihn auch beschäftigt hat, ob die Frauen als Frauen auferstehen? Nehmen wir an, dass er zumindest soweit Christ war, dass er hoffte, dass es im Jenseits keine Steuern und Zölle gebe.

Wer war der erste Münchner?

Ganz normaler Adel

Die Wittelsbacher waren einerseits ein ganz normales Adelsgeschlecht, das, wie die meisten konkurrierenden, über Jahrhunderte hinweg hauptsächlich ein Ziel hatte: die Erweiterung der eigenen Machtbasis. Um irgendwelche ideellen Ziele ging es dabei - vielleicht mit Ausnahme von Ludwig dem Bayern und Maximilian I. - nie. Daher haftet den ständigen Kriegen das Odium ermüdender Sinnlosigkeit an. Aus ihnen setzt sich eine bayerische Ge schichte zusammen, die über die Köpfe der Bevölkerung hinwegging, sie zwar in Mitleidenschaft, aber nicht in Leidenschaft zog und sie nicht formte. Auch geistesgeschichtlich sind diese Kriege unbedeutend. Das ist keine Verurteilung: Es könnte sein, dass diese Art der Loslösung der Machtkämpfe von Geistes- wie von Sozialgeschichte, wie sie der Trennung in drei Stände entspricht, letztlich die humanere Art ist, Mars sein Recht zukommen zu lassen. Wenn man sich anschaut, dass der Versuch zur Einrahmung des Furor durch Zentralisierung der Macht zum Leviathan-Staat des Absolutismus und zu den Volks- und Weltkriegen des 19. und 20. Jahrhunderts geführt hat, dann wird man auch diesem »Fortschritt« skeptischer ge - genüber stehen.

Die Wittelsbacher traten ihre Herrschaft in dem Jahrhundert an, in dem das alte Reich mit der staufischen Konzeption zusammenbrach. Sie übernahmen ein Bayern, dem innere Einheit ebenso wie Zugehörigkeit zu einer größeren Einheit fehlte. Der Kaiser oder König ist nach 1250 etwas ganz anderes, er stützt sich nur noch auf seine Hausmacht, und die Geschichte der Deutschen Reiche von 1250-1800 ist eigentlich eine Geschichte der konkurrierenden Fürstenhäuser, von denen keinem der Durchbruch zur Hegemonie gelingt, wenn auch Habsburg ab dem 15. Jahrhundert eine nicht mehr einholbare Rolle zufällt, die schließlich in den preußisch-österreichischen Dualismus mündet und 1866 mit der Herausdrängung Österreichs aus dem deutschen Bund zum Abschluss kommt. Dies bedeutet, dass das nordverschobene Bayern nach 1000 Jahren wieder in seine alte Position als Außen - posten im Reich, allerdings territorial verstümmelt und zu eigener Machtpolitik unfähig, einrückt.

Den Fürstenhäu - sern fehlten die Ideen

Die Wittelsbacher prägten dieses Land über die Jahrhunderte hinweg ebensowenig wie andere Fürstenhäuser, sie verblieben in einer Politik, der, wenn sie sich nicht von Ideen leiten läßt, die Größe fehlen muss. Natürlich pfleg - ten diese Fürsten Kultur: europäische Universalkultur, die in Wien oder Brüssel nicht wesenlich anders war.

Die Situation ändert sich erst im 19. Jahrhundert. In - teressanterweise mit der Abwendung vom Traum einer bayerischen Großmachtstellung werden bei den Regenten Kapazitäten für eine Kulturpolitik frei, die nun tatsächlich das Volk prägt. Natürlich geht diese Politik von Bedingungen aus, die das Land und die bisherige Geschichte (durch ihre Grenzziehungen) geschaffen hat. Aber ein Großteil des Überbaus bayerischer Identität ist erst in den letzten zwei Jahrhunderten des großen Wandels geschaffen worden, jenen zwei Jahrhunderten, seit es ein Bayern in etwa den heutigen Grenzen gibt. Diese zwei Jahrhunderte, die Altbaiern und hinzugekommene Gebiete gemeinsam haben, haben nicht nur durch größere technische Umgestaltungskraft, sondern auch durch bewusste Kulturpolitik stärker prägend gewirkt. Nun wird aber dieses Bayern durch eine Tendenz zur Verlangsamung des Fortschritts gerade seiner Grundtendenz des fließenden Übergangs gerecht.

Bayerischer Kaiser, franziskanischer Geist

Der einzige Wittelsbacher, der es schaffte, eine Zeitlang die Kaisermacht wirklich auszuüben, war Ludwig, dessen Beiname »der Bayer« zu seiner Zeit keinesfalls ehrenvoll gemeint war. Es war der Papst, der ihn so nannte, weil er ihn nicht König oder Kaiser, ja nicht einmal Herzog nennen wollte, denn er hatte ihn all seiner Ämter für verlustig erklärt (und »Bavarus« klang so ein bisschen wie Barbarus, und der Verfasser des »Chronicon imperatorum et pontificorum Bavaricum«, das bis 1288 reicht, hatte den Namen der Baiern tatsächlich von ihrer bäuerlichen Mundart, die er als schrecklich guttural wahrnahm, abgeleitet). Für Bayern - insbesondere für München, dem Boden dieser zweiten geistigen, von Bayern ausgehenden Bewegung (von Regensburg die erste) - spielte Ludwig durchaus keine »barbarische« Rolle. Über München hinaus ist er der Herrscher, der Bayern wieder ein Selbstbewusstsein gegeben hat und der zum Mittelpunkt einer neuen bayerischen Geschichtsschreibung geworden ist .

Ein »barbarischer« Herrscher, der Kultur hat

Im 13. Jahrhundert hatte München noch keine überregionale Bedeutung. Die Weltgeschichte spielte sich anderswo ab. Doch in dieser etwas abseitigen Lage verband sich die aufstrebende Stadt mit dem aufstrebenden Geist des Franziskanertums, was symbolisch im Stadtwappen des Mönchleins mit Kapuze zum Ausdruck kommt. Sie tut dies sicher nicht aus subjektiv bewussten Impulsen. Dies ist nicht einmal bei ihrem Stadtherren, Ludwig dem Bayern, der Fall. Das Bündnis ist äußerlich, aber so folgenschwer, dass es kaum zufällig zu nennen ist.

Ein folgenschweres Bündnis

Ludwig des Bayern historische Bedeutung besteht sogar hauptsächlich darin, dass er in München einen Raum schuf, wohin die Macht der Kirche nicht mehr reichte, und in dem neue Ideen wachsen konnten, die für die Neuzeit bedeutend wurden. Ansonsten schuf Ludwig zwar mit der Stadterweiterung die äußere Gestalt, die München bis 1800 haben sollte und die sich heute noch im Stadtbild als Altstadt abzeichnet, doch dieser Stadt eine dauerhafte Mittelpunktsfunktion in Europa zu geben, gelang ihm nicht. Sein Nachfolger Karl IV. verlegte das Reichszentrum nach Prag, und durch die Landesteilung unter Ludwigs Nachkommen sank München sogar zur Residenz eines Teilherzogtums herab. Das machtpolitische Hin- und Her in der Geschichte Ludwigs des Bayern wäre angesichts dieses Ergebnisses nicht der Rede wert, doch was in seinem Schutz in München von den franziskanischen Asylanten entwickelt wurde, bedeutet nicht nur die erste Weltbedeutsamkeit Münchens, sondern vielleicht sogar seine bisher größte Ausstrahlung überhaupt.

Weltstadt im 12. Jahrhundert

Die Verbindung von Geistesgeschichte und Machtgeschichte bringt der legendäre Ausspruch des Franziskaner-Philosophen William Occam auf den Punkt: »Schütze Du uns mit dem Schwert, wir wollen Dich mit der Feder beschirmen.« Die Franziskaner hatten sich zum Kaiser geflüchtet, weil sie dort vor den Nachstellungen des Exilpapsttums in Avignon geschützt waren, der Kaiser war ja selbst mit dem Papst aneinandergeraten. Der machtpolitische Anlass ist für unsere Betrachtung ohne Bedeutung. Der Konflikt, in dem die Franziskaner stehen, ist ein theologisch-philosophischer, der Streit von sogenannten »Nominalisten« und »Realisten«. Das ist zunächst ein philosophisch abstrakter Streit, es geht um die Frage, welche Rolle den Ideen oder Begriffen in der Welt zukommt, ob sie die eigentliche Wirklichkeit (Realia) sind oder bloße Namen (Nomina). Wir stehen heute, ohne es zu wissen, so sehr in der Tradition des Nomina-

lismus, dass wir ganz selbstverständlich zu letzterem tendieren. Wir würden dem Nominalisten recht geben, wenn er sagt: »Wirklich ist der Tisch, den ich anfassen kann, sekundär der Begriff, den die Menschen davon haben, auch ob sie ihn *tabula, table* oder *Tisch* nennen. Wenn es keine Tische gäbe, hätte auch nie ein Mensch den *Begriff* Tisch gebildet.« Aber hören wir einmal probeweise dem mittelalterlichen Realisten zu, der würde sagen: »Wenn nicht zunächst ein Tischler die Idee Tisch hätte, gäbe es keinen Tisch ...«

Gedenktafel für »Guilelmi Ockham ofm ex Anglia« im Franziskanerkloster in München

Bedeutung gewinnt die recht akademisch-scholastisch anmutende Auseinandersetzung, weil sie mit theologischen Fragestellungen verknüpft ist, zum Beispiel mit der Rolle Gottes als Schöpfer. Hat Gott zunächst Ideen geschaffen, dann wird der eigentliche Schöpfungsakt rückverlegt in eine Schöpfung der Ideen, oder aber Gott war bei der Schöpfung nicht frei - oder nicht allein, da die ewigen Ideen so etwas wie selbständige Geistwesen (Götter, Geister oder Engel) wären. Tatsächlich sind die »Ideen« geistesgeschichtlich gesehen so etwas wie abgeblasste Götter. Das schmiedet Occam zur politischen Waffe. Er wirft der Gegenpartei, den Realisten und damit dem Papst, vor, dass ihre Konzeption von Ideen mit der Allmacht Gottes unvereinbar sei. Das wäre freilich eine Ketzerei und ein Grund, den Papst als Irrlehrer abzusetzen - und genau diesen Grund braucht Ludwig ...

Es ist nicht ganz leicht, den Impuls zu fassen, der sich unter dem Schlagwort Nominalismus verbirgt. Occam

Fülle statt
Wüste,
Verge -
schicht-
lichung der
der Welt

geht es zentral um die Rettung des Individuell-Geistigen gegenüber dem Entindividualisiert-Allgemeinen, mit Goethe gesprochen darum, dass die Dinge zunächst einmal Ausdruck ihrer selbst und erst dann für etwas anderes sind. Bezeichnend ist auch, dass die franziskanische Theologie, besonders bei Bonaventura, die Symbolik der göttlichen Fülle betont, während der Dominikaner Meister Eckhart von der »Wüste der Gottheit« spricht und sich mit einer Theologie der Leere dem Buddhismus nähert - selbstverständlich, ohne ihn zu kennen. Ersteres entspricht viel mehr dem bayerischen Lebensgefühl, wie es dann im Barock seinen höchsten Ausdruck findet. Allerdings sollte man nicht übersehen, dass der starke Begriff von Allmacht nicht nur aus der von Juden vermittelten Berührung mit dem Islam übernommen ist, sondern auch, dass er überhaupt keinen Erfahrungsgehalt hat, dafür umso mehr ideologische Funktion. Gott wird hier nicht als einsehbar gesehen. Sünde ist nicht Unwissenheit sondern Ungehorsam. Das ist aber mehr als ein nicht Hören. Der Mensch soll gehorchen, auch wenn er nicht versteht, warum er nicht von der Paradiesfrucht essen soll. Und er verbindet sich mit einer Dynamisierung Gottes, die den handelnden Gott (den Gott der Zeit statt des Raumes) wieder einführt, der vom unbewegten Beweger verdrängt worden war, nachdem sich die frühchristliche Apokalyptik totgelaufen hatte.

Dazu kommt als zweiter Hauptimpuls - unter den Asylanten im Münchner Franziskanerkloster am stärksten vertreten von Marsilius von Padua - die Vergeschichtli-chung der Welt: Wenn Wahrheit auf der individuellen Wahrnehmung und nicht auf göttlicher Inspiration beruht, dann ist die rationalste Form der Wahrheitsfindung der Gedankenaustausch all derer, die mit einer Sache befasst sind. Sollen also die Bäcker über die richtige Größe von Semmeln, die Fürsten über die Strategie und die Theologen über Dogmen entscheiden, am besten einstimmig, wenn das nicht zu erreichen ist, mit Mehrheit. Wobei sein »valencior pars« nicht quantitativ der größere Teil, sondern als Übersetzung des aristotelischen »kreitton meros« der gewichtigere Teil ist, ähnlich wie schon beim

Laterankonzil 1214 von »maior et sanior pars« gesprochen wird, es meint Priester, Ritter und Richterstand. Und doch liegt hier auch eine Wurzel der Rechtfertigung der Pöbelherrschaft. Marsilius, wie auch später Cusanus, setzen sich über den Einwand hinweg, dass die Menge dumm, faul und gefräßig ist, letzterer sogar unter Falscherklärung des Bibelworts aus dem Ecclesiastes »stultorum infinitus est numerus« (Der Trottel Zahl ist Legion). Zwar birgt nach Marsilius die Mehrheit keine Garantie für die Richtigkeit, aber doch eine gewisse Wahrscheinlichkeit. Deshalb folgt für ihn ganz selbstverständlich, dass das Konzil, in dem die Intuitionen und Definitionsbemühungen vieler zusammenkommen, über dem Papst steht. Hier artikuliert sich die Suche nach der Wahrheit mit menschlichen Kräften gegenüber dem Hütertum nicht mehr verstandenen Traditionsgutes.

Bei Marsilius finden sich ungeheuer modern anmutende Denkformen, etwa wenn er ganz nebenbei in krassem Gegensatz zur augustinischen Verfallsvorstellung eines Otto von Freising die Fortschrittsidee formuliert: »Denn vom weniger Vollkommenen zum Vollkommneren führt immer der Gang der Natur und der menschlichen Schöpferkraft, ihrer Nachahmerin.« Auch das ist mehr ein heuristisches Prinzip. Doch damit wird Geschichte als Entwicklung gedacht, als eigene Qualität, in der tatsächlich Neues entsteht, weil Gott eben frei ist und weiter wirkt.

Die Fortschrittsidee bei Marsilius: modern und doch zweischneidig

Dieses Fortschrittsdenken und die konziliare Demokratie sind zweischneidige Schwerter. Demokratie ergibt sich für Marsilius nicht aus Gerechtigkeits-, sondern aus Erkenntnisgründen. Nicht Interessen sollen demokratisch abgewogen werden, sondern Gründe. Nicht die Abstimmung, der Disput ist das produktive Element. Die Fortschrittsidee, die Idee der Vervollkommnung kann ebenfalls ein Anstoß zur Bemühung sein. Da aber, wo Fortschritt zum Dogma, wo schlicht der Geschichtsverlauf normativ gesetzt wird, da wird die Fortschrittsidee gerade zur Falle für die wirkliche Entwicklung und Freiheit der Menschheit. Auch hier gibt es eine unabgegoltene Seite des Nominalismus, und diese spielt bemerkenswerter Weise in der Geschichte der Münchner Impulse eine bedeutsame Rolle.

Zwei Bereiche sind es also, die in dem Freiraum, der durch Ludwigs Konflikt mit dem Papsttum in München entsteht, ganz neu formiert werden: die Naturbeziehung und die Sinngebung menschlicher Gemeinschaft. Das eine ist die Wurzel der empirischen Naturwissenschaften, das andere die Wurzel der Demokratisierung, die sich zunächst im Bereich der Zünfte Bahn brach, aber auch allgemein der Idee ständischer Vertretung einen ideologi schen Unterbau gab. Bei all dem müssen wir uns immer vor Augen halten, dass Occam und seine Mitbrüder keineswegs Aufklärer sondern fromm waren. Sie brachten als Gastgeschenk »Sanct Antonii von Padua Heiltum«, d. h. Reliquien ihres Mitbruders Antonius, der verlorene Sa chen finden hilft. Und auch Ludwig selbst gründete 1330, wiewohl im Bann, das halb mit Mönchen halb mit Rittern zu besetzende Kloster Ettal mit seinem an Gralsideen erinnernden Oktogon. Nicht unmöglich ist, dass er zumindest vage Vorstellungen einer Anknüpfung an die Tradi tion der 1307 bzw. 1312 aufgelösten Templer hatte, ja dass manche wegen templerischer Tendenzen verfolgte Personen auch bei ihm Schutz fanden, und dass von hier aus Ideen weiterwirkten. Insgesamt aber ist zu betonen, dass entgegen den heute in Esoterik- und Geomantenkreisen üblichen Vorstellungen nicht Elitegruppen wie die Templer, sondern konservative Unmodernisierte wie die Bau ern die Träger der Tradition waren. Erst seitdem die Bau ern Landwirte geworden sind, bleiben tatsächlich nur noch Intellektuelle als Überlieferungsträger.

Die Bauern als Träger der Tradition

Das geteilte Land

Ludwig schien zunächst mit dem Instrument der Durchsetzung des Landfriedens durch Landfriedenshauptleute eine neue Art der Wiedererweckung der Territorialherr schaften zu begründen. So wurde sein Sohn Stephan, der als Landfriedenshauptmann in Schwaben waltete, gar von Johann von Winterthur als »Dux Sueviae« (Herzog der Schwaben) bezeichnet. In seiner Spätzeit aber versuchte er vor allem durch rücksichtslosen Zugriff auf erledigte Fürstentümer die wittelsbachische Macht zu stärken. War so schon Brandenburg und schließlich auch Holland an die Wittelsbacher gefallen, bedeutete der Zugriff auf Tirol 1341 die Chance einer Neuschaffung eines Großbaiern. Doch die Ehe seines Sohnes Ludwig des Brandenburgers mit der Erbin von Tirol, die ihren vorigen Mann Johann Heinrich von Luxemburg und dessen Anhang mit Unterstützung des Tiroler Adels verjagt hatte, bot dem Papst neue Gelegenheit zur Anfechtung und musste durch Gutachten von Marsilius von Padua und William von Occam gestützt werden, die nun auch die Ehe ganz in den Bereich des weltlichen Schwertes zogen, damit aber gegen das herrschende Rechtsgefühl standen.

Ludwigs Hausmachtpolitik, aber auch seine Versuche, zugunsten seines Seelenheils mit dem Papst durch schmähliche Angebote ins Reine zu kommen, kosteten ihn viele Sympathien im Reich und führten dazu, dass Karl von Mähren aus dem Haus Luxemburg sein Nachfolger auf Reichsebene wurde. Nach dem Tod Ludwigs im Oktober 1347 verliert Baiern rasch an politischer Bedeutung. Das Land wird unter sechs Erben aufgeteilt. Dadurch, dass nach dem Übergangsregiment der Luxemburger mit der Habsburgerherrschaft das Zentrum des Heiligen Römischen Reiches wieder in Richtung der natürlichen Gravitation Bayerns liegt, in Österreich, wird die Bewahrung der Eigenart leichter, die der Eigenständigkeit schwerer.

Mit den Habsburgern wird bairische Eigenart leichter, Eigenständigkeit schwerer

Schon 1255 war Baiern zum ersten Mal geteilt und damit München Hauptstadt von Oberbaiern geworden. Die Wiedervereinigung von 1340 war von kurzer Dauer. Ludwig der Bayer hatte seinen Bruder Rudolf nach mehreren Auseinandersetzungen mit der Rheinpfalz abgefunden. Festgelegt wurde im sogenannten Wittelsbachischen Hausvertrag, dass bei Erlöschen einer der beiden Linien die andere ungeteilt und ohne Rücksicht auf Heiratsverbindungen erbberechtigt sein sollte. Eingetreten ist dieser Fall erst 450 Jahre später und hat zur Vereinigung und gemeinsamen Geschichte von Baiern und der Pfalz 1778 bis 1945 geführt.

Durch die immer fortgesetzten Teilungen des Spät -
mittelalters wird aber ein Gegengewicht zu einem straffen
Zentralismus grundgelegt. Vor allem Ingolstadt und Landshut bilden hier städtische Zentren, die zum Land gehören, nicht freie Reichsstädte oder bischöflich sind wie
Freising, Augsburg, Regensburg, etc. Aber auch Neuburg
ist zu nennen, ebenso Amberg in der Oberpfalz und
Burghausen, wo die längste Burganlage Deutschlands
steht. Die einzige Episode bayerischer Nationalgeschich-
te, die den Stoff zu einem großen Drama geliefert hat, ist
die Geschichte von Agnes Bernauer, der Augsburger Ba-
derstochter, die der Thronfolger Albrecht zu seiner Frau
macht und die sein Vater Ernst mit der Anschuldigung,
sie habe ihn verhext, von der Donaubrücke in Straubing
stürzen lässt. Sie ist 1851 von Friedrich Hebbel als unlösbarer Konflikt von individuellem Glücksanspruch und
Notwendigkeiten der äußeren Ordnung gestaltet worden.

Im Spätmittelalter waren die niederbaierischen Herzöge, denen ab 1447 auch Ingolstadt gehörte, die Reichen.
Ludwig der Reiche gründet 1472 die Universität Ingolstadt mit dem Humanisten Conrad Celtis als wichtigstem
Lehrer. Mit der Wiedervereinigung des Landes verloren
ihre Sitze drastisch an Bedeutung. Dass die Landshuter
Hochzeit des letzten Herzogs Georg des Reichen (1479-
1503) von 1475 noch heute gefeiert wird, zeigt, wie sehr
sich die Stadt auf das 15. Jahrhundert als ihre Glanzzeit
beziehen muss. München dagegen bezieht sich mit dem
Oktoberfest auf die Hochzeit Ludwigs I. im Jahr 1810. Dabei hat die Landshuter Hochzeit kein Glück, sprich: kei -
nen Thronfolger, und damit schließlich den Landshuter
Erbfolgekrieg und das Ende der niederbaierischen Selb -
ständigkeit gebracht. Der Landshuter Erbfolgekrieg hatte
auch den endgültigen Verlust des Inntals bis Kufstein zur
Folge.

Kurz zuvor hatte es noch so ausgesehen, als könne
Baiern ganz Tirol gewinnen, da der dort lang regierende
Herzog Sigmund der Münzreiche (1439-1490) zwar 50
uneheliche Kinder, aber keinen erbberechtigten Sohn
hatte und 1487 Albrecht die Anwartschaft zusprach. Doch
die Tiroler Bauern, die seit Sigismunds Vater, der sich auf

sie gegen den Tiroler Adel stützte, größere Rechte und Freiheiten genossen, fürchteten, schlechter gestellt zu werden und setzten die Abdankung Sigismunds zu Gunsten des Kaisers Maximilian (1490-1519), des letzten Ritters, durch, der dann in Tirol besonders populär wurde.

Regensburg - freie Reichsstadt wider Willen

Niederbaiern und die Oberpfalz wurden zunehmend von der Entwicklung abgehängt. Schon Aventinus beschreibt Niederbaiern als rückständig, weil dort das kodifizierte verschriftlichte (d. h. freilich auch römisch geprägte) Recht noch keine Rolle spielt.

Bereits Albrecht, genannt der Weise (er regierte von 1465-1508), bezeichnet einen neuen Typus des Regenten: Nicht mehr vom Sattel, sondern vom Schreibtisch aus einte er Baiern und erließ zur Sicherung seines Lebenswerks das Primogeniturgesetz von 1506, das Landesteilungen in Zukunft untersagte. Dass dabei München die Hauptstadt wurde, verdankten die Münchner nur dem Umstand, dass Regensburg, das aus wirtschaftlichen Gründen seinen Status als Reichsstadt aufgeben wollte, vom Kaiser gezwungen wurde, ihn zu behalten.

Auch die Sonderstellung von Pfalz-Neuburg ist ein Produkt des Landshuter Erbfolgekrieges, denn Georg der Reiche wollte entgegen dem Wittelsbachischen Hausvertrag sein Land lieber an die pfälzische Linie fallen lassen, welche schließlich mit Pfalz-Neuburg abgefunden wurde.

Bezeichnend ist, dass der dort regierende Ottheinrich (quasi als ein früher Vorläufer von Ludwig II.) sein Land unter anderem durch Bauten und Kunstkauf überschuldete und schließlich nur den Ständen, deren Rechte er gewahrt hatte, verdankte, dass er (nach zeitweiligem Exil) weitermachen konnte.

Bald standen neue Konflikte ins Haus, im Zentrum: die Forderung nach einer Reformation der Kirche. In dem Moment, in dem das Christentum wirklich verinnerlicht wird, wendet es sich gegen die Institution, die seine Ausbreitung getragen hat.

Reformation und Renaissance

Die vielleicht wichtigste Prägung, die die Wittelsbacher dem Land mitgegeben haben, war der Ausfall der Reformation. Dabei spielten neben dem persönlichen Geschmack der Herzöge auch politische Überlegungen eine Rolle: zunächst die Rücksicht auf das mächtige Nachbarland Österreich, das zumindest ein Protestantischwerden Bayerns als Kriegsgrund hätte nutzen können - zu dieser Zeit galt noch nicht der spätere Grundsatz »cuius regio huius religio«(Wessen Herrschaft, dessen Religion). Auch die Handelsbeziehungen, die stark auf Italien und Österreich ausgerichtet waren, mögen mitgespielt haben, dass die bayerischen Herzöge im Katholizismus einen höheren Gewinn sahen, als die zu erwartenden Reichtümer aus Klosterauflösungen.

Katholisch lebt es sich ruhiger

Später überwogen mehr innenpolitische Gründe: Der Katholizismus versprach Ruhe und Ordnung im Land. Besonders Albrecht V. befürchtete von einer Politik der Nachgiebigkeit eine Aushöhlung der fürstlichen Autorität überhaupt. Eine angebliche Adelsverschwörung unter Führung des protestantisch gewordenen Grafen von Ortenburg gab schließlich den entscheidenden Anstoß, auch religiös den Zügel anzuziehen. Tatsächlich waren auch in Bayern der Adel und das Stadtbürgertum die Vertreter der Reformation. Reformation und Verbürgerlichung gehören vom Menschenbild her zusammen. Die Demo-Plu-

tokratie ist die Umsetzung der reformatorischen Prinzipi-
en auf den Staat.

Der Bauer aber ist, wie schon 1748 der Staatstheoreti-
ker Montesquieu festgestellt hat, weniger daran interessiert, überall mitzureden, als vielmehr von politischen
Händeln und ihren Auswirkungen möglichst verschont zu
bleiben. Diese bäuerliche Mentalität besiegelte in dem
bäuerlichen Bayern das Schicksal der Reformation und
lange auch das Schicksal der westlichen Form der Demokratie, von der Montesquieu sagte, sie sei ein Produkt des
englischen Klimas, das Missmut und Lebensüberdruss
fördere und eine Staatsform nötig mache, »in der die Leute keinen einzelnen als Urheber ihres Ärgers dingfest
machen können«. Der bairische Grant aber ist mehr eine
zur Schau getragene Unzugänglichkeit, weil einer seine
Ruh' haben möchte, als wirkliche Unzufriedenheit.

»Lassts mir mei boarische Ruah!«

Kampf den Bildern, es leben die Bilder!

Renaissance und Reformation stehen in einem merkwürdigen Spannungsverhältnis zueinander. Gerade in der spätgotischen Kunst erscheint uns eine grandiose Spannung
von Weltzugewandtheit und Vergeistigung, von intimer
Naturwahrnehmung, ohne diese doch zu entgöttlichen.
Der Fluss im Tal ist Bild der Demut, und der Hirsch an
der Tränke Bild der Seele, die nach dem Wasser des Geistes dürstet. Es erscheint unverständlich, wo in dieser Welt
der lichten Klarheit der Einbruch für die Dämonie des 16.
Jahrhunderts möglich ist. Aber das Sprengende ist die
immer weiter treibende Individualisierung. Hier ist das
Gemeinsame von Reformation und Renaissance. Kritik
an der Kirche gibt es auch im Hoch- und Spätmittelalter,
aber erst um 1500 kann ein einzelner Mönch tatsächlich
die innere Sicherheit aufbringen, sich einer tausendjährigen Geschichte entgegenzustellen. Gerade als Augustiner steht Luther in der Tradition des erwachenden Ich-
Bewusstseins, freilich auch der dogmatischen Unduld-
samkeit. Die Renaissance ist der große Aufbruch des Individuums. »Keiner soll einem anderen gehören, der sein

Einbruch der Dämonie im 16. Jahrhundert

eigener Herr sein kann.« Dieser Wahlspruch des Paracelsus bringt die Tendenz der führenden Köpfe der Zeit
zum Ausdruck. In Italien hat diese Entwicklung schon
früher eingesetzt, begünstigt durch die politischen Verhältnisse: In der Stadtdiktatur wie auch in der Demokratie verliert die ständische Eingebundenheit an Bedeutung. Damit verbindet sich auch eine neue Zuwendung
zur Natur, zunächst aber noch nicht zu Naturgesetzen,
sondern zum Individuellen in der Natur. Von der Zuwendung zum einzelnen Natursymbol schreitet der Prozess
zum landschaftlichen Erleben fort. Burckhardt nennt ne -
ben Dante und Petrarca insbesondere Papst Pius II. (1458
-64, als Enea Silvio Piccolomini geb. 1405) als Entdecker
der Landschaft.

Die Wiedervergöttlichung der Natur Die Zuwendung zum Individuellen in der Natur ist
verbunden mit einer Wiedervergöttlichung der Natur.
Darin kann die Renaissance nicht nur auf die Antike, sondern auch auf viele Elemente des Volksglaubens zurück-
greifen. Die Dämonen erleben ihre Renaissance. Gegen
sie erhebt sich die Reformation. Mit dem Protestantismus
fegt, tiefgreifender als je zuvor, der bilderstürmerische alttestamentarische Geist übers Land. Jetzt erst ist das ge-
fühlsmäßige Heidentum wirklich bedroht und muss künstlich und bewusst gepflegt und tradiert werden.

Aus seinem Abstand heraus sah im 20. Jahrhundert
ein japanischer Kulturphilosoph in der Reformation eine
durch die westeuropäische Düsterkeit hervorgerufene
Metamorphose der Renaissance. »Während südlich der
Alpen die schönen Künste zu voller Blüte gelangt waren,
tauchte im Norden derselbe Geist der Antike nur nach in -
nen gewandt in Gestalt des Humanismus auf.« (Watsui,
1992. s. 101)

Luther will die notwendige Erneuerung der Kirche als
eine Radikalisierung des Bruchs mit dem Irdischen. Auch
er greift in die Antike zurück, auf das kämpferische Ur -
christentum, das dem Heidentum entgegentritt, so er -
neuert sich in *R*enaissance und *R*eformation der Kampf
von Diesseitsreligion und Jenseitsreligion. Eine Rettung
der Seele durch das Handeln im Diesseits scheint dem
Protestanten undenkbar, allein die Gnade Gottes in Chri -

sto kann retten. Dies ist eine Botschaft der Befreiung von der Werkgerechtigkeit und gleichzeitig eine Verstärkung dualistischer Askese sowie ein Rückschritt im Bezug auf das Selbstvertrauen. Im Verlauf des Mittelalters war die Gnade immer unsicherer geworden.

Luther ist nicht zufällig Augustiner. Aus dem Gedankengut des Augustinus heraus kann am ehesten die zentrale Sehnsucht der Zeit, die Sehnsucht nach einem unmittelbaren Bezug zu Gott formuliert werden.

Auch das Traditionsverständnis wird durch Luther radikalisiert. Augustinus hatte die Vorstellung, dass frühere Menschen näher an der Wahrheit waren, dass die Verfallsgeschichte der *civitas terrena* (irdischer Staat) auch den Verfall des Wissens bedeutet, und dass deshalb Texte umso gehaltvoller genommen werden sollen, je älter sie sind. Die Skepsis gegen Privatoffenbarungen liegt hier be - gründet. Luther nun beschränkt die Offenbarung auf die Bibel.

Luthers Zurück zu Bibel

Im irdischen Leben können wir Überirdischem nicht mehr begegnen (daher der Kampf gegen die Vorstellung von der Wirklichkeit der Transsubstantion in der Wandlung), wir können es nur noch glauben. Dieses Glauben ist das Augustinische. Aber es ist enthistorisiert und entkollektiviert. Der Einzelne, nicht mehr die Gemeinschaft, ist die Stätte des Heils. Das neugeborene Ich, das sich bedroht fühlt, will erlöst werden. Letztlich wird alles weggestrichen, was den unmittelbaren Bezug zu Gott behindert, die sakramentale Funktion des Priestertums ebenso wie Maria und die Heiligen. Unmittelbarer Bezug ist nur zu einem augustinisch-existenzialistisch reduzierten Gott möglich. Das sage dem Baiern, der aus seiner Erfahrungs - religion heraus ganz andere Wege zum Heil kennt!

Irdisches Leben ohne Überirdisches Erleben

Und nun sollten auch noch die Bilder verschwinden, jene Bilder der mittelalterlichen Kirche, die das Bewusst - sein der Gläubigen viel mehr als Worte prägten. Die Reformation will dem Einzelnen ermöglichen, innere Bilder zu formen, dazu muss er von der Macht der äußeren Bil - der befreit werden. Und es muss ihm das Wort als bildschaffender Keim gegeben werden.

Betrachtet man einmal, wo beide Konfessionen Popu -

larität erlangen konnten, so ist dies bei der Reformation der Rückgriff auf den Wortlaut einer Befreiungsbotschaft: Wo steht denn geschrieben, dass manche beim Abendmahl nichts zu trinken bekamen? Wo steht denn, dass die Jünger die Sünden dem vergeben sollten, der dafür zahlte, dem anderen nicht? Bei der Gegenreformation dagegen ist es der Appell an die eigene Erfahrung, und zwar besonders die Erfahrung des Hineingestelltseins zwischen Licht und Finsternis. So wirkt die Reformation als weiterer Schritt in Richtung der Vereinseitigung der europäischen Intellektualkultur, während sich die Gegenreformation auf eine nicht systematisierbare, gestalthafte Erfahrung beruft und diese bewahren will.

Die Reformation: anziehend und die Schwachstellen des Katholizismus offenbarend

Nun leuchtet ein, dass die Reformation in Bayern auch von der Mentalität her besonders wenig Nahrung hatte. Das Luthersche »sola gratia« (allein durch die Gnade) kann nur dann als Befreiung erscheinen, wenn zuvor die Willenskomponente sehr stark ist. Und das scheint in Bayern nie der Fall gewesen zu sein. Dem widerspricht scheinbar, dass überall, wo es die Möglichkeit dazu gab, auch hier die Leute zum Protestantismus überliefen, und dass das Verbot des Laienkelchs und die generelle Verschärfung der Religionspolitik 1571 eine für München nicht unbeträchtliche Auswanderungswelle nach sich zog. Zum einen waren das vermögende Städter, bei denen zwar wohl auch noch kein bewusster Individualisierungs - impuls vorlag, aber tatsächlich eine tiefergehende Chris - tianisierung, die sich Sorgen machte um die heilsnot - wendigen Gnaden. Und sicher ist der Protestantismus konsequenteres Christentum, zumindest insofern das Christentum Variation des Judaismus ist. Zum anderen war die teils deutsche Liturgiesprache der Protestanten eine willkommene Abwechslung, gleichzeitig das gut do - kumentierte Lotterleben katholischer Pfarrer auch auf dem Lande abstoßend geworden. Vielleicht hatte es der Katholizismus auch zu sehr übertrieben mit einer nicht mehr verstandenen Mystik, viele - auch bäuerliche - Menschen sehnten sich in der Tat nach dem Erfahrbaren und Bekannten in der Religion. Rund um die reichsfreie Graf - schaft Haag in Oberbayern, die Religionsfreiheit verordnet hatte (also protestantische Pfarrer und Gottesdienst ausdrücklich zuließ und förderte), spielten sich Mitte des 16. Jahrhunderts bisweilen bizarre Szenen ab, wenn katholische Bauern in den katholisch-bayerischen Orten während der Messe aus Protest gegen den »Zauber« der Wandlung die Hüte vors Gesicht hielten, wenn sie nicht bereits nach dem Wortgottesdienst die Kirche verlassen hatten, nicht ohne hämische Zwischenrufe während der Predigt. Viele nahmen weite Wege auf sich, um in der Grafschaft Haag einen »lutherischen« Gottesdienst zu erreichen.

Bizarre Szenen rund um die Grafschaft Haag

Der Katholizismus - eigentlich ja gerade geprägt von der Offenheit gegenüber erfahrungsreligiösen Traditionen - offenbarte hier stellenweise die Abgehobenheit von dieser seiner Grundlage. Freilich nicht flächendeckend und massiv gestützt von der bayerischen Staatsmacht, die - wiederum Beispiel Haag - teilweise die Grenzen zu protestantischen Gebieten überwachte und diejenigen festnehmen und mitunter gnadenlos samt Hab und Gut verbannen ließ, die sich dem Verbot des Besuchs protestantischer Gottesdienste widersetzten.

Die vielleicht baierischste Position vertrat der Domdekan Ruprecht von Moosham (1493-1543) in Passau, der 1539-42 an den Lutheranern das »sola gratia«, an den Päpstlichen aber die Verweigerung des Laienkelchs und die Verkommenheit des Klerus kritisierte. Er, der selbst durch keineswegs ärmlichen und prüden Lebenswandel auffiel, war eher Pragmatiker, es ging ihm um eine Einheit der Kirche, sonst werde die Gnade Gottes sich den Türken oder gar wieder den Juden zuwenden. So schlug er vor, König Ferdinand möge einen Religionstag mit Katholiken, Lutheranern, Zwinglianern und auch Wiedertäufern einrichten und das Ergebnis dann einem allgemeinen Konzil und dem Papst samt den anderen christlichen Herrschern vorlegen. Diese Ideen brachten seinen Predigten großen Zulauf, doch wurde er schließlich der Stadt verwiesen, dann gefangen gesetzt und beging wohl im Kerker Selbstmord.

Es gibt viele Gründe, warum sich die Reformation in Bayern nicht durchsetzte, warum Bayern als einziger nicht geistlicher Flächenstaat katholisch blieb. Fassen wir sie noch einmal zusammen: Bei den Regierenden war es die Angst vor dem übermächtigen Nachbarn, dem katholischen Habsburg, das freilich dann unter Ferdinand I. und Maximilian weit weniger gegenreformatorischen Eifer zeigte, die Angst vor einem Überspringen der religiösen Bewegung in politische Aufstandsbewegungen, die Gegnerschaft gegen allzuweite Emanzipation des Landadels und städtischen Großbürgertums, die persönliche Frömmigkeit und Verwurzelung des Volkes in einer farbenprächtigen Festkultur. Hinzu kommt beim Volk die spezifisch baierische Tendenz zur Vermeidung von Brüchen - die damit natürlich auch wieder einmal gestärkt wird.

Dass die Gegenreformation politisch gewollt wurde, ist Anteil der Herzöge, dass sie langfristigen Erfolg hatte, einer des Volks. Die Gegenreformation war lange sprachlos, weil ihre wirklichen Antriebskräfte nicht wortfähig waren. Zwar fand auch der Bauer die reformatorische Kritik am Klerus sympathisch, doch dass ihm zugleich seine Wallfahrt genommen werden sollte, machte ihn skeptisch. Wallfahrten sind bis heute ein wesentlicher Teil seiner Kultur, die Heiligen für ihn oft wichtiger als Christus. Das läßt sich theologisch genauso schlecht verteidigen wie der Ablasshandel, der aber dennoch nicht nur einfach praktisch zur Geldbeschaffung für Kirchenbau ist - der Ablass erfüllt auch eine wesentliche Aufgabe: Er stellt das Sündenbewusstsein und die bohrenden Schuldgefühle ru - hig.

Ohne Wallfahrt keine Reformation

Man mag dem aus Tirol stammendend Jesuiten Matt - häus Rader (1561-1634), der 1615-17 seine »Bavaria Sanc - ta et Pia« herausgab, ohne die die aufblühende Heiligen - verehrung nicht zu denken wäre und die bis ins 19. Jahr - hundert hinein maßgeblich war, vorwerfen, sie sei »höchst unkritisch bearbeitet«, aber sie traf das Bedürfnis der Menschen. Das gilt auch für das Jesuitendrama, z. B. den »Cenedoxus« des aus Schwaben stammenden und in Dillingen, München und schließlich Rom wirkenden Ja - kob Bidermann (1578-1636), einem Schüler Raders, den er überschwänglich als einen »anderen Aquinas« pries.

Die Wirkung, die Bidermann nicht ohne Stolz vermerkt, nämlich dass das Stück zwar zu Anfang die Zuschauer zu äußerstem Lachen bewegt habe, schließlich aber einen »so heilsamen Eindruck«machte, dass man 14 derselben hochgestellten Persönlichkeiten am bayerischen Hofe an den folgenden Tagen sich in die Einsamkeit zurückziehen sah, um Exerzitien zu machen und ihr Leben zu ändern, 100 Predigten hätten keinen solchen Erfolg gehabt. Diese Wirkung zeigt, dass hier das innere Drama auf die Bühne gebracht wird, das für die Menschen dieser Zeit noch kein inneres ist, der Kampf der guten und bösen Geister um die Seele des Menschen. Da prügelt sich der Schutzengel der Hauptperson auf offener Bühne mit einem der Nebenteufel, und die Leute hatten das Gefühl: Ja, genau so geht es in der Welt und auch in mir zu.

Wenn der Schutzengel sich mit einem Nebenteufel schlägt

Und wenn die Jesuiten wie auch in der Heidenmission z. B., in China, sich sehr weit auf die Vorstellungen ihrer Schützlinge einließen, soweit, dass die Heiligen wichtiger wurden als der Herrgott, den man eigentlich erst braucht, wenn's zum Sterben kommt, dann ist das keineswegs Verrat am Christentum, sondern Rückgang auf die erfahrungsreligiösen Wurzeln. Das Christentum ist von seinem Ursprungsimpuls her Aufstand gegen jede Form von menschlichem Gesetz und gegen die Illusion, Gerechtig - keit könne die Welt bessern.

Die Unvereinbarkeit von Güte und Gerechtigkeit ist - so fremd sie dem krampfhaften Harmonisieren von wahr, gut und schön im Platonismus ist - in den Mysterienkul - ten durchaus vorgeprägt, die jüngeren rettenden Götter setzen sich über die Gerechtigkeit hinweg, heißt es schon in den Eumeniden des Aischylos. Gerechtigkeit ist nichts Göttliches, sondern ein Notbehelf derer, die sonst fürchten müssen, dass das Böse überhand nimmt. Dagegen stand im Osten - besonders bei Origines - die Vorstellung von einem barmherzigen Gott, der auch Tod und Teufel liebt. Diese Lehre ist insofern der Wahrheit näher, als sie das Einverstandensein mit der ganzen Welt ermöglicht - nicht nur sekundär, weil sie irgendwie Schöpfung Gottes ist, sondern weil sie ein Ganzes und das heißt Gott selber ist. Diese Vorstellung ist allerdings ohne einen Plural von innerweltlichen Göttern unerträglich, denn an einen solchen Gott kann man sich nicht wenden. An diese Stelle tritt nun Jesus als Mittler und wesentlich erfahrungsnäher später die Heiligen. Dabei ist der Einheitsgedanke schon im Heidentum keineswegs unterentwickelt.

So gesehen ist nicht das, was die Gegenreformation bringt, Aberglauben, sondern Milderung des Aberglaubens - indem der falsche Konkretismus vom einen Gott und damit der Weltauffassung weggezogen wird. Die widerstreitenden Grundkräfte aber vertragen einen Konkretismus besser. Denn sie sind - personifiziert - ein Heilmittel gegen die Singularität, die notwendig zu einer Steigerung der Schuldgefühle wegen Nichtwiedergutmachbarkeit führt. Es geht aber gerade darum, zu begreifen, dass zwar jedes Einzelereignis und Schicksal unumkehrbar ist, dass diejenige Irreversibilität, die zu meiden ist, aber erst dabei anfängt, wo tatsächlich in den Bereich der Götter - qualitäten (den Nichtmachbaren überhaupt) selbst eingegriffen wird: Dies ist der Fall bei der Ausrottung von Arten, beim Eingriff in Landschaften; dagegen ist selbst der Tod eines Menschen nur mit allzumenschlichem Maß gemessen irreversibel.

Barocke Wallfahrten statt Moralpredigt

Die Gegenreformation bringt auch wieder den Anschluss an den Süden

Die gegenreformatorische Politik der Wittelsbacher, weit früher einsetzend als im habsburgischen Territorium, beinhaltet weit reichende Weichenstellungen: Sie öffnet Bayern wieder dem Süden und schließt es gegen den protestantischen Norden Deutschlands ab. Die Öffnung nach Süden kommt am deutlichsten im Einzug des Barocks zum Ausdruck. Das Barock ist eine Synthese von italienischer Renaissance und deutscher Gotik. Während die Renaissance - weit davon entfernt, das zu sein, was sie von sich selbst glaubte, nämlich Wiedergeburt der Antike - in Wirklichkeit eine antigotische Reaktion des spätbyzantinischen Geistes war, der die Welt als Grotte empfand (der Rundbogen auf Säulen kommt in der klassischen Antike nicht vor, er ist syrisch-phönizischer Herkunft und

Symptom der spätantiken Orientalisierung), ist das Lebensgefühl, das im gotischen Kirchenbau zum Ausdruck kommt, eines des Strebens nach Unendlichkeit, nach dem Diaphanen; im Barock wird die Kuppel, die in der byzantinischen Architektur Ausdruck der Geschlossenheit ist, aufgebrochen. Der Biologe Josef Reichholf meint z. B. durchaus plausibel: »Das dralle und überschäumende Le bensgefühl der Barockzeit lässt sich verstehen aus der dezimierten Bevölkerung, die wieder anwachsen konnte und bald auch die schwierigste Zeit besonders ungünsti ger Witterung hinter sich gebracht hatte.«

Dass das Barock als Synthese von beidem so sehr Aus druck des baierischen Lebensgefühls sein konnte, liegt nicht zuletzt daran, dass sich hier schon immer Byzantinisches und Germanisches begegnen. Nicht zufällig war es Tizian, der mit seiner Pesaro-Madonna den Urtyp des Barockaltars schuf, mit dem die Bildwelt Venedigs zur mythischen Auffassung zurückkehrt. Wichtig ist Theodor Hetzers Bemerkung, dass zwar bei Tizian die Figur die Landschaft dominiere, dass aber die Mittel, sie darzustel len, nicht aus dem Studium der körperlichen Besonder heit gewonnen sind, »es sind vielmehr dieselben, mit de nen Baum, Berg und Wolke dargestellt werden«. Die Fi guren sind wie gewachsen, Teil der Gesamtbewegung des

Das Barocke verbindet Himmel und Erde – die Erde wird himmlisch; hier die Klosterkirche Reutberg bei Sachsenkam

Bildes, und erst ab da lässt sich das Bild über die Selbstbeobachtung der eigenen Blickbewegung verstehen. Die Malweise bringt spezifische Anmutungsqualitäten von dunklen Laubmassen und leuchtender Meeresferne etc. zur Darstellung, ebenso hat Falte und Gewand eine Eigenqualität, aber hier erst recht geht es nicht um Darstellung von Dinglichkeit. Und im späten Barock tritt alles einzelne zugunsten der großen Bewegung, in die es hinein gerissen wird, zurück.

Einerseits ist das Barock mit seiner Durchsetzung der Farbperspektive gegenüber der Linearperspektive Durchsetzung des im einheitlichen Raum zum Ausdruck kommenden Monotheismus, andererseits Wiedereinsetzung des Atmosphärischen gegenüber dem zeichnerisch Richtigen. Der Hintergrund mediatisiert die Bedeutung der Dinge als des in der Antike allein Wirklichen gegenüber dem Raum, der für die Antike ein Nichtseiendes ist.

Das volkstümliche Empfinden bleibt antik

Das volkstümliche Empfinden bleibt im Grunde immer antik. Und es bildete die Unterschicht auch in jedem Gebildeten, daher die Erholungswirkung beim Betrachten einer antiken Statue gegenüber der Gewaltsamkeit des faustischen Raumbezugs. Im Barock treffen beide Tendenzen aufeinander. Raffael konnte populär werden, Rembrandt nicht. Das Barock schließt den Spalt zwischen Diesseits und Jenseits, es holt nicht nur organische Formen in den Kirchenraum herein, während die Renaissance nur kosmisch-sphärische duldete, es öffnet die Räume weit dem Licht, und zwar einer Lichtqualität, die sich nicht von der der Landschaft unterscheidet, weder sind die Innenräume dunkel wie in der Romanik, noch ist das Licht in Farben gebrochen wie in der Gotik. Der Himmel wird weiß-blau statt Gold und die Heiligen im Himmel sind besonders schöne und prächtig gekleidete Menschen. Es gibt keine prinzipiell andere Qualität als die auf der Erde schon fühlbare, und damit bekommt die Erde auch ihre Weihe.

Der offene Himmel im Barock

Das Wesen des Barock ist der offene Himmel, und die prägnanteste Kunstform dieses Lebensgefühls ist die Votivtafel, hier sehen wir einerseits den Stifter, andererseits den Alltag in Form des Ereignisses, das das Gelöbnis

notwendig machte, und, meist durch eine Wolkenbank vom Diesseits getrennt und durch einen niederstrahlenden Lichtkegel verbunden, die eingreifende himmlische Macht, den Heiligen, das Marienbild. Das ist die Form von irdischer Relevanz und sinnlicher Präsenz des Göttlichen, gegen die jede protestantische Rede von Gottesunmittelbarkeit abstrakt bleibt.

Die weltlichen Behörden fördern neue Wallfahrten und Gnadenorte dabei mit noch weniger Bedenken als die geistlichen. Um 1700 liegt der Durchschnitt von Wall - fahrten in den niederbayerischen Pfarreien bei 15 pro Jahr. Mit Sicherheit war der Großteil der Bevölkerung - Millionen von Menschen - Jahr für Jahr mehrere Tage unterwegs. Die katholische Bevölkerung in der Frühneuzeit ist mobil wie selten zuvor. Dies findet seinen baulichen Niederschlag in der Landschaft: Überall schießen jetzt noch stärker als im Mittelalter Feldkreuze und Mar - terl oder kleine Kapellen aus dem Boden. Kalvarienberge mit ihren Kreuzwegstationen gestalten die Landschaft zu einer Terra sancta (einem heiligen Land) um. Straßen werden zu Wegen des Heils. Sie führen buchstäblich und übertragen alle nach Rom.

Katholiken, Protestanten
und die Dämonen

Vieles, was wir gerne als finsteres Mittelalter bezeichnen, Teufelsglaube und Hexenprozesse, blühen erst in dieser Zeit der Verunsicherung auf. Die letzte »Hexe« wurde in München gar erst 1721 verbrannt, die erste 1578. Der Hexenwahn ist, wo er religiös begründet ist (es gab durchaus in großem Stil auch politisch motivierte Verfolgungen), Kampf gegen die Reste von Erfahrungsreligion, die noch lebendig sind. Der Ulmer Rat sieht sich zum Beispiel noch 1530 veranlasst, das Herumfahren von Pflug und Schiffen als fasnächtlichen Rest des Isis-Nerthus-Holda-Kultes zu verbieten. Protestantismus und gegenreformatorischer Katholizismus haben hier gleichermaßen getobt. Beide sind verschiedene Reaktionsweisen auf die gleiche Grundgegebenheit der Zeit.

Hexenverfol-
gungen - je
nach Wahn
der
(weltlichen)
Obrigkeit
Ein bemerkenswertes Phänomen ist, dass die Hexenverfolgung in Altbaiern und Österreich bei weitem nicht so schlimm wütete wie in Franken und Schwaben. In Österreich zudem noch mit erheblicher zeitlicher Verschiebung in die zweite Hälfte des 17. Jahrhunderts. Gerade hier war die erste große Welle von Hexenverfolgung um 1480 am Widerstand des Volkes und der Obrigkeit gescheitert. Der Grund dafür liegt weniger in Unterschieden der Volksreligion, sondern in der unterschiedlichen Haltung der Obrigkeit. Religiös minder interessierte oder traditionell gestimmte Regierungen wie die reformfeindlichen Fürstäbte von Kempten haben sich gegen die Hexenideologie gesträubt. Das wird verständlich, wenn man begreift, dass sich im Hexenwahn zwei Haupttriebkräfte begegnen:

1. Die Reaktion des magischen Volksglaubens auf die ökologische und wirtschaftliche Katastrophenzeit von Missernten und Teuerung, die bösem Zauber (von direktem Wettermachen und Schadenszauber bis zum Zorn Gottes über die Verderbtheit des Volkes) zugeschrieben wurde.

2. Die zunehmende Entfaltung der im protestanti-

schen wie im gegenreformatorischen Bereich zu einer »Neumodellierung des Affekthaushalts« führenden religiösen Reform. Auch diese ist durch die Krisen und die damit zusammenhängende Verdüsterung des Weltbildes zumindest verstärkt.

So verhinderte Traditionsverhaftung eher die Verfolgung. Dass besonders die katholisch-rückständigen Regionen bei den Hexenverfolgungen führend gewesen seien, hat Realitätsgehalt höchstens insofern, als hier noch im 18. Jahrhundert die letzten Hexenverbrennungen stattfanden, die letzte ausgerechnet 1775 in Kempten, das sich so lange der Verfolgungswelle verschlossen hatte, wobei in Kempten ja katholisches Reichstift und protestantische Reichsstadt unmittelbar nebeneinander bestanden. Tradition contra Verfolgung

Der Konservativismus bewahrt das Gute wie das Schlechte, so wird der Konservativismus heute zum Bewahrer bürgerlicher und kapitalistischer Fortschrittsgläubigkeit.

Es sei hier die Geschichte eines Hexers erzählt, die in der Herrschaft Rodeneck spielt, jener Burg in Südtirol, d. h. Südbajuwarien, wo 1972 die ältesten Fresken profanen Inhalts, nämlich eine Darstellung der Ivainsage, entdeckt wurden. Hier wurde im 17. Jahrhundert der Lauterfresser verurteilt, ein intelligenter und absonderlicher Bursch, der sich selbst Lesen und Schreiben durch Herausbuchstabieren der Friedhofsinschriften - was ihm dann als Reden mit den Toten ausgelegt wurde - beigebracht hatte. Er war wetterfühlig und hatte viel beobachtet. Arbeit wusste er als von schwächlicher Konstitution immer zu vermeiden, und so hatte er Zeit zum Betrachten, bekam sein Essen von den Bauern für die medizinischen und anderen Dienste sowie als Ratgeber in fast allen Angelegenheiten. Er war eine Art Bauernphilosoph, ein philosophischer Praktiker. Aber das Anrührende der Geschichte ist die Verbündung der Dummheit von unten mit der von oben. Die Bauern lieferten ihn ans Messer, als sie ihn einmal besoffen gemacht und drei Bücher bei ihm gefunden hatten, eins über Kräuter, eins über Astrologie und - das schlimmste - eine Bibel in der Übersetzung von

Luther. Und die Obrigkeit ließ ihn verbrennen, weil er ihr ins Geschäft pfuschte, sei es das medizinische oder das heilsverkäuferische.

Dennoch bleibt ein wesentlicher Unterschied zwischen reformierten und nichtreformierten Regionen: Während der Katholizismus vor allem in Gestalt der Jesuiten die Integration des Dämonischen versucht - gerade in der mit äußerster Anspannung geführten Auseinandersetzung mit den dunklen Mächten soll der Mensch die Kraft gewinnen, und nicht zufällig wird Michael zum Programmheiligen der Jesuitenkirche - will der Protestantismus die Geister durch nüchterne Bildlosigkeit verbann - ten.

Das Zweckbünd- nis der Gegenrefor - mation mit den heidni - schen Kräften

Man kann es auch so sehen: Der Gegenreformation bleibt als Kraftquelle nur das Zweck-Bündnis mit den heidnischen (erfahrungsreligiösen) Mächten. Das Verhält - nis zu ihnen ist der kulturell entscheidende Punkt in Reformation und Gegenreformation. Auf katholischer Seite fehlt freilich ein beherrschender Kopf. Die Grundalter - native im Verhältnis zur wesenhaften Natur stellen insofern vielleicht am klarsten Luther und (der in mancher Hinsicht freilich zur Reformation hinneigende) Paracelsus dar; der letztere sieht in den Wassergeistern hilfreiche Wesen, der erstere Blendwerk des Teufels. Luther, Paracelsus und die Jesuiten teilen miteinander den Glauben an die Wirklichkeit der Wesen und Bilder. Luther und die Jesuiten teilen miteinander die negative Bewertung. Aber während Luther auf Ausrottung durch Missachtung setzt, beschwören die Jesuiten diese Wesen gerade. Freilich in - tegrieren sie die Sagenmotive in ein christliches Weltbild und verbiegen dadurch manches.

Deutlich wird das bei der Sage vom Kaiser im Unters - berg. Schriftlich belegt ist sie zum ersten Mal im Jahr 1582 im Zusammenhang mit der Magie-Anklage gegen den Salzburgischen Beamten Dr. Martin Pegius und seine Frau. Jene soll im Untersberg übernatürliche Erlebnisse gehabt haben, die Pegius in einer heute verschollenen Schrift »Was Wunders im Untersberg bei Salzburg von Bergmännchen, Bergfrauen, Frau Venus, Von Gold, Kar - funkel, Korallen, Rubin etc.« festhielt. (Besonders in ehemals keltischen Gebieten ist die Vorstellung verbreitet, dass die Götter der Erfahrungsreligion sich in die Anderswelt, greifbar in den Bergen, zurückgezogen haben. Die Regenten der alten Zeit sind jetzt tot, soweit eben Götter tot sein können, das heißt, sie sind zu Herrschern der Anderswelt geworden, die zu bestimmten Zeiten durchbricht.) Die Bilderhandschrift aus dem frühen 18. Jahrhundert, die einen Mann namens Lazarus von seiner Einführung in den Untersberg berichten läßt, geht wahrscheinlich auf eine von Pegius während seiner Gefangenschaft verfasste zweite Version zurück, die sich im Rahmen gegenreformatorischer Rechtgläubigkeit hält. Von Frau Venus ist nicht mehr die Rede, aber von einem himmlischen Jerusalem mit dem Lebensborn (der *fons vitae*) im Berg. Ein typisches Beispiel für Umbiegung heidnischer in christliche Motive, hier wohl von der Angst vor der Inquisition diktiert.

Sagen über im Berg verborgene Schätze haben vielfach ihren Ursprung in der Assoziation von Hügel und Grab. Die Toten sind die zunächst greifbarste Form der Anderswelt. Frau Venus im Berg ist die Frau des Bergkönigs Kronos-Saturn-Wotan und seiner irdische Erscheinungsformen, den großen Herrschern (Theoderich, Karl, Friedrich), sie ist die Rhea-Kybele. Rhea als Gattin des Kronos ist ja ohnehin die Frau des Alten im Berg. Und auch Wotan ist zumindest nach seiner Entthronung Verkörperung dieses Archetyps. Es ist kein Zufall, dass in der mythologischen Landschaft um Leutstetten im Mühltal in der Nähe des Starnberger Sees die Geschichten von schatzhütenden Frauen und eine Karlsmythologie so nahe zusammenstehen und dass es sich um ein Gebiet mit Hügelgrä - bern aus der Bronzezeit handelt. Der Karlsberg ist das im Großen, was die Gräber im Kleinen sind, Hügel, in denen die Vergangenheit schläft, und immer wieder aufscheint.

Das geographische Zentrum der Kultlandschaft Mühltal bildet die »Bethenquelle«. Sie wurde in den letzten Jahren, nachdem sie in einigen Kultplatzführern auftauchte, zunächst verstärkt von neuheidnischen und später auch neubuddhistischen Gruppen als Kultplatz be - nutzt, was sich am Bänderschmuck der umstehenden

Von Schätzen im Berg und die mythologische Welt des Mühltals

Bäume und Sträucher zeigte, dann kamen die Christen hinzu und platzierten gleich einbetoniert eine Marienstatuette, jetzt haben wir einen multikulturellen Kultplatz mit tibetischen Gebetsfahnen, Runen und Marienbildchen, an dem freilich auch Esoteriker Werbeblätter für Seminare deponieren, oder - Fund von 2009 als zusammengerolltes Blatt mit rotem Bändchen drum herum - eine Kontaktanzeige einer Esoterikerin, die einen Lebenspartner suchte, in dem Vertrauen, der Richtige würde geleitet von seinem Genius die »Weihung« aufmachen; immerhin wurde da versprochen, dass man bei Gefallen in Feldafing ins eigene Häuschen einziehen könnte (ich war dabei, wie einer meiner Seminarteilnehmer, Polizeibeamter aus Niedersachsen, der nach eigener Aussage alles ausschnüffle, die Rolle öffnete - er war nicht der Richtige und brachte sie wieder in den Ausgangszustand). Andererseits hat das Landratsamt Starnberg die Quelle auf Wasserqualität untersuchen lassen, aber keinen Grund sie zu schließen gefunden, und unsensibel einen Radweg fast direkt über die Quelle gebaut. Wer bei der Quelle verweilen will, wird zumindest am Wochenende jeglicher Ruhe entbehren und fluchenden Bikern im Wege stehen.

Hero und Leander im Murnauer Moos   Bei vielen Sagen können wir oft die Herkunft nicht klären. So gibt es für zwei Erhebungen am Ostrand des Murnauer Mooses eine Version der Hero und Leander-Sage. Auf dem Osberg, der auch einen gute und schlechte Jahre anzeigenden Quell mit Namen Kiket beherbergte (heute Moosberg, wo es vor der Abbaggerung durch die Stadt Weilheim römische Ruinen gab), wohnte ein Burg - fräulein und gegenüber auf der Veste Schauenburg bei Ohlstadt ein Ritter. Zwischen den Burgen lag damals ein breiter See. Allnächtlich schwamm der Ritter hinüber, ein Licht, das die Geliebte ins Fenster stellte, zeigte ihm den Weg. Eines Abends aber, bei stürmischem Wetter, erwartete sie keinen Besuch mehr und löschte das Licht, so dass ihr Geliebter ertrank. Sie verfluchte den See, er floss ab, bildete den Staffelsee und hinterließ das Murnauer Moor.

Auch andernorts gibt es solche Sagen. Auf der Frauen - insel im Chiemsee zeigte man noch um 1900 einen Sarg,

in dem - im Tode vereint - ein Mönch und eine Nonne be-
stattet sein sollen. Auch hier soll der Mönch infolge des
Erlöschens des Lichts untergegangen sein und die Nonne
dann den Tod in den Fluten gesucht haben.

Es ist schwer zu sagen, ob es sich bei diesen Sagen um
Übernahme eines durch Ovid und die Humanisten überlieferten Sagengutes handelt, das über die Predigt eines
Pfarrers (der vielleicht vor den Torheiten der Verliebtheit
warnen wollte) ins Volk gelangen und sich festsetzen
konnte, gerade weil es einem Archetyp entsprach, der von
Indien bis Neuseeland vorkommt. Malten meint, dass
Sagen dieses Typs angesichts der »menschlich einfachen
Voraussetzungen der Sage, soweit es um die Liebe zweier
durch ein Hindernis getrennter Liebenden geht«, sich
»spontan und unabhängig« voneinander neu bilden könnten. Zudem sind in der Murnauer Version die ursprünglichen übermenschlichen Kräfte der Sagenfiguren noch
deutlich in der Macht des Fluchs präsent. Ritter und
Burgfräulein sind nur Zeitkostüme eines Archetyps.

Andererseits weist der Name einer frommen Klaus-
nerin Herluka vom Starnberger See, deren Geliebter zwar
nicht schwamm, sondern mit einem Nachen fuhr und in
stürmischer Nacht unterging, auf Hero. Sie gilt als Aphro-
ditepriesterin in Sestos an der europäischen Küste des
Hellespont. Abydos an der kleinasiatischen Gegenküste,
von wo aus Leander hinüberschwamm, hat den Dionysos
zum Hauptgott. Das Zurücklassen von Gewand und
Schwert, was auch auf antiken Darstellungen gezeigt
wird, deutet auf eine Initiation. Die Verbindung von Hero
mit Turm und Licht könnte eine Kybele-artige Form der
Aphrodite meinen, zu denken ist an die thrakische Göttin
Alektrona, die unter verschiedensten Namen als Parthe-
nos, Hekate und Elektra ins Griechische übernommen
wurde.

Herluka am Starnberger See

Die Veste bei Ohlstadt wird in der Volkssage auch mit
dem Dreimadlkult von Schlehdorf verbunden. Die Drei
Madl von Schlehdorf sollen ein langes Seil bis dorthin ge-
spannt haben. Schlehdorf seinerseits ist das Zentrum der
mythologischen Landschaft um den Kochelsee mit seinen
charakteristischen haubenartigen Erhebungen, einge-

Die drei Madl von Schlehdorf

rahmt durch eine Michaelskirche unterhalb der Haupter-
hebung in Kochel und eine Georgskirche, die in Großweil
über der Loisach thront. Auch Margret-Kirchen hat man
zum Schutz gegen den Fluss hart an gefährdete Ufer gebaut, so in Albeins im Eisacktal.

Nicht nur in Erzählung und Architektur war die
mythische Vergangenheit gegenwärtig, sondern auch in
Festen und Prozessionen: Aus dem Jahr 1733 stammt die
erste Auflage einer in Kupfer gestochenen Darstellung der
Landshuter Fronleichnamsprozession. Hier stellten die
einzelnen Zünfte Bilder aus der Heilsgeschichte dar, die
einen Bezug zu ihrem Gewerbe hatten: so die Maler die
Erschaffung des Lichts am ersten Tag der Schöpfung, die
Floßmeister die Teilung von Wasser und Land am zweit-
en Schöpfungstag, die Taglöhner die Aufnahme des ver-
lorenen Sohnes, die Kürschner die Darbringung eines
Schaffells durch König Gideon, das Gott zum Zeichen des
bevorstehenden Sieges mit Tau beträufelt, usw. Dass es
sich bei der Gideon-Episode um ein in verschiedensten
Kulturen vorkommendes Regenzauberritual mit der
Analogie von Wolle und Wolke (Schäfchenwolken) handelt, dürfte den Teilnehmenden nicht bewusst gewesen
sein, aber so erhalten sich eben archetypische Bilder über
alle kulturellen Wechsel hinweg.

Auch der Bauernkrieg fehlt

Nicht nur die Reformation, auch der Bauernkrieg von
1525 fehlt in Bayern, während er in Franken und Schwaben besonders heftig wütete. Politisch ist dies darauf zurückzuführen, dass die starke herzogliche Gewalt die Bauern vor der Ausplünderung durch zu viele Zwischenin-
stanzen, die alle für sich etwas abzweigen wollten, schütz-
te. Eine große Rolle dürften dabei die Waldverhältnisse
gespielt haben. Freilich gab es auch in Bayern Probleme
mit überhand nehmendem, von fürstlichen Förstern ge-
hegtem Wild, doch die Reaktion darauf war eher die Bildung örtlicher Wildererbanden, die, wie im Fall des bayerischen Hiasl, der 1771 in Dillingen hingerichtet wurde,

Wilderer
statt Revolte

auch über den Anlass hinaus für Unruhe sorgen konnten. Der in Bayern als edler Räuber glorifizierte und sich selbst als bairischer Hiasl bezeichnende spätere Volksheld veranstaltete übrigens vor allem im angrenzenden Schwaben seine Raubzüge, da dort durch die vielen Territorial - grenzen die Verfolgung durch die weltliche Obrigkeit schwieriger war. Die bayerischen Behörden schrieben außerdem eine Amnestie für Mitglieder der Bande und überhaupt Wilderer aus, die sich auf bayerischem Territorium den Behörden stellten und unterschrieben, dass sie nie mehr wildern würden.

Auch das Erbrecht bestimmte die Lage der Bauern. Geschwister wurden, wenn irgend möglich, ausgezahlt, sonst mussten sie als Dienstleute auf dem eigenen oder einem anderen Hof ein Auskommen finden. Heiratsverbote für Nichtbegüterte verhinderten eine Bevölkerungsexplosion, machten aber auch Ventile wie das Ausleben der Sexualität im Zusammenhang mit Maibräuchen und Wallfahrten notwendig. Auch das Klischee von der Sennerin als Freiwild wurzelt hier. Tatsächlich ist weibliches Sennpersonal eine Eigentümlichkeit des bajuwarischen Raumes, während im alamannischen Bereich (Schweiz, Vorarlberg) traditionell nur Sennen und Hüterbuben auf die Alm geschickt wurden. Für die zu spät oder zu früh Geborenen war es zwar bitter, keinen Anteil am Hof zu bekommen, aber es verhinderte, dass die Höfe durch Tei - lung zu klein wurden und ihre Besitzer nicht mehr ernäh - ren konnten, und das war ein Faktor politischer Stabilität.

Wir sind nun am Ende der Reformation angekommen, die Gegenreformation hat in Bayern gesiegt, kein Bauernkrieg hat in Bayern zu einem Bruch geführt, zu einem Bruch der Tradition. Bayern ist wieder einmal einen anderen Weg gegangen.

Bayern ging - wieder einmal - einen anderen Weg

Die identitätsbildende Tat für Deutschland lag im Auf - greifen der römischen Tradition und der Bildung einer mitteleuropäischen Achse quer zur geographischen Glie - derung. Die identitätsbildende Situation für München be - stand darin, Freiraum für von außen kommende Nonkon -

Der
Identitäts-
stifter:
Maximilian I.

formisten zu sein, für Bayern war es die Frontstellung gegen den Norden im Namen der Tradition. Der Identitätsstifter Bayerns ist dann Maximilian I. (der auch das Bild der Patrona Bavariae stiftet), so wie es für Deutschland Otto der Große, für München Ludwig der Bayer ist. Maximilian erwirkte übrigens die posthume päpstliche Absolution für den im Bann gestorbenen Kaiser Ludwig. Noch für den bayerischen Jesuiten und Historiker Andreas Brunner (1589-1650), dessen Werk 1710 kein geringerer als Leibniz neu herausgab, war es unmöglich, für den vierten Band die Druckerlaubnis des Ordens zu bekommen, da er Ludwig Gerechtigkeit widerfahren lassen wollte und den bayerischen Standpunkt vertrat.

Man kann sich fragen, wem die Zusammenhänge in welcher Form und welcher Klarheit bewusst waren, aber es ergibt sich insgesamt ein Bild von erstaunlicher Konsequenz. Bayern war ein Land relativ ungebrochener heidnischer Traditionen und des Bauerntums. Beides gehört zusammen, weil der naturverbundene Bauer auf ganz andere Weise mit den Umraumkräften, den Atmosphären und Mächten verbunden ist, als der Handwerker oder Handelsherr. Der Fürst stützt dieses Bauerntum sozial gegen die kleinen Herren, und er weiß darum, dass es seine Machtbasis ist. Und weil diese Politik erfolgreich ist, sinkt die Macht des Bürgertums und mit ihr die radikalchristliche Sache in dem Augenblick, wo es hart auf hart kommt.

Bayerisch-katholische Großmachtträume

Reformation und Gegenreformation als Gesamtheit sind entscheidend für eine Stärkung des herrscherlichen gegenüber dem bürgerlichen Element. Auch wenn es in Bayern nie eine pseudoreligiöse Glorifizierung des Staates gegeben hat wie sie für Preußen so typisch ist, konnte die Gegenreformation zwar viel Tradition, nicht aber die mittelalterliche Unabhängigkeit von Eingriffen von oben zurückringen. Der Herzog gewinnt durch die Entscheidungsgewalt über den Glauben der Untertanen eine neue Stellung, gerade auch gegenüber der Kirche. So führt Albrecht V. schon vor 1600 eine staatliche Schulaufsicht ein, die die Rechtgläubigkeit kontrollieren soll. Ebenso ist die Bücherzensur ein erster Schritt zur staatlichen Einmischung ins kulturelle Leben. Es ist nur eine Frage der Zeit, bis sich die Richtung der staatlichen Eingriffe, die zunächst ganz im Sinne Roms ist, eigene Ziele sucht und sich im sogenannten aufgeklärten Absolutismus gegen Kirche und eigenes Volk gleichermaßen richtet.

Maximilian I. läßt in seinem katholischen Fanatismus sogar die Beichtzettel seiner Untertanen von weltlicher Polizei einsammeln. Er ist auch einer der Mitschuldigen daran, dass aus dem Böhmischen Krieg ein Dreißigjähriger wird, denn aus Glaubenseifer, aber auch der Gier, das Erbe der calvinistischen Pfälzer Wittelsbacher ganz einzustreichen, scheint ihm die Stunde günstig, nach der Niederlage der Protestanten am Weißen Berg 1620 eine Rekatholisierung weiter Teile Deutschlands in Angriff zu nehmen. Sein Studienkollege Kaiser Ferdinand gibt dem nach und schlägt die Warnungen spanischer Berater, die keineswegs so fanatisch waren und in Maximilian I. einen konkurrierenden Dynasten sahen, in den Wind. Gerade der anfängliche Erfolg dieses Unternehmens ruft dann einen Glaubenseiferer gleichen Formats, aber größerer Waffengewalt auf der Gegenseite herauf. Und so kommt es, dass Gustav Adolf von Schweden München 1632 seinen Besuch abstattet ...

Vom Glaubenseifer zum 30jährigen Krieg

Der Dreißigjährige Krieg wirft Bayern wie überhaupt Mitteleuropa wirtschaftlich massiv zurück. Die Einwohnerzahl Münchens sinkt zeitweilig von 24 000 auf 9000. Als er zu Ende ist, bleibt ein Land übrig, in dem sich der Wald wieder ausbreiten kann, weil weite Landstriche nicht mehr bewirtschaftet werden. Das Landvolk ist vor der plündernden Soldateska in die Städte geflüchtet und trägt dort zu einer Ersetzung städtisch-bürgerlicher durch ländlich-katholische Identitäten bei.

So wirkt letztlich auch der Dreißigjährige Krieg konservierend, bürgerlicher Geist ist erst einmal fortge

Max Emanuel, der »blaue Kurfürst« (in einem Gemälde von Joseph Vivien)

blasen. Das ist maßgeblich für die »historische Verspätung« Deutschlands nicht nur in Bezug auf einen einheitlichen Nationalstaat sondern auch die Durchsetzung des Bürgertums. Gerade das bayerische Beispiel zeigt aber, dass das nicht nur negativ gesehen werden muss, vielmehr wurzelt ein erheblicher Teil des deutschen Wesens, aus dem heraus eben die Kritik am westlichen Zivilisationsmodell sich nährt, hier.

Es gibt unter den bayerischen Herrschern noch einige glänzende Gestalten, die wenigstens eines leisteten: nämlich der Erinnerung des Volkes Stoff zur Identitätsbildung zu geben. So zum Beispiel Max Emanuel, der »blaue Kurfürst«, der 1688 Belgrad einnahm, und, weil der Kaiser ihn sonst nicht für die 30 000 bayerischen Gefallenen und die Kriegskosten entschädigen konnte, eben Kriegsgefangene mitnahm; diese »Türken«, die aber hauptsächlich wohl islamisierte Südslawen waren, wurden die ers - ten Münchner »Gastarbeiter«, nicht zuletzt daher kommt vielleicht ein gewisser physiognomischer Einschlag in der Münchner Vorstadtbevölkerung.

Mit dem spanischen Erbfolgekrieg verbunden ist der Aufstandsversuch der bayerischen Bauern, der in der Schlacht von Aidenbach und der Sendlinger Mordweihnacht von 1705 erstickt wurde. Kurfürst Max Emanuel hatte sich, von Habsburg enttäuscht, mit Frankreich verbündet, aber die Schlacht um Bayern in Höchstätt 1704 verloren. Darin kommt die erdrückende Übermacht des östlichen Nachbarn zum Ausdruck. Der Kurfürst setzte sich nach Belgien ab, das damals Habsburg gehörte, aber seinerseits von den Franzosen besetzt war, während die österreichischen Besatzer in Bayern das Äußerste an Abgaben aus der Bevölkerung herauspressten und damit den Aufstand provozierten. Der fehlgeschlagene Aufstand mit seiner zentralen und populärsten Figur, dem Schmied von Kochel, ist bald mythisch überhöht worden, weil er das bayerische Lebensgefühl ausdrückte: aufrührerisch, aber nicht revolutionär, grandios scheiternd.

1985, zum 280. Jubiläum, hat der Tölzer Historiker Christian Probst einen Festvortrag dazu gehalten, in dem er nach der Einleitung sofort darauf zu sprechen kam, dass Widerstand auch heute nötig sei, und den Rest des Abends sprach er über die Wiederaufbereitungsanlage in Wackersdorf. Probst verkörpert einen Typus eines leicht depressiven, aber auch angriffslustigen, bodenständigen und doch intellektuellen »königlich bayerischen Anarchisten«. Obwohl CSU-Mitglied, rief er mehrfach zur Wahl der Grünen auf, da er sie zu diesem Zeitpunkt für die wirklichen Vertreter einer Bewahrung der Schöpfung hielt. Probst verkörperte das wahre Bayern, das nicht nötig hatte, sich arrogant als das »andere Bayern« von dem traditionellen abzugrenzen. Das Modell für ein überheblich-dreistes traditionsverachtendes Auftreten dürfte von dem Antibayern Thomas Mann stammen. Der echte Bayer weiß, dass aufrechter Gang und Widerständigkeit nicht in Inhalten liegen, die sind austauschbar, und was gestern aufrecht war, wie der sogenannte Antifaschismus, ist heute Opportunismus. Das, worauf es ankommt, teilt sich von den Eltern den Kindern als lautlose Selbstsicherheit mit, die durchaus defensiv und nicht protzend ist, und nur wenn sie gereizt wird, polternd zuschlägt. Zum echten Bayern gehört Bescheidenheit (aber nur solange das Gegenüber nicht großspurig kommt) genauso wie Ruppigkeit (dass er sich nicht zum Lakaien macht, obwohl er »Servus« sagt) und ein Autarkiestreben, das nicht zuletzt darin zum Ausdruck kommt, wie unendlich sich der grundbesitzende Bauer, der, wie arm auch immer, auf eigenem Boden lebt und »dem keiner kann«, sich dem reichen Konjunkturritter überlegen fühlt.

Servus, aber kein Lakai

In gewisser Weise zeigt sich auch in dem Verhältnis zu seinem Kurfürsten Max Emanuel des Bayern typischer Charakter: Auch wenn jener in seinem Brüsseler Exil darüber nachdachte, Bayern als politischen Einsatz aufzugeben und gegen Belgien zu tauschen, da Bayern strategisch einfach nicht gegen Österreich zu halten war und damit keine Basis für eine eigenständige Politik bot, dankte ihm das Volk seine später (1725) eingerichtete Einsiedlerklause im Nymphenburger Schloßpark und pilgerte noch 150 Jahre danach scharenweise zu diesem Magdalenenquell, eine vom Kanalwasser gespeiste Attrappe übrigens. Das bayerische Volk verzeiht seiner Obrigkeit vieles, wenn nur die »Ausstattung« stimmt. So ist es bis heute.

Max Emanuels Sohn Karl Albrecht, obwohl dem Namen nach für einige Jahre (1740-45) Kaiser (der einzige Wittelsbacher außer Ludwig dem Bayern), ist gegenüber seinem Vater die glanzlose Version jenes Typus' eines aller höheren Ziele baren Dynasten. Erst mit seinem Tod (1745) ist in Bayern das Zeitalter der Erbfolgekriege beendet, damit auch das Zeitalter bayeri - scher Großmachtträume, und damit einher geht eine Besinnung auf die eigene Identität.

6.
Königlich-bayerischer Ausgleich mit der Moderne

Der nächste Kurfürst verhilft der Aufklärung in Bayern zum Durchbruch. An ihm, Max III. Joseph, zeigt sich in besonderer Weise die Ironie der Geschichte. Er propa giert neben anderen aufklärerischen Errungenschaften wie dem Kartoffelanbau auch die Pockenimpfung - noch nach der türkischen Technik. Das Risiko ist hoch, nicht wenige sterben an den Folgen der Impfung, aber statistisch gesehen ist die Überlebenschance mit Impfung höher. Das gilt für die durchschnittlichen Untertanen. Beim Herrscher zählt das Individuum, und deshalb läßt sich der Fürst selbst nicht impfen und stirbt - an Pocken.

Diese »Aufklärung« stößt in Bayern auf besonders hartnäckigen Widerstand. Die Menschen wollen nicht zu ihrem Glück gezwungen werden. Und sie verstehen nicht, dass in den Augen der »Aufklärer« Glück mit materiellem Volkswohlstand gleichzusetzen ist, während doch bisher die Obrigkeiten immer den Blick aufs Jenseits befördert hatten. Gerade der wird nun abgeschnitten. Der Tod wird aus dem Leben gedrängt. Symbol dafür ist die Ausla gerung der Friedhöfe aus der Stadt, offiziell aus Hygiene gründen. Aber auf der anderen Seite wächst die Angst. Charakteristisch für das Ende des 18. Jahrhunderts ist die Angst davor, lebendig begraben zu werden. Dies ist eine direkte Folge der verkürzten Aufbahrungszeit und des Wegfalls der damit verbundenen Riten.

Die sogenannte Aufklärung ist in gewisser Weise nur ein verspäteter und radikalisierter Protestantismus, mit seiner Vergötzung der Arbeit, seinem Zweifel an allem

Unnützen, seiner notorischen Intoleranz in der Maske der Freiheit. Darin kommt zum ersten Mal die Signatur der Moderne deutlich zum Ausdruck; sie bewirkt genau das Gegenteil dessen und zerstört das, wofür sie angetreten ist. »Der werkfeindliche Protestantismus mündet in eine Glorifikation der weltlichen Dinge: des Staats, der Obrigkeit, der Familie, des Handwerks, der Wissenschaft, sogar des Krieges. Der weltliche Katholizismus gipfelt in der tiefsten Verachtung all dieser Dinge (...) Dabei ergab sich im historischen Verlauf noch die weitere Paradoxie, dass der reaktionäre Katholizismus oft viel toleranter, konzilianter und anpassungsfähiger war als der 'freiheitliche' Protestantismus«, schreibt Egon Friedell

Der »aufgeklärte Absolutismus« ist die zweite Phase des Absolutismus, in der er sich gegen den organisierten »Staat im Staate«, die Kirche, richtet, die in Bayern besonders deutlich vertreten ist durch geistliche Eingriffsrechte exterritorialer Bischöfe (Augsburg, Freising, Passau, Regensburg und Eichstätt). Er bedarf der Ideologie der Aufklärung, die unter manchen Gesichtspunkten vielleicht besser Verblendung genannt werden sollte. Diese Aufklärung, wie sie etwa bei dem Pollinger Augustiner Prior Amort zum Ausdruck kommt, ist durchaus noch christlich eingefärbt. Amort wendet sich im Sinn der Theologiereform Muratoris etwa gegen bestimmte Feiertage, Heiligenverehrung und Wallfahrten im Namen der Reinheit der Lehre, schützt vor, dass es sich um heidnische Relikte handle oder umgekehrt um Neuerungen, und

Die wahre Religion nur eine der Vernunft? meint, dass das wahre Christentum doch nur die Religion der Vernunft sein könne. Verboten wird zum Beispiel der Flurumgang mit dem Stab des St. Mang oder Magnus, der gegen Schädlinge helfen soll; schon unter Maria Theresia verboten wurde der Bozener Drachenstich. In Furth im Wald konnte er sich durch eine Auskoppelung aus dem Fronleichnamsfest halten. Der Further Drachenstich ist ein zunächst kirchlich vereinnahmtes, unter Aufklärungstendenz bekämpftes und dann von der Kirche entkoppeltes, volkstümliches Spektakel.

Die Aufklärung entspringt einer Krise der *vita contemplativa*. Betrachtung und Chorgebet wurden zunehmend als hinderlich empfunden für das, was allein zählte, weil es messbar und »wirklich« im Sinn von wirksam schien, aktive Seelsorge, wissenschaftliche Tätigkeit, Förderung der Landwirtschaft. Der Niederschlag dieser Tendenz in der Theologie war schließlich auch in katholischen Kreisen ihre Verdünnung zur Moral und ihre Selbstrechtfertigung als nützlich zur Revolutionsvermeidung. Auch Protagonisten der Frühaufklärung wie der Probst Franz Töpsl von Polling und Anselm Desing von Ensdorf haben dies schließlich mit Widerwillen bemerkt. Letzterer formulierte: »Ratio sola sufficit - ad errandum« (Die Vernunft allein reicht aus - zum Irrtum).

Der Pockentod des Kurfürsten bringt symbolisch die immer gleiche Struktur zum Ausdruck: die Wahrheit der Statistik gegen die Wirklichkeit des Individuums. Statistisch geht es der durchimpften Bevölkerung besser, dem Individuum, das Impfopfer wird, nutzt das nichts. Statistisch gesehen bringt höheres Volkseinkommen einen Zuwachs an Wohlergehen, aber der Einzelne empfindet gestrichene Feiertage als Verlust an Lebensqualität. Man kann das als irrational abtun, man kann die verengte Rationalität aber auch als nicht menschengemäß beschreiben, daran entscheidet sich, ob man das, was baierisch ist, im Kern versteht.

In vielen Bereichen wird in jener Zeit des 18. Jahrhunderts nachgeholt, was andernorts bereits die Reformation besorgt hat. Dagegen formiert sich eine Opposition, die als ihre organisatorische Basis zunächst nur die Kirche haben kann. Jetzt erst in der Abwehr entsteht die Union von bayerischem Selbstbewusstsein und Katholizismus. Nicht die herrschaftliche Ausrufung von Bayern als Bollwerk des Katholizismus und München als deutschem Rom 200 Jahre vorher ist die Grundlage, sondern die oppositionelle Koalition gegen die Aufklärung. Ein Leichenprediger beim Tod Max III. hat seinen Tod plausibel als Strafgericht erklärt, weil der Fürst zu sehr der Aufklärung Bahn brach. Die Aufklärer dagegen gaben die Schuld am Tod des Fürsten den Medizinern, die ihm zuletzt sogar Heiligenbildchen zum Schlucken gegeben hätten. Symbolischer ist der Konflikt dieser Zeit nicht zu beschreiben.

Union von bayrischem Selbstwusstsein und Katholizis - mus

Ohne Wallfahrt kein Zehnter

In der Frühphase der Aufklärung war es die Kirche selbst, die versuchte, die volkstümlichen Bräuche abzuschaffen, weil »bey vielen Pfarrkirchen das Jahr hindurch soviele Creuz-Gäng gehalten werden, dass bey mancher Pfarr im Sommer an wenig Sonntägen die pfarrlichen Gottesdienste und Predigten verrichtet werden können«. Wohl hatte die Kirche ihre Chance erkannt, im Zuge der Aufklärung ihrerseits mit so manchem Heidnischen im Volk aufräumen zu können, das Freiluftleben der Volksreligion in den Kirchenraum zu drängen und das Anarchi-sche durch eine überschaubare Ordnung zu ersetzen. Es misslang, weil die Menschen sich wehrten. Sie verweigerten den Pfarrern, welche die Wallfahrten ausfallen ließen, die Naturalabgaben, spendeten bei der Sonntagssammlung nichts mehr oder behielten den Zehnten zurück. Direkt warf man Pfarrern, die die Bittgänge nicht hielten, vor, für Hagelschäden, Trockenheit etc. verantwortlich zu sein.

Gegen Ende des Jahrhunderts war es der Staat selber, der auf Abschaffung drängte. Man wusste sehr wohl, dass es dabei um Freiräume des Volkes ging. In einem Mandat von 1780 heißt es: »Man hat bisher aus der traurigen Erfahrung wahrgenommen, dass die allzuhäufigen Kreuz-

Gottesdienst im Freien: auf dem Lande ebenso wie in der Stadt; hier ein Bittgang von Landshut wohl nach Vilsbiburg, wo diese Tafel in der Kirche hängt

gänge und Wallfahrten, sonderbahr wann sie auf entlegene Orte gehen und einen oder mehrer Tag erfordern, die schlimmsten Folgen sowohl auf die zeitliche als auf die geistliche Wohlfahrt des Menschen nach sich ziehen. Bei solchen langwührigen Kreuzgängen wird die Berufsarbeit, sonderbahr die Feldarbeit aufm Land zum Nachteil des ganzen Nährstandes verabsäumt. Haus und Hof wird großentheils offen gelassen (...) und was das schlimmste ist, wird Gott der Allerhöchste, welcher bey solchen Kreuz- und Bittgängen versöhnt werden solle, gar oft viel mehr durch neue Sünden und Laster schwerlich beleidigt, indem man sich solcher Kreuzgänge, wo man über Nacht ausbleibt, meistens zur Gelegenheit zu Ausschweifungen und zum verbothenen Umgang mit dem anderen Geschlecht zu bedienen pflegt.«

»... gar oft viel mehr durch neue Sünden und Laster schwer beleidigt.«

Doch auch jetzt machte die Münchner Regierung einen Rückzieher. Man fürchtete Unruhen wie im benachbarten Österreich, wo die Bevölkerung teilweise mit Knüppeln und Pistolen die Öffnung versperrter Gnadenkirchen erzwang.

So wirkt das 18. Jahrhundert in Bayern recht uneinheitlich. Auf der einen Seite die Bemühung um »Reinigung« des Glaubens von heidnischen Relikten, auf der anderen Seite das Aufkommen neuer volkstümlicher Kulte. Ein besonders nettes Beispiel ist der Heilige Expeditus, »sonderbahrer Patron um glückliche und fertige Ausrichtung aller Geschäfften, Ambts-Standes-Hauß-Verrichtung und Reisenden«. Irgendein um die Volksfrömmigkeit bemühter Geistlicher hatte den Namen ohne irgendwelche Lebensbeschreibungen in armenischen Märtyrerakten gefunden. Der Name aber verhieß einen besonderen Nothelfer, sozusagen einen Express-Helfer, und so wurde er als römischer Soldat dargestellt, zu Füßen ein Rabe, der als Symbol der Trägheit galt und dem noch das lateinische »cras« für »morgen« beigeschrieben wurde, während der Heilige das Wort »hodie« (= heute) als Schriftzug buchstäblich in seinem Schilde führt. Solche Darstellungen können wir als die Vorläufer unserer Comics ansehen, und der Heilige Expeditus, der Heilige der eiligen Angelegenheiten, ist ein rechtes Produkt einer beginn-

Der »heilige Expeditus«, ein Express-helfer

nenden Beschleunigung. Aber immerhin ist das 18. Jahrhundert noch nicht so weit alten Zeiten enteilt, dass nicht noch ein neuer Heiliger entstehen konnte.

Weiß man, wie gefährdet die Grundlage der Volksfrömmigkeit schon im 18. Jahrhundert war, wirkt die enorme Produktivität, der Reichtum und Prunk der Kunst dieser Zeit, die zu einem großem Teil von den Klöstern getragen wird, noch erstaunlicher. Wie ein geschädigter Baum, der Angsttriebe und besonders viele Zapfen treibt, wird allerorten gebaut und ausgemalt. Dabei mischen sich Elemente des Volksglaubens mit antiken Formen. Auf dem Freskenzyklus von Johannes Zick im Prämonstratenserkloster Schussenried erscheint der Lech, den St. Mang überschreitet, als antiker Flussgott mit erhobenen Händen, in der Antike der Gebärde des Erstaunens, vor dem leuchtenden Kreuz des Heiligen. Mit seinem Stab reinigt der Heilige auch ohne Mühe die Luft von Dämonen. Dagegen wird er auf einem Fresko von Franz Georg Hermann in der Vierzehn-Nothelfer-Kapelle in Füssen in freier Natur lesend von allerlei Dämonenvolk umgeben, das Schabernack mit ihm treibt, dargestellt. Eine weißbärtige Pangestalt gießt ihm Wasser ins Gesicht, ein Totenköpfiger mit Kuhhörnern setzt sein Blasrohr an, und ein Schweinsköpfiger mit Sepperlhut versucht, ihm den Mantel wegzuziehen. Wollte sich Hermann über den heroischen Sieg eines Heiligen lustig machen? Keineswegs! Er schildert die ganz unheroischen täglichen Anfechtungen, die erleidet, wer sich inmitten der Natur von ihr abwenden will, weil er glaubt, das Wesentliche sei im Jenseits zu finden.

Die Anfechtungen der Natur am Beispiel von Sankt Mang

Der Pfälzer wird ungemütlich

Kurfürst Max III. Joseph, der letzte bayerische Wittelsbacher, ist 1777 ohne Nachkommen gestorben, sein Nachfolger ist der Pfälzer Karl Theodor. Unter diesem ersten Kurfürsten der pfälzischen Linie verschärft sich der Konflikt. Karl Theodors Zunftgesetzgebung, die einer »freien Marktwirtschaft« Raum geben will, stößt auf erbitterten Widerstand. Die Konkurrenzwirtschaft bedroht die Gemütlichkeit. Und deren Verteidigung kann nun in unmittelbaren Zusammenhang mit der bayerischen Eigenständigkeit gebracht werden. Denn der Fürst, der die bayerische Eigenart bedroht, opfert beinahe auch seine Selbständigkeit. Ähnlich wie 70 Jahre zuvor Max Emanuel, tragen auch ihm die Habsburger einen Tausch gegen die österreichischen Niederlande mit Hauptstadt Brüssel an. Karl Theodor, der ohnehin nur ungern von Mannheim nach München übergesiedelt ist, was er aufgrund des wittelsbachischen Hausvertrags, der 1329 in Pavia geschlossen wurde, tun musste, wäre einverstanden, doch zum Garanten der bayerischen Selbständigkeit wird - oh Wunder! - der preußische König. Nicht aus übertriebener Bayernliebe zwar, sondern weil er einen österreichischen Machtzuwachs von diesem Ausmaß als unzumutbar empfindet.

Die Konkurrenzwirtschaft bedroht die Gemütlichkeit

Es ist eine interessante Frage, was heute wäre, wenn der Preußenkönig 1778 die Norderweiterung Österreichs und damit eine Wiedervereinigung der bajuwarischen Lande - allerdings mit Machtschwerpunkt in Wien und mit unlösbarer Bindung an die ungarische und böhmische Geschichte - nicht vereitelt hätte. Dann wäre das bajuwarische Siedlungsgebiet wieder zusammen gewesen, es hätte 1806 keine Beutebayern gegeben. Ein kleindeutsches Reich unter preußischer Führung wäre wirklich nur ein norddeutsches gewesen, und ihm gegenüber wäre ein wirklicher süddeutscher Staat, freilich geprägt von seinem Grenzcharakter, gestanden. Aber der Zugewinn Altbayerns hätte den deutschen Anteil der österreichischen Erblande deutlich verstärkt. Im Westen wäre von Mannheim bis Brüssel ein Neuburgund, ein starker Staat der Abwehr gegen Frankreich entstanden, der durchaus ein dritter Machtfaktor in Deutschland unter wittelsbachischer Herrschaft hätte werden können, was die Vertreter der Triasidee um 1850 viel zu spät und mit ungenügender

Ein süddeutscher Staat als Alternative

Machtgrundlage versuchten. Für Deutschland als Ganzes wäre die Verwirklichung der Tauschpläne sicher ein Segen gewesen.

Aber aus bayerischer Sicht?

Letztlich wohl auch. Die Wiedervereinigung der bajuwarischen Lande hätte eine Mentalitätsgrenze gebildet, die auch heute noch am Weißwurstäquator trotz 150 Jahre norddeutschen Einflusses deutlich ist.

Auch innenpolitisch wäre die Entwicklung anders verlaufen, auch anders als die Beteiligten hofften und fürchteten. Zwar war der Kern des Widerstands zunächst neben den Münchnern, die um ihren Hauptstadtstatus fürchten mussten, vor allem die Kirche, die Kaiser Josef den radikalen Säkularisierer fürchtete. Sie konnten nicht wissen, dass Josef II., weil zu früh gekommen, scheitern und 1790 auf dem Totenbett den Großteil seiner Maßnahmen widerrufen und dann Österreich und mit ihm einem österreichisch gewordenen Altbaiern die harte Säkularisation eines Montgelas erspart bleiben würde. Die wirt-

Das Ende Josef II. und der Sonder - welten

schaftliche und vor allem kulturelle Macht der großen österreichischen Stifte wie St. Florian bestand ironischer Weise bis jener Österreicher, der seine Heimat heim ins Reich holte, 1938 kam und die Säkularisation nachholte.

Am Beispiel Anton Bruckners kann man sehen, was das heißt. Hört man seine frühe Messe aus den 1850er Jahren, so hat man den Eindruck eines völlig originalen Komponisten, den man eher der Zeit des späten Haydns zuordnen würde - keine einzige romantische Modulation, geschweige denn ein Wagnerscher Akkord. Die Welt um das Stift St. Florian, wo Bruckner aufwuchs und über die er auch als Organist und Lehrer damals noch nicht hinaus gekommen war, war gewissermaßen um 1800 stehen ge - blieben. Man kann sich ausmalen, was der Tristanakkord für ihn für ein Erlebnis war, und auch, dass ein Metternich glauben konnte, tatsächlich die Zeit anhalten zu kön - nen, und dass in Österreich der Traum von der »guten al - ten Zeit« noch etwas tiefer wurzelt. Solche Sonderwelten gab es in Bayern nach der Säkularisation nicht mehr.

Aber es ist nicht einmal sicher, ob Joseph II. in sol - chen Kategorien oder doch mehr in habsburgischer Haus -

macht dachte. Karl Theodor jedenfalls scheint am meisten daran interessiert gewesen zu sein, nicht umziehen zu müssen, und vom Kaiser einen Freibrief für die Erbfolge eines seiner unehelichen Kinder zu erhalten. Und die bayerischen Patrioten waren wohl mehr an ihren Einkünften durch eine eigene Hofhaltung interessiert als an der Erhaltung stammlicher Eigenart, am ehesten dabei noch manche an der Erhaltung des Katholizismus, der durch die Säkularisierungsmaßnahmen von Joseph II. bedroht schien.

Der pfälzische Fürst, der Bayern gar nicht haben wollte, straft dann nach seiner zwangsweisen Übersiedlung die Stände, die 1778 die Steuer so lange zurückhielten bis versichert wurde, dass Bayern ungeteilt dem Hause Wittelsbach erhalten bliebe, auch noch mit dem reichsrechtlich nicht haltbaren und bald zurückgenommenen Entzug des Steuerbewilligungsrechts. Er verbannt die Beamten, die sich den Tauschplänen widersetzt hatten: allen voran Georg Lori, den Gründer der Akademie, der nach Neuburg gehen muss. Er gibt auch die Tauschpläne nicht auf, sondern versucht es 1785 ein zweites Mal. Diesmal scheitert er nicht nur am Widerstand Preußens, sondern belebt wider Willen den Reichsgedanken neu, freilich gegen Österreich, das auch noch das Bistum Salzburg und das Stift Berchtesgaden einstreichen wollte. Dagegen schließen sich nun die Kurfürsten von Brandenburg, Sachsen und Hannover zusammen. Freilich ließ sich Österreich 1797 doch Salzburg zusprechen und trat 1801 sogar mit der Forderung der Isar als Grenze zu Bayern auf, dessen Kurfürst mit schwäbischen Gebieten entschädigt werden sollte.

Nach 1789 betrieb Karl Theodor zudem eine äußerst kurzsichtige Schaukelpolitik ohne Grundsätze mit dem Ergebnis, dass nicht nur die Pfalz bis 1815 französisch besetzt wird, sondern die Franzosen 1796 bis Pfaffenhofen vorstoßen. Kein Wunder also, dass Karl Theodor der »ungeliebte« Kurfürst wird. Und als ihn 1799 beim Kartenspiel der Schlag trifft, kann das Volk, so Lorenz Westenrieder, aus Angst, »dass es wieder besser gehen könnte, nicht essen, nicht schlafen und nicht denken«. Sein Tod

Der pfälzische Fürst, der Bayern gar nicht haben will und zum »ungeliebten Fürsten« wird

ein paar Tage später wird mancherorts sogar mit Freudengeläut begrüßt. Der nach dem Fürsten benannte Karlsplatz ist auch nie volkstümlich geworden, und im Volksmund hat sich eher der Name Stachus (nach dem dortigen Wirt, der den im 18. Jahrhundert durchaus noch gebräuchlichen Vornamen des Jägerheiligen Eustachius trug) durchgesetzt. Auch alle gutgemeinten Volksbeglückungen Karl Theodors, die Öffnung des Schlossparks von Nymphenburg und der fürstlichen Gemäldegalerie und die Anlage des Englischen Gartens nutzten wenig. Unter seiner Regierung wurde das geistige Klima in Bayern eng und muffig; um freisinnige Zeitungen zu lesen, mussten die Münchner ihren Sonntagsspaziergang nach Norden wenden, wo die bayerische Grenze am nächsten war: nach Föhring auf Freisingisches Gebiet.

Der »Stachus« - ein Platz, der noch heute nicht nach dem Fürsten lautet

Unter Karl Theodor beginnt auch die Entfestigung Münchens, Symbol für das Verschwimmen des Unterschiedes von Stadt und Land. Zu Fuß, dann per Eisenbahn und schließlich per Auto ergossen sich in den nächsten beiden Jahrhunderten die Stadtbürger über das Land. Biertempel, dann Villen und schließlich Reihenhaussiedlungen derer, die die Natur suchten, verscheuchten diese immer weiter in die entlegenen Winkel des Landes.

Soweit sich die Kirche mit ihrer Kritik an der Aufklärung und ihrem funktionalistischen Menschenbild am Empfinden der Menschen orientierte, war sie populär. Doch schielte sie immer wieder nach den Mächtigen, versuchte diese zu überzeugen, dass ihr Rationalismus Tradition und Kirchenbindung im Volk unterminiere und damit zu einer Revolutionsbereitschaft führe - aber jene wollten nicht wahrhaben, dass das Anarchische wesentlicher Bestandteil wirklicher baierischer Kultur ist. Das ging so weit, dass heute auch in Bayern weitgehend aus dem Blick geraten ist, dass Konservativismus ursprünglich gar nichts mit starkem Staat zu tun hat, sondern geradezu Anti-Etatismus ist, entstanden aus dem Widerstand von Adel und Klerus gegen den aufgeklärten Absolutismus, dessen geldfressender Bürokratisierung und Verrechtlichung der sozialen Beziehungen sie die patriarchalen, auf Tradition und persönlichem Kontakt beruhenden

Konservativ hieß nicht »starker Staat«

Sozialformen entgegenstellten. Die Säkularisation hat freilich auch in Bayern nicht nur enorme Vermögenswerte und Kunstschätze vernichtet, und viele bisher in klösterlichen Sozialsystemen geschützte Menschen den Unwägbarkeiten des Marktes und der Notwendigkeit, Selbstverkäufer ihrer selbst zu werden, ausgeliefert, sondern auch zu einer kulturellen Verödung des flachen Landes und den Wegfall von Bildungsmöglichkeiten geführt.

Zwischenzeitlich aber nahte die Rettung in Form des neugotischen Königtums.

Es lebe der König!

Mit dem Kurfürsten Max IV. Joseph, ab 1806 als Maximilian I. König von Bayern, zieht 1799 ein Regent in München ein, der die tiefe Sehnsucht der Bayern nach einem volksnahen Herrscher verkörpert. Berühmt geworden ist der Münchner Bräu, der beim Einzug auf den Kurfürsten zustürzt und ausruft: »Weilst nur grad da bist, Maxl!«

»Weilst nur grad da bist, Maxl!«

Und als sich der frisch ausgerufene König am Neujahrstag 1806 seinem Volk vorstellt, sagt er: »Es freut mich, Euch zu sehen. Ich wünsche Euch allen ein gutes Neues Jahr. Und wir bleiben die Alten!«

Auch 1799 erschien kurzfristig nocheinmal das Schreckgespenst einer Österreichisierung. Karl Theodor hatte mit 70 Jahren noch eine 17-jährige Habsburgerin (Maria Leopoldine) geheiratet hatte, um doch noch legitime Nachfolger zu bekommen. 1799 war die Kurfürstin schwanger, erklärte jedoch, das Kind sei nicht von Karl Theodor und entschied damit Bayerns Weg gegen eine habsburgische Vormundschaft und vielleicht (bei einem Tod des Kindes) doch noch Heimfall an Wien. Die Wittelsbacher haben ihr lebenslang ehrendes Andenken bewahrt.

König Max I. (Gemälde von Joseph Stieler): »Es freut mich, Euch zu sehen … Und wir bleiben die Alten!«

Ganz die alten aber konnten die Bayern erst einmal nicht bleiben. Mit der seit 1806 neuen äußeren Gestalt bedeutete die Regierung des ersten Königs auch eine Umbruchzeit, die nicht von ihm, dem König, gewollt oder herbeigeführt war, der er sich aber anpassen musste. Der Name des leitenden Ministers Montgelas steht für die Errichtung des modernen Bayerns, für einen verschärften Kampf gegen die Tradition, der schon 1802 zu dem großen Münchner Wallfahrerkrawall geführt hatte, als Beritene eine von Andechs kommende Prozession auseinanderjagten. Das Festhalten an den Wallfahrten auch über die Säkularisation hinaus ist ein bewusster Protest der Bevölkerung gegen die »Aufklärung«. Die geistlichen Begleiter, denen die Teilnahme bei schweren Strafen verboten war, wurden durch Pilgerführer aus dem Laienstand ersetzt, gingen also vom kirchlichen Amt in die Selbstorganisation des Volkes über. An verschiedenen Orten verteidigten die Bayern ihre Kirchen auch handgreiflich. So holten sich die Verteidiger des Burghausener Marienbergs gegen die Abrisstrupps zwar blutige Köpfe und Gefängnisstrafen, aber erhielten ihr Gotteshaus mit dem »begehbaren Rosenkranz«, dessen fünfmal zehn Stufen für die fünf Rosenkranzgeheimnisse stehen.

Wallfahrten contra »Aufklärung«

Auch der Tiroler Aufstand von 1809, in dem sich spiegelbildlich der bayerische Bauernaufruhr 100 Jahre früher wiederholt und der von dem eigenen Monarchen genauso schmählich im Stich gelassen wurde, ist nicht ein Aufstand gegen die Zugehörigkeit zu Bayern, sondern gegen den Aufklärungsfimmel der montgelas'schen Beamten, die nun auch in Tirol Klöster schlossen und Feiertage abschafften. Bezeichnend ist, dass sich die Werdenfelser anschlossen die - vorher freisingisch - erst durch die Säkularisation zu Bayern gelangt waren. Dass der Tiroler Aufstand militärisch zunächst besser gelang, hat nicht nur mit der direkten Einwirkung der Landschaft zu tun, sondern auch mit ihrer indirekten: Dass in Tirol und Vorarlberg auch Bauern in der Ständevertretung saßen, dass sie insofern auch unabhängig vom Adel organisiert waren und zwar in Talschaften, läßt sich darauf zurückführen, dass der felsige und karge Boden für den Aufbau eines gutsherrlichen Agrarsystems wenig Anreiz schuf. Auf den Bergen wohnt also tatsächlich ein Stück weit die Freiheit, und tatsächlich dürfte die zwischen 1919 und 1933 als Ausgeschlossensein, nach 1945 aber als Befreiung empfundene Abkoppelung Österreichs, d. h. der Alpenbaiern, vom preußisch dominierten Restdeutschland nicht zuletzt auf

1809: Aufstand der Tiroler und Werdenfelser

den Bergen und den geringen Bodenschätzen beruhen. Freilich wurde es als Ergebnis dieses Aufstands - weil in den Augen Napoleons Bayern sich als nicht genügend zur Beherrschung Tirols erwiesen hatte - zum erstenmal zu Italien geschlagen.

Bereits nach 1810 ist wieder eine deutliche Rücksichtname auf die religiösen Gefühle des Volkes festzustellen, die Behörden tolerieren Verstöße gegen Wallfahrtsverbote häufig, und nach dem Sturz von Montgelas im Jahr 1817 werden Bittgänge innerhalb der Pfarreigrenzen offiziell wieder erlaubt.

Montgelas, der Schöpfer der äußeren Form des neuen Bayerns, dem schon Zeitgenossen ein mephistophelisches Aussehen bescheinigten, war so unbaierisch wie nur möglich, ein echter Realpolitiker, der an Machtzuwachs des Staates einstrich, was jeweils gerade ging, egal ob auf Kosten der Hohenzollern oder der Kirche oder auch des eigenen Volkes; so knüpfte er Steuernachlässe an den Nachweis, dass der Steuerpflichtige auch an den jetzt abgeschafften Feiertagen gearbeitet hatte. Für die territoriale Verschiebung Bayerns konnte er nichts, freilich hatten weder er noch sein König auch nur eine Spur bayerischen Nationalgefühls. Untertan war Untertan. Dass Bayern nach dem Bündniswechsel von Napoleon zu den Alliierten die ehemals österreichischen oder von Österreich beanspruchten Territorien (neben Salzburg auch das erst 1778 geraubte Innviertel) nicht behaupten würde können, war klar, Kompensation mit anderen Gebieten das Beste, was erreichbar war. Die Verbindung mit der Pfalz, die freilich mit der ehemals sogenannten wenig zu tun hatte, da Heidelberg und Mannheim bei Baden blieben, berief sich zwar auf alte dynastische Verbindungen, war aber völlig unorganisch. Die Fürstbistümer Bamberg und Würzburg leiteten Bayern endgültig von der Donau weg. Weder Landschaft noch Stamm konnte jetzt mehr wirklich die Grundlage des Landes Bayern sein, sondern nur noch ein neu zu schaffendes Staatsbewusstsein.

Montgelas, der »mephistophelische« Erneuerer Bayerns

Hatten 1778 die Bayern hauptsächlich deshalb an Wittelsbach festgehalten, weil zu diesem Zeitpunkt in Österreich der Josefinismus wütete, und umgekehrt die Tiroler 1809 an Habsburg, weil in Bayern Montgelas wütete, so war durch diese Zeitverschiebung die Chance einer Wiedervereinigung des bairischen Stammes verstellt worden. Die Wittelsbacher - wie man an Max Emanuel sieht, nicht erst die Pfälzer - hatten mit Bayern so wenig zu tun, dass es besser gewesen wäre, sie hätten einen rein pfälzisch-fränkischen Staat bekommen und das eigentliche Bayern an Habsburg geben müssen. (Zum wittelsbachischen Bayern sowie zum Königreich Bayern s. Karten S. 351)

Allerdings gibt es zumindest im katholischen Franken Anknüpfungspunkte: Auch hier hatten die Kelten gesessen und am Staffelberg vielleicht sogar ihre schönste Akropolis errichtet. Und das daneben gelegene Vierzehnheiligen ist eine Barockkirche wie sie bayerischer kaum sein könnte. Mitten im durch die großen Fenster taghellen und keineswegs in ein mystisches Licht getauchten schwingenden Kirchenraum von Vierzehnheiligen findet sich ein Mittelding aus Durchbruchsaltar und Grotte mit den vierzehn

Der Staffelberg - einst von einer prächtigen keltischen Akropolis gekrönt?

Nothelfern, mit Durchblick nach unten, wo die Stelle des Bodens freigelassen ist, auf der ein Zisterzienserhirte das Christkind umgeben von den Nothelfern gesehen hatte. Dadurch hat das Heiligtum eine starke Erddimension. Es ist ein »locus iste«. Hat man sonst bei christlichen Überbauungen von Orten oft das Gefühl, dass er Ort damit in ein Außen und ein Innen zerspalten wird, so ist hier eher die Öffnung des Himmels durch den gemalten Himmel nur auf Dauer gesellt. Es ist ja auch eine Vision im Freien gewesen, die hier gefeiert wird. Nur der Bezug zur Festung Lichtenfels und hinüber auf Banz ist verdeckt, aber umso mehr erscheint die Vision als eine, die direkt aus der Erde aufsteigt.

Der vielleicht beste Treppenwitz der bayerischen Geschichte ist, dass Montgelas am Lichtmesstag 1817 auf Betreiben des Kronprinzen fristlos entlassen wurde; Maria Lichtmess war der Tag, an dem man den Dienstboten den Platz aufkündigen konnte. Dass dies erst am Ende des Winters ermöglicht wurde und nicht zum Ende der Arbeitssaison, war eine sehr soziale Einrichtung. Den Feiertag Maria Lichtmess hatte Montgelas abgeschafft ...

Das Volk trauerte Montgelas nicht nach, es lastete ohnehin alle unpopulären Maßnahmen allein dem Minister an, um den König weiter verehren zu können.

Die Zeit des Königreichs ist aber auch die Zeit der Herausbildung von Fremd- und Selbstbild der Bayern. Anfang des 19. Jahrhunderts gelangten zum ersten Mal in nennenswertem Umfang Fremde in das bayerische Oberland. Die Landschaftsmaler begründeten die Institution der Sommerfrische, ihnen folgten andere Reisende und sammelnde Volkskundler. Schnell waren dann auch Stereotypen wie der des allzeit jodelnden, wildernden, zu Raufhändeln aufgelegten Bauernburschen, der abends fensterln geht, geboren. Als besonders typisch galt zunächst die Tegernseer und Schlierseer Gegend, der von München aus am schnellsten zu erreichende Gebirgsraum.

Trachten wurden unmittelbar vom Königshaus gefördert. Darin wurzelt auch der Trachtenumzug zu Beginn des Oktoberfestes. Anläßlich des 1. Oktoberfestes 1810 wurden acht Kinderpaare in extra dafür angefertigter Tracht als Vertreter der acht bayerischen Kreise aufgestellt. Beim Oktoberfest 1842 ließ Max II. 36 Paare aus dem gesamten Königreich in heimischer Tracht aufmarschieren, und nun wurde auch verlangt, dass an dieser nichts »falsch« sein dürfe. Gerade nach 1919 wird das Oktoberfest zur alljährlichen Zelebration der Einheit von Stadt und Land.

Bayern war aber in der ersten Hälfte des 19. Jahrhunderts vielleicht der modernste Staat Deutschlands. 1818 gewährte der König eine Verfassung und eine Gemeindeordnung. Sie nahm den am französischen Vorbild orientierten Zentralismus, den Montgelas 1808 eingeführt hatte, wieder zurück. Die Bürgermeister wurden nicht mehr von oben eingesetzt, sondern wieder gewählt.

Die bayerische Verfassung von 1818 kennt kein Wahlrecht nach Einkommensklassen wie in Preußen, aber auch keinen Parlamentarismus im heutigen Sinn. Die Regierung war vom König eingesetzt und ihm verantwortlich, nicht dem Parlament. Aber das Parlament musste den Haushalt genehmigen, das heißt, die Regierung musste sich durch Zugeständnis bei einer - und sei es wechselnden - Mehrheit des Parlaments die Zustimmung erkaufen. Umgekehrt konnte die Landtagsmehrheit mit der Streichung einzelner Etatposten gezielt Druck ausüben.

Die bayerische Verfassung von 1818: vielleicht die bessere Gewalten - teilung

Dieses System begründete eine vielleicht bessere Gewaltenteilung zwischen Legislative und Exekutive als wir sie heute haben, wo die jeweiligen Mehrheitsparteien zum Wurmfortsatz der Regierung degeneriert sind und die Funktion, die sie im Parteienstaat eigentlich hätten, die aber in der politischen Theorie selten formuliert wurde, eben gerade nicht mehr wahrnehmen: für den liberalen Staat, der keine festgelegten Ziele hat (denn Gemeinwohl ist nur eine ideologische Formel), Staatszielvorschläge zu machen, unter denen die Bevölkerung wählen kann. Freilich kann man gegen diese Sinngebung der Parteien einwenden, dass es doch sehr fraglich ist, ob man solch grundlegende Entscheidungen knappen Mehrheiten überlassen darf. Doch haben die Parteien diese ihnen von den eifrigsten und engagiertesten ihrer Rechtfertiger zugedachte Funktion noch selten erfüllt.

Im Königreich Bayern war es, seit Mitte des 19. Jahrhunderts die Parteien überhaupt eine zentrale Rolle zu spielen begannen, üblich, gerade nicht einen Exponenten der Mehrheitspartei zum Regierungschef zu bestellen. Als dieses Prinzip 1912 verlassen und mit Graf v. Hertling ein Exponent der katholischen Partei zum Ministerpräsidenten berufen wurde, war dies bereits der Vorbote des Niedergangs der Stellung des Landtags. Eine Regierung aus Parteileuten, die sich auf die Mehrheit im Landtag stützt, wird immer auf diese achten. Noch mehr aber geht die einstige Stellung des Landtags als Kontrollorgan der Regierung verloren. Denn die Mehrheit des Landtags wird ja diese nun »ihre« Regierung erhalten wollen, sie wird ihr kaum noch wirklich kritisch gegenüberstehen. Zudem

Der Regierungs - chef - gerade nicht von der Mehrheits - partei

verwischen sich in einem solchen System auch die perso-
nellen Schranken zwischen Exekutive und Legislative,
denn die Parlamentarier sind nun Regierungsmitglieder
in spe, sie wollen Karriere machen, geben sich ministra-
bel und staatsmännisch. Ihre Aufgabe wäre es aber, die
Interessen derer, von denen sie gewählt sind, ruhig einseitig zu vertreten. Die Nichtregierungsparteien andererseits haben in einem solchen System gar keine Chance
mehr, ihre Kollegen zu überzeugen und Mehrheiten zu
gewinnen. Ihre Reden sind nur nur noch Schaufenster-
reden. Heute ist das Parlament zum permanenten Wahl-
kampf geworden. Die Ergebnisse stehen schon vorher
fest, die Reden werden nicht gehalten, um jemanden zu
überzeugen, sondern um mit einem Satz ins Fernsehen zu
kommen oder mit dreien in die Zeitung.

Die Verfassung von 1818 kennt neben der Kammer der
Abgeordneten ein Oberhaus, Kammer der Reichsräte ge-
nannt, als Ersatz für die Ständevertretung. In ihr sitzen
Prinzen des königlichen Hauses und der Adel, die bayeri-

schen Bischöfe und vom König berufene verdiente Männer. Dass dies nicht zwangsläufig zu einem allerergebensten Absegnungsverein für die Wünsche des Königs führen musste, zeigt die Entwicklung von 1848, wo es gerade die Reichsräte waren, die Ludwigs Verhalten missbilligten. Nach 1918 versuchte man diese Ständevertretung durch eine Berufsständische Vertretung zu ersetzen. Der völlig verkommene Nachfolger, der »Senat«, ein Gremium, in dem die Lobbyisten der Wirtschaft und etablierten Interessengruppen auch noch Sitzungsgelder einstrichen, wurde 1996 durch ein von der ÖDP initiiertes Volksbegehren abgeschafft. Freilich verschwand damit auch die Erinnerung, dass Demokratie auch etwas anderes sein könnte als Partitokratie. Aber eine Reform als Alternative zur Abschaffung hätte angesichts der Machtverhältnisse und des neoliberalen Klimas bestimmt keine Verbesserung gebracht.

Ludwig I. und die Kulturhauptstadt

Ludwig machte München zur Kulturhauptstadt - was auch Ausdruck in seiner Bautätigkeit fand: hier das graecophile Ensemble am Königsplatz

Schon Max III. Joseph hatte die bayerischen Großmachtpläne nach dem Fiasko des zweiten bayerischen Kaiserunternehmens 1745 aufgegeben. Aber erst Ludwig I., König seit 1825, sorgte für einen vollwertigen Ersatz. Er schuf die »bayerische Doppelmonarchie« und teilte seine Arbeitszeit zwischen seinen beiden Reichen als König von

Bayern und Herrscher im Reich der Kultur. Ludwig I. war das genaue Gegenteil des beharrlichen aber prinzipienlosen Montgelas: sprunghaft im Handeln, fest im Grundsätzlichen.

Das Besondere an Ludwigs Wirksamkeit war nach Max Spindler »dass er in einer Zeit, in der die fürstliche Gewalt auf der ganzen Linie im Rückzug begriffen war, den erstaunten Zeitgenossen noch einmal das faszinierende Schauspiel eines genialen fürstlichen Bauherrn darbot, der alle entgegenstehenden Schranken niederwarf - ehe die große Entpersönlichung Wirklichkeit wurde«. So wenig Ludwig ein Demokrat war, so sehr war er volksverbunden, geleitet von Goethes Maxime: »Der Erzieher muss die Kindheit hören, nicht das Kind; der Gesetzgeber und Regent die Volkheit, nicht das Volk.«

König Ludwig I. glaubte in seiner Idee des Kulturkönigtums noch an die Vereinbarkeit von Rückbesinnung auf Tradition und Schöpferischem.

Ausdruck dafür ist, dass der Bau gegenüber der Glyptothek (heute Antikensammlung) ursprünglich als Raum für jährliche Kunst- und Gewerbeausstellungen dienen sollte, dem klassischen Vorbild der Antike so eine ebenbürtige Gegenwart an die Seite stellend. Ebenso wurde der alten Pinakothek die neue und die Akademie als Ausbildungsstätte zukünftiger Künstler gegenübergestellt. Ludwig glaubte auch an die Vereinbarkeit von deutschem Nationalbewusstsein und bayerischer Eigenständigkeit. Bayern sollte der Hort der Nation der Dichter und Denker zwischen preußischem Kommissgeist und österreichischer Balkanisierung sein. Für Ludwig war es kein Widerspruch, eine Wallhalla für die großen Deutschen im Stil eines griechischen Tempels zu bauen. Mit einem Denkmal des bayerischen Nationalstolzes tat er sich schwerer. Seine Feldherrnhalle, ein Nachbau der Loggia di Lanzi in Florenz, beherbergt nur zwei Feldherren, von denen der

eine kein Bayer, der andre kein Feldherr ist; und auch zur martialischen Mittelfigur, einem Krieger mit Frau im Arm, hat der Volksmund einen nur bedingt heldischen Kommentar erfunden:

»D'Fahna könnt's ham, aber 's Mensch net!«

Ludwigs Versuch, den Bayern eine National-Geschichte zu stiften, ist die Reaktion auf den Verlust der alten volkstümlichen, ganz anderen Art der Erinnerung. Die Form, in der die eigene Geschichte erinnert wurde, waren nicht zuletzt Prozessionen. Nicht nur, dass in Lenggries bis ins 19. Jahrhundert an Fronleichnam als Panduren verkleidete Gestalten mitzogen zur Erinnerung an den Überfall von 1742, bei dem der Sage nach die verstorbenen Lenggrieser aus ihren Gräbern aufstanden und ihren Friedhof verteidigten; in Ebersberg waren beim Pfingstumzug, der aus der Darstellung des Sieges des Sommers und Regenbittgebräuchen verschmolzen war, germanische Riesen, die Perchtfrau und der römische Bacchus dabei, aber auch Martin Luther mit den Bratwürsten, die er bei seiner überstürzten Flucht aus Augsburg nach einem katholischen Spottlied vergessen hatte zu bezahlen, ein Wunderdoktor in Tracht des 18. Jahrhunderts und der baierische Hiasl zogen mit. Sie alle waren bereits mythische Figuren, und aus solchen setzte sich das Geschichtsbild des Volkes zusammen.

Ludwig wandelte sich, enttäuscht von der Substanzlosigkeit der deutschen Nationalbewegung und ihrer Verbindung mit dem Liberalismus, immer mehr zum Konservativen. In dieser Epoche wird zum ersten Mal der bayerische Konservativismus Regierungsprogramm. Seine frühesten Wurzeln hat er bei den Exjesuiten, die nach 1773 in Augsburg besonders gefördert wurden, und bei den Rosenkreuzern, wie sie Karl von Eckartshausen (1752-1803) vertritt. Mit dem Regierungantritt wider Willen des fürstlichen Vaterlandsverräters Karl Theodor setzt eine Politisierung der bayerischen Gesellschaft ein, die die rein kirchlichen Fronten überwindet und die Konstellation der späteren Patriotenpartei vorwegnimmt. Ein Georg von Lori (1723-1787), der unter Max III. Josef als Gründer der Akademie Exponent des Antijesuitismus war, wurde nun zum Sprecher einer nationalbayerischen Opposition gegen die Herrschaft der Pfälzer. Und besonders nach der Aufdeckung des Illuminatenordens (1786) sehen sich die nicht direkt auf Umsturz drängenden einstigen Jesuitengegner mit den Exjesuiten wieder in einem Boot, was aber schon wegen der Person Karl Theodors nicht unbedingt mehr das Staatsschiff ist. Aus diesem Geist heraus hat Franz von Baader von München aus das Stichwort zur »Heiligen Allianz« der christlichen Fürsten Europas gegen den Geist des Unglaubens und der Revolution gegeben.

Baader war der eigentliche Philosoph des Bayerntums. Sein Werk erschließt sich freilich nicht leicht, nicht nur weil es wenig systematisch ist und mehr Prozess- als Werkcharakter hat, sondern auch weil es extrem kontextbezogen ist. Baader philosophiert immer dialogisch auf eine Gegebenheit hin, und ohne deren Kenntnis fehlt uns quasi die Umweltbezogenheit seiner Schriften. Er betreibt eine Naturalisierung auch theologischer Gedanken, die aber nie Naturalismus ist. Wichtig ist Baaders Lehre von den drei Zeiten. Die uns geläufige Zeit (er nennt sie Scheinzeit), die eingespannt ist zwischen Zukunft (Sorge) und Vergangenheit (Schuld), ist für ihn die mittlere zwi-schen Ewigkeit (als dauernder Gegenwart zwischen den Polen Aufgabe und Erfüllung) und der höllischen Zeit, die nur eine Dimension, die Vergangenheit, als »nicht mehr« kennt (er nennt sie falsche Zeit). Eine Zeit, in der es keine Durchbrüche zur wahren Zeit durch Kunst, Mythos und Ritus mehr gibt, ist zwar zunächst Triumph der Scheinzeit, aber diese ändert dadurch ihren Charakter völlig, sie ist nicht mehr mittlere, und verfällt damit zur höllischen Zeit hin. (Zu Baader s. Kasten folgende Doppelseite)

Baader, der Philisoph des Bayerntums

Von Baader zu Schelling:

Der Zweifel an der Natur

Statt vom Cartesischen *cogito ergo sum* (ich denke, also bin ich), geht Baader von einem »cogitor« (ich werde gedacht, es denkt in mir), das zugleich einen Wechsel des Vorsatzes bedingt: Ich bin, weil ich gedacht werde. Die Wahrnehmung des medialen Charakters des Denkens (und Gewissens) ist für Baader auch der fundamentale Beweis Gottes. Der Grundirrtum der Moderne sei es, dass sie das Nachdenken der Kreatur dem Urdenken Gottes voranstelle und dadurch gerade in ihrem Streben nach Vor - aussetzungslosigkeit vom Abgeleiteten statt vom Ursprung ausgehe. Abgesehen davon, dass das Auseinanderreißen von Erkennen und Moral ohnehin zerstörerisch ist, wird bei Kant auch noch so getan, als ob der Mensch im Denken, Wissen und Erkennen wohl autark sei und ohne Gott auskommen könne, im Wollen dagegen nicht, wo doch gerade das Wollen der Bereich der gottgewollten Freiheit sei. Menschliches Sein ist eben gerade nicht gewusstes Selbstsein, sondern »Werden zu sich«. Der Mensch ist nicht Gebärer seiner selbst, er kann nur erkennen, indem er die in der Natur verwirklichten Ideen nachdenkt (nicht als deren Gesetzgeber), und sein Selbstbewusstsein ist abhängig vom Gedachtwerden, »so wie der Mensch nicht sprechen könnte, falls nicht unabhängig von ihm bereits gesprochen würde«. Das cartesische System des »epistemologischen Egoismus und ontologischen Solipsismus« produziert letztlich das politische und ökonomische »System des Egoismus«, das der bayrische Philosoph in England erlebte.

Das eigene Erkanntsein muss zunächst nicht *er*kannt sondern *an*erkannt werden. Das Schauen des ihn Schauenden ist das, was Erleuchtung genannt wird. Das normale Erkennen ist dagegen nicht Spiegelung sondern Mitvoll - zug des Blicks. Hierin läge ein Ansatz für die Einsicht in jene Art des Wirk - lichkeitszusammenhangs, die man mit Manfred Porkert »struktiv« nennen kann ... Struktivität ist die Wirkung dessen, was nicht hinzukommt (Zeit), sondern immer schon da ist, beginnend mit dem Raum der Entfaltung, auf den hin etwas wird, mit der Aufspannung von Polaritäten, die Qualitäten ausmachen. Ein Urphänomen des struktiven Wirkens ist der Raum, der sich durch aufmerksames Zuhören öffnet. Anders Lindseth merkt an, dass Natur den selben öffnenden Effekt hat, er nennt das Retreat-Erfahrung.

Was im Ausdruck dargestellt wird ist nur im Ausnahmefall das »Selbst«. Ausdruck ist gewöhnlich nicht Selbstdarstellung, dargestellt wird etwas ande - res, ein Eindruck und gerade darin wird die Lebenswelle fortgepflanzt.

Baader schreibt ganz richtig: »Ein Progreß, der nicht zugleich ein Regreß, ein Regreß der nicht zugleich ein Progreß, ein Werden und Entwerden (...) ist, ist nur eine abstrakte unwahre Vorstellung. Nun ist aber der zeitliche Progreß

ein solcher regreßloser, somit begriffsloser Progreß und ihn auf Gott übertragen, Gott mit einer Geschichte affizieren, ist ihn leugnen«. Baader bezieht
dies, gebunden durch das Festhaltenwollen an der Bibel, nicht auf den Judaismus, sondern nur auf den sogenannten deutschen Idealismus und die He-
gelsche Vorstellung von der Selbstverwirklichung Gottes in der Geschichte,
und insofern biegt er die richtige Erkenntnis, dass die Natur der Formgeber
der Geist- und Geschichtserkenntnis sein muss um zu einer Verteidigung der
Absolutheit, das heißt Geschichts- aber auch Natur-Enthobenheit des außer-
weltlichen Gottes. Baader erkennt, dass der wahre Konservativismus nicht
ein Festhalten der bestehenden Formen sein darf, was auf Unterdrückung
dessen, was wachsen will, hinausläuft, was gerade die Revolution herauführt,
sondern dass es um einen beständigen Prozess geht, das Zeitfreie aus der
Zeitverhaftung zu entbinden. Mag er auch das Zeitfreie allzu sehr mit Welt-
jenseitigkeit verbunden haben, statt es eben gerade in der Natur und in den
Formen des Wachstums selbst zu sehen, so ist doch die Struktur des wirklichen Konservatismus richtig erkannt. Baader liegt noch am ehesten richtig,
wenn er versucht, den medialen Charakter des Denkens, durch den nicht ich,
sondern der Logos sich kundgibt, zum Ausgangspunkt zu machen. Doch lau-
ert hier die Gefahr des Psychologismus, letztlich nur Archetypen des Denkens
nachzujagen (Jung) oder sie zu Wahrheiten zu erklären (Böhme). Besser noch
ist die Übereinstimmung (Analogie) von durchaus einzelnen und damit in ihrem Zusammenhang ungeklärten Gesten der Natur, und Gesten des Denkens.
Zu einem Zusammenhang weist uns dann immer nur der Naturzusammen-
hang, nie der Denkzusammenhang den Weg, etwa die Frage: Wie hängen die
einzelnen Gesten am Fluss zusammen. An einer solchen Methodik wird Baader durch die Vorstellung einer Gefallenheit der Natur gehindert. Damit
macht er den eigenen Ansatz der Naturphilosophie zunichte, denn, wenn die
Natur nicht so ist, wie es ihrem Begriff entspricht, dann, läßt sich aus ihr auch
keine Wahrheit ablesen, abgesehen davon ist eine Natur, die sich grundlegend ändert, eben keine Natur mehr.

Schellings Spätphilosophie, die er in München mit dem Kontakt zu Baa -
der beginnend ausarbeitete und dann nach Berlin zu exportieren versuchte,
wo ihn Friedrich Wilhelm IV. auf den Lehstuhl seines verstorbenen Jugend-
freundes und Erzrivalen Hegel berief, kann verstanden werden als Wendung
von der negativen (zu Gott aufsteigenden, einen Grund hinter den Phänomenen suchenden) zur von Gott ausgehenden in der Reihenfolge und parallel
zur Schöpfung entwickelnden positiven Philosophie. Die sich daraus ergeben -
de philosophiehistorische Perspektive ist interessant. Denn die Linie der positiven Philosophie ist eine sehr merkwürdige. Urbild der nur negativen Phi -
losophie ist Aristoteles, der in einem Stufenbau der Welt, in dem alles von der

Liebe zum Höheren getrieben ist zu Gott als dem unbewegten Beweger, aufsteigt, aber dieser Gott ist ein untätiger *deus otiosus*, kein Schöpfer. Aus dem Aristotelismus ergibt sich ein Dualismus von Philosophie und Glauben. Versuche, die Schöpfung und eben auch so etwas wie Selbstentfaltungstendenzen der Materie zu beschreiben, sieht Schelling in der Theosophie besonders Böhmes und dann in Spinoza, freilich setzte er an die Stelle eines personalen Schöpfers einen logischen Hervorgang. Basis dieser Philosophie ist ein kolossales Vorurteil: dass die Welt, so wie sie ist, nicht gut sei. Die Lehre vom Sündenfall ist eben aus keinerlei Empirie geschöpft. Das Unstimmige in der Natur ist nur ein Anschein, der sich aus unserer Verrücktheit und Entortetheit ergibt. Wer sich einredet, dass nicht in uns, sondern in der Natur der Fehler liegen könnte, der umgeht echte Weisheit. Denn nur die Einsicht, die Natur ist gut, zwingt mich dazu, so lange meine Perspektive zu ändern, bis der Einklang hergestellt ist.

Es ist zum Verständnis des Münchener Impulses wichtig, dass Schelling seine positive Philosophie als auf geschichtliche Faktizität und Empirie angewiesene andere Hälfte zur rein rationalen Deduktion von Wesen als Wirklichkeitswissenschaft in Ergänzung von Wesenswissenschaft anbietet; das, was sich als logisch notwendig deduzieren lässt, sei nur die Welt, wie sie vor dem Sündenfall gemeint gewesen sei. Wie die Welt wirklich sei, lasse sich nur empirisch feststellen. Verwechsle man ursprüngliche und reale Welt, könne man glauben, dass sich das Böse durch kleine, dem Menschen mögliche Korrekturen ausmerzen lasse. Bei Occam werden die Vollzüge der Natur als Sätze gedacht. Nicht in mathematischen Formeln sondern in den Sätzen des Wortes Gottes ist das Buch der Natur geschrieben. Insofern steht Occam am Anfang einer Tradition, die über Paracelsus, Böhme, Baader und den späten Schelling führt und als »metaphysischer Empirismus« bezeichnet werden könnte.

Als Kronprinz war Ludwig Hoffnungsträger der geistigen Opposition gewesen; Opposition sowohl gegen die antinationale, napoleonfreundliche als auch gegen die antiklerikale, aufklärerische Politik seines Vaters und vor allem dessen allmächtigen Ministers Montgelas. Montgelas' Leistung war es, einen modernen Verwaltungs-Einheitsstaat analog zu den Stein-Hardenberg'schen Reformen in Preußen geschaffen zu haben. Beide Unternehmungen sind Anpassungen an den französischen Geist der Aufklärung mit dem Ziel, dem nachrevolutionären

Frankreich militärisch wieder ebenbürtig zu sein. Darauf beruht die Dialektik der sogenannten Befreiungskriege. Sie erringen den Sieg über die Franzosen um den Preis, selber halbe Franzosen zu werden.

Zunächst war für Ludwig die Moderne synonym mit französisch, die Romantik synonym mit deutsch. In der Regierung zeigte sich die nationale Komponente sehr schnell als Problem, denn sie hätte verlangt, von der Souveränität der Einzelfürsten abzugehen. Dabei handelt es sich keineswegs nur, wie eine Geschichtsschreibung der Sieger nahe legt, um kleinkarierten Partikularismus. Es wäre Aufgabe der Fürsten gewesen, eine Alternative zur Nation als Ersatzreligion zu verfechten. Die klerikale Identitätsstiftung wurde deshalb für Ludwig umso wichtiger, zumal auch der Kulturimpuls der Romantik kein durchwegs deutsch-nationaler war. Auch die führenden Denker der Spätromantik flüchteten sich in den Katholizismus und oft auch nach München, wie Schelling und Brentano. Ludwig konnte dabei in gewisser Weise den Kurfürsten Maximilian als seinen Vorläufer ansehen, wie dies der katholische Publizist Görres, der mit seinem Kreis zu den einflussreichsten Persönlichkeiten der damaligen Münchner Kultur gehörte und dessen Werk über die christliche Mystik eine Menge erfahrungsreligiöses Material zu Tage brachte, schon bei seiner Thronbesteigung angeregt hatte. Zwar nicht in der Art des Beichtzettel einsammelnden Katholizismus', aber doch in dem Impuls, das, was man für das Alte hielt, zu bewahren, und in dem Willen, den Staat einem Menschheitsprogramm zu unterstellen. Dass für Ludwig persönlich die Nichtübereinstimmung mit der kirchlichen Morallehre in Gestalt seiner Affäre mit der Tänzerin Lola Montez zum Anlass des Sturzes wird, ist symptomatisch für seine Gespaltenheit.

Klerikale Identitäts - stiftung

Lola Montez stürzte das katholische Kabinett Abel, das die Zahl der bayerischen Klöster auf 132 gebracht und den Gustav-Adolf-Verein verboten sowie auch protestantische Soldaten verpflichtet hatte, niederzuknien, wenn eine Monstranz vorbeigetragen wurde. »Lola besiegte Loyola« spotteten die Protestanten, doch der Katholizismus war noch stark genug, um letztlich die Oberhand zu behalten.

»Lola besiegt Loyola ...«

In der Affäre kulminiert der Konflikt, der Ludwigs Lebenskonflikt ist: Einerseits gebärdet er sich als Verse schmiedendes Originalgenie, andererseits möchte er als König geachtet sein, wobei aber die Funktion als König geradezu einen gewissen Verzicht auf Individualität im Sinn der schillerschen Maxime »Nach seinem Sinne leben ist gemein, der Edle strebt nach Ordnung und Gesetz« verlangt.

Dahinter steht die Durchsetzung bürgerlicher Ideale. Der Individualitätsverzicht des Monarchen ist nur mög‑ lich im Dienste einer inhaltlich bestimmten höheren Sache, im Allgemeinen der Religion. Der Bürger dagegen setzt die Kunst an die Stelle der Religion, weil ihm der Künstler der Inbegriff des souveränen und schöpferischen Menschen ist. Mit Ludwig wandelt sich der Souverän zum Künstler, mit seinem Sohn zum Professor und mit Ludwig II. zum Bohème.

München als Kulturhauptstadt Ludwig begründete Münchens Ruf als Kulturhauptstadt. Der wichtigste Kopf seiner Kunstpolitik, was die museale Seite angeht, war Johann Georg Dillis (1759-1841), der über seinen vielen Verpflichtungen kaum noch selbst zum Malen kam. Dillis zählt trotzdem mit Wagenbauer, Kobell und Quaglio zu den Begründern der Münchner Landschaftsmalerei; Dillis ist der Maler des Alpenvorlands und nicht zuletzt des stadtnahen Isartals und des Englischen Gartens. Was Dillis von seinen klassizisti‑ schen Kollegen unterscheidet, ist, dass er die Atmosphäre in den Mittelpunkt stellt, während bei jenen Wetter und Beleuchtung doch immer akzidentiell wirken und stattdessen Staffage und Symbolik im Mittelpunkt stehen. Dillis' Bilder wurden von den Zeitgenossen eher als Studien angesehen, weil sie nicht die klassischen Kompositions‑ schemata wie Rahmung durch Bäume, Staffagefiguren etc. aufweisen. Sie sind Impressionen und weisen tatsäch‑ lich auf den Impressionismus voraus, nur dass Dillis da‑ raus nicht gleich wieder einen Ismus gemacht hätte. Dil‑ lis Bilder vom Starnberger See, vom Lechtal, von Diet‑ ramszell geben das wieder, was wir auch heute noch als die Essenz dieser Landschaft empfinden, während seine Zeitgenossen wie Wagenbauer die selben Landschaften doch meist zu Kulissen für Genreszenen machten.

Interessanterweise ergab sich die Möglichkeit zu einer dem Alpenvorland gemäßen Auffassung der Landschaft eher aus der noch ganz dem Barock verpflichteten Ausbildung von Dillis. Dazu kommen musste freilich seine persönliche Liebe zur Natur. Dillis entstammte einer Försters - familie. Durch ihn wurde das Isartal ein klassischer Ort, so sehr dass man die Legende erfand, der große Meister barocker Landschaftsmalerei, Claude Lorrain, hätte hier eine Zeit lang gelebt. Ludwig I. ließ Claude ein Denkmal neben dem Harlachinger Kirchlein setzen. Auch wenn sich herausstellte, dass der Besitzer des Harlachinger Schlößchens, Mair, nicht mit dem Auftraggeber von Claude Lorrain identisch war, so bezeichnet das Denkmal doch einen wichtigen Zusammenhang: Es war das Licht Claude Lorrains, in dem man um 1800 die bayerische Landschaft zu sehen und schätzen lernte.

Georg Dillis' Blick auf den Starnberger See (o.) und Carl Rottmanns Kochelsee (u.)

Die heroischen Themen der Alpen überließ Dillis seinem Kollegen Rottmann, der 1825 mit seinen Bildern vom Eibsee und Hohen Göll Maßstäbe setzte. Diese Landschaften erschlossen sich eher der romantischen Weiterentwicklung und Übersteigerung der klassizistischen Kunst. Auch bei Rottmann dominiert das Atmosphärische, aber es verdrängt geradezu die Formen und Konturen. Die Beleuchtung einer Landschaft spiegelt vor allem im Griechenlandzyklus ihre geschichtliche Bedeutung. Die konkrete Gegenständlichkeit einer Ruine ist demgegenüber zweitrangig. Historische Landschaft ist für ihn nicht die Landschaft einstiger Größe, sondern gerade die Landschaft vergänglicher Größe.

Max II. und die Mächte der Beharrung

Ludwigs Sohn Max, zu dessen Bildung er niemand gerin - geren als Hegels großen Gegenspieler Schelling bestimmt

hatte, führte als König Max II. die Tendenz des Kulturkönigtums mit Schwerpunktsetzung auf Literatur und
Wissenschaft fort. Eberhard Straub nennt ihn einen »pro-
movierten Abteilungsleiter mit Krone«, während er Max I.
gar die Mentalität eines »Schalterbeamten« attestiert.
Zweifellos versammelte er neben bedeutenden Größen,
Droysen z. B., insbesondere im dichterischen Bereich allerlei Epigonen wie Geibel und Heise, die ihrerseits die
Berufung von Größeren wie Friedrich Hebbel hintertrie-
ben und ihn mit dem Maximiliansorden abfanden. Er en -
gagierte sich auch im Bereich der sozialen Frage. Bereits
1851 holte er Wilhelm Heinrich Riehl (1823-1897) nach
München, den großen Kopf einer konservativen Sozialpo-
litik und »Vater der Volkskunde«. Mit der »Naturgeschich -
te des deutschen Volkes« lieferte Riehl die erste groß angelegte Anthropogeographie. In seinen Äußerungen zur
Zeitgeschichte stellte er »Mächte der Bewegung« und
»Mächte der Beharrung« einander gegenüber.

Bayern, der
»Agrikultur-
staat«
Franz Seraphim Leinfelder, Geheimer Sekretär im Mi -
nisterium des königlichen Hauses, schrieb, die Termino-
logie Riehls benutzend: »In Bayern sind die Kräfte des sozialen Beharrens vorherrschend, denn Bayern ist weder
ein industrieller noch ein Handelsstaat, sondern die weit-
aus überwiegende landwirtschaftliche Bevölkerung, zu
welcher naturgemäß die Kleinbürger auf dem Lande zählen, verleiht ihm den Charakter eines Agrikulturstaates
mit allen demselben anklebenden Eigenschaften. Aus die -
ser agrikolen Lebensweise, Naturanlage und religiösen
Gefühlen erklärt sich die Neigung zu Althergebrachtem
und Überliefertem, welche den Grundzug im Charakter
der Bayern bildet. Im Politischen äußert sich dies durch
einen tief eingewurzelten Glauben an das Königtum und
Ehrfurcht vor demselben, aber auch einen Mangel an Nei -
gung und Geschick zum Selfgovernment und durch einen
hohen Grad von Indifferenz in politischen Streitfragen in
den Gewerbeverhältnissen durch zähes Mißtrauen gegen
neue Methoden und Erfindungen, insbesondere gegen
Gewerbe- und Handelsfreiheit.«

Was die Bayern mit Freiheit meinen, ist eben nicht ei -
ne des Selbstverkaufs, wie sie der Liberalismus versteht.

Riehl formuliert etwas, was zutiefst im bayerischen Charakter verwurzelt ist, wenn er meint: »Was helfen den Engländern ihre freien Gesetze, da sie nur gefesselte Parke, da sie kaum noch einen freien Wald haben? Der Zwang der Sitte ist in England und Nordamerika einem deutschen Manne unerträglich. Da die Engländer nicht einmal mehr den freien Wald zu schätzen wissen, so ist es kein Wunder, dass sie fordern, man solle zu dem Eintrittsgeld, welches man für Theater und Konzertbesuch bezahlt, auch noch einen schwarzen Frack und eine weiße Halsbinde mitbringen. Deutschland hat eine größere Zu - kunft der sozialen Freiheit als England, denn es hat sich den freien Wald gerettet. Den Wald ausrotten könnte man vielleicht in Deutschland, aber ihn sperren, das würde eine Revolution hervorrufen.« In Riehls Betrachtung liegt die Wurzel dafür, dass 1948 der freie Zugang zu den Naturschönheiten in Bayern Verfassungsrang bekam.

Der freie Wald als Indikator der sozialen Freiheit

Leinfelders Gutachten für Max II. fährt fort: »Die Mächte der sozialen Bewegung dagegen sind in Bayern verhältnismäßig wenig zahlreich, da sie nur aus dem Bürgerstande im weiteren Sinn (Gelehrte, Künstler, Beamte, Advokaten, Ärzte und dergleichen inbegriffen) bestehen; aber sie beginnen in politischen Dingen eine aktive Rolle auch in Bayern zu spielen, wenngleich dieselbe hinter ihrer Bedeutung in Mitteldeutschland weit zurückbleibt.«

Leinfelder und die Alternative zum wirtschaftsliberalen Natio - nalstaat

Liest man Leinfelder, dann merkt man, was der Großteil auch der akademischen Geschichtsschreibung doch für ein bürgerlich-liberalistisches Tendenzunternehmen ist, das so tut, als sei der Weg zum wirtschaftsliberalen Nationalstaat alternativlos gewesen.

Die Lassall'sche Vorstellung, das Königtum müsse das Bündnis mit der Arbeiterschaft gegen die Liberalen su - chen, ist bei keinem König seiner Zeit besser denkbar als bei Max II., und auch nirgendwo so wie in Bayern. Und trotzdem stellte sich auch hier die Monarchie letztlich auf die Seite der Besitzenden, die zumindest scheinbar die Träger der Kultur waren. Sie waren aber mehr noch be - reits Träger der bürgerlichen Unkultur, die alles vermark - tet und nur nach Marktwert einschätzt. Max II. wurde vor allem durch seinen Beamtenapparat, aber auch den

Landtag, in dem wirtschaftsliberales Denken Mode wurde, gebremst. Das führte letztlich dazu, dass man weder eine Unterdrückung der Arbeiterbewegung konsequent durchführte, noch ihre Forderungen aufgegriffen wurden. Exponent dieser Halbheit ist der in seinen späten Jahren als einer der Begründer des bayerischen Naturschutzes hervorgetretene Nationalökonom und Dichter Max Haushofer (1840-1907). Er formulierte das Dilemma der Liberalen, Freiheit zu wollen und doch einen starken Staat, gesteigerte wirtschaftliche Betätigung und doch Bewahrung der Kultur. Der Staat, der nach Haushofer um des Volkes willen da sein sollte, hat dieses Volk in dem Augenblick als bloße Masse verwurstet - buchstäblich im Fleischwolf der Materialschlachten und seelisch in der Ausbreitung der Händlergesinnung - als er selbst nicht mehr von einem Höheren gelenkt war, wofür der König hätte stehen sollen. Zusammen mit seinem Bruder Karl, dem Geologen, ist er maßgebend für die Gründung des Alpenvereins, dessen Tätigkeit zwar vom Sport scharf sich abgrenzend doch letztlich zu Erschließung und Massentourismus geführt hat, ja zur schließlichen Nichterfahrbarkeit dessen, was Haushofer in der Bergeinsamkeit gesucht und beschrieben hat.

In den Generationen der Haushofers - Max, der eine Monographie über »Bayerns Hochland und München« und eine über »Die Landschaft« schrieb, ist der Sohn des gleichnamigen Chiemseemalers und der Vater des Geopolitikers Karl Haushofer - spiegelt sich der Prozess der Verbürgerlichung (der Landschaftsmaler war noch zu arm für eine Reise nach Schottland gewesen) und Nationalisierung des gehobenen Bildungsbürgertums. Der Großvater ist Romantiker, der Vater gespalten und der Sohn weitgehend vom Reduktionismus erfasst. Aber auch der Konservativismus versagte. Symptomatisch dafür ist W. H. Riehl, der zwar erkannte, dass die Träger des Aufbegehrens nicht so sehr die Handarbeiter, sondern die Geistesarbeiter seien, aber daraus nicht die Konsequenz zog, ihre Lage zu verbessern, sondern: »dass das Übermaß der geistigen Arbeit überhaupt gemindert und die Ehre der materiellen Arbeit mehr und mehr gesteigert wird«; denn

Geistesarbeit
- eine Frage
des Marktes?

»Deutschland erzeugt mehr geistiges Produkt als es brauchen und bezahlen kann«. Das ist nun durchaus ein geist-
feindliches Programm, die Formulierung müsste für jeden echten Geistorientierten eine Ungeheuerlichkeit sein,
wird hier Geist an Nachfrage, also an Markt gemessen.

Die Monarchie wiederholte den Fehler der Kirche im
Kampf gegen die Aufklärung - sie orientierte sich nicht an
den Bedürfnissen des Volkes. Die Folge war, dass die Arbeiterschaft eine Gegenkultur entwickelte, die immer
mehr allein die praktische Transzendenz, die Sinngebung
des Einzelnen durch den Dienst am Menschheitsfort-
schritt, betonte. Diese Gegenkultur wurde mit der Demokratisierung im 20. Jahrhundert zur herrschenden Kultur
und, nachdem auch die Hoffnung auf eine sozialistische
Erlösung zusammengebrochen war, zum Grundstock einer Unkultur, die nur fragt: Was ist hier zu holen? Nicht:
Was bin ich hier schuldig?

Allgemein war die Vorstellung, dass man die Effizienz-
steigerung durch Maschinen für die einen in Freizeit, statt
in Verschlechterung der Arbeitsbedingungen, und in Ar-
beitslosigkeit für die anderen umsetzen könne. Verbunden
damit ist der Traum von einer Hebung des allgemeinen
Kulturniveaus durch Reduzierung der Arbeit. Dieser Logik folgt - wie auch immer reformistisch verwässert - auch
noch die gewerkschaftliche Konzentration auf die 35-
Stunden-Woche.

Es ist zumindest theoretisch richtig, dass der Rationa-
lisierung durch Maschinen durch eine Stärkung der in
den Zünften ja vorhandenen Strukturen zur Aushandlung
kultureller Standards der Arbeit hätte begegnet werden
müssen. Stattdessen wurden diese Instrumente abgeschafft, weil das kurzfristige Interesse der Fürsten eben
nicht Hebung des Kulturstandards, sondern Hebung der
Steuerleistung war. Das führte zum Bündnis mit den Pri-
vatkapitalisten, die wiederum »vatermörderisch« die Thro-
ne stürzten. Der Kapitalist kennt schwerlich Dankbarkeit,
ebenso wie Verantwortung, weil er selbst Rädchen in der
Maschinerie weltweiter Konkurrenz und Vollstrecker der
globalen Megamaschine ist. Die Wahldemokraten des
Neoliberalismus werden das selbe Schicksal erleiden:

Was ist hier
zu holen ...?

Auch diese Form von Regierung wird ersetzt, wenn sie nicht mehr funktional ist. Grundsätzliche Kritik an der Logik des Fortschritts beinhaltet aber die Feststellung, dass, auch wenn sie organisierbar ist, die Reduzierung von Arbeitszeit nicht zu einer Erhöhung des Kulturniveaus führt, und dies nicht, weil auch 35 Stunden bereits die Menschen zerstören, sondern weil der ganz überwiegende Teil der Menschheit zu schöpferischen Kulturleistungen schwer fähig ist. Mag sein, dass die zweihundertjährige Einübung und Anpassung an entfremdete Arbeit noch zusätzlich Substanz zerstört hat, vor allem aber ist die Kraft des Maßhaltens zerstört. Die Wünsche der Mehrheiten richten sich auf mehr Konsum (innerhalb der kapitalistischen Logik), nicht auf ein bescheideneres Leben mit mehr Freizeit - mit der man ohne Konsummöglichkeiten gar nichts mehr anfangen kann.

So war die Modernisierung unausweichlich. Ludwig I. hatte 1835 die erste Eisenbahn in Deutschland zwischen Nürnberg und Fürth bauen lassen. Das dafür ausgearbeitete Gesetz zur Ermöglichung von Land-Enteignung wurde von katholisch-konservativen Kreisen als umwälzend gesehen, weil es an die Stelle von unverbrüchlichem Grund- und Bodenbesitz als Basis jeder politischen Partizipation den Mammon setzte. Die Konservativen dieser Zeit fühlten sich dadurch nicht so sehr wirtschaftlich geschädigt als in ihrem Status beschädigt, sie identifizierten sich mit ihrem Grund und Boden, betrachteten ihn nicht als Handelsgut. Bereits eine Generation später hatte sich der Mentalitätswandel durchgesetzt: Die Grundbesitzer waren selbst zu Spekulanten geworden. Damit entzog sich das Königtum, indem es mit dem Fortschritt ging, schrittweise selbst den mentalen Boden.

Königstreue trotz Verrats Nirgends waren, trotz des Verrats des Königstums an der konservativen Gesinnung des Volkes, Königstreue und Zusammengehörigkeitsgefühl so stark verbunden wie in Bayern. So musste Bismarck 1865 feststellen: »Bayern ist vielleicht das einzige deutsche Land, dem es durch materielle Bedeutung, durch die bestimmt ausgeprägte Stammeseigentümlichkeit und durch die Begabung seiner Herrscher gelungen ist, ein wirkliches und in sich selbst befriedigtes Nationalgefühl auszubilden.«

Maximilian II. versuchte dies auch durch Förderung von Volkstracht und Volksmusik bewusst zu steuern. Statt der »geschmacklosen Arien von Verdi, Donizetti und an - deren« sollten die Militärkapellen, wie der König persön- lich anregte, Bearbeitungen von volkstümlichen Melodien spielen. Außerdem ließ Max II. Bücher mit Liedern, Sprü- chen und Schnaderhüpfeln auf seine Kosten drucken und unters Volk bringen. Manches davon ist tatsächlich volks- tümlich geworden. Der König war insofern der erste, der gerade weil er nicht mehr wie die Aufklärer der Vor- stellung von Machbarkeit der Volkskultur anhing, syste- matische Beeinflussung nicht durch Anordnungen son- dern durch Anregung und Streuen von Material ver- suchte. Gegen die Kritik modernistischer Volkskundler, die damit begründen, dass die sogenannte Volkskultur ei- ne Propagandaveranstaltung von oben sei, muss einge- wandt werden, dass Volkskultur nie anders zustande- kommt. Der König ersetzte nur den Einfluss, den die Kir- che mit ihren Predigtbüchern auf die Entwicklung von Volkssagen etc. genommen hat. Was tatsächlich Wurzeln schlug, war das, was zur Situation der Menschen passte. Der Unterschied zur heutigen, medial vermittelten Schla - ger- und Star-»Kultur« besteht vor allem darin, dass die Menschen mit soviel Material überschüttet werden, dass eine Aneignung gar nicht mehr passiert. Keine Bevölke - rung war je so fremdbestimmt und ferngesteuert von Mo - den und Kapitalinteressen wie die heutige.

Volkskultur
kommt von
oben

Während es Ludwig I. Hoffnung war, aus dem Muse- um eine neue kulturelle Blüte zu erwecken, wird der Re- formimpuls schließlich selbst museal. Es ist geradezu ein Symbol, dass der konservative Riehl zum Direktor des bayerischen Nationalmuseums wird. Die Architektur die - ses Museums gestaltete Gabriel von Seidl, der größte der historistischen Architekten Bayerns. Jeder Raum sollte die jeweiligen Kunstwerke in einem ihrem Stil entspre - chenden Kontext präsentieren. Seidl hat nicht nur neu - romanisch, neugotisch usw. gebaut, sondern auch den Barockstil wieder zu Ehren gebracht, so im Erweite - rungsbau der Thalkirchner Flößer-Wallfahrtskirche.

Seidl verdanken wir auch den ersten groß angelegten Ensembleschutz in der Geschichte des Denkmalschutzes: die Gesamtrestaurierung der Tölzer Marktstraße. Freilich war dies in Verbindung mit den Anfängen einer Kanalisation für eine Stadt wie Tölz damals noch eine übergroße Aufgabe, die dem Bürgermeister eine Rüge von der Regierung wegen Überschuldung einbrachte.

Ebenso wie bezüglich der Denkmäler der Kultur, und zwar nicht nur des Altertums und des Mittelalters, sondern auch des Barocks und der Volkskultur, entwickelte sich nun entgegen der immer mehr um sich greifenden Technik ein Bewusstsein für die Bewahrung der Natur. Und bezeichnenderweise sind es dieselben Menschen, die hier Pionierfunktionen übernehmen. Gabriel von Seidl ist Gründer und Vorsitzender des Isartalvereins, oder wie er mit seinem vollen - gleichsam neubarocken - Namen hieß: »Verein zur Erhaltung der landschaftlichen Schönheiten Münchens, besonders des Isartals«. Anlass waren die ersten Kraftwerksprojekte an der Isar. Der Name, der um 1900 einsetzenden Bewegung, die Naturschutz und Denkmalschutz verband, war »Heimatschutz«. In Bayern institutionalisierte sie sich im »Landesausschuss für Naturpflege«, einem aus Vereinsvertretern zusammengesetzten Gremium, das beratend dem Innenministerium zugeordnet wurde. Auch der wichtigste Initiator des Heimatschutzes in Preußen, der Musiker Ernst Rudorff, betrachtete Wilhelm Heinrich Riehl als seinen wichtigsten Vordenker.

Das Bewusstsein für Naturschutz gedeiht an der Isar

Ludwig II. und das Ende der Souveränität

Der Wittelsbacher, der zur Kultfigur geworden ist, ist Ludwig II. Tatsächlich zeigt sich in ihm ins Phantastische gesteigert, was ein Volk, das eigentlich weiterträumen will, von einem Monarchen erwartet. Ihm verzeiht man sogar die preußische Mutter und dass er die bayerische Eigenstaatlichkeit an seinen Großvater Wilhelm I. verkauft hat. Tatsächlich waren die einhundertausend Reichsmark, die nach 1871 jährlich aus dem Welfenfond bezahlt wurden, nur ein Geschenk, das die Aufgabe der nominellen Souveränität versüßen sollte. Bismarcks Unterstützung für die Bauten Ludwig II. beruhte nicht zuletzt darauf, dass er von Ludwigs Bruder eine Bevorzugung der Patriotenpartei (ab 1887: Zentrum) und ein stärkeres antipreußisches Engagement befürchtete. Andere realpolitische Optionen gab es zu diesem Zeitpunkt kaum.

Es hätte ein entschiedener Preußenhasser und Prophet des ersten Weltkriegs sein müssen, der trotz der Weichenstellungen von 1866 nun Bayern hätte abseits stehen lassen. Zwar gab es solche Stimmen. Noch 1871 fragte der Abgeordnete Dr. Kraetzer im Landtag: »Sollen wir in den Einheitsstaat eingehen, der Frankreich nicht glücklich gemacht hat? Wozu führt die Gründung eines solchen Staates? Zu Kriegen, zur Bekämpfung anderer Staaten! Die Sucht, die Herrschaft über Europa zu bekommen, liegt zugrunde. Und diese Anspannung aller Kräfte wird über kurz oder lang zum Kriege führen!« Und Doktor Sigl erklärte im »Bayerischen Vaterland«, die Kaiserkrone sei nur die vergrößerte preußische Pickelhaube und das Ergebnis seien »mehr Kriege, mehr Krüppel, mehr Totenlisten und mehr Steuerzettel.« Erst 1918 erschien das prophetisch.

Ludwig II. sah, dass ein Festhalten an der Souveränität eine politische Unmöglichkeit war, wenn Volk und Militär sich dagegen stemmen und die Krone allen Rückhalt im Lande verlieren würde. Die Lage durchaus richtig einschätzend, schrieb er an seine frühere Erzieherin Sybille Meilhaus: »Viel fürchte ich von dem Einfluss der nun bald zurückkommenden Truppen, die jene verdammten, preußenfreundlichen, deutschschwindlerischen Ideen im ohnehin angesteckten Volk noch mehr verbreiten werden.«

Dennoch kann man sagen, dass Ludwig II. eher als der Landtag die Chance gehabt hätte, das großpreußische Reich zu verhindern, denn sein Kaiserbrief war für Bismarck nötig, um den Widerstand seines Monarchen, Wil-

»Sollen wir in den Einheitsstaat gehen?

helms I., der bei aller Beschränktheit doch Instinkt hatte, gegen den Kaisertitel zu brechen. Freilich argumentierte Bismarck auch, die anderen deutschen Könige würden sich der Vorherrschaft eines im Titel Gleichstehenden nicht beugen. Wilhelm I. war ja kein Gegner der preußischen Vorherrschaft, sondern nur des Kaisertitels, der ihn zu sehr an das alte Reich der Habsburger erinnerte. Hinter Wilhelms Haltung stand am Ende mehr - freilich unreflektives - Gespür als hinter Bismarcks Staatskunst: Gespür dafür, dass Monarchie und Nationalismus insofern unvereinbar sind, als letzterer die Ideologie dessen ist, was Walter Rathenau die »vertikale Völkerwanderung« und Ortega y Gasset den »Aufstand der Massen« genannt hat.

Eigentlich war Bayern ja nur 60 Jahre wirklich souverän gewesen. Die Entwicklung führte freilich nicht zwangsläufig zum Kleindeutschen Reich. Vielmehr schien die mit den Befreiungskriegen gestellte Frage, wie ein monarchisch-legitimistisches Prinzip und die Nationalbewegung, die ihm allein die Kraft gegen Napoleon verliehen hatte, in Mitteleuropa zu vereinbaren sein würden, geradezu unlösbar. Die Habsburger Monarchie hing am übernationalen Prinzip, und Deutschland ohne Österreich war kein Ganzes. Aber das Ende des Krieges von 1866, wobei Preußen nur für ein geheimes Schutz- und Trutzbündnis auf größere Gebietsabtretungen Bayerns verzichtete, ließ nur noch die kleindeutsche Lösung offen. Bismarcks Kalkül war aufgegangen.

Man kann natürlich darüber spekulieren, ob die bayerische Regierung nicht einfach zu vertrauensselig gewesen ist und den Verträgen des deutschen Bundes von 1815 die Nibelungentreue hielt, während Habsburg auf Kosten seiner Bundesgenossen Separatverhandlungen führte. Man kann sich fragen, ob Bayern nicht in Erkenntnis der

Kräfteverhältnisse und Zukunftschancen, Bismarcks An- Den Bayern
gebot ergreifen hätte sollen, in Süddeutschland eine ähn- fehlt das
liche Rolle zu übernehmen wie Preußen im Norden, mit Talent zur
einer Option auf Einverleibung der deutschen Teile der Weltmacht
Habsburger Monarchie, die Bismarck dem französischen
Botschafter Benedetti gegenüber angedeutet hatte. Bernhard Ücker meint, den Bayern fehlte eben das Talent zur
Weltmacht. Man könnte auch sagen, es fehlte ihnen in
dieser Stunde ein Montgelas. So unbayerisch Montgelas
in seinem ganzen Wesen war: Er war Realpolitiker, der
sich nicht darin beirren ließ, das jeweils Mögliche an
Machtzuwachs zu nehmen und dann weiterzusehen. Natürlich wäre die süddeutsche Vormachtstellung 1866 eine
von Preußens Gnaden gewesen, aber die Geschichte wäre
dann anders weitergegangen, eventuell hätte sich auch
wieder einmal die Chance zu einer bayerisch-französi-
schen Allianz ergeben.

Das sind freilich »Was-wäre-wenn«-Überlegungen.
Der kleindeutsche Nationalstaat war zumindest deshalb
unausweichlich, weil Bayern zu diesem Zeitpunkt keinen
charismatischen Kopf hatte, der skrupellos genug gewesen wäre, alte Loyalitäten fallen zu lassen. Das ist vielleicht auch unvereinbar mit baierischem Wesen.

Auf Wagners Rat hin berief Ludwig den Preußen-
freund Hohenlohe-Schillingsfürst als neuen Premier. Die
Reaktion war der Wahlsieg der Patriotenpartei. Seit die -
sem Tag, verstärkt noch durch den Kulturkampf nach
1871, ist die bayerische Politik gekennzeichnet von zwei
einander entgegenstehenden Koalitionen: liberaler
Machterhaltungswille, Antiparlamentarismus und Preu -
ßenfreundlichkeit auf der einen, kirchliche Machterhal -
tung, Betonung der bayerischen Eigenstaatlichkeit und
demokratische Forderungen auf der anderen Seite.

Der jeweilige Monarch muss diese Pole zum Ausgleich
bringen, dabei ist er, einerseits um einer Stärkung des
Parlaments vorzubeugen, auf die liberale Seite verwiesen,
andererseits, um die bayerische Position im Reich zu
wahren, auf den politischen Katholizismus angewiesen.

Märchenkönig und
immerwährendes Bayern

Bereits nach 1866 hat sich Ludwig II. in seine Märchenwelt zurückgezogen. Schließlich war er selbst für seine Minister kaum noch zu sprechen, und der Kabinettssekretär wurde zum einzigen Mittelsmann der Außenwelt. Ende 1883 quittierte Friedrich von Ziegler den Dienst, der letzte dieser Kabinettssekretäre, der selber noch eine gebildete Persönlichkeit darstellte. Bismarck freilich betonte, dass Ludwig auch in seinen späten Jahren immer noch ein gut informierter Beobachter der Politik gewesen sei und Akten fleißig gelesen und kommentiert habe, nur eben einen Widerwillen gegen persönlichen Verkehr mit seinen Ministern gehabt habe.

Ludwig II. war kein Politiker - sein Verhängnis

Ludwig war kein geschickter, ja überhaupt kein Politiker, und das wurde ihm schließlich zum Verhängnis. Der Grund seiner Absetzung war hauptsächlich der Machttrieb seines Ministers Lutz und seiner liberalen, preußenfreundlichen Partei, mit der Ludwig im Kulturkampf schon allein deshalb einig war, weil das Unfehlbarkeitsdogma sein Selbstgefühl verletzte. Lutz regierte ohne parlamentarische Mehrheit auf das Vertrauen des Königs gestützt, wie es die Verfassung vorsah. Ludwigs Schulden betrugen 15 Millionen Mark, über das Dreifache seiner Jahreseinkünfte, aber was ist das heute? Die katholisch-antipreußische Mehrheit wollte dem König mehr Geld aber nur gegen das Zugeständnis eines katholisch gesinnten Kabinetts bewilligen. Lutz ließ sich vom eventuellen Nachfolger Luitpold, dem Onkel des Königs (Ludwig nannte ihn zuletzt den »Prinzrebellen«), die Zusicherung geben, im Amt bleiben zu können und betrieb die Entmündigung des Königs durch ein Gutachten, dessen Federführung bei einem mit Lutz befreundeten Psychiater lag, jenem Dr. Gudden, den der auf Schloß Berg internierte König dann mit in den Tod gezogen hat, wenn nicht auch Gudden selbst aus dem Weg geschafft werden sollte.

Das Ende des Königs - die Vollendung der romantischen Tragödie

Weder Gudden noch seine Mitgutachter, darunter sein Schwiegersohn, hatten den König persönlich untersucht

oder auch nur gesehen. Das Ende des Königs im Starnberger See passte zu seinem Leben als romantische Tragödie und vollendete es. An einer Aufklärung der Vorgänge hatten die Wittelsbacher wenig Interesse: im einen Fall
war der König ein Selbstmörder oder gar ein Mörder, im
anderen war er selbst Opfer eines Mordkomplotts als dessen Mitverantwortlicher sein Nachfolger gelten würde.
Da war es besser, den Schleier des Mythos zu belassen, so
dass jeder die Version wählen konnte, die ihm besser gefiel. Es schien doch, dass dieser König scheitern musste in
dieser modernen Zeit, und dennoch blieb er der König
schlechthin, eben weil er das, was in dieser Welt keinen
Platz mehr hatte, hochgehalten hatte, ihm treu geblieben
war bis zum Tod. Das Königtum war selbst romantische
Institution geworden.

Der unvollendete Thronsaal in Neuschwanstein, dem
eben der Mittelpunkt, der Thron fehlt, vermittelt den Eindruck hilflosen Pomps, der keine Richtung mehr hat. Tatsächlich hatte Ludwigs Untergang weniger Tragisches als
Groteskes an sich. Als die Fangkommission zum erstenmal in Neuschwanstein erschien, telegraphierte der König
zwar noch an Bismarck, der ihm riet, sich in München in
der Öffentlichkeit zu zeigen; dazu brachte Ludwig aber
genausowenig mehr die Kraft auf wie zur Flucht nach Tirol.

Ludwig wird zur Symbolfigur der Ausweglosigkeit der äußerlichen Selbstaufgabe Bayerns. Eberhard Straub beschreibt es so: »Wenn er schon nicht mehr König sein konnte, dann wollte er wenigstens sein königliches Ich zum Gesamtkunstwerk erheben im heroischen Protest gegen die Herrschaft der minderen Werte, die bourgeoise Mittelmäßigkeit.« Aber auch das war bereits - wie das gesamte Kulturkönigtum - eine Option innerhalb einer bürgerlich gewordenen Welt. Bürger aber sind »Menschen, die weder dienen noch herrschen können« (Straub).

Der König war schon zu Lebzeiten ein Märchenkönig gewesen, im positiven Sinn durch seine phantastischen Schlösser und Launen, im negativen Sinn durch seine Ungreifbarkeit, die Gerüchte von nächtlichen Ausfahrten, durch sein Image als träumerischer, scheuer, zauberhaft schöner König, zu gut für diese Welt. Es ist nicht zufällig, dass Ludwig sowohl an das Mittelalter als auch mit Herrenchiemsee an die Rokokozeit anknüpfte, an jene Glanz - zeit, die dem baierischen Wesen so gut entspricht. Der Rückgriff auf die Architektur Ludwigs XIV. war aber zu - gleich eine gezielt antipreußische Provokation.

Nicht die Spinnerei eines einzelnen

Und auch wenn die Grotte in Linderhof, die durch Lichtschalter von rot auf blau, von Tannhäusers Venusberg auf die blaue Grotte in Capri mit Erinnerung an den unglücklichen Kaiser Tiberius umgeschaltet werden konnte, etwas Beliebiges, Pop-Art-Ähnliches hat, ja, als historisch maskierte Traditionslosigkeit bezeichnet werden könnte, auch wenn der Waschtisch in Neuschwanstein eine Kombination von Taufbecken und Tabernakel war und Tannhäuser und Parzifal wild durcheinander gingen, ja, wenn Ludwig all dies nur für sich inszenierte und die Idee hatte, nach seinem Tode sollten alle seine Schlösser, die er als Privatsache betrachtete und ja auch aus der freilich überzogenen Privatschatulle gebaut hatte, wie Theater - dekorationen in Flammen aufgehen, so handelt es sich doch nicht nur um die Spinnerei eines einzelnen, der, zu - fällig als König geboren, die Mittel hatte, sie umzusetzen, sondern durchaus um das Bewusstsein, ein Letzter einer vergangenen Zeit zu sein. In seiner versatzstückartigen architektonischen Hinterlassenschaft wirkt bis heute etwas, was besonders Neuschwanstein zum internationalen Wallfahrtsort macht. So sehr gerade Neuschwanstein als Kulissenarchitektur bezeichnet werden kann und überall sonst so wirken würde, so passt es doch auch wieder zum Alpsee und seiner Kulisse. Es ist die Akzentuierung eines Ortes, dessen Verzauberung dadurch erst deutlich wird. Neuschwanstein ist ein Tempel im griechischen Sinn, kein Schloss. Aber der Tempel hat nicht zufällig Schlossform, denn er ist Tempel jener Leerstelle, die einst der König füllte, und die in ihrer auf den Himmel verweisenden Funktion heute nötiger denn je gebraucht wird.

Die Zeit war nur 1880 schon abgelaufen, als in solchen Tempeln noch ein Mensch mit Krone wohnen konnte. Der Tempel erinnert daran, dass die Götter nach dem Goldenen Zeitalter und schließlich auch die Könige sich zurückgezogen haben, aber dass es gilt, den Bezug zu dem, was sie repräsentierten, aufrecht zu erhalten.

Die Suche nach neuen Konservativen

Wenn es einen Mann gibt, der die Substanz des Bayerntums in der zweiten Hälfte des 19. Jahrhunderts verkörpert und der eigentlich hätte sein Repräsentant werden müssen, dann ist das der Tölzer Politiker und Mythologe Dr. Johannes Sepp. Sepp war schon 1848 Parlamentarier in der Frankfurter Paulskirche. Später schloss er sich der bayerischen Patriotenpartei an. Bei der Debatte um den Eintritt Bayerns in den Krieg Preußens gegen Frankreich 1870 spielte er die entscheidende Rolle. Während die Patriotenpartei zunächst für bewaffnete Neutralität stimmen wollte, änderte Sepp während der Debatte seine Meinung und riss mit einer flammenden Rede einen Teil der Fraktion zugunsten eines Waffengangs herum. In der heutigen Zeit des Fraktionszwangs sucht man solche Selbstdenker in unseren Parlamenten vergebens. So begann Sepp seine Rede 1870: »Ich wollte für bewaffnete Neutralität sprechen und habe mir Wort für Wort aufgezeichnet, um ja keinen Ausdruck zu improvisieren. Und jetzt komme ich mir vor wie der Prophet, der ausgezogen

Im Übrigen war es München, wo Bruckner mit seiner Ludwig II. gewidmeten 7. Sinfonie, deren Adagio die Trauermusik für Richard Wagner ist, aufgriff, seinen größten öffentlichen Erfolg bei Lebzeiten und seinen Durchbruch feierte. München ist die Stadt, in deren Odeon Bruckners Ruhm begann. Wien war besetzt durch Brahms, der nicht die Größe hatte, den Größeren anzuerkennen, weil er selbst als der Erbe der Beethoven-Sinfonik dastehen wollte. Hört man heute Brahms und Bruckner nebeneinander, kann es für den Verständigen keinen Zweifel geben - der Dirigent der Münchner Uraufführung Levi hat es ausgesprochen: Bruckner ist der größte Sinfoniker nach Beethovens Tod. Und >

Levi hat sich im Nationaltheater nach einer Aufführung des Siegfried in Anwesenheit Bruckners zu einer bedeutsamen Geste entschlossen: Mit dem Hinweis »Meine Herren, in diesem Hause haben wir schon oft vor dem König allein Meisterwerke gespielt. Wir haben heute einen Fürsten im Reich der Töne unter uns« forderte er die Musiker auf, im bereits abgedunkelten Haus die Trauermusik aus der 7. Sinfonie mit nur dem Komponisten als Hörer zum Angedenken Wagners zu spielen. Der Erzkonservative Wilhelm H. Riehl freilich rief bei der Uraufführung in diesem langsamen Satz (nach dem Beckenschlag am C-Dur Höhepunkt) »Pfui«, der Dirigent drehte sich um und machte »Psst«.

war, um zu fluchen, und er musste segnen (...) Gestern konnte man noch an das Weh von 1866 denken, heute ist der Zorn gegen die Welschen bei allen deutschen Männern erwacht.« Tatsächlich zog er die Hälfte der Patriotenpartei auf seine Seite ... Vielleicht war er aber auch nur das Sprachrohr des Sachzwangs, der durch 1866 gegeben war, vielleicht sogar ein Agent Bismarcks; verdächtig wirkt in diesem Zusammenhang, dass er sein Buch »Meerfahrt nach Tyrus« 1879 dem Fürsten Bismarck widmete, in dessen Auftrag er auch die Fahrt zur Ausgrabung des Todesorts Barbarossas unternommen hatte.

Sepp gehörte also zu denen, die an der bayerischen Tradition hingen und trotzdem meinten, seine staatliche Eigenständigkeit preisgeben zu müssen, um gute Deutsche zu sein. Ob er damit recht hatte, ist spätestens von 1914/18 her sehr fraglich. Fraglos ist, dass die bayerische Identität nicht fest genug gegründet war, um dem Sturm der nationalliberalen Stimmung zu widerstehen. Eine solche Identität hätte nur katholisch und danubisch sein können. Aber durch das Ausgreifen der napoleonischen Zeit hatte Bayern seine natürliche Grenze überschritten, es war zu etwas geworden, was es in der Geschichte nie gewesen war, wozu es höchsten die Fossa Carolina hätte machen sollen, ein Brückenstaat zwischen Donau und Rhein. Doch als solcher war es wiederum nicht groß und mächtig genug und konnte so im Ringen zwischen Österreich und Preußen nur zerrissen oder dem Stärkeren zugeschlagen werden. Mehr als die politische verteidigte Sepp die kulturelle Identität Bayerns.

1890 brachte Sepp sein Buch »Die Religion der alten Deutschen und ihr Fortbestand in Volkssagen, Aufzügen und Festbräuchen bis zur Gegenwart« heraus. In seinem »Altbayerischen Sagenschatz« geht er von den Sagen des Isarwinkels, also seiner engeren Heimat aus und sucht dazu Motivparallelen in aller Welt. Sepp findet überall heidnische Vorstellungen in christlicher Verkleidung, will sie damit aber nicht als überlebt darstellen, sondern sie gerade als besonders tief in der menschlichen Seele verankert erweisen. So erscheint bei ihm St. Leonhard als der »altbayerische Herrgott« und die drei heiligen Jung frauen als die Nornen. Auch wenn viele seiner Theorien heute durch die Forschung überholt scheinen, das Bemühen, die aufklärerische Wendung gegen das Christentum aufzugreifen und in Richtung Anerkennung des Heidentums umzubiegen, ist Ausdruck bayerischer Grundtendenz.

In seinem dreibändigen Werk »Das Heidentum und dessen Bedeutung für das Christentum« (1853) radikalisiert er die Lasaulxsche Tendenz noch, Heidnisches und Christliches einander nahezurücken. Sepp spricht darin der Kirche zum Beispiel das Recht ab, die oft im Sommer durchgeführten Leonhardiritte auf den Herbst zu verlegen, weil es sich bei ihnen um einen volkstümlichen, nicht eigentlich christlichen Brauch handle. An den Jesuiten kritisiert er nicht mehr wie die Aufklärer die Förderung zweifelhafter Bräuche, sondern umgekehrt Neuerungssucht: »In aller Welt war Nikolaus Wasserpatron, statt seiner führten sie den Dienst des Johannes Nepomuk ein.« Tatsächlich fehlt der Nepomukfigur die mythische Vieldeutigkeit. Und erst recht hatte das Wiederaufleben des Katholizismus im 19. Jahrhundert gegenüber der Farbigkeit des Rokoko doch etwas papieren Farbloses. Es ist eben doch viel Tradition verlorengegangen und gerade viel Verdrehtes wiederbelebt worden.

Das Christentum des 19. Jahrhunderts stand ganz im Zeichen des Kreuzes und nicht mehr so sehr in der Farbenpracht der Heiligen. Als Ausdruck dafür mag man die mit Kreuzen überzogenen Alpengipfel sehen, was die Vielfalt der Ortscharaktere uniformierte. Auch war es jetzt ein Kirchenmann wie Erzbischof Gregor Scherr, der gegen die königliche Förderung des Volksbrauchtums die Kirchweihtänze, »diese reiche Quelle vielfachen Unheils«, beanstandete. Die Positionen hatten sich vertauscht, und der Prozess ist weitergegangen, so dass Hans Dieter Sander angesichts der nachkonziliaren Verbauung ursprünglicher Raumkonzeptionen durch die sogenannten Volksaltäre mit Recht sagen konnte: »Vielleicht muss die öffentliche Hand eines Tages die Kirchen als Gebäude gegen die Kirchen als Institutionen unter Denkmalschutz stellen.«

Johannes Sepp - mit ihm wendet sich der bayerische Konservative erstmals gegen die Kirche

Mit Sepp wendet sich der bayerische Konservative erstmals zaghaft gegen die Kirche, die ihre Rolle als Traditionsstifterin langsam verliert und selbst ihren Frieden mit den Mächten der Bewegung zu machen versucht. Anders gesagt: Die Kirche hat ihre Bedeutung als Traditionsstifterin preisgegeben und damit das eigentlich katholische Prinzip. Der Anpassung an den Tatsachenfetischismus wurden die volkstümlichsten Heiligen geopfert, wie Christopherus, weil es nach der Vorstellung heutiger Glaubenshüter eben keine Riesen gibt, und Georg sowie alle drei heiligen Madl (1969 aus dem offiziellen Heiligenkalender gestrichen), da sie einfach zu unsicher belegt seien. Was von Autoren wie Dinzelbacher als später Triumph des historischen Bewusstseins gefeiert wird, ist in Wirklichkeit ein Hängenbleiben an dem Aberglauben, wonach sich das Wahre in der historischen Wirklichkeit zeigen müsse. Diesen Aberglauben hat die so genannte Aufklärung nur auf die Spitze getrieben, er ist aber in seinen Wurzeln eine Hypothek des Christentums, das mythische und historische Zeit koppelt. Georg wurde sechs Jahre später wieder in den Heiligenkalender zurückversetzt.

Ist das Wahre nur das historisch Wirkliche?

Nicht zu unterschätzen ist der ersatzreligiöse Charakter der deutschen Nationalbewegung. Je mehr in den gebildeten Schichten die Kirche an sinnstiftender Kraft verlor, desto stärker wandten diese sich der Kultur der deutschen Klassik zu und mit ihr dem Land der Dichter und Denker, das sie scheinbar hervorgebracht hatte. Sepp verkörpert auch diesen Prozess. Sein wesentlich ältere Kollege auf den Bänken der Paulskirche, Ernst von Lasaulx, der Neffe von Goerres und Schwiegersohn Baaders, den Ludwig wegen seines Auftretens für Abel in der Lola-Montez-Affäre seiner Münchner Professur entsetzt, Max II. aber wieder eingesetzt hatte, verfocht die selbe Tendenz nicht auf der Ebene des Volkes, sondern der hohen Geistesgeschichte. Auf dieser Ebene ging es um die Stärkung der griechischen gegen die judaistische Tendenz im Christentum, und es ist wirklich kein Zufall, dass der Bayer Lasaulx bereits 1857 den Satz niederschrieb: »Ich nehme darum keinen Anstand, offen und zuversichtlich zu behaupten, dass keiner unter den alttestamentlichen

Persönlichkeiten ein so vollständiges Vorbild Christi ist als der Grieche Sokrates; und dass ebenso unzweifelhaft das Beste der griechischen Lebenslehre dem Christentum ungleich näher steht als dem Hellenismus.«

Es ist aber ebenso bezeichnend, dass Lasaulx die Indizierung seiner Schrift durch die Kirche als berechtigt akzeptierte, sah er in der Kirche doch eine zeitüberdauernde Macht, die auch dann noch bestehen werde, »wenn einst irgendein Reisender aus Neuseeland nach den britischen Eilanden herüberkommen inmitten einer weiten Einöde einen zerbrochenen Pfeiler der London-Brücke erklettern und die Ruinen der Paulskirche zeichnen wird«. Lasaulx rechnete damit, dass Europas Kultur, dem Ende nahe, von einer Verschiebung des Kulturschwerpunktes abgelöst werde, in erster Linie dachte er dabei an die Slawen, nicht an Asien.

Die Patriotenpartei Sepps bezeichnet einen veränderten bayerischen Konservatismus, einen, der sich mehr auf das Volk ausrichtet und damit eine demokratische Tendenz bekommt. Nicht mehr Eliten wie der Klerus und Adel erscheinen als Träger der kulturellen Substanz, sondern das einfache Volk, und zwar gerade je einfacher, desto mehr. Jede Absenkung der Einkommensgrenze für das Wahlrecht bringt den Katholisch-Konservativen Verstärkung. Allerdings auch die Gefahr der Illusion. Der kleine Mann hat gewöhnlich auch einen Hang zur Preisgabe seiner Würde für kleine Vorteile - und deshalb kann man auf die Masse keine idealistische Politik gründen, auch keine Bewahrung der Tradition.

> Die Bewahrung der Tradition gründet nicht auf die Masse

Der Prinzregent - später Glanz, geistiger Aufbruch

Dass Ludwig II., der »Kini«, der bayerische König schlechthin und der letzte eigentliche blieb, lag auch an einer gewissen Blässe seiner Nachfolger. Sie standen zwar wieder ganz auf dem Boden der Tatsachen, aber gerade deshalb konnten sie eine wesentliche Aufgabe von Kö -

nigtum, nämlich die Erinnerung an jenen Bereich der Wirklichkeit, der nicht in der bürgerlichen Rationalität aufgeht, nur noch im Kleinen und quasi symbolisch erfüllen. Ein solch kleines Symbol war die Unterbrechung der ersten elektrischen Straßenbahn am Residenzplatz, über den sie mit Vorspannpferden gezogen werden musste. Drähte sollten wenigstens hier nicht die Wirkung des Platzes beeinträchtigen. Es geht hier ebensowenig um Technikfeindlichkeit wie es bei Ludwig II. bei der Benutzung der Technik für seine illusionistischen Effekte um Technikgläubigkeit ging.

Der Prinzregent Luitpold nun gab sich in der Art der Bürgerkönige Max I. und Max II., er legte nicht nur bei Jagdausflügen seine höfische Uniform ab und kleidete sich in oberbayerische Tracht, die schon unter Max II. hoffähiger geworden war. Nominell führte der Bruder Ludwigs II., Otto (bei ihm war 1873 der Wahnsinn offen ausgebrochen), den Königstitel; auf ihn schworen z. B. die Soldaten den Treueeid. Das Königtum dämmerte in seiner Person unter der Aufsicht von Irrenärzten in Fürstenried dahin.

Das Faszinierende an der Prinzregentenzeit ist die Mischung aus Spätglanz und geistigem Aufbruch.

Der Schwerpunkt bayerischer Eigenart verschiebt sich nun wie die Malerkolonien aufs Land. Auf der geistigen Ebene der städtischen Intelligenz beginnt ein Vakuum zu entstehen. Der Hauptstrom der Malerei führt die Linie weiter, die Dillis und die großen Impressionisten gewiesen haben. Der zufällig wirkende Landschaftsausschnitt ohne Rahmung durch Bäume und Staffage, das bewusste Weglassen einer gewollten »geistigen« Aussage ist Teil einer Bewegung, die an der Natur Halt sucht und die Natur als Gegenpol zum Geordneten, Gewollten sieht. Zwar sind es Kulturlandschaften, die gesucht werden, und der Mensch als Bauer oder Gänsemagd, oder auch vertreten durch seine die Landschaft akzentuierenden Bauten, ist Teil der Darstellung, aber es soll zufällig aussehen, als würde uns ein unbeobachteter Blick erlaubt und als wären wir gar nicht aktiv, als dürften wir »Mäuschen« sein.

Es ist zum Beispiel in Dachau die Moorlandschaft mit

ihrer intensiven Farbigkeit, ihrem unmittelbaren Hervor-
treten der Elemente, die eine Künstlerkolonie anzieht. Auf
manchen Bildern ist kaum ein Unterschied zu Worpswede
zu erkennen, doch auf vielen wirkt der blaue Saum der
Berge. Von Dachau aus hat man den Eindruck, als
erstrecke sich bis zu den Bergen eine riesige Ebene. Damit
vermittelt Dachau etwas Dualistisches.

Die Künstler des Blauen Reiter fanden ihren Inspirationsmittelpunkt in der Landschaft
des Murnauer- und Kochler Moors. Gisela
Kleine schreibt dazu: »Die farbige Klarheit der
großflächigen Vorgebirgslandschaft mag den
vier Münchnern zu einer neuen Bildauffassung
verholfen haben. Ähnlich hatte sich einst die
tonig verschwebende Atmosphäre des Dach-
auer Mooses auf die Scholle-Maler oder das Teufelsmoor
bei Bremen auf die Worpsweder Künstlergruppe als ein
ihrem Stilwollen entsprechendes Erscheinungsbild der
Natur gewirkt. Wer vom Murnauer Hügel auf das breit
hingelagerte Moos schaut, steht vor einer Landschaft ohne tiefenperspektivische Fluchtpunkte. Hintereinander ge-
staffelte Wiesen und Hügelketten erzeugen vielmehr eine
horizontale Gliederung. Darüber versperrt der Querriegel
des Wettersteinkammes den Fernblick. Trockene Fallwin-
de vertreiben jede dunstige Zwischentönung und lassen
weiträumige Farbflächen unabgestuft zusammenstoßen.
Dieses großartige Panorama fordert eine von Einzeldin -
gen abgelöste Zusammenschau geradezu heraus.«

Ganz physisch ist hier das Braune des Moors und die
Bläue der Berge gegenwärtig. Ja, dieses Murnau ist viel -
leicht ein Kleinstbayern, das mit Gebirge im Süden, zentraler Ebene (hier durch das Moos) und Moränen-Hügel -
land im Norden (das hier das Element vertritt, das in
Großbayern der Jura bildet) die Struktur Altbayerns im
Kleinen wiederholt.

Franz Marc (1880-1916) war der Sohn eines Malers,
der u. a. für König Ludwig II. den Plafond des Salo de la
Guerre in Herrenchiemsee ausgemalt hat. Er wollte zu -
nächst katholischer Pfarrer werden. Ihm geht es im Streit
mit den Impressionisten um die Frage, wer dem Herzen

Gabriele
Münters Ansicht
von Murnau

der Natur näher sei. Die Pferde, Rehe oder auch der Tiger Marcs wollen nicht das Pferd zeigen, wie es der Mensch gewöhnlich sieht, sondern wie es an sich selbst ist, Wesensfarben werden gewählt, und auch die Umgebung ist die Ausstrahlung des Tieres, weiche fließende Formen beim Pferd, spitze beim Tiger, das grüne Dreieck nimmt seine Augenfarbe auf.

Bei den frühen Bildern werden die Konturen in den Komplementärfarben gezogen, das Wesen grenzt sich ab gegen seine Umwelt, indem es sein Gegenbild als farbigen Schatten der Aura hinterlässt. Denn jedes Wesen ist von der Art des Lichts, etwas, was erscheint. Auch Kandinskys »Romantische Landschaft« spricht die innere Bewegung des Betrachters an. Erst wenn sie zum inneren Bewegungserlebnis wird, ist die Landschaft wirklich von innen erfasst. Dies gilt auch für Marcs Tiere, auch bei ihnen wird das Wesen zum inneren Erlebnis. Die Wirklichkeit der Wesen ist, was sie für sich sind, wie sie wirken, nicht in welchem Licht sie erscheinen, sondern was sie selbst an Licht über ihre Umgebung verbreiten.

Der »Blaue Reiter« in der Tradition Occams

Der »Blaue Reiter« führt das fort, was Occam und die Nominalisten in München 600 Jahre zuvor begonnen hatten: die Wesenhaftigkeit des Individuellen gegen die Generalisierungen stark machen. Auch der Blaue Reiter hat die typische Janusgesichtigkeit Bayerns, er ist nicht einfach Avantgarde, sondern sucht zugleich eine alte Geistigkeit in der Tradition. So sagt Franz Marc: »Die Mystik erwachte in den Seelen und mit ihr uralte Elemente der Kunst.« Daher der Bezug auf die Hinterglasbilder bayerischer Volkskunst und andere Formen »primitiver« und »naiver« Kunst.

Die moderne Kunst konnte den Durchbruch zum Wesenhaften, womit wirklich das geschaffen worden wäre, was der Blaue Reiter wollte - »Altarbilder für eine zukünftige Religion« - nicht fortführen. Am ehesten verkörpert Gabriele Münter die Kraft des Haltens der Spannung. Kandinsky verliert sich in Konstruktivismen. Mit dem Blauen Reiter scheint die Tradition der Landschaftsmalerei zu enden, die geprägt ist von dem Versuch einer Synthese von äußerem Sehen und innerem Schauen. Land -

schaft ist das Letzte, was der Mensch als umfassend erleben konnte.

Ein Nachzügler ist Fritz Winter (1905-1976) mit seinem 1944 entstandenen Zyklus »Triebkräfte der Erde«.
Nicht zufällig auch er ab 1933 in Bayern (Dießen) lebend,
macht er sich zwar nicht theoretisch, aber in der existenziellen Krise von nationalsozialistischem Malverbot und
Militärdienst und nach Studium von Marcs Skizzen aus
dem Felde (1915) frei vom Intellektualismus des Bau-
haus', wo er 1927-1930 vor allem bei Klee studiert hatte.
»Es gibt im Leben keine Vogelperspektive. Es gibt nur
eine Durchsicht ...«, schreibt er im März 1945. Allerdings
nicht intellektuell: Er glaubt immer noch an eine Übereinstimmung dessen, was das Elektronenmikroskop zeigt,
mit einer künstlerischen Natursichtigkeit; so fällt er in
den 1950er Jahren wieder in Konstruktivismus zurück.
Während Paul Klee in typisch moderner Hybris den künstlerischen Prozess der Schöpfung der Natur parallelisiert
und ihm ein Nicht-Nachahmen sondern Parallelschaffen
und Übersetzen in reinen Geist vorschwebt, besinnt sich
Winter zumindest zwischenzeitlich zurück darauf, dass
eben doch der Mensch nicht nur die Strukturen, sondern
auch die Substanz von der Natur übernehmen muss, soll
das, was er macht, seelisch gehaltvoll sein.

»Das Schöne ist
überall« sagt
Georg Jauss; u.
das 2010 im
Dachauer Muse-
umsverein er-
schienene Buch
über den Maler.

Aber auch so mancher unbekannte bayerische Maler
war geprägt vom Genius Loci, und da gibt es so manches
zu entdecken wie etwa jüngst bei Georg Jauss, dem die
Gemäldegalerie Dachau eine Ausstellung mit dem Motto
gewidmet hat: »In den Werken von Georg
Jauss lebt die Sehnsucht nach zeitloser
Schönheit und die Gewissheit ihrer Flüch-
tigkeit«. Jauss hebt die Berge wie eine eigene Seinsebene vom Vordergrund ab; das
entspricht dem schon angesprochenen Bezug des Voralpenmenschen zu den Bergen.
Die Abgehobenheit der Berge bei Jauss ist
weder einfach eine Realität noch eine
Projektion oder Konstruktion, sie ist eine
Wirklichkeit, der er zur Erscheinung verhilft.

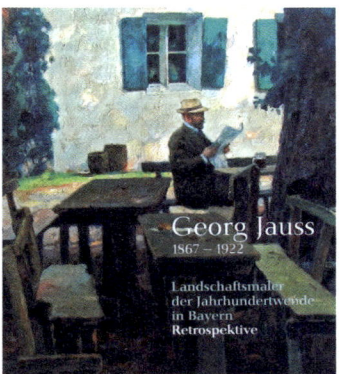

Marc und das Innen und Außen: Die »Häss - lichkeit« der Natur ...

Franz Marc arbeitet relativ streng goetheanistisch an dem Problem von Innen und Außen. Die Umwelt der Vögel ist die durch die Flugbewegung wahrgenommene Luft, die Umwelt der Rehe ist die Umstülpung ihrer Bewegungen. Gemeint ist natürlich, dass die Rehe die Antwort auf diese Welt sind. Er versucht die Außenwelt aus kristallinen Formen aufzubauen Aber auch bei Marc findet sich die Unsauberkeit im Denken, die aus moderner Physik und Theosophie übernimmt, ohne sich über den Status der jeweiligen Objektbildungen im Klaren zu sein. Interessanterweise ergibt sich daraus, wie auch in der Theosophie, ein gnostischer Reinheitswahn. Und selbst bei Franz Marc finden sich Sätze, die doch sehr daran zweifeln lassen, ob nicht auch hier ein naturfeindlicher Gnostizismus am Werk ist, der Geist mit Nichts verwechselt: »Ich empfand schon sehr früh den Menschen als hässlich, das Tier schien mir schöner, reiner. Aber auch an ihm entdeckte ich soviel Gefühlswidriges und Hässliches, dass meine Darstellungen instinktiv aus einem inneren Zwang immer schematischer, abstrakter wurden. Bäume, Blumen, Erde alles zeigte mir in jedem Jahr mehr hässliche, gefühlswidrige Seiten, bis mir erst völlig die Hässlichkeit der Natur, ihre Unreinheit voll zu Bewusstsein kam«. Der Kunsthistoriker Hans Sedlmayr kommentiert: »Wohl zum ersten Mal in der Kunstgeschichte spricht hier ein Maler von der Hässlichkeit der Natur.« Statt die Verdorbenheit des eigenen Gefühls stellt der prometheische Mensch lieber die ganze Welt in Frage. Es ist letztlich der selbe Geist, aus dem die naturwidrige Ethik Albert Schweitzers hervorgeht, der auch eher die Welt als ganze - weil nur durch Leid und Tod bestehend - als vom Bösen infiziert ansieht, als seine sentimentale Vergötzung des Einzellebens zu hinterfragen. Das ist zutiefst unbaierisch. Dennoch wurzelt Marc in archaischen Schichten, nicht nur Hinterglasbilder, auch Höhlenmalerei hat er rezipiert.

Ludwig der Letzte

Im letzten Wittelsbacher auf dem Thron, Ludwig III., spiegelt sich ein herber Niveauverlust wider. Ludwig III. trug den Spitznamen »der Millibauer«, weil er sich am liebsten am wittelsbachischen Hausgut Leutstetten der Landwirtschaft widmete. Ansonsten interessierte er sich besonders für Kanalbau und Elektrifizierung. Und so be -

deutend das Bauerntum in Bayern war, von einem König erwartete man doch etwas anderes. Kulturelle Akzente, die im Verhältnis zu den Fragen seiner Zeit gestanden hätten, setzte er nicht mehr. Bezeichnend ist eine Anekdote, wonach er bei einer Gemäldeausstellung den anwesenden Maler eines »modernen« Bildes fragte, ob er die Welt wirklich so sehe. »Aber freilich Majestät, sonst würd' ich ja nicht so malen«, war die Antwort. Und der König sagte: »Sie tun mir leid«, und soll das Bild angekauft haben.

»Sie tun mir leid.«

Ludwig interessierte sich nicht für Kunst und war im Grunde demokratisch gesinnt. 1871 hatte er - allerdings erfolglos - für die bayerische Patriotenpartei bei der Reichstagswahl kandidiert. Die kirchliche Ausrichtung blieb. Der Nützlichkeitsanhänger berief 1912 den ersten Ultramontanen zum Regierungschef, was zu Konflikten in der nun stramm schwarz ausgerichteten Kultuspolitik führte.

München, Kohlrabiapostel und Weltverbesserer

München galt zu Beginn des 20. Jahrhunderts immer noch als Oase gegenüber dem Anbranden der Moderne. Der Literaturhistoriker Josef Nadler bezeichnete München in seiner »Literaturgeschichte der deutschen Stämme und Landschaften« (Bd. IV, 1928) als »erste große überstammliche Hauptstadt in geistigen Dingen« und schrieb: »Der Bayer auf beiden Ufern des Inn wahrte mitten im aufzehrenden Geschäft der deutschen Staatwerdung dem deutschen Volk einen unentbehrlichen Überschuss an Kunst wie an unbefangenem Volksleben«. Es war Zentrum der Lebensreformbewegung, und die Gärung spiegelte sich wider in der legendären Schwabinger Bohème. Da trafen sich allerlei Außenseiter. Das beginnt mit den sogenannten »Kohlrabiaposteln«, die in sackleinernen Gewändern die Rückkehr zur Natur predigten. Ihr erster, der Kunstmaler Karl Wilhelm Diefenbach aus dem

Nassauischen, war zugleich Vorkämpfer des Pazifismus' und des Nacktbadens, was ihn einige Male mit der Polizei in Konflikt brachte. Immerhin brachte er es so weit, dass ein vegetarisches Restaurant in der Löwengrube sich »Zum Meister Diefenbach« nannte.

Diefenbachs Nacheiferer Gutzeit, ein ehemaliger preußischer Offizier, beantwortete die Frage, warum er sich gerade in München niedergelassen hatte, mit der Liberalität der bayerischen Polizei, mit der er am wenigsten Schwierigkeiten gehabt habe. Der letzte dieser Kohlrabiapostel, der aus Siebenbürgen stammende Gusto Gräser, der Hermann Hesse das Modell für seine Gurufiguren lieferte, starb 1958 in München. Niemand konnte genau sagen, wie er das tausendjährige Reich überlebt hatte.

Auch Lenin war da
Aber auch allerlei eingebildete und wirkliche Vorbereiter kommender Revolutionen ließen sich in Schwabing zeitweise nieder. Lenin war darunter und Stefan George, der sich für den Erneuerer der deutschen Dichtung hielt. Frauenbewegte der einen und anderen Richtung, Anita Augsburg, die Vorkämpferin von Frauenwahlrecht und Gleichberechtigung, und Franziska Reventlow, die die Rebellion lebte, indem sie ihrem Mann davonlief, ihrem Adelstitel entsagte, den Vater ihres unehelichen Kindes verheimlichte und sich und ihren Sohn recht und schlecht mit der eignen Hände Arbeit von Putzen bis Romaneschreiben sowie den Zuschüssen ihrer Verehrer durchbrachte. Ihr Idealbild war das antike Hetärentum, für die aufkommende Frauenbewegung hatte sie dagegen wenig übrig: Diese »Viragines unserer Tage mit Herrenweste und Lodenröcken« betrieben eine falsche Vermännlichung der Frau, statt deren eigene Potentiale zu entwickeln, schreibt sie. Ihr ging es nicht um Gleichheit in der Asexualität, sondern gerade um Betonung der männlichen bzw. weiblichen Eigenart, und sie verstand Freiheit nicht als Anpassung sondern als Ausleben des von Natur her Angelegten und im Gegensatz zu den Ideologen einer sich selbst entwerfenden Subjektivität. (S. auch Kasten nächste Seite)

Eine besondere Anziehungskraft hat bis heute der Kreis der »Kosmiker« behalten, dessen Hauptfiguren Karl Wolfskehl, Ludwig Klages und Alfred Schuler waren.

Franziska Reventlow hat sie in ihrem Schwabinger Schlüsselroman »Herrn Dames Aufzeichnungen« sowohl lächerlich gemacht als ihnen ein Denkmal gesetzt. Auch in Thomas Manns Romane ist diese Schwabinger Szene eingegangen, wenn auch im »Doktor Faustus« bereits sehr durch die Erfahrungen mit den späteren Nationalsozialisten verzerrt, zu deren Ahnen er die Kosmiker zu Unrecht zurechtstilisiert.

Das München um 1900 kann man aber gerade nur verstehen, wenn man sich in eine Kultur hineinversetzt, in der im Vorstand der Gartenstadtgesellschaft (eines Vereins, dem es um Wohnmöglichkeiten im Grünen auch für Arbeiter und kinderreiche Familien ging), so unterschiedliche Charaktere einträchtig zusammenarbeiteten wie ein Ludwig Quidde, liberaler Stadtrat und Pazifist, im ersten Weltkrieg immun gegen den nationalen Wahn und deshalb mehrfach im Gefängnis und 1927 erster deutscher Träger des Friedensnobelpreises, und ein Max von Gruber, Nachfolger Pettenkofers und einer der Vorkämpfer der Rassenhygiene (freilich nicht der antisemitischen Variante, er thematisierte, dass die geistig Minderbemittelten sich rascher vermehren als die Sensiblen und intellektuell Fähigen - völlig unabhängig von der Frage, ob einer Jude ist, so dass seine Vorlesungen in den zwanziger Jahren oft vom NS-Studentenbund gestört wurden). Franz Marc suchte Kontakt sowohl zum George-Kreis als auch zu den Theosophen bzw. Anthroposophen.

Freilich lief es auch im München der leuchtenden Jahre nicht ohne Konflikte ab. In seiner Novelle »Der Weltverbesserer« zeichnet Hermann Hesse das Bild eines Münchner Lebensreformer-Kongresses, der sich wegen der widerstrebenden und intoleranten Richtungen in Chaos auflöst, so als handelte es sich um einen Grünen-Parteitag der frühen 1980er Jahre. Tatsächlich waren die Ideen sehr verschieden. Heimatschutz und Lebensreform konnten durchaus aneinandergeraten, insbesondere in Fragen der Baupolitik: Der Drahtzieher des Heimatschutzes, der den Englischen Garten vor der Zerschneidung durch Straßen und die Augustinerkirche vor dem Abriss rettete, indem er diesbezügliche Pläne an die Öf-

München um 1900: eine seltene Melange

Franziska von Reventlow und die Verschiedenheit von Frau und Mann

»Man stelle doch nur einmal einen wirklichen normalen Mann und ein wirkliches normales Weib, wie sie Gott erschaffen hat, nebeneinander und frage sich: Können zwei Wesen, die so verschieden geartet und gebaut sind und so verschieden funktionieren - können diese zwei Wesen jemals gleichberechtigt, d. h. mit dem gleichen Erfolg zur gleichen Betätigung gebracht werden? Hat es irgendeinen Zweck und würde es in irgendeiner Beziehung lohnen, das zu versuchen, eines von ihnen nach dem andern zu modifizieren, die Geschlechtsunterschiede, die alle andren bedingen, zu verwischen, damit eines dem andern ähnlicher wird?« Die Frau, meint Franziska von Reventlow, »ist nicht zur Arbeit, ist nicht für die schweren Dinge der Welt geschaffen, sondern zur Leichtigkeit, zur Freude zur Schönheit - ein Luxusobjekt in des Wortes schönster Bedeutung, ein beseeltes, lebendes, selbstempfindendes Luxusobjekt, das Schutz, Pflege und günstige Lebensbedingungen braucht, um ganz das sein zu können, was es eben sein kann.«

Auch der Mann wird in seinen intellektuellen Leistungen aus seiner Biologie abgeleitet. »Die geschlechtliche Attacke ist die Urleistung des Mannes, die nur er auszuüben vermag und von der aus sich sein ganzes Wesen und seine ganze Stellung in der Welt gebildet und entwickelt hat. Das Weib erwartet, verlangt sie, gibt sich ihm hin. Das ist seine Funktion. Und warum soll in dieser äußerlich passiven Rolle etwas Erniedrigendes liegen? Für diejenigen Frauen, die der Psychiater als natura frigida bezeichnet, mag es ja sein. Gut, so sollen sie es eben bleiben lassen. Aber für jedes wahrhaft erotisch empfindende Weib liegt gerade ein unendlicher feiner Reiz darin, den stärkeren Gegner im Liebeskampf anzureizen, zu versuchen und sich ihm dann in selbstvergessenem Rausch zu schenken. Und sie wird im entscheidenden Augenblick durchaus nicht das Gefühl der Niederlage haben - im Gegenteil, die Bejahung des Lebens ist immer ein Siegesgefühl«.

Was sie da als Unterschied formuliert, ist das, was von den Romantikern als peripher-beweglich solares Prinzip des Mannes und als zentral-ruhend-tellurisches Prinzip des Weiblichen bezeichnet worden ist.

Reventlow weigert sich, Gleichberechtigung formal zu sehen, gleiche Rechte ohne gleiche Zwecke sind sinnlos. Vielleicht ist es nicht zufällig, dass sie es auf einem Boden tut, dessen eindrucksvollster Tanz, der Schuhplattler, genau diese Polarität ausdrückt.

Reventlow weiter: »Was kommt denn dabei heraus, wenn man es wirklich durch Gewohnheit und Training dahin bringt, dass es im nächsten Jahrhundert Frauen gibt, die ebenso schwere Lasten heben oder (pardon, messieurs!)

ebensoviel Ballast im Gehirn herumschleppen wie mancher hochgelahrte Mann? Dass die Frau selbst nichts von ihrem Leben hat, dass die Gaben des Genusses, die die Natur in sie gelegt hat, ungenossen verkümmern, dass sie für den Mann allen Reiz verliert und die Welt immer langweiliger und geschlechtloser wird?« »Vielleicht entsteht noch einmal eine Frauenbewegung in diesem Sinn, die das Weib als Geschlechtswesen befreit, es fordern lehrt, was es zu fordern berechtigt ist, volle geschlechtliche Freiheit, das ist freie Verfügung über über seinen Körper, die uns das Hetärentum wiederbringt. Bitte keinen Entrüstungsschrei! Die Hetären des Altertums waren freie, hochgebildete und geachtete Frauen.«

Nicht Bildung und Intellekt spricht sie den Frauen ab, sondern den wirtschaftlich verzweckten Intellekt. Mutterschaft und freie Liebe sind für sie kein Widerspruch. Dagegen ist die Ehe in ihren Augen nur Prostitution mit einem einzelnen Mann, dem sich die Frau hingibt, um dafür versorgt zu werden. Reventlow löst freilich damit auch die Wesensunterschiedlichkeit, die Klages als schweifend und ruhend beschreibt, auf. Die Frau des 19. Jahrhunderts hatte ja durch ihre Tugend gerade die Beständigkeit der Kleinfamilie erkauft, indem sie dem Mann ermöglichte, sein Wesen zu leben und doch immer wieder zu ihr zurückzukehren. Dabei musste sie aber ihre eigene Lustorientierung unterdrücken als Preis dafür, den Mann als peripher zu halten.

Reventlov thematisiert, dass Liebe unter den Bedingungen der Konkurrenzgesellschaft ein Kaufakt ist. Frauen wollen gekauft werden, sie schenken dem Mann, von dem sie sich Status, angenehmes Leben und gute Voraussetzungen für Nachwuchs erwarten, ihre Hingabe, ihre Hilfestellung. Der Mann dagegen sucht Entspannung vom Konkurrenzkampf, und wenn er gewahr wird, dass er für seine Frau auch eine Funktion ist, dann sucht er die nächste. Die Frau dagegen sieht die Funktionalität viel vorurteilsloser, für sie ist die klassische Ehe tatsächlich eine Möglichkeit, wie sie den Kampf auf den Mann abschiebt und einen Status (Frau Rat) genießt.

fentlichkeit brachte und sich selbst die Bewegung schuf, um sie im Ministerium zu verhindern, war Gustav Kahr, damals Ministerialrat im Innenministerium. Er war es andererseits, an dem der Versuch der Anthroposophen, ihr Zentrum in München zu errichten, scheiterte. Er und seine Heimatschützer konnten sich einen Kuppelbau hinter der Erlöserkirche (dort hatte ein Steiner-Anhänger ein Grundstück) partout nicht als passend vorstellen: »Keine Hagia Sophia in München« war ihre Losung. Es ist mehr als wahrscheinlich, dass nicht Theodor Fischer, wie Helmut Zander meint, sondern Kahr die treibende Kraft der Ablehnung des Johannisbauprojekts war. So wurde der Zentralbau der Anthroposophie in Dornach bei Basel errichtet. Die Lehre Steiners passt auch viel besser zur alamannischen als zur baierischen Mentalität, und es ist kein Zufall, dass der Rhein ihre Verbreitungsachse wurde.

Das bayerische Gemüt hat nicht so sehr das Bedürfnis nach Erklärung für alles und jedes. Und auch das gewollt zauberhafte Element der Anthroposophie wirkt auf Katholiken, die davon selbst noch etwas haben, bei weitem nicht so anziehend. So ist es kein Zufall, dass die »Christengemeinschaft«, die anthroposophische Freikirche, von protestantischen Pfarrern, die die Nüchternheit ihres Kultus' als Defizit empfanden, gegründet wurde. So ist auch in den Niederlanden die Anthroposophie so eine starke Kraft geworden. Hier ist es die Anthropozentrik, die besonders einleuchtet; der Holländer hat mit einem gewissen Recht das Gefühl, dass sogar der Boden, auf dem er steht, menschengemacht ist und ständiger menschlicher Pflege bedarf, um zu bestehen, und dass das höchste Ziel der Mensch-Natursymbiose in einer Garten-Wirtschaft besteht. Wer dagegen, wie wir es eingangs geschildert haben, an einem Wildfluss groß wird, der kann in der anthroposophischen Lehre vom Menschen als Dreh- und Angelpunkt der Schöpfung nur ein wenig verschrobene Aufschneiderei sehen.

Wetterleuchten über Bayern

Die Zeichen des Untergangs Diese letzten Jahre vor dem großen Krieg sind aber auch schon Jahre eines Wetterleuchtens der kommenden Katastrophe. Auch wenn das Gros der veröffentlichten Meinung sich in plattem Fortschrittsgerede ergeht, die Sensibleren nehmen die Zeichen des Untergangs wahr. In gewaltigen Bildern stellt zum Beispiel der Ausdruckswissenschaftler und Philosoph Ludwig Klages, der sicher bedeutendste Kopf der Schwabinger Szene, die Zerstörung der Erde durch den Menschen dar:

»Rodung der Wälder, Ausrottung frei lebender Tier-
geschlechter, Geländeentwässerung, Regelung und Ver-
giftung der Ströme, Ausbeutung und Vertilgung aller
Schätze des Bodens sind einige der weithin sichtbaren
Zeichen dessen. Wird aber die Wiege der Bilder zer-
trümmert, so entweichen und verlassen den geschän -
deten Planeten die Elementarseelen, und es stirbt ihnen nach die Gabe der Urerinnerung in den verödeten
Seelen der Menschen.«

Auch Klages geht es, ähnlich wie Franz Marc, um die
Freilegung einer Wirklichkeit, die durch unsere Fixierung
auf Gegenständlichkeit und Gesetzlichkeit verstellt ist.
Wirklichkeit ist für ihn das, was in der unmittelbaren Erfahrung wirkt, und dies nennt er die »Bilder«. Um die
»Wirklichkeit der Bilder« zu erfassen und sie nicht zu
Dingen herabzuwürdigen, braucht es nach Klages einen
anderen Typ von Wissenschaft, den er Erscheinungs-
oder Ausdruckswissenschaft nennt. Eine Wende erscheint nur möglich als »Bekehrung« zu den Grundlagen
jeder Erfahrungsreligion: »Zur Umkehr hülfe allein die
innere Lebenswende, die zu bewirken nicht im Vermögen
von Menschen liegt. Wir sagten oben, die alten Völker
hätten kein Interesse gehabt, die Natur durch Versuche
auszuspähen, sie in Maschinen hinein zu knechten und
listig durch sich selbst zu besiegen; jetzt fügen wir hinzu,
sie hätten es als Asebeia, Verruchtheit, verabscheut. Wald
und Quell, Fels und Grotte waren für sie ja heiligen Le -
bens voll. Von den Gipfeln hoher Berge wehten die
Schauer - darum, nicht aus Mangel von Naturgefühl, be -
stieg man sie nicht, Gewitter und Hagelschlag griffen dro-
hend oder verheißend in das Spiel der Schlachten ein.
Wenn die Griechen einen Strom überbrückten, so baten
sie den Flussgott für die Eigenmächtigkeit der Menschen
um Verzeihung und spendeten Trankopfer. Baumfrevel
wurden im alten Germanien blutig gesühnt. Fremd ge -
worden den planetarischen Strömen, sieht der heutige
Mensch in alledem nur kindlichen Aberglauben. Er ver-
gißt, dass die deutenden Phantasmen verwehende Blüten -
aren am Baum jenes Innenlebens, welches tieferes Wissen

Die Berge
bestieg man
nicht - aus
Respekt

barg als all seine Wissenschaft: das Wissen von der Webe-
kraft allverbindender Liebe. Nur wenn sie in der Menschheit wiederwüchse, möchten vielleicht die Wunden ver-
narben, die ihr muttermörderisch der Geist geschlagen.«

Die
Atmosphäre
Münchens
und ihre
Ortsseele

Über die Atmosphäre Münchens sagt Klages: »Kein
Genius Loci läßt sich zerlegen, weil er Auszug und Essenz
unübersehlicher Elemente ist (...) Und so müssen wir von
den Elementen jener Ortsseele weiterhin nennen: die
bayerische Hochebene mit ihren Seen und Hochmooren,
ihren reißenden Bergströmen, ihren strahlenden Mitt-
sommertagen, der Herbheit ihrer Luft, den herbstlichen
Nebelschwaden, den schwülen Föhnstürmen und peit-
schenden Regenschauern. Wir haben Bedingungen aufge-
zählt, die Ortsseele selbst ist das nicht, man kann sie nicht
aussprechen, man kann nur mit mehr oder weniger Glück
ihre Sinnbilder aufsuchen. Wir finden deren zwei: rost-
braunen Brodem und tiefdurchsichtiges Himmelblau.
Symbole, wie wir hören werden, sind Wirklichkeiten, und
Wirklichkeiten lassen immer auch ihre Spur zurück in der
Realität der Dinge: Weißblau waren die bayerischen Lan -
desfarben, blau die Briefkästen, die Trambahnen, die
Uniformen, blau war im Wahrzeichen Münchens, der un -
vergleichlichen Frauenkirche, das mit Sternen durch-
stickte Deckengewölbe, blau ist oder sollte sein der Man -
tel der ‚Mutter Gottes'. Dem Altertum galten Städte als
weiblich; heute gibt es männliche neben weiblichen:
männlich zum Beispiel Florenz, Zürich, Berlin, weiblich
Venedig, Bern, Paris; München stand im Zeichen der
jungfräulichen Mutter. (...) Der rostbraune Brodem aber,
der heimlich zur Nacht über jedem Bräuhaus und den
sommerlichen Kastanienkerzen jedes Bierkellers zitterte,
wölkte bei unbedecktem Himmel sichtbarlich über dem
abendlichen Menschengewirr und Lärm und Dunst und
Lichtergefunkel und Feuerschein jedes Oktoberfestes.«

Rostbrauner Brodem und tiefdurchsichtiges Himmel-
blau - das sind die atmosphärischen Farben der Ortsseele,
wie sie Klages wahrnimmt, von der er 1940 allerdings
schreibt, dass sie vergangen ist.

Noch ein anderer Wahlmünchener muss hier erwähnt
werden, Oswald Spengler, der in einer kleinen Dachman -

sarde 1911-18 an seinem Monumentalwerk »Der Untergang des Abendlandes« schrieb. Freilich erhob er ursprünglich von der Münchner Atmosphäre fasziniert nach 1918
gerade das Preußentum zur vermeintlichen Vormacht gegen den Händlergeist. »Demokratie bedeutet in England
die Möglichkeit für jedermann reich zu werden, in Preußen die Möglichkeit jeden vorhandenen Rang zu erreichen« schrieb er in »Preußentum und Sozialismus« 1919.
Recht hatte er, wenn er Individualismus, Liberalismus
und Parlamentarismus als Ausdrucksformen des englischen Modells ansah.

Der Krieg als Durchbruch?

Aufbruchshoffnung und Fin de siecle-Stimmung stehen
im Bayern der Jahrhundertwende nebeneinander. Auch
hier wird die Mobilmachung 1914 begeistert begrüßt, unter den Jubelnden vor der Feldherrnhalle schwenkt ein
unbekannter Österreicher namens Adolf Hitler seinen
Hut. Aber auch wesentlich nachdenklichere Menschen
teilen die Kriegsbegeisterung und hoffen, der Krieg werde
die Verkrustungen der Selbstzufriedenheit lösen und die
Menschen dazu bringen, sich auf ihr Wesentliches zu be-
sinnen. Rilke, damals in München und durch den Krieg
hier festgehalten, erlebt in dem Kriegsgott, was es heißt,
wenn Götter lebendig werden: »Seit drei Tagen, was ist's?
Sing ich wirklich das Schrecknis / wirklich den Gott, den
ich als einen der frühern / nur noch erinnernden Götter
ferne bewundend geglaubt? / Wie ein vulkanischer Berg
lag er im Weiten (...)«

Und im selben Zyklus (August 1914) dichtet er: »Heil
mir, dass ich Ergriffne sehe. Schon lange / war uns das
Schauspiel nicht wahr / und das erfundene Bild sprach
nicht entscheidend uns an / Geliebte, nun redet wie ein
Seher die Zeit / blind aus dem ältesten Geist.«

Franz Marc schreibt am 24. Oktober 1914 »westlich
von Metz« an Kandinsky: »Was Sie jetzt fühlen, weiß ich
nicht. Ich selbst lebe in diesem Kriege. Ich sehe in ihm sogar den heilsamen, wenn auch grausamen Durchgang zu

1914, west-
lich von Metz

unseren Zielen; er wird die Menschen nicht zurückwerfen, sondern Europa reinigen, ‚bereit' machen (...) die armen braven Menschen, die dort kämpfen, auf beiden Seiten! Um ein Ziel, das sie nicht wissen und das doch ist. Europa thut heute dasselbe an seinem Leibe, was Frankreich in der großen Revolution an sich that. Hoffentlich bleibt uns der Napoleon des Empire erspart! Davor hab ich freilich oft Angst, dass die Gelegenheit in Europa noch einmal verpaßt wird! dass es nochmals zu früh war, das große Blutopfer. dass das Vordergrundspiel der Politik, die große dumme Spinne ihr Netz behält; es muss zerrissen werden.«

Dem »Krieg nicht böse« ...?

Und am 16. November 1914 auf einer Feldpostkarte: »Mein Herz ist dem Krieg nicht böse, sondern aus tiefem Herzen dankbar, es gab keinen anderen Durchgang zur Zeit des Geistes, der Stall des Augias, das alte Europa konnte nur so gereinigt werden, oder gibt es einen einzigen Menschen, der diesen Krieg ungeschehen wünscht?«

In den Krieg konnte zunächst jeder seine Wünsche projizieren, der Sozialist erhoffte sich einen entscheidenden Schritt zur Einebnung der Klassendifferenzen und in Richtung staatlicher Lenkung der Wirtschaft, der religiöse Mensch die Hinwendung der Menschen vom bloßen Gewinnstreben zu existenziellen Fragen, der Nationalist, dass nun endlich am deutschen Wesen die Welt genesen werde. Der primär als Bayer empfindende Zeitgenosse freilich konnte darin, dass nun dem König auch der nominelle Oberbefehl zugunsten des Reiches genommen war, nur ein schlechtes Vorzeichen sehen, was nach dem Krieg an neuem Schub der Uniformierung kommen würde.

Und auch der Pessimist Ludwig Klages ließ sich durch den Krieg zu keiner zeitweiligen Einschätzungsänderung hinreißen. Er sah, ganz im Gegensatz zu Marc, die endgültige Übermächtigung der Kultur durch das Ränkespiel der Macht voraus. Da er sich in der allgemeinen Begeiste-rung völlig isoliert sah, übersiedelte er 1915 ins neutrale Zürich. Franz Marc, der Repräsentant eines Bayern, das eine Synthese von Tradition und Moderne suchte, ist 1916 vor Verdun gefallen.

7.
Die königslose,
die schreckliche Zeit

Meine Großmutter (geboren 1891) ist bis an ihr Lebens-
ende davon überzeugt gewesen, dass der 1. Weltkrieg deswegen gekommen ist, weil der Ludwig, der letzte, nicht
hat warten können, bis der Thron frei wurde. Otto, der
geisteskranke Bruder Ludwig II., starb nämlich erst 1916.
Ein solches Empfinden zeigt, dass das Königtum bis zuletzt als eine mythische Institution gefühlt wurde, quasi
herausgehoben aus den Kausalketten von Thronfolger-
mord in Sarajevo und europäischer Machtpolitik, die
auch meine Großmutter nicht geleugnet hätte.

Der Sturz des Königtums bedeutet den Wegfall der
Differenz von Mythos und Macht in der Politik und damit
der irdischen Greifbarkeit eines Reichs der Transzendenz.
Es ist der Wegfall der Monarchie, der die Voraussetzung
für den braunen Sumpf schafft. Die Monarchie hatte 1918
in den Augen der meisten das nicht geleistet, was im
Nachhinein ihre Aufgabe gewesen wäre: dem preußischen
Militarismus Einhalt zu gebieten. Außerdem schien sie
dem Versuch im Weg zu stehen, wenigstens die einzige
Frucht zu pflücken, die der Krieg auch in der Niederlage
mit sich gebracht hatte: die Entschärfung der Klassendif -
ferenz und die Beteiligung aller, die im Zweifelsfall ihren
Kopf hinhalten mussten, an der Politik. Doch die zur Debatte stehenden Modelle, sei es die Räteverfassung oder
der Parteienstaat, konnten das Ersehnte nicht wirklich
einlösen. Die Änderung des Verhältnisses von Landtag
und Regierung bewirkte nicht eine wirklich volksnähere
Politik, und den Politikern wurde durch die Einbindung
als parlamentarischer Mehrheitsbeschaffer der Regierung
gerade diese Freiheit genommen.

Die alte Verfassung hatte viel mehr dem baierischen Wesen entsprochen, oder genauer ausgedrückt, der Realität, die im baierischen Wesen besonders zum Klingen kommt. Man wollte eine Regierung, die etwas Überirdisches hat, und ein Parlament, in dem die handfesten, eher lokalen als ideologischen Interessen vertreten werden. Die Bayerische Volkspartei (BVP) versuchte bis 1924 mit ihren Beamtenkabinetten noch ein Stück der alten Art der Gewaltenteilung fortzusetzen. Ihre Parteiführer wollten gar nicht das Amt des Ministerpräsidenten bekleiden. Anders als das Zentrum im Rest des Reiches, das den Sturz der 22 Dynastien, von denen 20 protestantisch waren, leicht verschmerzte und sich auf den Boden der neuen Verfassung stellte, hielten die bayerischen Katholiken an der alten Ordnung fest. Das begründete die parteiliche Trennung. In dem Münchner Kardinal Faulhaber, der den Umsturz als Auflehnung gegen Gott verstand, und dem Kölner Oberbürgermeister Adenauer, der ihn verteidigte, traten sich auf dem Münchner Katholikentag beide Positionen gegenüber.

Eisners »Volksstaat« und dann »Freistaat« Bayern Der Literat und Politiker Kurt Eisner, dessen Antikriegshaltung durch das Ausbleiben des erwarteten Sieges und die Erfahrung der gar nicht so heroischen, sondern nur mörderischen Seiten des Krieges von der Einstellung einer kleinen Minderheit zu der der Mehrheit geworden war, hatte einen Tag vor Scheidemann in Berlin die Republik ausgerufen und damit das Gesetz des Handelns an sich gerissen. Als Feind des preußischen Militarismus versuchte er, den Rätegedanken und bayerisches Unabhängigkeitsstreben zu verbinden. Zunächst proklamierte er Bayern als »Volksstaat«, das heißt demokratische Republik, später wählte er den Namen »Freistaat«, der sich bis heute gehalten hat.

Mit seiner These von der preußischen Kriegsschuld, zu deren Untermauerung er einen bayerischen Gesandtschaftsbericht vom 18. Juli 1914 - allerdings sinnentstellend gekürzt - herausgab, hat er freilich für Bayern nichts erreicht und den Alliierten Material für ihre Kriegsschuldthese geliefert. Eisner war damit nur Repräsentant vieler Deutscher, die von dem amerikanischen Präsiden ten Wilson, den sie für einen Idealisten hielten, einen fairen Frieden erhofften, und ein Vertrauensmann Wilsons hatte Eisner nahegelegt, entscheidend sei die moralische Wirkung eines vollen und offenen Bekenntnisses der Schuld der deutschen Regierung. Es sollte auch damals nur eine »moralische« Grundlage für die Vernichtung des deutschen Kulturimpulses gelegt werden. Die deutsche Schuld am 1. Weltkrieg gehört spätestens seit 1968 zum Glaubensbekenntnis des deutschen Selbsthasses, richtiger wird es dadurch nicht. Wenn es eine solche Kriegsschuld gibt, dann liegt sie schon viel früher in einer deutschen Selbstverfehlung. Die Deutschen hatten mit dem Modell Nationalstaat ein für sie unpassendes, westliches System angenommen, ohne eine Nation im französischen oder englischen Sinn zu sein. Sie waren eine Sprach- und Kulturgemeinschaft, deren Ausstrahlung in den slawischen Raum gerade durch unscharfe Grenzen gekennzeichnet war. Zu dieser Gemeinschaft gehörten Österreich, die Deutschschweiz und die Sprachinseln im Osten. Sie politisch territorial anzubinden, bedeutete Vergewaltigung der anderen in diesen Gebieten wohnenden Völker und hat die slawische Reaktion heraufbeschworen, ähnlich wie die deutsche Sehnsucht nach Nationalität eine Reaktion auf den französischen Expansionismus war. War der französische Griff nach der Macht in Europa getragen von der Ideologie der Aufklärung und der Revolution von 1789, so meinten die wichtigsten Intellektuellen des in den Krieg geschlitterten Deutschlands, den Ideen von 1789 Ideen von 1914 gegenüberstellen zu sollen. Ge - meint war Kultur statt Zivilisation, heldische statt händle - rischer Gesinnung, der Vorrang der Gemeinschaft vor dem Individuum und die Sinngebung des Einzelnen durch den Strom der Kultur.

Besonders deutlich hat der Ökonom Werner Sombart in seiner Gegenüberstellung von Händlern und Helden das Wesentliche formuliert: »Ich verstehe unter Händlergeist, diejenige Weltauffassung, die an das Leben mit der Frage herantritt: Was kannst du Leben mir geben? Die al - so das ganze Dasein auf Erden als eine Summe von Han - delsgeschäften ansieht, die jeder möglichst vorteilhaft für

Von Kriegsschuld und falschem Nationalstaat

sich mit dem Schicksal oder dem lieben Gott (....) abschließt.« Das deutsche Empfinden für die eigene Besonderheit ist gerade erst in der Kriegsliteratur Wort geworden, und deshalb gab es wirklich eine Selbstbesinnung in den Ideen von 1914. D. h., die Selbstfindung im Krieg machte Deutschland aus Sicht der Vormächte der Globa - lisierung noch viel gefährlicher, als es vorher als bloße Konkurrenz für die Führungsrolle Englands in der Weltwirtschaft gewesen war.

Müssen die Preußen helfen?

Die ersten Wahlen nach dem neuen Verhältniswahlrecht, bei denen zum ersten Mal auch die Frauen wahlberechtigt waren, brachten Eisner, der als Berliner, Linker und Jude für viele ein dreifaches Feindbild darstellte, eine vernichtende Niederlage, und er war auf dem Weg in den Land - tag, um seinen Rücktritt zu erklären, als ihn der Fanatiker Graf Arco, der damit hoffte, den »Schandfleck« seiner jü - dischen Abstammung (seine Mutter war eine von Oppenheim) von sich abzuwaschen, am 21. Februar 1919 er-

Der Mord, der in die Räterepublik mündete

schoss. Ohne diesen Mord wäre Bayern wahrscheinlich die Räterepublik erspart geblieben, die hauptsächlich der verzweifelte Versuch der Linken war, sich nicht ganz um die Früchte der Revolution bringen zu lassen. Doch waren keinerlei Konzepte vorhanden, wie die Sozialisierung durch - zuführen sei. Die Räterepublik war auch nicht der Aus - druck eines spezifisch bayerischen Anarchismus in der Tradition des baierischen Hiasl , sondern ihre Führer wa - ren der aus Russland stammende Jude Levien, der abstammungsähnliche Eugen Levine, der Berliner Anarchist Erich Mühsam und der aus Westpreußen stammende Li - terat Ernst Toller. Dass auch originelle Köpfe, wie der politische Mystiker Gustav Landauer und der Schwundgel - theoretiker Silvio Gesell hier ihre Ideen verwirklichen wollten, sagt wenig darüber aus, was aus der Räterepublik geworden wäre, wenn sie Bestand gehabt hätte.

Schließlich waren es aber gerade die Wirren der Räte - republik, die den SPD-Ministerpräsidenten Hoffmann zwangen, Reichshilfe anzufordern. Dass es preußischer Hilfe bedurfte, um die Revolution städtischer Intellektueller niederzuschlagen, versetzte dem bayerischen Selbstbewusstsein einen schweren Schlag. Es beeinträchtigte aber auch die Glaubwürdigkeit des bayerischen Auftretens zugunsten föderalistischer Rechte bei den Verhandlungen zur Weimarer Verfassung. So gingen auch die wenigen Separatrechte, die das Bismarckreich dem Königreich Bayern noch gelassen hatte, wie eigene Staatsbahn und eigene Post, verloren, und der Titel »Freistaat« war wenig mehr als ein Wort. Und auch die dafür angesetzte Entschädigung von über zwei Milliarden Goldmark wurden vom Reich oder dessen Rechtsnachfolgerin, der Bundesrepublik, nie bezahlt.

Die Räterepublik, vor allem in ihrer letzten, kommunistisch beherrschten Phase, hinterließ ein Trauma, das die konservativ-antisozialistische Reaktion so heftig ausfallen ließ wie in keinem anderen deutschen Land. Symptomatisch ist der Kommentar von Ludwig Thoma im Miesbacher Anzeiger zu den Morden an Kurt Eisner und Gustav Landauer: »In München haben wir doch mit der Hinrichtung des Eisner (…) den Nachweis geliefert, dass es uns nicht an Temperament fehlt. Die Berliner werden auch dankbar anerkennen müssen, dass wir ihnen den Landauer durchgetan haben.«

Das Trauma Räterepublik

Hitler, der jede antipreußische Haltung als separatistisch verdammt, schreibt 1924, dass auch die Münchner Räterepublik davon profitiert habe, dass sie sich als gegen Berlin gerichtet verkaufte, aber für ihn ist Eisner kein wahlbayerischer Patriot, sondern nur ein Erfüllungsgehilfe des Weltjudentums, der sich bayerischer Ressentiments bedient.

Die Beisetzung des im ungarischen Exil verstorbenen Ludwig III. im Jahr 1921 verschaffte Gustav von Kahr, der im März 1920 zum Nachfolger von Hoffmann gewählt worden war, eine weitreichende Ausstrahlung als eine Art Reichsverweser und Garant für die einstige Wiederkehr besserer Zeiten. Er trat zwar schon 1921 wieder zurück, weil er sich in der Frage der Einwohnerwehren nicht gegen die Reichsregierung durchsetzen konnte, die in Er-

füllung des Versailler Diktats deren Auflösung angeord-
net hatte; aber gerade dadurch wurde er im Volk die Verkörperung einer scheinbar festen Haltung. Doch von
Kahr war ein Altkonservativer ohne Gestaltungskraft, eigentlich kein Politiker, sondern ein Verwalter. Sein Vorbild war am ehesten der »Reichsverweser« Admiral Hor-
hty, der in Ungarn eine Monarchie ohne König errichtet
hatte, und er liebäugelte mit einer Donauföderation. Aber
zu einer wirklichen Separationspolitik, zum Trennungs-
strich gegenüber den Großdeutschen konnte er sich nicht
entschließen, und es hätte dafür auch keine Mehrheit gegeben. Das bayerische Sonderbewusstsein war nicht mehr
stark genug, als dass man es nicht als schofel empfunden
hätte, gerade in der Stunde der Not die verhängnisvolle
Nibelungentreue zu brechen. Kahr und Hitler hatten nur
die Feindbilder gemeinsam: die »Erfüllungspolitiker« in
Berlin und den mit dem Etikett »jüdisch« belegten Geist
der Moderne. Ihre Alternativen waren grundverschieden:
ständisch-regionalistische Monarchie versus nationalis-
tisch-völkische Diktatur.

Ohne die Deutsch-Nationalen oder Völkischen aber
war eine Auseinandersetzung mit der Reichsregierung
nicht zu gewinnen. Schon allein deshalb musste von
Kahrs Politik symbolisch bleiben. Der Krieg hatte, wie es
Ludwig II. schon vom 1870er Krieg beschrieben hatte,
nun erst recht geistig uniformierend gewirkt. Er hatte
eine nationale Schicksalsgemeinschaft heraufbeschworen, der gegenüber bayerisches Unabhängigkeitsstreben
folkloristisch und vorgestrig wirken musste. Den Völkischen aber war von Kahr nicht geheuer. Zur Auslösung
Putsch statt des Putsches vom 9. November 1923 trugen nicht zuletzt
neuer Gerüchte bei, denen zufolge Kahr für den 5. Jahrestag der
Monarchie Revolution die Ausrufung der Monarchie plante. Dem
wollte Hitler zuvorkommen. Wenn Hitler in seinem Un-
fehlbarkeitsstreben später seinen Putsch als trotz des
Scheiterns nicht verfehlt ausgab, weil damit die Gefahr
des bayerischen Separatismus gebrochen worden sei,
dann ist das zwar abenteuerlich, enthält aber trotzdem
ein Körnchen Wahrheit. Kahr und Hitler standen für ent-
gegengesetzte Optionen. Kahr war Konservativer auch in

dem Sinn, dass er die angestammte Eigenart auch um den Preis politischer Machtlosigkeit erhalten wollte. Ein Wiederaufstieg Deutschlands zur Weltmacht war auch nach dem damaligen Dafürhalten eines demokratischen Politikers wie Willy Hellpach nur möglich um den Preis stärkerer Uniformierung. Die Deutschen, so meinte er, könnten »sich konservativ entscheiden, so zu bleiben, wie sie in den letzten Jahrhunderten waren und auf das Politischwerden verzichten«. Darin liege die Chance, »dass sie damit große Werte der deutschen Art bewahren, die sie bei einer Entscheidung für die Politisierung opfern müßten«, und dafür auch die Zerstückelung Mitteleuropas in einen Haufen Kleinstaaten in Kauf nehmen, die politisch nur Objekte der Welthändel sein könnten. Aber auch dies sei keine Garantie. Möglich, dass diese Eigenart ohnehin unrettbar, weil »mit dem Siegeszug der Maschinenzivilisation schlechterdings unverträglich ist«. Hitler, der der Maschinenzivilisation ohnehin positiv gegenüberstand, optierte für die aktivistische, von Kahr, wie die überwältigende Mehrheit der Bayern, für die konservative Version.

Denn der Ausstieg aus dem Rennen um Macht und Gewinn zugunsten von Gemütlichkeit und Werten ist etwas zutiefst Baierisches.

Etwas zutiefst Baierisches

Bayerische Eigenart im 20. Jahrhundert

Um zu verstehen, unter welchen Bedingungen bayerische Eigenart im 20. Jahrhundert bestehen kann, müssen auch die Gegenkräfte verstanden werden. Der Nationalsozialismus ist nicht nur Zerstörer bayerischer Selbständigkeit, er ist in seinem Wesen Verneinung von Liberalität, Nichtdualismus und qualitativem Denken gleichermaßen. Wie aber kommt es, dass er ausgerechnet in Bayern zuerst sein Haupt erhob? Es sind dieselben Gründe, aus denen in Bayern die Monarchie einen Tag früher stürzte und weshalb 1945 München die einzige größere Stadt war, in der es mit der Freiheitsaktion Bayern einen Versuch gab, den »Endkampf« abzubrechen: die mangelnde preußische Organisiertheit.

Der Putsch von 1923 hatte zum Hintergrund, München nicht nur als Hauptstadt der »Ordnungszelle Bayern« (die in Wirklichkeit eher eine Unordnungszelle war, in der Rechtsterroristen im Polizeipräsidium, die im Volksmund »Mörderzentrale« hieß, falsche Pässe beka-

Die Triebe der Romantik beginnen braun zu werden

men), sondern auch als Hauptstadt der braun gewordenen Triebe der ehemals grünen Romantik- und Lebensreform. Schon mit Riehl ist ja in gewisser Weise der romantische Neuaufbruch museal und auch akademisch geworden. Unter Bayerns letzten Königen bereits hatte das romantische Wurzelwerk zu faulen begonnen, Ludwig II. musste sich für seine romantischen Triebe von München verabschieden, wo bei aller Gebremstheit sich doch die neue Wirklichkeit ihren Weg bahnte. Ludwigs Nachfolger verkörperten die Unfähigkeit, noch einmal das Himmel-blau stark zu machen gegen den überhand nehmenden Schmutz eines immer unverhüllteren Mammons.

Die romantische Bewegung verliert sich in zwei Etappen. Da ist einmal die Veräußerlichung im ersten Weltkrieg. Der Gegner wird nach außen projiziert: Französische Dekadenz, englischer Händlergeist, amerikanische Seelenflachheit und russische Barbarei haben sich, so meint man, zum Endkampf der bloßen Zivilisation gegen die Kultur verschworen. Das erklärt den Umschwung vom Kulturpazifismus des Jahrhundertanfangs, der sich die Barbarei eines Krieges in Europa gar nicht mehr vorstellen konnte, zur Verehrung der Kruppkanone zum Allheilmittel im Kampf der Kultur gegen die Zivilisation.

Die zweite Etappe dieser Sackgasse beginnt 1918, weil nach der Niederlage diese Projektion aufrecht erhalten wird, ja, sie scheint sich sogar zu bewahrheiten, indem die Westmächte allzu deutlich Machtinteressen mit abstrakten, moralisch klingenden Phrasen wie Selbstbestimmungsrecht der Völker, das aber für die Deutschen in Oberschlesien und Deutschösterreicher nicht gilt, und dem Kriegsschulddogma bemänteln.

Entsprechend der nicht mehr klaren äußerlich bestehenden Frontlinie wird das Feindbild nun auf einen diffusen Gegner bezogen. Alle Züge des Abgelehnten schießen nun zusammen im Bild des Juden. Antisemitismus gab es auch vorher schon, doch nun symbolisiert der Jude alles, was die Welt ungemütlich zu machen droht. Der »Jude« bezeichnet etwas, was nur schwer auf einen Begriff zu bringen ist, nämlich, was die Feinde des ersten Welt-kriegs gemeinsam haben. Hitler zeigt dabei nur die bruta-lisierte Version eines Empfindens, das damals breit vor-handen war, eine Version freilich, die zutiefst angekrän-kelt ist von jenem Weltverhältnis, für das der Jude als Symbol zustehen hatte: Materialismus und Biologismus ohne Blick für das Individuelle; sie lassen sich nutzen zur Zerschlagung der alten Sozialformen. Hitlers »große Göt-tin« ist die Natur, aber eine darwinistisch zur grausamen Königin verzerrte Natur. So ist der Nationalsozialismus zu einer Revolte gegen die Transzendenz überhaupt ge-worden. Durch eine Projektion des Abgelehnten auf eine Rasse wird die Verbindung von antimodernistischem Ressentiment mit preußischem Untertanengeist möglich.

Man kann unterscheiden: eine strukturkonservative Richtung, die zurück will zu den Zuständen vor 1914 mit ihrer Sicherheit und Zuversicht; eine militaristische, die zurück will zum Zustand von 1914; und eine elitistische, die eine völlig neue Gesellschaft formen will. Die erste, die durch von Kahr verkörpert wird, hat kaum realistische Handlungsperspektiven, die zweite, die von Ludendorff ver-körpert wird, will Deutschland so schnell wie möglich wieder kriegsfähig machen, die dritte zerfällt in eine völ-kisch-rassenhygienische Richtung, die ein Jahrhundert-werk vor sich sieht, und in eine, die über Führungsauslese aus dem vorhandenen Menschenmaterial zu schnellem Erfolg kommen will.

Hitler hat nach 1923 eingesehen, dass mit der gefühls-mäßig antisemitisch-antimodernistischen »Bewegung« kein Staat, ja nicht einmal ein Putsch zu machen war. Er setzte nun auf andere Kräfte: Ein klares Bekenntnis zur alldeutschen Tradition, zur Kruppkanone und zum Groß-kapital prägten den Nationalsozialismus nach 1925. Die Perspektivlosigkeit der Strukturkonservativen, die per-sönliche Schwäche Ludendorffs und die Kombination von völkischem Programm mit gerade nicht elitärer, sondern massenbeglückender Haltung machen Hitler zur führen-

Bekenntnis zur Krupp-kanone

den Kraft auf der Rechten. Dieser »zweite Nationalsozialismus« marschiert 1933 in Gestalt des Ritters von der traurigen Gestalt, des Freikorpsführers Ritter von Epp, von außen in Bayern ein. War Epp 1919 als Befreier von den Umtrieben der Räterepublik in München eingezogen, so nun als Totengräber der bayerischen Eigenstaatlichkeit. Hitler andererseits sah seine Machtergreifung als eine von Süden her. Nicht nur erklärt er sich bei der Grundsteinlegung zum Haus der Kunst - als Ersatz für den Glaspalast - zum Fortsetzer der Tradition von Ludwig I., sondern am 12. August 1933 auch zum Vollender der Absichten von Ludwig II., indem er »die erbärmliche parlamentarische Mittelmäßigkeit« beseitigt habe. Allerdings verdrängte er hierbei einen wesentlich bayerischen Zug: nämlich in der Kultur einen Ersatz für politische Größe zu sehen.

Der Totengräber bayerischer Eigenstaatlichkeit

Bayern war nicht das Zentrum der Bewegung, jedenfalls nicht des Nationalsozialismus, dem die Machtergreifung gelang. Der nationalsozialistische Geist hatte sich den Preußenkönig Friedrich als Gallionsfigur erwählt. Kalt, strahlend, preußisch sollte es zugehen. Die baierische Mentalität war dafür wenig geeignet. In München gab es mehr als im Norden Mitleidsäußerungen gegenüber Juden, nachdem diese 1941 den Stern tragen mussten. Der Nationalsozialismus, der 1923 als Kopie von Mussolinis Marsch auf Rom einen Marsch auf Berlin versuchte, war noch etwas anderes. Die Säuberungsaktion des sogenannten Röhmputsches von 1934 hat der 2003 verstorbene Historiker Friedrich Prinz einmal als »Entbajuwarisierung des Nationalsozialismus« bezeichnet. Dass es die Oberlandler Einwohnerwehren nicht allein schafften, mit dem roten Spuk in München fertig zu werden und Reichshilfe und das Freikorps Epp anfordern mussten, ist symptomatisch für die Orientierungslosigkeit und Schwäche des königslosen Bayern und findet seine Konsequenz in der zweiten Besetzung Münchens durch Epp 1933.

Hitler selbst war bajuwarischen Stammes, wie man in der Propaganda gerne betonte, um nicht deutlich festzulegen, ob er als Reichsdeutscher oder Österreicher zu bezeichnen wäre.

Hitler, der auf dem berühmten Plakat neben Hindenburg stehend nicht nur den Ausgleich zwischen kaiserlicher Elite und gemeinem Mann sondern auch zwischen Nord und Süd zu verkörpern versuchte, stand für ein proletarisiertes, weltanschaulich entwurzeltes Bayerntum. Er bewundert die Kirche mit ihrer Prachtentfaltung, aber er kann nicht mehr an sie glauben. Den Weg zurück zur Naturanbetung sucht er, aber an die Stelle einer lebensspendenden Allmutter tritt bei ihm eine funktionalisisch reduzierte Natur vulgärdarwinistischer Betrachtung. Daraus wird die Verherrlichung des Kampfes als Hersteller der Gerechtigkeit, die eben das Recht des Stärkeren ist. Der Hitlerismus ist nicht Radikalisierung des bayerischen Konservativismus, sondern das Ergebnis davon, dass diesem sein Objekt abhanden gekommen ist. Die Instanzen, die die Kultur gegen die Zivilisation hätten bewahren sollen, haben versagt.

Die Verherrlichung des Kampfes als Hersteller der Gerechtigkeit

Auch der Nationalsozialismus hat noch Elemente der Erfahrungsreligion, aber sie wirken im Kontext dieses gigantischen Weltbemächtigungsunternehmens auf den unbefangenen Beobachter skurril. Dazu gehört der Totenkult und auch der Totenkopf, der eigentlich nicht als Zeichen der Zerstörung gemeint war, sondern als Erinnerung an den Kreislauf des Lebens.

Bemerkenswert ist zum Beispiel, dass Hitler seinem Architekten Speer zwar einerseits den Befehl gab, die geplanten Monumentalbauten in Granit als dem beständigsten Material auszuführen, ihn andererseits aber auch Zeichnungen von einem künftigen Ruinenstadium anfertigen ließ, sich also Gedanken machte, wie sein tausendjähriges Reich sich für die Archäologen in 2000 Jahren ausnehmen würde.

München wird aber für die Nazis zur Stadt der Erinnerung an die Kampfzeit und des Totenkults. Das Kunststadt-Image wird in protziger Weise gepflegt. Aber auch die Tradition Münchens und Bayerns als Hort der Liberalität geht auf ihre Weise weiter, nicht nur dass, wenn man den »Berichten aus dem Reich« des NS-Geheimdienst glauben darf, in München das Unverständnis über die entwürdigende Behandlung der Juden größer ist als an -

derswo. Selbst die Partei hat in München ein etwas anderes Gesicht. So wurde gerade das »Braune Haus« als Sitz
des Stabes Hess zum Ansprechparter und Hoffnungsträger dessen, was »NS-Perestrojka« genannt worden ist.
Dass Rudolf Hess, wenn auch kein Liberaler, so doch ein
Nationalsozialist mit Achtung vor geistiger Freiheit war,
zeigt deutlich seine Entscheidung im Fall des mutigen
NS-Gegners Theodor Litt, den er in seinem Amt als Hoch-
schullehrer zu belassen anordnete. Das Amt Hess versuchte auch lebensreformerische Gruppen vor dem Verbot zu bewahren, darunter auch die Anthroposophen.
Sein Mitarbeiter in diesen Angelegenheiten, Schulte-
Strathaus, wurde nach Hess' Englandflug von Mai 1941
bis März 1943 inhaftiert, weil Hess' Gegner in der Partei,
insbesondere Himmler und Bormann daran glaubten
oder zumindest in die Welt setzten, Hess sei durch den
Einfluss von Homöopathen, Anthroposophen und anderen »Quacksalbern« um seinen Verstand - gemeint war
der Glaube an den Endsieg - gebracht worden. Gerhard
Krüger, Beauftragter für Hochschulfragen im Stab Hess,
ermöglichte es, dass in der Festschrift »Deutsche Wissenschaft Arbeit und Aufgabe Geburtstagsgabe für Adolf Hitler 1939« eine heftige Kritik an dem jämmerlich opportu-
nistischen Kant- und Hegel-Epigonentum auf deutschen
Lehrstühlen der Philosophie, ja sogar namentlich an Alfred Baeumler, der im Amt Rosenberg eine engstirnige
Zensur ausübte, stehen konnte. Zu den von Hess Geför -
derten gehörte auch der »Reichslandschaftsanwalt« Al -
win Seifert, dessen naturschützerische Erfolge in der NS-
Zeit heute gerne kleingeredet werden, weil sie nicht ins
Bild passen, dass Naturschutz und Demokratie zusammen -
gehören. Frustriert schreibt ein RWE-Mann bezüglich der
Führung von Hochspannungsleitungen: »Maßgebend ist
nur noch die Dienststelle Todt bzw. das Amt für Technik
der NSDAP in München (...) Es erscheint die Wünsche
dieser Herren weitestgehend zu berücksichtigen und künf-
tige Leitungstrassierungen nur nach vorheriger Befah -
rung mit Prof. Seifert (...) durchzuführen«. Das fällt mit
Seiferts selbstbewusster Aussage zusammen: »Es fielen
alle Pläne unter den Tisch, bei denen der Gewinn an

Der Nestor der wissenschaftlichen Landschafts-Ökologie, Professor Wolfgang Haber, differenzierte 1991 Seiferts Erfolge und Misserfolge:»Während beim Gewässerausbau leider die einseitig technische Bauweise allmählich wieder die Oberhand gewann und erst in den letzten Jahren ein Umdenken in Richtung Renaturierung einsetzte, ist bei der Landschaftsge - staltung der Autobahnen die Leitlinie von Alwin Seifert erhalten geblieben. In der Tat unterscheiden sich die deutschen Autobahnen im Vergleich zu den Autobahnen anderer europäischer Länder sehr vorteilhaft«. Seifert selbst war bezüglich der Autobahnen sehr viel skeptischer. 1937 kam es zu einem zeitweiligen Zerwürfnis Seiferts mit seinem Chef Todt: Seifert möchte den jeweiligen Charakter der Landschaft zum Ausdruck bringen, während es Todt um die Betonung der nicht nur alle Gaue verbindenden sondern imperial alle Unterschiede überformenden und einschmelzenden großen Linie geht. Aus der Sicht Todts ist die Autobahn Triumph des Menschen über die Landschaft, die sie »wie ein Blitz durchzuckt«. Seifert dagegen schreibt an Todt:»Die Betonung von Pracht und Größe der neuen Straße wird, auf tausende von Kilometern übertragen, zu einer Öde führen, die der allerdings nicht empfindet, der nur solange am Steuer seines großen Wagens sitzt, als es ihm Vergnügen macht und sich dann von seinem Fahrer ablösen läßt.« Landschaftliche Eingliederung bedeutete für ihn Trassenführung mit möglichst geringer optischer Zerschneidung, meist in großen Kurvenschwüngen, standortgerechte Bepflanzung: Der Volkswagen fahrende Volksgenosse sollte im Durchfahren Deutschlands ein Gefühl für die unterschiedlichen Landschaftsindividualitäten bekommen. Das ist der Grund, weshalb z. B. die Autobahn München-Salzburg in der Schotterebene schnurgerade, im Hügelland dann in großen Schwüngen ge - führt wird und den Irschenberg als Aussichtspunkt mitnimmt, obwohl er zu umgehen gewesen wäre. Sogar das zeitweilige Zerwürfnis von 1937 hat seine Spur in der Landschaft hinterlassen: Hinter Traunstein wird die Autobahn gerade weitergebaut. Dass der heute unausgesetzte Lärmteppich der Autoahn den Irschenberg ruiniert, konnte sich Seifert damals nicht vorstellen, und erst in den Fünfziger Jahren sah er ein, dass Autobahnen eine Landschaftspest werden würden. So zog er 1958, als sich die Baubehörde bei der Planung der Autobahn München-Lindau auf ein Gutachten stützte, das er zu Reichsautobahnzeiten verfasst hatte, dieses in einem Brief an die Oberste Baubehörde zurück:»Schien es damals noch richtig, dem Benutzer der Kraftfahrbahnen die schönsten deutschen Landschaften zugänglich zu machen, so gilt heute genau das Gegenteil. Jedes Heranführen größerer Massen von Stadtbewohnern in noch schöne Landschaften führt dazu, dass diese zerstört werden«.

Energie den Verlust an Landschaft oder nur an Gleichgewicht in der Landschaft nicht eindeutig aufwog.«

Es ging dem Nationalsozialismus um die Gründung einer »Kirche« mit biologistischem Glaubensbekenntnis, aber auf einer anderen Ebene auch um Sinnstiftung durch Wiederverwurzelung. Der Nationalsozialismus ist primär das Versprechen, die Wunden des Ersten Weltkriegs zu heilen, das heißt, dem Bürger wieder ein Projekt zu geben, mit dem er sich identifizieren kann. Davon ist Wiederherstellung der außenpolitischen Machtstellung nur ein Teil, der andere die Überwindung der nach dem Wegfall der Frontkameradschaft wieder schmerzlich aufgebrochenen Klassenspaltung und der gerade im Verheizen der Menschen in Materialschlachten offensichtlichen Gleichgültigkeit gegenüber dem Einzelnen. Hitler zog als eigenartige Konsequenz nicht die Schonung des Einzelnen, sondern die Wiederholung des großen Opfers, diesmal besser geplant und für größere Zwecke. Doch dem steht entgegen, dass die nationalsozialistische Herrschaftspraxis gerade als Modernisierungs- und Mobilisierungsschub wirkte und mit ihrer Zersetzung traditioneller Bindungen an Region und Religion, Familie und Korporation dem Liberalismus vorarbeitete.

Beschäftigung mit dem »selbstvernichtenden Zug« des Abendlandes

Die weltgeschichtliche Sonderstellung des Nationalsozialismus besteht nicht sosehr in der Zahl der Opfer, darin ist er vom Stalinismus und noch mehr vom Maoismus übertroffen worden, sondern darin, dass er die abendländische Dynamik entlädt, indem er sie gegen sich selbst kehrt, oder, anders gesagt, ihren selbstvernichtenden Zug offenlegt. Das ist der tiefere Grund, warum die Beschäftigung mit ihm nicht enden kann, wenngleich die bisweilen künstlich offen gehaltene Wunde kontraproduktiv wirkt: Deutschland kann den Nationalsozialismus nicht als Tradition akzeptieren, weil er als das schlechthin Böse verteufelt wird, muss ihn aber doch mit übergroßem Stellenwert im Geschichtsbewusstsein behalten. Alles, was im Geschichtsbewusstsein ist, ohne Tradition werden zu können, wirkt, wie schon Nietzsche gesehen hat, zersetzend. So wirkt auch hier der Nationalsozialismus doppelt zersetzend, durch das, was er selbst an Traditionszerstörung

angerichtet hat und durch das, wofür er den Traditions-
feinde die Rechtfertigung gegeben hat.

Am Verständnis des Nationalsozialismus zeigt sich,
dass die Kategorien, in denen die bayerische Geschichte
hier ausgelegt wird, keine partikularen oder gar nostalgi-
schen sind, sondern menschheitliche.

Wenn wir die Bestimmungsmerkmale des Menschen
als Werkzeug, Bild und Grab bezeichnen, dann kommt in
der abendländischen Geschichte eine sich in der Moderne
exponentiell beschleunigende Tendenz zur Hypertrophie -
rung des instrumentellen Pols und einer Verkümmerung
des religiösen zum Ausdruck. Die bayerische Eigenart ist
zu erklären als Festhalten am religiösen Pol der Wirklichkeit, nicht in der Art eines Bekenntnisses, sondern in der
Art der Rückbindung alles Instrumentellen in ein Lebens -
gefühl.

Bayerische Eigenart: Festhalten am »religiö- sen Pol der Wirklich - keit«

Der Nationalsozialismus ist im vollen Sinne des Wortes revolutionär, indem er auf einen neuen Menschen
zielt, freilich in radikalem Gegensatz zum Sozialismus gerade nicht auf einen kulturell gezähmten Menschen, son -
dern auf die »blonde Bestie«. Damit ist freilich nicht - wie
in der kommunistischen Utopie - die Geschichte (als Geschichte von Kämpfen) irgendwann zuende, vielmehr
wird das Kämpfen als Wesen der menschlichen Existenz
gesetzt und radikal bejaht, das heißt, das, was der Konservative nur als unausrottbares Übel sieht, das in Kauf zu
nehmen ist, da jeder Versuch, es abzuschaffen, es nur in
schlimmerer Weise wieder bringt, das erscheint als das
eigentliche Wesen des Menschen.

Die neuzeitlichen Ersatzreligionen und Säkularisie -
rungsprodukte des Christentums haben alle die Struktur,
dass sie zerstören, was sie auf ihre Fahnen schreiben:
Beim Sozialismus ist es Gemeinschaftlichkeit, die in Bü -
rokratie erstickt, beim Liberalismus Freiheit, die im
Selbstverkaufszwang endet, beim Faschismus die Mitte-
bildung zwischen beiden, die in der Verabsolutierung des
Behauptungswillens erstickt. Die postchristlichen Groß-
ideologien Marxismus, Faschismus und Liberalismus
scheitern so alle genau an dem Punkt, den sie besonders
betonen: Der Marxismus betrachtet die materielle Pro -

Die Struktur- fehler der neuzeitlichen Ersatzreligi- onen

duktion als das Zentrum der Gesellschaft, und genau an dem Unvermögen, sie zu steigern, scheitert er; der Faschismus schreibt sich die Identität Mitteleuropas gegen amerikanischen und bolschewistischen Materialismus auf die Fahnen, und zerstört nicht erst durch seine Niederlage, sondern schon durch seine Vergewaltigung der gewachsenen Strukturen diese; der Liberalismus schließlich, der die individuelle Freiheit aufs Panier erhoben hat, bringt einen globalisierten Selbstverkaufszwang hervor, der Freiheit von direkt herrschaftlichen Bindungen zur Freiheit den Arbeitsplätzen nachzuziehen verkommen lässt. Die Menschenrechtsideologie schließlich, über die der Westen sich nach Vietnam zunehmend definiert, will das Individuum stärken. Im Namen der Menschenrechte werden aber Kulturen uniformiert und dadurch Menschen ihrer Identität beraubt. Im Namen der Individualisierung schließlich wird die Identität der Persönlichkeit zersetzt, bis ein Funktionär seiner eigenen Rollen übrig bleibt, wie ihn heute die Ideologen der Postmoderne preisen.

Dass Konservative, wenn auch in Bayern weniger als anderswo, in Hitler einen Verbündeten sehen konnten, war eine schwere Fehleinschätzung, aber immerhin noch verständlich. Sogar ein mutiger Pazifist wie Ludwig Quidde hatte seine Friedensbeteuerungen für ehrlich gehalten. Dass sie aber auch nach 1945 nicht erkannten, dass der Nationalsozialismus nicht nur der leninistischen, sondern auch der liberalistischen Ideologie der Massenbe - glückung in entscheidenden Punkten verwandt ist, ver - hinderte einen wirklichen konservativen Neuansatz.

Symbolischer Weißferdl ... Symbolisch für die Ambivalenz ist die bei Oskar Daumiller überlieferte Szene, in der der Weißferdl nach seiner Einstufung als Mitläufer und nachdem er sich erkundigt hat, ob er jetzt endgültig und unwiderruflich entnazifi - ziert sei, sagt: »Na dann ist es ja in Ordnung, Heil Hitler! Herr Vorsitzender.«

Aushöhlung und politische Spaltung
nach 1945

Nach 1945 war es zunächst nicht mehr Preußen, das Bayern an einer Besinnung auf die eigenen Wurzeln hinderte. Freilich fehlte zur Besinnung angesichts von Millionen obdachloser Menschen, zerstörter Städte und Flüchtlingselend auch die Muße. Zudem behinderte die amerikanische Besatzungsmacht die Reorganisation einer authentischen politischen Vertretung Bayerns. Sie verbot die »Bayrische Heimat-und Königspartei« (BHKP) Anfang Mai 1946 nach einer Rede ihres Vorsitzenden, des Münchner Chirurgen Max Lebschee (der in der Endphase des Krieges zusammen mit dem gleichfalls aus Glonn stammenden Fliegergeneral Karl Koller Ravenna vor der Zerstörung bewahrt hatte), weil sie Gottesgnadentum statt Volkssouveränität und Verwirklichung der christlichen Weltordnung statt Pluralismus der Weltanschauungen vertrat. Hauptdrahtzieher des Verbots war der US-Historiker Walter L. Dorn, für den alles rechts von der SPD faschistisch war. Auch war eine Spaltung des bürgerlichen Lagers nicht im Sinn der Amerikaner. Dazu kam das Betätigungsverbot für Fritz Schäffer vom Mai 1946 bis November 1947. Der BVP-Mann Schäffer, der 1933 vollmundig erklärt hatte, ein im Auftrag Hitlers von Berlin entsandter Reichskommissar für Bayern würde an der Grenze verhaftet werden, war im Mai 1945 zwar zum ersten Ministerpräsidenten nach dem Krieg berufen worden, hatte aber bereits im Herbst das Vertrauen der Amerikaner wieder verloren und stand im Ruf, zu bereitwillig mit ehemaligen Nazis zusammengearbeitet zu haben.

Mit Hoegner wurde nun ein strammer Antifaschist installiert. Er selbst hatte nach dem Hitlerputsch 1923 im Bayerischen Landtag einen Untersuchungsausschuss beantragt, sein Nachfolger Ehard war Staatsanwalt im Hitlerputschprozeß gewesen, von Hitler als damals »anständig« unbehelligt geblieben wie auch der Polizist, der ihn in Uffing verhaftete und zu dem er gesagt haben soll: »Tun Sie ihre Pflicht.« Ludwig Ehard wurde Hoegner von

Hoegner
wird
installiert

der Besatzungsmacht als Wirtschaftsminister aufgedrängt. Hoegner war freilich durchaus auch bayerischer Patriot, sein Verfassungsentwurf sah nicht nur ein Recht auf Arbeit, sondern auch auf freien Zugang zu den Natur - schönheiten und Kulturgütern vor (was uns bis 2004 sonntags freien Eintritt in den staatlichen Museen bescherte) sowie einen bayerischen Staatspräsidenten oberhalb des Ministerpräsidenten, was als Platzhalter der Monarchie vor allem vom altkonservativen Flügel der CSU unterstützt wurde und nur mit einer Stimme scheiterte. Insgesamt muss man sagen, dass in Bayern wie überall die zukünftige Politik dadurch negativ vorgeprägt wurde, dass nur Menschen als Politiker in Frage kamen, die ers - tens »unbelastet« waren, zweitens sich die oft brüsken Eingriffe der Besatzungsmacht gefallen ließen, ohne hinzuschmeißen. Das beförderte von vorneherein in der BRD einen gewissen politischen Opportunismus.

Sonntags frei ins Museum, fast ein Bayerischer Staatspräsi - dent und ein gewisser Opportu- nismus

Die Besatzungsmacht verweigerte auch der Bayerischen Demokratischen Union die Lizenzierung mit dem Hinweis, die Errichtung eines eigenständigen Bayern liege nicht im Interesse der Besatzungsmacht. Die Amerikaner veröffentlichten auch erst viel später eine Umfrage, wonach damals die Mehrheit der Bayern die Konsequenz der zweimaligen Katastrophe eines preußisch-deutschen Zentralismus darin sah, es nicht noch einmal mit einem deuschen Einheitsstaat zu versuchen. Während des 2. Weltkriegs hatten Churchill und der amerikanische Au - ßenminister Hull mit der Idee gespielt, im Süden des zu teilenden Deutschen Reiches ein neues lebensfähiges Staatengebildee als Donaukonföderation etwa mit Bayern Österreich, Südtirol und evtl. Ungarn entstehen zu lassen.

Der Plan von einer »Donaukon - föderation« und seine möglichen Folgen für das Deutschtum

Wäre der Morgenthauplan verwirklicht, aber ein süddeutscher Staat mit Bayern, Österreich und Südtirol gebildet worden, stünde heute das Deutschtum anders da. Vielleicht würde sich in einem Europa der Regionen ein solcher Staat nicht mehr deutsch nennen, aber er würde vielmehr das bewahren, was am Deutschtum positv war. Vielleicht hätte es weniger Wirtschaftswunder, dafür aber mehr Rückbesinnung auf das Land der Dichter und Denker gegeben.

Indirekt kam aber die antibayerische Politik der Amerikaner der schließlich doch lizenzierten Bayernpartei (BP) zugute, denn sie war die einzige große Partei, die keine Lizenz mehr brauchte und von Anfang an gegen diese polemisierte. Die vorher lizenzierten Parteien, darunter auch die CSU, wurden üblicherweise als »Lizenzparteien« und damit als treue Vollstrecker des Besatzerwillens bezeichnet. Andererseits bewirkte das verspätete Auftreten der Bayernpartei, dass die Kirche sich bereits auf die CSU festgelegt hatte. Damit war der Moment für ein Zusammengehen von bayerischer Tradition und Katholizismus versäumt. Hätte es eine echte Konkurrenz verschiedener Ansätze eines bayerischen Konservativismus gegeben, so hätten zentrale Punkte nicht so leicht an die Modernisierungsgewinnler verschachert werden können, wie es insbesondere seit F. J. Strauß geschah.

BP und CSU - die fehlende »echte Konkurrenz«

Der spätere BP-Vorsitzende Josef Baumgartner (1904-1964) hatte schon als CSU-Landwirtschaftsminister der noch von den Amerikanern nach der Entlassung Schäffers eingesetzten Regierung Högner und seines aus freien Wahlen hervorgegangenen Nachfolgers Ehard den Mut, nicht nur für die Interessen der bayerischen Bauern, sondern auch gegen die Besatzungsmacht aufzutreten. Im April 1947 formulierte er als erster deutscher Politiker eine Mitschuld der Westmächte am Aufstieg Hitlers und forderte, da es keine Kollektivschuld gebe, sei auch der Kollektivhunger ungerecht.

Die bayerische Verfassung von 1948 beginnt zwar »Eingedenk seiner mehr als tausendjährigen Geschichte« gebe sich das bayerische Volk eine Verfassung, doch es waren 1949 die drei westlichen Besatzungsmächte, die dafür sorgten, dass das mit 101 gegen 64 Stimmen deutliche Nein des Bayerischen Landtags zum Grundgesetz keine Konsequenzen hatte, da sie festgelegt hatten, das Grundgesetz müsse für die gesamten bisherigen Westzonen gelten, wenn zwei Drittel der Länderparlamente es gebilligt hätten. Das Grundgesetz ist die Ersetzung der Volkssouveränität durch die Unanfechtbarkeit der Verfassung, deren Praxis die Entscheidung aller grundsätzlichen Fragen durch das Verfassungsgericht statt durch die Politik

Folgenloses bayerisches »Nein« zum Grundgesetz

darstellt. Nun kann man freilich eine Beschränkung der Volkssouveränität, wie sie ja z. B. auch in der konstitutionellen Monarchie stattfindet, bejahen. Das Argument, dass Mehrheitsentscheidungen Grenzen haben sollen, ist durchaus einsichtig, allerdings ist eine solche Begrenzung nicht durch einen Text möglich, der selbst Produkt von Verhandlungen und Abstimmungen war. Dazu kommt, dass sich im Lauf der letzten 50 Jahre die Auslegung zentraler Verfassungsgrundsätze unter der Hand geändert hat. So spielt heute in den Auslegungen des Bundesverfassungsgerichts das »Sittengesetz« so gut wie keine Rolle mehr, an seine Stelle ist die Selbstbestimmung getreten, wie an die Stelle der Verantwortung vor Gott und den Menschen die Eigenverantwortung, die für die meisten eine Überforderung ist

Entwurzeltes Wirtschaftswunder Ein anderer Faktor der Amerikanisierung, der vielleicht wichtiger war als alle planmäßige Umerziehung, wird selten gesehen: Das Wirtschaftswunder ist ein direktes Produkt der Entwurzelung wie dies auch frühere Wirtschaftsaufschwünge waren. Der spezifisch kapitalistische Geist entwickelte sich in England, wo die Calvinisten durch Ausschluss von Staatsstellen in die unternehmerische Tätigkeit gedrängt wurden. Auch anderswo ist das zu beobachten: in Preußen die Hugenotten, vielerorts später auch Juden. Es ist sehr plausibel, dass das deutsche Wirtschaftswunder nach 1948 auf innerlich und geographisch heimatlos gewordene Menschen zurückgeht, auch auf ein Flüchtlingstum seelischer Art, das mit dem Erlöschen der Vaterlandsliebe zu tun hat, so dass sich hier seelisch ent - wurzelte Menschen ganz einseitig der privaten Prosperi - tät zuwandten. So schrieb auch der in der Forderung nach einer härteren Konfrontation mit dem Kommunismus mit Strauß zusammenarbeitende William S. Schlamm 1959: »Es ist ein seltsamer Anblick, Katholiken des Rhein - landes, der Pfalz, Bayerns sich wie die frühen Calvinisten benehmen zu sehen (...) Sie streben nach persönlichem Erfolg in der Art wie die frühen Besiedler Amerikas es ge - tan haben«.

Mit dem wirtschaftlichen Erfolg des neuen deutschen Staates aber gewöhnten sich die Bayern wieder an das, was ohnehin seit 1870 normal war: von Norden regiert zu werden - und ein bisserl zu granteln.

Der Unionsgedanke

Die CSU war von Anfang an gespalten in einen katho-lisch-regionalistisch-kulturkonservativen Flügel, den Alois Hundhammer und Fritz Schäffer repräsentierten, und einen gesamtdeutschen Flügel, den Josef Müller, der in der Nazizeit wegen Spionage (unter anderem Verrat des Angriffstermins auf Frankreich) im KZ saß, abbildete. Müllers Spitzname »Ochsensepp« ist weit älter als seine politische Karriere, er geht darauf zurück, dass er als Bub sich sein Taschengeld als Lenker eines Ochsengespanns verdiente. Der Hundhammerflügel verhinderte zusam-men mit Landtagspräsident Michael Horlacher die Wahl Müllers zum Ministerpräsidenten. Dass sie anschließend zu Kardinal Faulhaber gingen, um zu beraten, wen man als Kompromisskandidat wählen könne, ist angesichts der Konfrontation von Adenauer und Faulhaber von 1922 höchst symbolisch. Man versichert sich bei der Instanz, die Kontinuität verkörpert.

Der »Ochsen-sepp« - ver-hinderter Minister-präsident

Beinahe wäre Müller wegen einer scharfen Rede gegen die amerikanische Entnazifizierungspolitik schon kurz vor der Wahl von der Militärregierung seines Amtes ent-hoben worden. Die Bayernpartei gab sich dagegen zu-nächst partikularistisch, aber antiklerikal. Mit Baumgart-ners Übertritt von der CSU zur BP allerdings gewann auch hier eine katholische Orientierung die Überhand. Damit verlagerte sich der Richtungsstreit aus der CSU in die Bayernpartei. Diese konnte 1948 zwar einen beachtli-chen Anfangserfolg verbuchen, der die breite Basis der Forderung zeigte, wonach sich die bayerische Vetretung in Frankfurt als Zünglein an der Waage betätigen müsse, statt als Mehrheitsbeschaffer der CDU, was damals bereits der aufstrebende Franz Josef Strauß rechtfertigte. Ver-bunden damit war auch eine unterschiedliche Auffassung vom Verhältnis von Parlament und Regierung. Während der Landtagspräsident und Mitgründer des bayerischen

Bauernverbandes vom August 1945, Michael Horlacher, noch das Modell der klassischen Gewaltenteilung vertrat, wonach das Parlament als Ganzes Kontrollinstanz der Regierung sei, praktizierte Strauß wie Adenauer eine Vorstellung von Politik, die die Regierungspartei zum Erfüllungsgehilfen des Kabinetts machte. Letzte Ausläufer des älteren Parlamentsverständnisses waren nach 1980 die Versuche einer »Parlamentsreform« von Hildegard Hamm-Brücher, die als junge Parlamentarierin im bayerischen Landtag noch einen anderen Stil erlebt hatte. Doch ist es ein von vorneherein illusorischer Versuch das altliberale Parteienverständnis wiederzubeleben. Denn nur solange die einzelnen Gruppen nicht organisiert sind, agieren die Einzelnen als Vertreter ihrer Wähler. Aber »eine Richtung im Volk, die sich organisiert hat, ist damit bereits das Werkzeug der Organisation geworden und sie schreitet unaufhaltsam auf diesem Wege weiter, bis auch die Organisation das Werkzeug ihrer Führer geworden ist. (...) Am Anfang entsteht die Führung und der Apparat des Programms wegen; dann werden sie von den Inhabern um der Macht und Beute willen verteidigt (...) und endlich verschwindet das Programm aus der Erinnerung und die Organisation arbeitet für sich allein« (Spengler).

Diesen Prozess im Zeitraffer haben wir im späten 20. Jahrhundert bei dem Nachzügler des westdeutschen Block-Parteiwesens, den Grünen, von denen die wenigsten wissen, dass auch sie im Kern ein bayerisches Produkt sind, erleben können. Wahrscheinlich hat Spengler auch darin recht, dass Parteien die Organisationsform der bürgerli-chen Gesellschaft sind, bzw. des Bürgertums als des »Nichtstandes«, das die Ordnung nach genealogischen Rängen durch die nach Geldbesitz ersetzt, so dass es eigentlich nur liberale Parteien gibt, bzw. Parteien immer schon zum Liberalismus tendieren, die Sozialisten in der Form der Sozialdemokratisierung usw.

»... so dass es eigentlich nur liberale Parteien gibt.«

Der Unionsgedanke beruhte bei seinen Vorkämpfern, dem christlichen Gewerkschafter Adam Stegerwald und auch bei Josef Müller, darauf, dass eine parlamentarische Demokratie im Unterschied zur parlamentarischen Inter -

essenvertretung im Königreich Parteien braucht, die darauf ausgerichtet sind, potentielle Träger einer Mehrheitsregierung zu sein. Neben einer Union der Konfessionen war mit dem Wort *sozial* eine Union der Stände oder Klassen intendiert; Stegerwald, der freilich schon im Dezember 1945 starb, sprach von einem doppelten Brückenschlag. In diesem Gedanken war gewissermaßen im Namen der parlamentarischen Demokratie das Parteiwesen negiert. Die Meinungsbildung und Machtprozesse würden innerhalb der Partei, und das heißt, unter einem Burgfriedensdruck und teilweisem Ausschluss der Öffentlichkeit stattfinden. Eben darin, dass man sich nicht als Partei verstand, konnte ein Teil der konserativen Parteienkritik übernommen werden, ohne aggressiv gegen den Parlamentarismus zu agieren. Man konnte die Union mit der freiheitlichen Ordnung gleichsetzen und das Gewicht je nach Bedarf auf sozialen Ausgleich oder antisozialistische Blockbildung legen. Entscheidend war, dass der Unions-Nimbus schließlich von jedem Inhalt gelöst werden konnte. Er verschleierte die Anpassung an den westlichen Kapitalismus ebenso wie die schrittweise Aufgabe bayerischer Identität, und er machte jede Opposition von rechts mit dem Vorwurf nieder, sie schwäche den bürgerlichen Block.

Man konnte der BP vorwerfen, dass sie in keinem Verhältnis zu den großen Auseinandersetzungen der Zeit stünde, und die CSU behauptete von sich, dass sie die bayerischen Interessen selbst soweit vertrete, als es die Rücksicht auf höhere Prinzipien, in denen letztlich auch das bayerische Wesen verankert sei, nämlich die abendländisch-christlichen Werte, in ihrem Kampf gegen den Kollektivismus erlaube. Der Irrtum besteht darin, dass das typisch Baierische nur christlich überformt, in seiner Substanz aber erfahrungsreligiös ist. Und das Christentum kann keine Staatsform mehr halten, vielmehr wird es sich opportunistisch an die bestehende anpassen und, sobald diese ins Wanken kommt, seine Außerweltlichkeit betonen.

Der Irrtum im (Parteien-) System ...

Das Ende der Bayernpartei und das Ende des Konservatismus

Der BP gelang es demgegenüber nicht, eigenständig das zur Sprache zu bringen, was die bayerische Eigenart ausmacht. Stattdessen buhlte sie immer mehr selbst um die Gunst des Klerus und verdrängte ihren eigenen antiklerikalen Flügel, der eher in der Tradition des Bayerischen Bauernbundes wurzelte.

Die kurzsichtige Parteinahme des katholischen Klerus'

Die Parteinahme des katholischen Klerus erwies sich als kurzsichtig. Die CSU hat es verstanden, sich mit abnehmender Bedeutung der Kirche von dieser zu lösen. Während sie in der Kampagne gegen die BP diese als liberalistisch beschimpfte, propagierte schon der neue CSU-Ministerpräsident Hanns Seidel 1958 und erst recht sein Nachfolger als Parteivositzender, Franz Josef Strauß, dass christlich und liberal nicht unvereinbar seien. Die Kirche arrangierte sich schließlich im Zeichen abnehmender Macht mit dem neuen Liberalismus. So wirkten Hundhammer-Flügel und BP zwar verhindernd gegenüber der von Josef Müller intendierten Öffnung des Christentums zum Brückenschlag, bereiteten aber durch ihre mangelnde eigene Profilierung dem zunächst im Kielwasser Müllers operierenden Strauß die Bahn. Sozialismus konnte man ernsthaft als säkularisierten christlichen Impuls interpretieren, die unumschränkte Herrschaft des Kapitals zeigt das Ende der christlichen Ära Europas an.

Mit der Figur Ehards, der stets mehr Ministerpräsident als Parteimann war, wurde auch die Tradition der Selbstdarstellung der CSU als bayerischer Staatspartei begründet. Adenauer förderte die innerparteiliche Abhalfterung Müllers wohl in erster Linie deshalb, weil dieser eine gesamtdeutsche Perspektive, nicht eine eindeutige Westbindung favorisierte. Damit desavouierte er zwar die ursprüngliche Idee der Union zugunsten einer eher traditionalistisch-bayerisch katholischen Orientierung, legte aber langfristig auch die Grundlage dafür, dass das Potential der Bayernpartei sich auch in der Union vertreten sehen konnte.

Schon vor der Spielbankenaffäre, die für die Bayern-partei 1959 das historische Aus bedeutete, weil ihre füh-renden Köpfe in einem abgekarteten Spiel des Meineids angeklagt und durch Gesinnungsjustiz überführt und da-mit politisch tot gemacht werden konnten, zeigte sich, dass der Handlungsspielraum für eine spezifisch bayeri-sche Politik weitgehend aufgebraucht war. Wie auch im-mer sich die BP zur Adenauerschen Westbindungspolitik verhielt, Gewinner war immer die CSU. Die Bayernpartei ersetzte zunehmend Politik durch Folklore, wie Fahnen-weihen und Gedenkveranstaltungen zur Sendlinger Mordweihnacht. Sie tat es aus Ratlosigkeit. Dagegen tut es die CSU bis heute nicht als Ersatz für, sondern zur Ab-lenkung von einer insgesamt natur- und traditionszerstö-rerischen Politik.

Alle politischen Traditionen Bayerns wurden im Lauf der Zeit von der CSU besetzt, so auch der Politische Aschermittwoch in Vilshofen, der auf die Gründung der bayerischen Patriotenpartei 1867 durch Josef Edmund Jörg zurückgeht und nach dem 2. Weltkrieg 1948 von Baumgartner wiederbelebt wurde. Seit 1953 hatte Franz Josef Strauß hier Konkurrenzveranstaltungen abgehal-ten, die zunächst nur 500 Menschen anzogen - gegenüber 3000 bei Baumgartner. Aber langfristig blieb der krach-lederne Vorzeigebayer siegreich. Denn Baumgartner und die Seinen zeigten immer deutlicher, dass sie keine wirk-liche Alternative hatten. Vertraten sie doch dieselben klein - bürgerlichen Interessen und gaben ebenfalls zunehmend Traditionen preis. Vielmehr schien mit ihrem starken kir - chengebundenen Flügel, aber auch Männern wie Karl Theodor Freiherr zu Guttenberg (dem Vater des Diri - genten und Großvater des Verteidigungsministers von 2010), der sich 1963 von Strauß als moralisch untragbar distanzierte und 1966 zusammen mit dem ihm befreun-deten Herbert Wehner die große Koalition einfädelte, die CSU noch eher an Werten orientiert.

Strauß überstand den Putschversuch von 1963. Er or - ganisierte mit Friedrich Zimmermann als Hauptge-schäftsführer schon ab 1954 den Umbau der CSU von der Honoratiorenpartei zur modernen Massenpartei. Forma -

Die CSU besetzt nach und nach alle politischen Traditionen Bayerns

le Demokratisierung insbesondere nach der Verabschiedung des Parteiengesetzes Ende der 1960er Jahre und
faktische Gleichschaltung der Mitglieder und Ausschal-
tung von eigenwilligen Köpfen vor Ort gingen Hand in
Hand. Parteitage waren immer weniger Gelegenheiten zur
politischen Willensbildung, sondern wurden zur Selbstdarstellung der Partei nach außen benutzt. Sogenannte
Diskussionsforen machten die Diskussionen zum Privileg
der Parteiprominenz und geladener Fachleute vorwiegend aus der Beamtenschaft. Mit der Übernahme des Par-
teivorsitzes durch Strauß 1961 wurde das Bayerische zunehmend mit Blick auf Bonn inszeniert. 1970, nach
Amtsantritt der sozialliberalen Koalition, bezeichnete
Strauß die CSU als eine »Sammlungsbewegung zur Rettung unseres Vaterlandes«. Die Parteitage wurden weniger bayerisch inszeniert, Folklore ins Bierzelt verbannt.
Ministerpräsident Goppel spielte neben dem umtriebigen
Strauß umso überzeugender die Rolle des fast parteifrei-
en Landesvaters. Man kann Strauß selbst als Typ des
Machtsüchtigen und obendrein des Gauners sehen, aber
er hatte dabei immerhin ein weitreichendes Konzept zur
Umstrukturierung der bundesrepublikanischen Politik:
durch Etablierung einer Rechtspartei in Deutschland die
FDP überflüssig zu machen. Diesem Projekt zuliebe
schien er 1976 sogar bereit, durch bundesweite Konkurrenz mit der CDU die Vormachtstellung der CSU in Bayern und ihre gelungene Identifizierung mit dem Land zu
opfern, wenn ihm seine Paladine an ihren sicheren Stüh-
len klebend dabei nicht die Gefolgschaft versagt hätten.

Weitreichend waren seine Pläne vielleicht, aber nicht
tiefschürfend. Der Unterschied zu Stoiber ist dennoch er-
heblich. Stoiber war das Produkt des Versuchs der CSU,
nun andererseits einen fleißigen berechenbaren Bürokra-
ten zum Aushängeschild zu machen. Und während Strauß
wenigstens noch im Herzen, da wo es nicht völlig von Interessenpolitik überspült wurde, ein Konservativer war,
war Stoiber nur noch ein Rechner. Allerdings: Die reine
Interessenpolitik war das notwendige Ergebnis der Dis-
kreditierung und Entwurzelung konservativer Werte, die
Strauß real bewirkt hatte. Entsprechend endete die Ära

Stoiber, die die Ära der Verabschiedung vom bayerischen Staatsgedanken durch Ausverkauf des Tafelsilbers war.

Viel stärker als alle Amigowirtschaft aber hat zum Loyalitätsschwund beigetragen, dass zunächst der sozialliberale dann aber auch der CSU-Staat nicht mehr als Verteidiger der Interessen des Volkes wahrgenommen wurde.

Weg frei für Fortschritt und Ungemütlichkeit

Das Prestigeprojekt und Symbol der Strauß'schen Politik war der Rhein-Main-Donau-Kanal, der wirtschaftlich genauso ein Flop ist wie seine Vorgänger. Zu keiner Zeit und mit keinen Mitteln lohnte sich der Versuch einer Nordanbindung Bayerns. Das Interesse einiger einflussreicher Bauunternehmer mischte sich mit Vorstellungen von einem Jahrtausendtraum und einer erhofften wirtschaftlichen Stärkung Bayerns. Der Kanal ist als Projektion einer Idee in die Landschaft bezeichnet worden, nämlich der Idee eines Ausgleichs zwischen den Polen Europas. Dieser Idee ist der Main geopfert worden. Mehr noch: Auch die Identität Frankens ist weitgehend zu einer Brückenlandschaft verkommen, und dasselbe droht nun auch der bayerischen Donau und mit ihr Altbayern.

Auf biologischer Ebene zeigt sich ein anderes Symptom. Neben den Zerstörungen der Übergangslebensräume zwischen Wasser und Land hat der Rhein-Main-Donau-Kanal zur Ausbreitung einer osteuropäischen Flusskrebsart geführt, die wesentlich aggressiver als die heimische ist und diese wie auch eine Reihe anderer Kleintierarten in den Flüssen Mitteleuropas zum Verschwinden bringt. Auch die Natur wird von der Globalisierung uniformiert. Wirklich konservative Politik würde in beider Hinsicht bedeuten, eher Widerstände aufzubauen.

Der Rhein-Main-Donau-Kanal: mehr als nur ein wirtschaftlicher Flop

Die bayerische Identität hat nur zu einigen Schau-Erfolgen geführt, so zur Vorreiterrolle bei der Gründung von Umweltministerien und Nationalparken sowie zur Professionalisierung des Naturschutzes, die aber zugleich ein

Verlust von dessen Unabhängigkeit ist. Und Bayern hatte mit dem Bärentöter Werner Schnappauf auch den ersten Umweltminister, der 2007 als Hauptgeschäftsführer zum BDI wechselte ...

Bemäße sich der Erfolg von Naturschutz an der Zahl der hauptamtlichen Mitarbeiter, stünde es gut um seine Sache. Aber der wichtigste Protagonist des Naturschutzes in Bayern, Otto Kraus (von 1949-1967 Leiter der Landesstelle für Naturschutz), der bereits 1940 in den »Blättern für Naturschutz« den frühesten Versuch zu einem umfassenden Netz von Schutzgebieten in Bayern publiziert hatte, bat 1967 um seine vorzeitige Pensionierung, nachdem das in langen Auseinandersetzungen gerettet scheinende Naturschutzgebiet im Ammergebirge durch neue Kraft - werksbauten gefährdet war und sich zeigte, dass der Fall der »Hölle« bei Regensburg, die er als »einzigartigen Dreiklang aus Wasser, Fels und Vegetation« bezeichnet hatte, nicht ein Einzelfall bleiben würde, d. h., dass auch die Unterschutzstellung de facto nur einen Aufschub der Zerstörung bis zu einem späteren erfolgreichen Anlauf der Wirt - schaftsinteressen bedeutete.

Der
Naturschutz
in Bayern:
Himmel und
»Hölle«

Der Fall »Hölle« wurde vom Bund-Naturschutz-Chef Hubert Weiger, der noch bei Kraus Vorlesungen gehört hat, quasi als Vermächtnis Kraus' wieder aufgegriffen. Das Kraftwerk war 1909 (ohne Genehmigung) gebaut worden. Eine Genehmigung liegt erst seit 1958 vor, da - mals wurden 1000 Liter Restwasser pro Sekunde vorgeschrieben (1960 auf 200 Liter und 1969 gar auf 110 bzw. 50 Liter im Winter zurückgenommen). Das Landratsamt Regensburg nahm trotzdem im Herbst 2000 eine neue Konzession für die Betreiberfirma in Angriff, die 2004 unter der, wie es im Prozess hieß, »Vorgabe, den wirtschaft - lichen Gesichtspunkten mehr Gewicht einzuräumen« er - lassen wurde; gegen diese hat der Bund Naturschutz ge - klagt, was zunächst im Januar 2008 damit endete, dass der Bescheid wegen der Ungültigkeit des Adressaten (die Rechtsform der Betreiberfirma hatte sich geändert) un - gültig sei. Die Flussperlmuschel und ein erheblicher Teil des damaligen ökologischen Wertes sind inzwischen verschwunden ...

So auch der Kesselbachwasserfall bei Kochel: Er galt als Touristenattraktion und war im 19. Jahrhundert sogar bengalisch beleuchtet worden. Doch dann wurde er abgeleitet zur Speisung des Baustromkraftwerks für ein damals (1919-1924) Arbeitsplätze schaffendes Großprojekt, das Walchenseekraftwerk. Nach dessen Fertigstellung sollte der Wasserfall wieder laufen. Doch schließlich hatten die Kochler sich daran gewöhnt, dass der Kesselbachwasserfall kein Postkartenmotiv mehr war, sondern nur noch ein Rinnsal - und 1965, mitten im Wirtschaftswunder, wurde die dauerhafte Ableitung nachträglich und ohne Einsprüche genehmigt.

Um Symbole geht es hier, denn anders lässt sich über das Wesentliche, den Verlust des Bezugs von Kultur auf Natur kaum reden.

Verheerend wirkt seit der Ära Strauß ein doppelter Ausverkauf Bayerns. Einerseits besetzt die CSU das Thema bayerische Identität und instrumentalisiert sie, aber zur Folklore verdünnt, und andererseits fördert sie genau jene Tendenzen der globalisierten Unkultur, die dieser Identität den Garaus machen. Was sich da konservativ nennt, hat eigentlich keine Inhalte mehr außer das Gefühl, in einer Tradition zu stehen, ja rühmt sich sogar seiner Inhaltslosigkeit, genannt Ideologiefreiheit, und da es Tradition ohne Inhalt nicht gibt, wird immer der jeweils gerade gegebene Stand zum Bewahrenden ernannt.

Franz Josef Strauß verkörperte in eigenartiger Weise die Doppelbödigkeit eines Bayern, der in die Politik geht. In Bayern kam er an als »verreckter Hund«, in Norddeutschland als »starker Mann«. So sehr er um der reinen Macht willen die Abspaltung der CSU vom echten Konservativismus und seinem Dilemma betrieb, lebte er doch selbst noch die Spannung.

Strauß blieb die angestrebte Krönung mit einer erfolgreichen Kanzlerkandidatur verwehrt. Doch seine Instrumentalisierung Bayerns zur Machtbasis war verbunden mit einer vorher nie gekannten Aushöhlung der wirklichen bayerischen Tradition. Dies gilt nicht nur für die kulturelle sondern auch für die politische Ebene: Als 1990 mit der Auflösung der DDR das Grundgesetz seinen Vor -

Doppelter Ausverkauf Bayerns

läufigkeitscharakter verlor, gab es von der bayerischen Staatsregierung keinen ernstzunehmenden Versuch, an die Position von 1949 anzuknüpfen und eine Stärkung des Föderalismus zu erreichen.

Die Selbstvermarktung zieht Heute geht die Bedrohung bayerischer Kultur nicht mehr so sehr von Preußen aus, obwohl sie mit der Verlegung des Machtzentrums in den märkischen Sand und damit die verhängnisvolle kleindeutsch-preußische Tradition stärker geworden ist, sondern gerade von der Nivellierung durch das Gleichziehenwollen. Gegen die Versuchung einer martialischen Expansionspolitik ist Bayern durch 1000 Jahre immunisiert, gegen die Versuchung der Selbstvermarktung nicht.

8.
Laptop und Lederhosn oder Artenschutz für Bayern?

Wir hatten als Substanz des Traditionsstromes Liberalität, Denken in Qualitäten und Antidualismus genannt. Das Problem bayerischer Identität heute besteht darin, dass für ihre Herkunft und ihren inneren Zusammenhang weitgehend das Bewusstsein fehlt. Freilich gab es ein solches Bewusstsein in der Vergangenheit auch nicht, jedoch der Zusammenhang wurde noch tradiert. Erst heute ist es nötig, vieles ins Bewusstsein zu heben, weil es in den unwillkürlichen Lebensäußerungen nicht mehr ohne weiteres präsent ist.

Konservative Unvereinbarkeiten

Einen bewussten bayerischen Konservativismus gibt es, wie wir gesehen haben, erst parallel zur Aufklärung. Seine volkstümlichen Vorläufer hat er in den Wallfahrerkrawallen und im Widerstand gegen die Reformen Karl Theodors. Unter Ludwig I. wird er von Gelehrten wie Görres und Lasaulx intellektuell unterfüttert. Damit beginnt zugleich seine politische Vereinnahmung, zunächst für die monarchische Souveränität, dann für den politischen Katholizismus. Diese Linie endet mit Hundhammer, jenem Nachkriegspolitiker, der mit seiner streng katholischen Kulturpolitik die Viererkoalition unter dem SPD-Ministerpräsidenten Hoegner gegen sich zustande brachte und sich schließlich auch innerhalb der Union isolierte.

Bayern hat zwischen 1848 und 1866 seine außenpolitische Stellung an seiner Treue zur Idee eines alle Deutschen umfassenden Bundes aufgerieben, eines Bundes, von dem man Bewahrung der geistigen Identität Mitteleuropas erwartete und innerhalb dessen man ein kulturelles Zentrum sein wollte. Hundert Jahre später haben seine Repräsentanten noch einmal an die Idee eines christlichen Europas geglaubt und dafür den Ausverkauf bayerischer Eigenständigkeit und seiner bäuerlichen Substanz in Kauf genommen. Das Europa des Euro hat aber wenig geistige Substanz, es ist vielmehr ein Sachzwang zur Selbstbehauptung auf globalisierten Finanzmärkten. Es ist nicht einmal mehr sicher, ob Österreich, das erfolgreich seine staatliche Eigenständigkeit geschaffen hat, in diesem Kontext wirklich bessere Chancen auf Bewahrung seiner kulturellen Substanz hat. Bayern freilich hat fast gar keine.

Chancen auf Bewahrung der kulturellen Substanz?

Von Grantlern und Politikern

Vielleicht macht es auch das Altbaierische im Gegensatz zum »Ostmärkischen« aus, gar nicht ernsthaft (das heißt mit politischen Mitteln) eigenstaatliche Souveränität zu wollen, sondern nur damit zu spielen, dass man ja könnte, wenn man nur wollte. War man allzu lang schon Teil eines von Norden bestimmten Reiches, so dass politische Kundgebungen der Eigenwilligkeit nur Wert als Selbstvergewisserung kultureller Eigenständigkeit hatten? Österreich dagegen gewann eine eigene nationale Identität aus der Selbstdarstellung als erstes Opfer Hitlers. Der Roider-Jackel hat dazu die kräftigen Gstanzln gedichtet:

> »Ja da Hitler war ja koa Preiß ned,
> und er war a koa Boar,
> und die Österreicher wissen aa net,
> woher dass er war.«

In der Zwischenkriegszeit konnte nur der Katholizismus einen Versuch der österreichischen Identitätsstif tung machen. Der große Kopf des österreichischen Kon- servativismus, Prälat Ignaz Seipel (1876-1932), hat gegen Sozialdemokraten und Großdeutsche eine Eigenstaatlichkeit Österreichs vertreten. Dahinter stand die Sorge um die Gewichtung des katholischen Elements in Deutschland. Er wollte verhüten, dass Österreich »Provinz neben Provinzen unter der Herrschaft Preußens werde«. Dabei schien ihm aber eine Art Belgien oder Schweiz zu werden »und dazu ein eigenes Nationalbewusstsein künstlich zu erzeugen« ein »Irrweg«. »Die Österreicher sind ihrer ganzen Geschichte und Art nach Großstaatmenschen (...) Unser eigenes Gärtchen zu bebauen und gegen Entree den Fremden zu zeigen, ist keine Aufgabe für die Bewohner der karolingischen Ostmark und die Erben der Türkenbesieger«, so Seipel. Allerdings haben die Österreicher seiner Meinung nach ihre Aufgabe selbst verspielt, weil bereits vor 1914 die Ansicht verbreitet war, »uns österreichischen Deutschen könne gar nichts passieren: Halte das alte Österreich zusammen, dann gut und schön; halte es nicht zusammen, dann gingen wir einfach zu den anderen Deutschen ins Reich zurück, woher wir gekommen sind (...) In der Verkennung und Verschlampung der Aufgabe, die wir gehabt haben, liegt unsere historische Schuld, nicht in einem Ultimatum oder einer Kriegserklärung.«

Bayern hat vielleicht sogar noch weniger als Österreich die Hypothek, dass seine Tradition die Übernahme von Verantwortung für das Reich beinhaltet und mit der Abkopplung von Reich oder seinem Substitut dem Deutschtum auch die Identität eine schwerwiegende Veränderung erleidet. Aber auch wenn Bayern seit Ludwig dem Bayern nie in die Lage kam, die Bürde des Reichs zu übernehmen und man seinem Grant freien Lauf lassen konnte, die Bereitschaft zur Übernahme lässt sich doch auch aus der bayerischen Identität nicht wegdenken. Der Grant war nie Zweifel am Reich.

»Schenken Sie sich Deutschland«, diese auf den Egoismus spekulierende Parole der Bayernpartei zur Bundestagswahl 2004 ist nur in ihrer Witzigkeit bayerisch. Der Grant war immer das Gefühl, dass das Reich schlecht verwaltet wird und dass sein seelischer Kern vielleicht überhaupt nur in der Verborgenheit einer Alpenfestung gepflegt werden kann, wie Karl eben nur im Untersberg wirklich deutscher Kaiser und nicht Römling, Sachsenschlächter und Vorläufer der Zerstörung alles Regionalen durch den EU-Kapitalismus sein kann.

Tatsächlich ist die Besinnung auf die Eigenart wichtig und im Zwang der Realpolitik oft schwerer zu halten. Realpolitik aber bedeutet, sich einlassen auf die Spielregeln der Macht, und das heißt oft genug schon: das verloren zu haben, was man bewahren möchte. »Mögen sich die Preußen zu Tode siegen, wir verlieren und bewahren doch, was uns wichtig ist«, war immer das bayerische Erfolgsrezept.

»Mögen sich die Preußen zu Tode siegen ...«

Bayerntum war nie Anpassung, es sei denn an das, was wirklich größer ist als der Mensch, und das ist nie die Geschichte, sondern das Land, nie die Zeit, sondern der Raum. Die Einheit von zeitlich, räumlich und sittlich macht Tradition aus. Der Bayer ist geborener Grantler, um nicht zu sagen Dissident.

»Der Bayer ist geborener Grantler, um nicht zu sagen Dissident« und die CSU trägt im Namen »eigentlich lauter unbaierische Eigenschaften ...

Das wäre übrigens die Chance der Bayern-SPD gewesen. Eine SPD aber, die das bisschen, was sie an Tradition hat, die 150 Jahre Arbeiterbewegung, verrät, kann in Bayern schon gleich gar keinen Erfolg haben. Nichts verachten wir so sehr wie Pharisäertum und Liberalismus (der ein Missverständnis von Liberalität ist), selbst die CSU musste letzteren eher versteckt unter konservativer Verkleidung hereinschmuggeln. Die CSU hat sich nicht nur vom Katholizismus und der Agrargesellschaft als Grundlagen des Bayerntums entfernt, schon im Namen trägt sie ja lauter unbairische Eigenschaften: Bairisch ist speziell das Katholische, das Erfahrungsreligiöse, weniger das Christliche im allgemeinen, bairisch ist leben und leben lassen - gerade nicht das Soziale, jedenfalls nicht im Sinne von sich Kümmern um anderer Leute Wohlergehen, und baierisch ist Partikularismus - nicht Einheit. Da die CSU es aber geschafft hat, mögliche Konkurrenten (wie die Bayernpartei) zu zerschlagen, ist es ihr weitgehend gelungen, trotzdem den Nimbus des Bayernbildes zu erhalten.

Ausverkauf

Auf dem Etikett steht »konservativ« - doch was konserviert werden sollte, wird ausverkauft. Das Land verschwindet buchstäblich. Die bayerische Siedlungsfläche hat in nur 18 Jahren (von 1979 bis 1997) um über 50 Prozent zugenommen. Allerorten wird den ortsfremden, ja ortslosen Götzen geopfert, eines von vielen Beispielen: Die Lechschlucht, die Füssen vielleicht sogar den Namen gegeben hat (lat. fauces = Schlund) und über die St. Mang gesprungen sein soll, soll für eine Leistungserhöhung des dortigen Wasserkraftwerks ihres Wassers weitgehend beraubt werden.

Ein besonders apartes Beispiel ist die seit Jahren laufende Debatte um die Ladenschlusszeiten. Wir sind dabei, den das Abendland kennzeichnenden siebten Tag dem Leviathan zu opfern. Was da genau geopfert wird, ist der Charakter des Lebensrhythmus', wir können auch sagen, eine bestimmte Qualität von Ruhe. Es ist ein Irrtum, wenn man meint, der Einzelne hätte ja die Freiheit, zu entscheiden, ob er das Angebot annimmt oder nicht. Es geht nicht nur um den Zwang für die, die dann arbeiten müssen, es geht um einen kollektiven Charakter. Freilich haben schon Jugendliche der letzten beiden Generationen diese Ruhe vorwiegend negativ als typische Sonntagstranigkeit erlebt, da sie eben nicht mehr gefüllt war und sich gerade dadurch von der Woche abhob, dass »nichts los« war. Verloren geht dabei aber auch einfach eine Kollektiverfahrung mehr. Auch der freie Tag individualisiert sich jetzt, jeder hat ihn an einem anderen Tag, aber es gibt keinen Tag mehr, wo man voraussetzen kann, dass auch der andere frei hat. So vernichtet der Kapitalismus jede Form von Selbstverständlichkeit. Man kann sagen, an den Opfern, die wir ganz selbstverständlich bringen, sieht man, wer unsere Götter sind.

Gerade wenn die bayerische Identität eine der fließenden Übergänge ist, dann ist die Invasion der Schnelllebigkeit eine besondere Herausforderung. Und mit Folklorepflege ist hier wenig geholfen. Unaufhaltsam sterben - wie Tierarten - die Lokaldialekte. Ja weit darüber hinaus:

Ausverkauf beim Ladenschluss

Die Invasion der Schnelllebigkeit

Selbst wo beide Eltern baierisch sprechen, tun dies die Kinder heute zumindest in »besseren« Haushalten kaum noch.

Vor 20 Jahren haben weniger Leute versucht, sich als Bayern zu kleiden, heute viele mit einem Verschnitt. Man kann nicht bestimmte Äußerlichkeiten isoliert bewahren.

Die Eigenart zeigt sich in einer »Haltung zum Leben«

Worum es der Pflege baierischer Eigenart vor allem gehen muss, ist eine Haltung zum Leben, nicht so sehr um Knöpfe und einzelne Dialektausdrücke. Sonst entsteht so etwas wie der auf bayerisch getrimmte Touristenort Leavenworth im Bundesstaat Washington, wo der Safeway Supermarkt mit Lüftlmalerei wie eine bayerische Barockkirche verziert ist. Leavenworth verkauft sich prächtig, der Ort hat keine wirtschaftlichen Probleme mehr, seit er bayerische Balkone hat. Aber ob das auch noch funktionieren würde, wenn es das Original Bayern nicht mehr gäbe?

Die Kultushoheit hat nicht davor bewahrt, dass auch an bayerischen Schulen die Anforderungen in Bezug auf wirkliche Bildung immer mehr abgesenkt wurden zugunsten von handwerklichem Wissen für die Durchsetzung in der ökonomisierten Gesellschaft. Mit der Reduzierung der Gymnasialzeit werden die Jugendlichen in Anpassung an den allgemeinen Trend noch unfertiger und noch weniger widerstandskräftig in den Kampf um Arbeitsplätze und ichlose Anpassung entlassen. Das ist es, was dem bayerischen Charakter den Garaus macht.

Sündenböcke

Wenn man sagen kann, in Frankreich ist das Nationalbewusstsein bestimmt vom Stamm (den Galliern) und dem Territorium, in der Schweiz von der Zivilreligion und der Landschaft (Der Gotthard als »wahrer Bergfried«), in Deutschland von der Kulturtradition und vom Selbsthass, dann ist es in Bayern Lebensgefühl und Landschaft. Die Landschaft aber verschwindet im Ausverkauf.

Wie steht es um das Lebensgefühl? Auch das wandelt sich, es wird ungemütlicher. Warum? Weil die organisierte Verantwortungslosigkeit um sich greift. Wir werden zu

Funktionären einer konsum- und profitorientierten Maschinerie, zu Rädchen im Getriebe. Leben und leben lassen verkehrt sich zu einem gelebt werden.

»Leben und leben lassen verkehrt sich zu einem gelebt werden.

Ohnmächtig, an das eigentliche Problem heranzukommen, projizieren sich die Menschen, die sich als Opfer einer anonymen Tendenz fühlen, einen Gegner zurecht, wie einst die Weltkriegsverlierer den Juden. Ob der »Saupreiß«, der »Zuagroaste« oder gar der Ausländer, irgend jemand muss ja schuld sein, wenn es ungemütlich wird. Edmund Stoiber hat mit seinem vielgescholtenen Wort von der »durchrassten Gesellschaft« sicher den Gefühlen vieler Bayern eine Formulierung gegeben. Aber damit ist am eigentlichen Problem vorbeigezielt, vielleicht sogar bewusst. Stoiber hatte natürlich in einem Recht: Multikulturalität, wie sie die nach 1989 am Kampf gegen die Plutokratie resignierte Linke propagiert, ist nur als Unkultur der Transzendenzlosigkeit möglich. Es ist ein Unterschied, ob Kulturen nebeneinander und in einem Austausch bestehen, wie im Fleckerlteppich des alten Mitteleuropas, wo sich aber immer zum Beispiel Deutsche, Ungarn und Rumänen, die in diesem Fall zugleich Protestanten, Katholiken und Orthodoxe waren, zu Dörfern zusammentaten und ihre unterschiedlichen Kulturen pflegten, nie einen gemeinsamen Topf bildeten, oder ob sich heute die Völker unter dem Sog eines Verschwindens kultureller Substanz mischen.

Multikulturalität als Unkultur

Slavo Zizek hat sicher recht, dass der Multikulturalismus die passende Ideologie der kapitalbestimmten Globalisierung ist, weil er mittels politischer Korrektheit das Kritikpotential ins Unpolitische verschiebt. Die Interessen der Kapitalverwertung gelten als objektiv. Das Interesse der Besserverdienenden und ihrer politischen Vertreter, die Sozialausgaben zu kürzen, wird als Einsicht in einen objektiven Stand der Dinge verkauft. Alle auf Identitäten gerichteten Bewegungen werden gedrängt, sich als unterdrückte und bedrohte Minderheiten zu formulieren, während die Formulierung des gleichen Anliegens aus einer Position der Stärke sofort stärkste Sanktionen gegen »Fundamentalismus« und »Protofaschismus« nach sich zieht.

Die eigentliche (im Sinn der Plutokratie funktionale) Zerstörungsleistung dieser Formierung kann Zizek freilich aufgrund seiner linken Blindheit nicht sehen, obwohl er begriffen hat, dass wirkliche Politik im Gegensatz zur sogenannten Realpolitik gerade darin besteht, nicht Interessengegensätze innerhalb fester Rahmenbedingungen auszuhandeln, sondern eben diese Rahmenbedingungen zu verändern, ohne sie unbedingt zu thematisieren, ja diese Interessengegensätze so zu formulieren, dass sie sprengend wirken, dass Politik insofern gerade »Kunst des Unmöglichen« ist. Das ist identisch damit, ob sie sich im antiken Sinn als politisch oder privat versteht, und damit nicht mehr als Lifestyle ist. Der Unterschied zwischen gewachsen und beliebig wird eingeebnet. Das ist notwendige Folge davon, Kultur gegenüber Wirtschaft als subjektiv zu definieren, damit ist die vollkommene Umkehrung des antiken Menschenbilds vollzogen. Das hängt auch damit zusammen, dass die von Nietzsche beschriebene Sklavenmoral heute so universal ist, dass gut nur das Schwache sein kann, die selben menschlichen Eigenarten werden als Minderheiten geschützt, und wo sie in der Mehrheit sind als Nationalchauvinismen verdammt. Bayersein in New York ist Multikulti, in Passau böse.

Die Liberalitas Bavariae ist etwas völlig anderes als unentschiedene Toleranz. Vielleicht hat der Münchner Geograph Drygalski recht, der in seiner Rektoratsrede 1922 nach einer Verbeugung vor dem gerade gestorbenen Ludwig III. Deutschland als Land der Mitte Europas und Begegnung seiner verschiedenen Mentalitäten beschrieb und fortfuhr: »Auch die deutschen Stämme haben sich gemengt, und man kann und soll sie nicht mehr so stark unterscheiden. Doch die Länder bestehen und weisen ihren wechselnden Bewohnern immer wieder solche Aufgaben zu, die von denen der anderen abweichen. Es ist eine alte Erfahrung, dass der Deutsche sich von den Aufgaben des Landes erfüllen läßt, in welchem er lebt, welchen Stammes er auch sei. Dadurch traten die Länder an die Stelle der Stämme, und sie haben in den Sonderheiten der Natur ihren eigenen Sinn.«

Bayern war in gewisser Weise immer schon Einwan-

derungsland, was nicht heißt, dass die jeweils hier Ansäs- Die »Festung Europa«
sigen das akzeptiert hätten. Im Grund waren ja auch die
Germanen in der Römerzeit Wirtschaftsflüchtlinge. So schon während der Römerzeit
ähnlich wie heute Menschen aus Afrika sahen sie den
Reichtum der Provinzen und machten sich auf, um ihren
Teil daran zu bekommen. Sie taten dies in Form von räuberischen Überfällen, immer dann, wenn die »Festung
Europa«, deren Grenze damals die Donau ausmachte, gerade nicht genügend bewacht war. Später verlegten sie
sich auf »friedliches« Einsickern, woraus, wie wir gesehen haben, die Bajuwaren entstanden. Anfangs waren sie
subalterne Hilfstruppen, später stiegen sie zu führenden
Rängen auf. Mit Bauto, Arbogast, Stilicho, Rucimer leiteten Germanen die Geschicke Roms, und seinen Konkurs
wickelt mit Odoaker auch ein Germane ab.

Die römische Kultur ist nicht an der Blutauffrischung
zugrunde gegangen, sondern eher an seiner abnehmen-
den Assimilationskraft. Ab einem bestimmten Punkt geht
es freilich nicht mehr um Assimilation (Angleichung der anderen) sondern um Akkulturation (Weitergabe der Fah-
ne). Wir müssen unterscheiden zwischen einer Phase, in
der es noch darum geht, Verkapselungen in Form von
Werken zu schaffen, und einer Phase, wo es nur noch um
Garantie der Überlieferung und Schaffung von Rezepti-
onsbedingungen geht. Aber beiden Phasen gemeinsam ist
die Notwendigkeit, den Erben nicht zu dämonisieren, obwohl er den eigenen Tod anzeigt - er ist nicht der Mörder.
Es hat keinen Sinn, die Überfremdung direkt zu bekämpfen, sie ist nur Symptom der inneren Schwäche.

Es sind subtile Kräfte, die die tragenden Säulen zum Ver- Die subtilen Kräfte des Ver- schwindens
schwinden bringen (man kann nicht sagen: zum Einsturz,
denn es geht gespenstisch leise zu). Ich nenne nur drei
Punkte:

1. Die Kirche ist zu einem Freizeitangebot unter anderen geworden; an ihre Stelle sind als Stichwortgeber des
Tagesgesprächs die Massenmedien und als Sinnstiftungs-
angebote ein Psychomarkt, der nach dem Konkurrenz-
prinzip funktioniert, getreten.

2. Die Bauern sind eine marginalisierte Bevölkerungs-
gruppe; das Verschwinden des Bäuerlichen, des Demetri-

schen als Qualität in der Landschaft und als Qualität des Menschen ist eine viel größere Bedrohung baierischer Eigenart als jede Zuwanderung.

3. Traditionales Wissen spielt für die Lebensbewältigung keine Rolle mehr, damit werden auch die alten Leute zunehmend funktionslos, Tradition ist Dreingabe, Teil eines persönlich gewählten Lebensstils, aber keine Garantie für gutes Leben mehr.

Die CSU hat es bisher verstanden, auch die Vernichtung einstiger Bastionen zu überstehen, so den Rückgang der direkt in der Landwirtschaft beschäftigten Bevölkerung auf vier Prozent. Ebenso ist der Bindungsverlust der Kirche nicht mehr ihr Problem. Aber sie zehrt von der Substanz. Dass nach dem Wahldebakel von 2008 ein Horst Seehofer, der mit seinem Eigensinn sicher Bayern besser verkörpert als sein Vorgänger Beckstein, ausgerechnet die FDP zum Koalitionspartner wählen konnte, die Partei, die einst die schärfste Antipodin des klerikalen Konservativismus war und der Strauß den Garaus machen wollte, und dass dies so erfolgreich ist, dass man kaum merkt, dass die CSU nicht mehr allein regiert, sagt einiges: einerseits, dass die FDP keine politische Partei mehr ist, darin aber vielleicht gerade eine Partei neue Typs: nämlich ein Zweckbündnis von Möchtegernpolitikern mit austauschbarem Programm; zum andern aber auch, dass die CSU nicht mehr für Konservativismus steht, mit dem der offene Wirtschaftsliberalismus völlig unvereinbar wäre.

Kein Konservativismus mehr in der bayerischen Politik

Eine Verkörperung der im Baierischen liegenden Sehnsucht nach einem von Interessen unabhängigen Mann hatte sich in dem Jungpolitiker aus altem Hause Karl Theodor zu Guttenberg gefunden. Kein Zufall, dass er aus altem Adel kommt, nicht weil die Bayern titelsüchtig wären, sondern weil kein Aufsteiger die Souveränität haben kann, die hier nötig ist. Guttenberg betrieb aber den gespielten Antipopulismus als höchste Form des Populismus, wenn er sagte, man dürfe dem Volk nicht nach dem Maul reden. Was wir heute überall haben, ist moralischer Verfall im Gewand der Moral (Sentimentalismus), Opportunismus im Gewand der Widerständigkeit (Antifaschismus), Abdankung der Urteilskraft im Gewand der Kritik (Beliebigkeit in der Kunst), Diktatur der unreflektierten Interessen im Gewand der Argumentation (Demokratismus), Dominanz unter der Maske der Unterdrückung (Feminismus).

Erst nach seinem Fall wurde im sogenannten »Guttenberg Dossier« von Friederike Beck recherchiert, dass er seinen Aufstieg Interessen des US-amerikanischen militärisch-industriellen Komplexes verdankte, wobei sehr gut aufgearbeitet wird, wie ferngesteuerte Eliten in Deutschland nach 1945 ein politisches Scheinleben inszenierten. Wieder einmal muss ein Politiker wegen zu großer Dreistigkeit der Egomanie, nicht aber wegen dem gehen, was er im Dienst wirtschaftlicher Interessen anrichtet. Kann man sich vorstellen, dass nicht einmal sein Vater davon wusste, wie sehr sein Sohn in all die Machenschaften verstrickt ist? Ist es Zufall, dass der Vater nicht wegen tausend Naturverschandelungen sondern weil der damalige Ministerpräsident Streibl sich nicht an einer Demonstration gegen sogenannten Antisemitismus beteiligte, aus der CSU ausgetreten ist? Auch der am meisten Nonkonformistische in drei Generationen suchte sich einen Anlass, wo kein Gutmensch etwas gegen ihn sagen konntr.

Warum einer gehen muss ...

Das, was dann wirklich den Bayern grantig macht, ist, dass es gar keinen Unterschied machen würde, wenn statt der sozialdemokratisierten und politisch korrekten CSU das Original des Sozialdemokratismus die Hauptrollen auf der politischen Bühne spielen dürften. Seehofers Herausforderer Ude hat sich im Interesse von Wirtschaft und Gigantomanie gegen das Hochhaus-Volksbegehren seines Amtsvorgängers stark gemacht, womit er allerdings unterlag und sich dann auch noch als extrem schlechter Verlierer gezeigt hat. Er war Hauptschuldiger, dass die Stadt, geködert durch die angeblichen Einnahmen bei der Fußball-WM 2006, die Infrastrukturkosten für ein neues Fußballstadion übernahm, während gleichzeitig Leistungen für Bildung und Kinderbetreuung gestrichen wurden. Zum neoabsolutistischen Anti-Natur-Konzept der BUGA 2005, das nicht gefiel und ein Millionendefizit einfuhr, gab er sein Plazet. Er ist Verfechter eines weiteren Ausbaus des Großflughafens im Erdinger Moos, als Betreiber der Olympiabewerbung hat er Naturschützer diffamiert, von einer Wiederholung der Mischung aus Defizit und Umlandzerstörung durch die olympischen Spiele, war er nur durch den Entscheid des Komitees abzuhalten. Und welche Rolle die Grünen dabei spielen würden, haben sie auf kommunaler Ebene in München schon gezeigt: Ude hat sie hier mit schöner Regelmäßigkeit durch Rücktrittsdrohung erpresst und auf diese Weise auch die Umgehungsautobahn im Münchner Westen samt Zubauen der Idylle des Guts Freiham mit Trabantenstadt und Mega-Gewerbegebiet durchgesetzt.

Bei einer Veranstaltung in Freising zum Flughafenausbau hat Ude zynisch proklamiert: Der Staat könne doch in Zeiten modernen Wandels nicht garantieren, dass jeder Zeit seines Lebens in seiner Heimat leben kann.

Die einzige Hoffnung, dass die Zerstörung des Landes einmal zum Stillstand kommt liegt nicht in irgendwelchen Politikern, sondern darin, dass ihnen das Geld ausgeht, woran sie freilich auch einmütig arbeiten.

Den Bayerischen Grant vertritt viel eher ein Peter Gauweiler, der im Parlament nachfragt wo die Goldreserven der Bananenrepublik Deutschland denn liegen und feststellt, dass sie bei der Federal Reserve lagern, so dass sie im Fall einer Abkoppelung von Amerika gar nicht zur Verfügung stünden ...

Grant

Eine Hoffnung liegt neben den Selbstläufigkeiten der Schrumpfung - wirtschaftlich und demographisch - gerade auch in der vielgeschmähten unpolitischen Jugend. Sie knüpft, meist ohne es zu wissen, wieder an an alte, traditionelle Werte an: Junge Leute von heute begnügen sich häufig mit mittleren Positionen, die Raum lassen für Familie und Freundeskreis, Hobby und Vergnügen. Mögen sich die anderen zu Tode siegen ...

Freilich sollte man daneben darauf Acht geben, dass sich die von Volk und Leben entkoppelte Politik nicht allzusehr verselbständigt. Wenn diese Politik wie in Bayern auch noch beansprucht, der alleinige Bewahrer der Tradition und der baierischen Identität zu sein, dann wird es in Wahrheit ungemütlich. Und wo die Gemütlichkeit aufhört, da endet auch die Liberalität. Und das ist seit der Aufklärung ein Dauerproblem. So wenig es die große Liebe zu Wittelsbach war, die die Bauern dazu führte, sich auf dem Sendlinger Kirchhof abschlachten zu lassen, so wenig war es der katholische Glaube, für den man sich in den Wallfahrerkrawallen prügeln ließ, es war vielmehr die mit ihm, diesem Glauben verbundene Lebensform.

»Wo die Gemütlichkeit aufhört, da endet die Liberalität«

Derzeit ist die Sehnsucht nach Heimat angesichts des immer schnelleren Wandels gerade bei Jugendlichen sicher sogar stärker als in den vorangegangenen Generationen, die ihre Heimat eher in Ideen und Ideologien fanden.

Folklore und Stil

Es scheint sich etwas von baierischer Lebensart zu halten, was mehr ist als Kostümierung. Was ist das Kriterium zur Unterscheidung von Folklore und Stil? Auch bayerische Kulturarbeit befindet sich in der Zwickmühle, dass das, was sie bewahren will, oft gar nicht mehr existiert. Es ist unter diesen Umständen verbrämter Zynismus, wenn Volkskundler Leuten, die etwa das Perchtenlaufen an einem Ort einführen, wo es nicht belegt ist, vorwerfen, dass sie sich fälschlich als traditionsbezogen ausgeben würden. Auch dass der Perchtenlauf mit neuen Inhalten angereichert wird, mit Pentagramm und Sonne-Mond-Maske ist eben gerade Zeichen nicht musealer Kultur. Das ist früher auch geschehen. Auch dass die Bräuche durch das geprägt sind, wie sie jeweilige »Intellektuelle« verstanden, ist nichts Neues. Hier sind die Pfarrer, die früher solche Bräuche teils durch Bekämpfen teils durch Reinigungsversuche oder auch durch Hochhalten z. B. gegenüber den Protestanten beeinflusst haben, durch die Heimatpfleger und Volkskundler abgelöst worden. Es gibt eben keine Erkenntnis, die ihren Gegenstand nicht beein -

Traditionen sind nicht museal

flusst. Der Reinheitswahn ist nur die Kehrseite davon, am Schluss nichts als echt anerkennen zu wollen. Und es ist Aufgabe der Heimatpflege, nicht nur museal zu erhalten.

Ich würde noch weiter gehen: Auch die jahreszeitliche Verlegung perchtenartiger Aktivitäten auf Halloween (31. Oktober) stellt für sich genommen kein Problem dar. Die Kirche hat ältere Bräuche auch verlegt, damit sie in ihr Festjahr passen, so etwa in den Fasching, und im Grunde ist die Darstellung der heiligen Barbara als Burgfräulein, das gefoltert wird, auch eine Modernisierung ursprünglich erfahrungsreligiöser Motive bis fast zur Unkenntlichkeit. Dieses Festjahr hat seine Verbindlichkeit verloren. Es gibt momentan keine kulturelle Instanz, die es neu schaffen könnte. Soll Brauchtumspflege nicht museal sein, muss sie Bräuche weiterentwickeln, dahin, wo heute die Kraft sitzt; oder, wenn wir sagen müssen, dass sie heute nirgends mehr sitzt, weil alles infiziert ist vom Schnickschnack des Kommerzes, dann dahin, wo sie wieder auftreten wird, wenn dieses Kartenhaus der Moderne (samt Postmodere) Mitte des 21. Jahrhunderts zusammenstürzt. Außerdem ist auch Halloween ein altes keltisches Fest, das sich im Angelsächsischen erhalten hat und durchaus im alpenländischen Erbetteln von Seelenbroten durch als Geister verkleidete Kinder eine Parallele hat.

Bräuche weiterentwickeln, dorthin wo heute die Kraft sitzt

Problematischer ist schon der Vandalismus, der sich teilweise als Traditionsbezug tarnt. Wenn Freinächte zu brutalem Rowdietum missbraucht werden, ist das ein Indikator des in unserer angeblich so liberalen Gesellschaft angestauten Drucks einerseits und der Formungsschwäche der Kultur andererseits. Der Hang zu inhaltslosen Sauffesten, wie dem Vatertag, der vor rund hundert Jahren in Amerika entstand, läßt sich nicht übersehen und ist ein Spiegel der Phantasielosigkeit unserer Freizeitkultur, die eben doch mehr Kompensation der Berufsanforderungen ist, als eigentlicher Lebensinhalt. Wir erholen uns immer mehr, um die Arbeit aushalten zu können, als dass wir arbeiten, um das Leben feiern zu können. Natürlich waren Feste immer auch Ventil, aber auch frühere Gesellschaften waren ja eben nicht einfach die gute alte Zeit.

Phantasielosigkeit unserer Freizeitkultur

Das nichtkopierbare Modell

Bayern galt von außen gesehen lange als hoffnungslos rückständig, derzeit erscheint es ungeheuer erfolgreich. War in der Ära Strauß im Bayernbild der Norddeutschen noch der Hinterwäldler dominant gewesen, so wird heute vom »Modell Bayern« gesprochen. Dies könnte aber auch ein Erfolg seiner Verspätung sein. Zum einen gibt es hier nicht die Altlasten der Industrialisierung mit deren Ab - räumen das Ruhrgebiet oder das Saarland, ganz zu schweigen von England, dem führenden Land der industriellen Revolution, beschäftigt sind. Zum anderen aber könnten hier auch die geistig-seelischen Ressourcen noch etwas unverbrauchter sein, die die derzeitige Zivilisation genauso unnachhaltig verbraucht wie die materiellen Ressourcen.

Bayern und seine viel - leicht unverbrauchteren Ressourcen

Es sind vor allem zwei Bereiche, in denen die moderne Gesellschaft von Restbeständen zehrt, die sie nicht zu reproduzieren vermag: 1. elementare Solidarität zum Nachbarn, deren Verschwinden ablesbar ist im Verhalten im Straßenverkehr, und 2. Arbeitsmotivation, an deren nicht regenerierendem Verbrauch bereits der real existierende Sozialismus wesentlich gescheitert ist. Beide Tugenden verdünnen sich heute rapide. Das ist auch kein Wunder. Die Solidarität wurzelt in dem Gefühl, dass durch den Ne - benmenschen die Welt reicher, das Leben schöner, leich - ter und freier wird. Das ist angesichts der Bevölkerungs - verdichtung, des Gedränges in Kaufhaus, Arbeitsamt und Straßenverkehr ganz offensichtlich nicht mehr der Fall. Der Nebenmensch erscheint vielmehr überall als Konkur - rent.

Das Paradigma nicht entfremdeter Arbeit ist die bäu - erliche Identifikation mit dem eigenen Boden. Doch auch in den anderen Urberufen ist der Mensch nicht nur mit dem Ergebnis seiner Tätigkeit, sondern auch deren Voll - zügen selbst innerlich verbunden. Ob als Jäger oder als Hirte, als Schmied oder als Maurer, immer ist die Tätig - keit Mitvollzug einer Grundgeste der Natur, die am ein - fachsten in der jeweiligen Patron(in), sei es Göttin oder Heilige, zum Ausdruck kommt. Der Jäger ist Mitvollzie -

her des Artemisischen in der Natur, der Schmied des Vulkanischen, der Hirte des Panischen, der Bauer des Demetrischen usw. In all diesen Tätigkeiten, besonders aber in der bäuerlichen, ist ein Wissen darum präsent, dass zur eigenen Arbeit immer noch der Segen des Himmels hinzukommen muss. Damit ist zugleich eine Brücke zur Transzendenz gegeben.

Die Urberufe und ihr Wissen um den Segen des Himmels

Der Bauer erfährt das Wachsen, das er vorbereitet, aber nicht machen kann, als ein Entgegenkommen der Welt gegenüber seinem Bemühen. Es ist etwas in der Welt, das den Erfolg seiner Arbeit ermöglicht, das mit ihm arbeitet und dessen Mitarbeiter er ist. Arbeit ist nicht ein Machen, sondern ein sich Bemühen um ein Ziel, das auch von anderen menschlichen und göttlichen Faktoren abhängt. Das Mitarbeiten daran beschränkt sich nicht auf eine in den Gesetzen der Mechanik fassbare Ebene. Der Flurumgang kann genauso entscheidend für die Ernte sein wie die Düngung.

»Verbraucher« statt »Mitschöpfer«

Seine Arbeit gut zu machen, stellt aber in der traditionalen Gesellschaft zugleich eine Brücke zum Nebenmenschen her. Der Dirigent Enoch zu Guttenberg hat in einer bedeutsamen Rede demgegenüber betont, dass wir uns heute widerstandslos als »Verbraucher« titulieren lassen und uns auch so verstehen, statt als Mitschöpfer.

Der Verlust der Transzendenzdimension durch die Ideologie des Self-made-man, der sich jeden Erfolg, aber auch Mißerfolg, selbst zuzuschreiben hat, führt zu einer Kosten-Nutzen-Rechnung zwischen den Polen Bequemlichkeit und Hektik. Eigentlich wollen wir es so bequem wie möglich, aber um uns das leisten zu können, was das Leben bequem macht, müssen wir auf Bequemlichkeit verzichten und uns in die Hektik der kapitalmarktgetriebenen Ökonomie stürzen. Der heutige »Capital«-lesende Gewinnler hat keine Arbeit, die irgendeinen Sinn in sich selber trüge. Immer ist nur das Ergebnis wichtig. Die Entkoppelung von sinnvoller Arbeit und Gewinn läßt erstere als notwendiges Übel erscheinen. Wer arbeitet, obwohl er auch so leben könnte, ist dumm, wem die Arbeit Spaß macht, ein Streber.

Auch der Bauer auf eigenem Grund ist heute in seinem

Dorf Angehöriger einer Minderheit, am Stammtisch do- miniert das Bewusstsein, das aus entfremdeter Arbeit kommt. Und auch der Bauer kalkuliert zwischen Sicher- heit und Gewinn: dass er zwar nicht entlassen werden kann, aber dafür wenig Geldgewinn hat. De facto lebt er, auch wenn er es sich nicht eingestehen will, nicht mehr von den Produkten der Erde, sondern von den von der EU verteilten Steuergeldern, denn wir haben in den soge- nannten entwickelten Länden die absurde Situation, dass gerade die Grundlage aller Produktion, die Landwirt- schaft, gemessen in Energie mehr durch Maschinen und allem, was an ihnen hängt, verbraucht als sie erzeugt. Langsam schlägt sich das auf das Bewusstsein durch, so wenn der Urlauber, der über die noch nicht gemähte Wie - se zu einem Aussichtpunkt stapft und den der Bauer an- raunzt, zurückgibt: Du lebst eh nicht von deinem Gras, sondern von unsern Steuergeldern fürs Grasmähen.

Besonders pervers wird die Situation bei den sogenann- ten Bioenergien: Wird schon in die Produktion der Feld - früchte mehr Energie an Traktorensprit, Kunstdünger etc. gesteckt als dann schließlich verwertbar ist, so könnte man immerhin noch sagen, es wird nichtessbare in ess- bare Energie umgewandelt; aber wenn Mais, Raps oder Weizen dann wieder zu Antriebsenergie umgewandelt werden, dann wäre es von der Energiebilanz her eindeu -

tig besser, das ganze Beschäftigungsprogramm zu lassen. Wo einmal das Bauerntum zerschlagen ist, wie in den von der Sowjetisierung erfassten Ländern, ist ein Anknüpfen an ein symbiotisches Verhältnis zur Erde nicht mehr möglich, aber auch bei uns weicht es Schritt für Schritt dem »rationalen« Kalkül. Damit aber ist die Grundlage dessen, was Bayern ausmacht, am Verschwinden. Erst in der Situation des Wirtschaftszusammenbruchs wird der Bauer wieder der sein, zu dem die Städter ihre Goldstücke tragen, um ein Pfund Butter dafür zu erstehen.

Die historische Verzögerung als Vorsprung Es könnte also sein, dass die wirtschaftliche Blüte, die Bayern heute erfährt, der Vorsprung im Bezug auf die immer wieder beschworenen »Standortfaktoren« für unternehmerische Investitionen Produkt einer historischen Verzögerung ist, deren Abstand zu Norddeutschland dabei aber gleichzeitig verkleinert wird. Es könnte auch sein, dass sich selbst unter den Bedingungen des Turbokapitalismus in Bayern eine andere Mentalität hält, dass man hier sehr informell im Grunde immer noch an zünftischen Strukturen festhält, dass selbst unter Selbständigen (sprich Selbstverkäufern) nicht nur der Markt, sondern auch der persönliche Kontakt und die gemeinsame Sprache entscheidet, wen man als Konkurrenten und wen als Kollegen betrachtet. Norddeutsche jedenfalls klagen, dass es hier so schwer ist, in informellen Strukturen Fuß zu fassen.

Bayern ist kein Modell.
Erstens ist es unnachahmlich, zweitens aber vielleicht sogar ein Auslaufmodell. Darüber ist freilich das letzte Wort noch nicht gesprochen.

Kehren wir am Ende noch einmal zum Bild des Flusses zurück: Ein Wildfluss etwa zeigt uns in bildhafter Weise, dass da, wo das Allleben strömt, das Einzelleben sich nicht halten kann; er hält die Kiesbänke durch periodische Überschwemmungen vegetationsfrei. Die von periodisch wiederkehrenden Katastrophen für die Einzellebewesen geprägte Flussauenlandschaft gehört zu den artenreichs -

ten Biotoptypen. Dass der Tod das Mittel der Natur ist, viel Leben zu haben (Goethe), und dass der Mensch, der aus sentimentaler Identifikation mit dem Einzelleben versucht, mit High-tech-Medizin und Biosphärenmanagement der Natur in den Arm zu fallen, das Leben trifft, wo er meint, dem Tod etwas abzutrotzen, kann man hier verstehen. Was wir unsren Flüssen antun ist ganz parallel zu dem, was wir der Geschichte antun.

Der Fluss: Abbild des Lebens

Was lange Bayerns Stärke war, ist bald vielleicht eine Schwäche. Bayern war nie dadurch ausgezeichnet, dass hier die bessern Menschen lebten, sondern dass sie die wenigen guten anerkannten, und seien sie »verrückt« wie »da Kini«.

Das christliche Abendland hat vor und nach der Renaissance nur in unterschiedlichen Arten vom antiken Erbe gezehrt und dieses dann verzehrt, nachdem sein Kernstück die Bevorzugung der Muße gegenüber der Arbeit herausgebrochen war. Dies hat kurzfristig zu einer Freisetzung einer ungeheuren Dynamik eben der Mittelschichten geführt, doch nachdem dann die alten Müßiggängerschichten abserviert und die oberen Positionen durch Vertreter des Wächtertyps besetzt waren, wurde das Projekt steuerlos. Nicht die heute sogenannten Eliten sind unsere Zukunft, sondern eine Zukunft könnten wir nur durch Schaffung von Inseln der Muße (was in Bayern Gemütlichkeit heißt) gewinnen.

Und da haben wir in Bayern noch ein bisschen Kapital.

UNWISSENSCHAFTLICHER ZUSATZ

Freilich, die Tage scheinen gezählt, meint doch Georg Ringsgwandl: »Die Vergangenheit führt nämlich schon Rückzugsgefechte. Sture Reste der Urbevölkerung liefern sich noch Scharmützel mit der modernen Zeit um ein paar Trümmer der Heimat zu retten, aber die Tradition versinkt so schnell, dass die Leute oft gar nicht mehr wissen, was *echt* ist und ob es *echt* überhaupt noch gibt«.

Und richtig ist: Solange das System der organisierten Unverantwortlichkeit noch herrscht, solange ist jeder kleine Erfolg des Naturschutzes und Kulturschutzes nur eine Aufsparung bis auf weiteres. Das Erdinger Moos ist längst verloren und verlärmt, das Isental in Kürze, und die Salzach wird nur dann erhalten bleiben, wenn der Zusammenbruch rechtzeitig kommt.

Die Einsicht, dass nur der möglichst totale und möglichst rasche Zusammenbruch des Systems die physischen und geistigen Ressourcen für die Zukunft aufsparen kann und von daher die radikale Entscheidung, jede Solidarität mit der hiesigen Gesellschaft aufzukündigen, ist Wiederfindung der Normalität des Abendlandes, das immer ein ambivalentes Verhältnis zu seinem möglichen Ende hatte. Damit, dass der Zusammenbruch des heutigen Systems nicht mehr nur eine Befürchtung sondern auch eine Hoffnung ist, kehrt das Abendland zu einer Grundform seines Denkens zurück, der zugleich ersehnten und gefürchteten Apokalypse - man denke an Otto von Freising. Es ist die Grundambivalenz, aus der das Abendland hervorgegangen ist, dass das Ende zugleich ersehnter Fortschritt und Hinauszuzögerndes ist. Die Vernichtung der modernen Welt ist wünschenswert wegen der Degeneration und Entartung des Geistes, weil Konfrontation mit dem elementaren Draußen nötig ist. Sie muss durch Menschen geschehen, weil durch Abschirmung von der Natur nur noch der andere Mensch gefährliches Draußen ist. Das Abendland kehrt zu seiner religiösen Grundform zurück, indem es die Apokalypse inszeniert und durchleidet und seine besten Köpfe werden schließlich diese Apokalypse als zwar fürchterlich aber doch erlösend bejahen, ja sie erflehen, da mit jedem Tag, den das System der organisierten Unverantwortlichkeit weitergeht, Natur und Seelensubstanz zerstört wird. Der Entropiegedanke ist noch theoretisch, auch wenn sich in ihm bereits das Lebensgefühl stark einmengt. Die Verwirtschaftung der Welt ist praktische Realisierung.

Angesichts dieser Aussicht auf das Ende der Moderne überschreitet auch der Historiker die ihm im Kontext der Moderne gesetzten Grenzen. Wir haben gesehen, dass Otto von Freising, der größte bayerische Geschichtsschreiber des Mittelalters, seine eigene Zeit von daher betrachtet hat, wie sie zu Ende gehen wird. Der Historiker ist kein Prophet, aber man muss auch kein Prophet sein, um die heute noch übliche Betrachtungsweise zu verlassen, die von einem Ende des Bestehenden nichts weiss oder vorgibt, es nicht zu sehen. N. G. Davila hat bereits 1992 geschrieben: »Die moderne Welt ist bereits dermaßen zersetzt, dass wir keine Angst mehr haben müssen, dass sie nicht zusammenbricht.«

Das ist das Eigentliche, was sich für den denkenden Historiker in den zehn Jahren seit der Erstauflage geändert hat. Die Moderne ist selbst historisch geworden. Sie ist noch nicht zu Ende, aber sie hat keine Perspektive mehr, weder auf Zeit noch auf Geltung. Die Universalisierung des amerikanischen Modells stößt vor allem an ökologische Grenzen, und man muss wahrlich nicht irgendwelchen Spekulationen um das Enddatum des Mayakalenders nachgehen, ja man muss nicht einmal die Klimahysterie teilen, mit deren Hilfe heutige Politiker versuchen, neue Wachstumsbereiche der Wirtschaft anzukurbeln: von Verschandelung der Landschaft mit Windkraftanlagen, Pumpspeicherwerken und neuen Überlandleitungen bis hin zur Wärmedämmung. Die Menschheit ist schon mit Eis- und Warmzeiten zurecht gekommen, nicht aber mit der gegenwärtigen Übervölkerung.

Was wir als Katastrophen zu bezeichnen gelernt haben, sind in Wirklichkeit oft Selbstheilungsprozesse.

Denn solange noch Geld da ist, wird es weitergehen damit, dass jeder naturschützerische Erfolg nur eine vorläufige Aufsparung ist und täglich in den Nachrichten neue Meldungen über das Weitergehen der Zerstörung zu hören sind: hier eine Brücke über die Salzach mitten im Naturschutz-Gebiet, dort eine Fertigstellung der Autobahn bis Garmisch und damit völlige Zerstörung des engen Tales zwischen Eschenlohe und Oberau, hier doch noch ein Kraftwerksbau usw. - bei gleichzeitiger Ausweisung von Gebieten als Weltkulturerbe. Dazu die Zupflasterung der Meere mit Ölplattformen und Offshore Anlagen und die Verrohrung des letzten Bachs.

Die technisierte Umwelt schafft den nicht mehr mit den Archetypen in Einklang stehenden Menschen. Dass die Schüler immer weniger zu wirklichem Denken in der Lage sind, sondern nur noch zum Assoziieren, ist nicht allein Schuld des Computers, sondern Preis des Aufwach - sens in einer Welt, in der gewachsene (und vielfach nach dem Muster von Löwenmaul und Hummel miteinander verzahnte) Strukturen durch die Dominanz des Technischen, Eindimensionalen ersetzt werden. Was jetzt zu entwickeln ansteht, ist ein Kultur- und Naturschutz, der nicht mehr mit den Möglichkeiten des »Weiter so« (scheinhafte Nachhaltigkeit) argumentiert, sondern dafür, sich mit dem notwendigen Zusammenbruch abzufinden.

Den Übergang vom Zerfall des Bestehenden zum Aufbau des Neuen wird man sich wohl mit erheblichen Ähnlichkeiten zur Völkerwanderungszeit vorzustellen haben. Ob mit oder ohne Klimaerwärmung werden sich aus den Notstandsgebieten neue Völkerwanderungen aufmachen, und die Inseln des Reichtums können wählen, wie das Ende der Liberalen Wohlstandsunordnung auf Pump aussieht: äußerlich, indem sie den anstürmenden Massen un - terliegen, oder innerlich, indem sie sie niederkartätschen und damit alle bisher gültigen Werte von Humanität erle - digen. Wahrscheinlich ist eine Mischung aus beidem mit Bürgerkriegen. Das Mischungsverhältnis hängt davon ab, wie zersetzt zum Zeitpunkt der Krise die Instinkte der Reichen schon sein werden. Letztlich werden nicht die besser Bewaffneten sondern die seelisch Kräftigeren, die auch ungeheure Verluste und Schmerzen aushalten, ge - winnen. Es wird ein Krieg von Seelensubstanz gegen äußere Mittel (Geist im Sinn von Klages) sein.

Kulturelle Degeneration und das Sterilwerden von Zivilisationen - Spengler spricht von Unfruchtbarkeit in jeder Hinsicht - hat es immer gegeben. Sie ist die normale Alterserscheinung einer Kultur und unausweichlich. Wer mit der Sterblichkeit alles Irdischen einverstanden ist, weil er das Prinzip der Natur verstanden hat, dass nur aus der Wiederverflüssigung Neues entstehen kann, und alles Große Verknöchern, erstarren und sklerotisch werden muss, der muss auch mit dem Niedergang von Kulturen sich abfinden, was durchaus bedeutet, dass er versuchen kann, dafür Sorge zu tragen, dass das Beste einer Kultur in einer Art Samenverkapselung oder Verpuppung über die *Dark ages* gerettet wird.Auch die spätrömische Zivilisation kannte Verfall.

Gesellschaften werden heute als Wohlfahrtsgemeinschaften zusammengehalten. Nicht der ideologisch beschworene Verfassungspatriotismus hat nationale und kulturelle Identität ersetzt, sondern ausschließlich das Wirtschaftswunder. Ist dieses endgültig aufgezehrt, fehlt dem bestehenden Konglomerat, das sich zwar noch Deutschland nennt, aber kein Volk, nur noch eine Bevölkerung hat, jeder Kitt, der in solchen Krisenzeiten nötig wäre.

Wird Bayern wieder irgendeine Sonderrolle dabei spielen? Oder was wäre dazu nötig. Ein toter Winkel in Folge der Geographie scheidet aus. Soll der Übergang hier wieder fließender ablaufen, so müssten die großen Städte mit ihrer Wurzellosigkeit an Bedeutung verlieren. Vor allem müsste sich ein Bauerntum erhalten, das den Namen verdient, nicht ein paar Fremdenzimmer vermietende Nebenerwerbslandwirte. Einen Beitrag dazu liefert vielleicht völlig unbewusst das, was heute Luxus scheint: die Ausbreitung der Biolandwirtschaft.

Wissenschaftskritische Nachbemerkung

Das hier vorliegende Buch erzählt eine Geschichte, es verzichtet auf den Anspruch von Wissenschaftlichkeit im akademischen Sinn, aber es beansprucht Wahrheitssuche, sogar mehr als die meisten akademischen Machwerke. Geschichte wird hier symptomatologisch oder erscheinungswissenschaftlich geschrieben. Im Mittelpunkt steht Bedeutungs-, nicht Kausalwissen. Manchmal zeigt ein in seinen Wirkungen wenig bedeutendes Ereignis die Struktur der wirkenden Kräfte besser als ein »wichtiges«. Die Impfgesetzgebung Max III. Josephs war in seinen Wirkungen nicht sehr bedeutend, symptomatologisch ist sie hoch bedeutsam. Dasselbe gilt für die Figurengruppe in der Feldherrnhalle und den McDonald's am Irschenberg. Um der Lesbarkeit willen habe ich mich darauf beschränkt, Quellen anzugeben, ohne die umfangreiche, herangezogene Literatur im einzelnen zu diskutieren.

An einem Punkt scheint es mir aber unumgänglich, auf die zeitgenössische Diskussion einzugehen. Es könnte sonst, zumal ich viele Zitate aus der älteren Literatur verwende, der Eindruck entstehen, als sei die zentrale These des Buches - die These einer besonderen Traditionsverbundenheit Bayerns zurück bis in vorgeschichtliche Zeiten - wissenschaftlich überholt, weil ein Großteil der heutigen volkskundlichen Literatur langdauernde Kontinuitäten insbesondere aus der vorchristlichen Kultur ablehnt und den älteren Autoren gerne methodische Unreflektiertheit und bloße Analogieschlüsse vorwirft. Es handelt sich dabei aber lediglich um die Ideologie gewisser professoraler Zitierkartelle. Sieht man sich ihre Argumente an, bleibt wenig übrig, und ihre Arbeiten sind an zentralen Punkten wesentlich unreflektierter und vorurteilsbeladener als die ihrer Vorgänger, wenn auch mit umgekehrter Tendenz. Ausführlich habe ich dies dargestellt in einem Beitrag im Heidnischen Jahrbuch 3 (2008).

Ein Beispiel dieser Richtung ist Dietz-Rüdiger Moser, der versucht, alle Faschingsbräuche als letztlich todernste und hochmoralische Darstellung des Reichs des Teufels darzustellen. Auch bei ihm werden die dabei entstehenden Absurditäten mit dem Hinweis abgesichert, die Gegenposition sei ja in der Zeit des Nationalsozialismus Mode gewesen. Auch bei diesem Thema folgt auf die wenig quellengestützte Beschwörung angeblicher germanischer Traditionen nun eine ebenso einseitige Reaktion. Wieder soll mit der germanischen gleich die erfahrungsreligiöse Herkunft des Brauchtums bestritten werden.

Das oben besprochene Problem des Folklorismus ist zum Argument gegen Tradition gewendet worden. Hier ist Hans Moser nicht ganz unschuldig, so richtig es ist, dass die Brauchtumspflege nicht nur das Brauchtum selbst, sondern auch die Einstellung zu ihm verändert, so falsch ist es doch, daraus zu schließen, dass Traditionspflege Traditionsfälschung sei und eingestellt werden solle. Andere Vertreter seines Faches, wie etwa Helge Gerndt, der den heidnischen Ursprung des Kärntner Vierbergelaufs abstreitet, sind noch extremer. Mit professoraler Pedanterie redete er Verena und Alfred Weitnauer als unwissenschaftliches Gebräu eines Heimatpflegers und seiner Tochter in Grund und Boden, kann aber nirgends nachweisen, dass die tatsächlich nicht akademischen Zitierstandards entsprechenden Publikationen substantiell Falsches enthalten. Dass Volkssagen keine Beweise für archäologische Gegebenheiten darstellen, ist keine neue Erkenntnis und hat auch niemand bestritten. Ebenso ist die »Kontinuitätsthese oraler Überlieferung bis in antike und prähistorische Zeiten« ein konstruierter dummer Bauer, den der mit akademischen Titeln gesegnete, deshalb aber noch lang nicht symbolsichtig gewordene dann abwatschen kann.

Diesen professoralen Ideologen will einfach nicht in den Kopf, dass es noch etwas anderes in der Welt gibt als einerseits Handgreifliches (Funde) und andererseits Ge - schwätz (Diskurse). Von Atmosphären, die das entscheidende Bindeglied darstellen von Wotan zu Georg - so dass nicht Georg Wotan übersetzt, sondern die Atmosphären erst mit dem einen Namen, dann mit dem anderen be - zeichnet werden - scheinen sie nie etwas gespürt zu ha -

ben; sie sind numinos unsensibel und farbenblind. Freilich ändern sich auch Atmosphären selbst, und es ändert sich das Vokabular für sie, das bedeutet aber noch lange nicht, dass das, was im 18. Jahrhundert als Heidentempel erscheint, im 19. als numinoser Wald erscheint. Aber die unterschiedlichen Benennungen bedeuten eben nicht, dass es kein Wahrnehmungssubstrat gäbe! Das kann nur meinen, wer eben Bezeichnendes und Bezeichnetes gleichsetzt, weil er allein Diskurse für real hält. Dass allerdings alle diese Erzählungen mehr durch das beeinflusst seien, was ihrer Befrager hören wollten, übertrifft alle weitnauerschen Vermutungen an Vorurteilshaftigkeit.

Das Phänomen akademischer Zitierkartelle, die mit riesigem methodischen Aufwand in Feinheiten ungeheuer differenziert und in den Grundlinien ihrer Argumentation Ideologen und Dogmatiker von dilettantischster Unreflektiertheit sind, ist nicht auf die Volkskunde beschränkt. Alle modernen Wissenschaften tendieren dazu, ihren Gegenstand aufzulösen.

Auch dazu soll das Buch einen Beitrag leisten: Ihnen nicht mehr den Diskurs zu überlassen. Denn der ist zerstörerisch, weil er auf die eigentlich für heutige Kultur relevanten Fragen, nach der Möglichkeit von Verstehen und sich Hineinstellen in den geschichtlichen Strom keine Antwort bietet und damit mittelfristig diese Fragen als deplaziert zu verdrängen hilft.

Ein Rationalist versteht eben nicht, was für einen erfahrungsreligiösen Menschen, einen Bauern, oder einen Schmied noch des 19. Jahrhunderts die Elemente Feuer, wasser, Erde, Luft sind. Man kann nicht sinnvoll über Mythen schreiben ohne mythologisches Gespür, und mythologisches Gespür hat nur, in wem das, was nur im Mythos gesagt werden kann, selber lebendig ist. Geschichte ist nicht einfach Zusammenstellung von vermeintlichen Fakten. Zu jeder Zeit ist das, was sie für Fakten hält, von ihrem eigenen Weltbild abhängig und, wie sie es gruppiert, von ihren eigenen Fragen oder schlechterenfalls von den Interessen, die sie bedienen möchten. So verfehlt es ist, zu glauben, die Perspektiviertheit des eigenen Standpunkts könnte prinzipiell überwunden werden, so verfehlt ist es, deshalb alle Sachaussagen solange mit relativierenden Fußnoten zu versehen, bis keiner mehr weiß, was gemeint ist.

Heutige Kulturwissenschaftler verbinden gern beide Fehler, indem sie sich zu Richtern der Geschichte aufschwingen und gleichzeitig behaupten, das sei alles nicht endgültig. Die Wissenschaftstheorie des Falsifikationismus liefert die Rechtfertigung von Wissenschaftlern , die ihre eigenen Theorien nicht mehr ernst nehmen und gerade deshalb mit bestem Gewissen produzieren. Manche merken die traditionszerstörerische Wirkung solchen Tuns nicht, andere stellen sich bewusst in den Dienst der Zerstörung. Manche merken nicht, dass es auch eine Ide - ologie der Ideologiefreiheit gibt, andere vertreten bewusst die Ideologie der unbeschränkten Herrschaft der Aktien - kurse.

Aber nicht wir sind die Richter der Geschichte, sondern auch über uns fällt sie ihr Urteil. Geschichte ist nicht Richten über die Vergangenheit (nach unhinterfragten Maßstäben der Gegenwart, was sich gern mit dem Beiwort »kritisch« schmückt): Sie ist Kritik der Gegenwart und »Entgegenwärtigung«. Deutlich hat der Mythenforscher W.F. Otto formuliert: Geschichte soll Erlösung der Vergangenheit durch Wiederverflüssigung des Erstarrten sein, nicht folgenloses Erklären, sondern der Versuch, ihr ein Weiterwirken möglich zu machen: »Das Verstehen des Lebendigen ist kein Nachrechnen und Kombinieren von Tatsachen, sondern die Antwort des verwandten Le - bens.« Es ist die Verwandlung des Vorgegebenen in ein Aufgegebenes. Geschichtlichkeit als mit Verstehbarkeit identisch bedeutet diesen Status des Aufgegebenseins. Verstehbar ist etwas, was zur Form des eigenen Denkens werden kann. Das Ungeschichtliche ist das nicht Denkba - re, das Vorgeschichtliche ein Zwischenbereich. Kritische Methode der Geschichtsschreibung bedeutet dann immer wieder rückzufragen: Ist das, wie ich es denke, näher oder weiter entfernt von dem, wie es damals gedacht wurde. Aber entscheidend ist überhaupt die Denkbarkeit.

Eine Geschichte, die dem Phänomen Bayern gerecht werden will, muss sich als Traditionswahrung und nicht als Traditionszerstörung verstehen. Bei einer Geschichte der Technik mag das anders sein. Mögen die Modernisten keifen, das sei Remythisierung. Jede Tradition hat mythische Elemente, das sind nicht die unwahren Elemente, sondern die lebendigen. Das Vergangene als Vergangenes ist wirklich und wirksam, aber anders wirksam als das Gegenwärtige, so wie der Satz »Spring da runter« anders wirksam ist als ein Schubs. Wirkung des Vergangenen, Wirkung aus dem Totenreich nennen wir Mythos.

Bayern ist zu großen Teilen ein Mythos.

Das ist gut so, weil Mythos eben kein Gegensatz zu Wahrheit ist.

Literaturverweise

William **Anderson**, Der grüne Mann, Solothurn 1993.

Richard **Andree**, Votive und Weihegaben des katholischen Volks in Süddeutschland, Braunschweig 1904.

Ewald **Banse**, Lehrbuch der organischen Geographie, Berlin 1937.

Thomas **Bargatzki**, Alles ist Kultur. Ethnologie und Zeitgeist in Hermann Joseph Hiery (Hg.): Der Zeitgeist und die Historie, Dettelbach 2001, 21-36.

L. F. **Barthel**, Die Ostfranken, in: Bayern Land und Volk, Die Volksstämme, München 1952.

L. F. **Barthel** & F. X. **Breitenfelder**, Bayerische Literaturgeschichte, München, 1953.

Georges **Bataille**, Der heilige Eros, Berlin 1979.

Gregory **Bateson**, Steps to an ecology of mind, London 1978.

Gerhard **Bauchhenß** (Hg.), Matronen und verwandte Gottheiten, Köln 1987.

Reinhard **Bauer** / Ernst **Piper**, München, die Geschichte einer Stadt, München 1993.

Robert **Bauer**, Die bayerische Wallfahrt Altötting, München 1970.

Romuald **Bauerreiß**, Kirchengeschichte Bayerns, Bd. 1, St.Ottilien 1949.

Bavaria Landes und Volkskunde des Königreichs Bayern, 8 BDE Mün - chen 1860-67.

Eva **Bayer-Niemeier** u.a., Donau, Fürsten und Druiden. Die Kelten entlang der Donau, Haugdorf 2006.

Friederike **Beck**, Das Guttenberg-Dossier, Ingelheim 2011.

Winfried **Becker** / Werner **Chroback** (Hg.), Staat, Kultur, Politik, Bei - träge zur Geschichte Bayerns und des Katholizismus, Festschrift zum 65. Geburtstag von Dieter Albrecht, Kallmünz 1992.

Wolfgang **Behringer**, Hexenverfolgung in Bayern, München 1988.

Wolfgang Johannes **Bekh**, Tassilonisches Land Bilder aus Bayern und Österreich, Pfaffenhofen 1983.

ders., Anton Bruckner Biographie eines Unzeitgemäßen, Bergisch Gladbach 2001.

Heinz **Bellen**, Grundzüge der römischen Geschichte III., Darmstadt 2003.

Alain de **Benoist**, Aufstand der Kulturen, Berlin 1999.

Georg **Berghofer**, Friedrich Merkenschlager. Ein Wissenschaftler trotzt den Rassegedanken der Nazis, Treuchtlingen 2010.

Monika **Bergmeier**, Umweltgeschichte der Boomjahre 1949-1973. Das Beispiel Bayern, Münster 2002

Bettina **Best**, Georg Jauss, Dachau 2010.

Helmut **Birkhan**, Irland, Insel der Heiligen, Rosenheim 1989.

ders., Die Kelten, Wien 1997.

Hans **Bleibrunner**, Kulturgeschichte des bayerischen Unterlandes, Landshut 1979.

Arno **Borst**, Der Turmbau von Babel, Stuttgart 1958.

ders., Barbaren, Ketzer und Artisten, Welten des Mittelalters, München 1990.

Elisabeth **Boser**, FreiLichtMalerei - der Künstlerort Dachau, Dachau 2001.

Egon **Boshof**, Walter **Hartinger**, Maximilian **Lanzinner**, Karl **Möseder**, Hartmut **Wolff**, Geschichte der Stadt Passau, Regensburg 1999.

Silvia **Botheroid** / Paul **Botheroid**, Lexikon der keltischen Mytholo - gie, München 1992.

Franz **Braumann** & Heinz **Grill**, Österreich von der Urzeit bis zu den Babenbergern, Innsbruck 1978.

Stefan **Brönnle**, Die Kraft des Ortes, Niedernhausen 1998.

Jaques **Brosse**, Mythologie der Bäume, Freiburg 1990.

Peter **Brown**, Die Entstehung des christlichen Europa, München 1996.

Linus **Brunner** / Alfred **Toth**, Die rätische Sprache - enträtselt, St. Gallen 1987.

Heinz Otto **Burger**, Die Gedankenwelt der großen Schwaben, Stuttgart 1958

Walter **Burkert**, Homo necans, Berlin 1972.

Josef **Campbell**, Die Mythologie des Westens, München 1996.

W. **Czysz** (Hg.), Die Römer in Bayern, Stuttgart 1995.

H. **Dannheimer** / H. **Dopsch**, Die Bajuwaren, München 1988.

Friedrich **Delekat**, Die Umsetzung der Grundprinzipien der Reforma - tion, in die Grundprinzipien der konstitutionellen Demokratie, in, Evangelische Theologie 14, S. 485-498.

W. **Delius**, Geschichte der irischen Kirche bis zum 12 Jhd., 1954.

Alexander **Demandt**, Über allen Wipfeln, Köln 2003

Kurt **Derungs** (Hg.), Mythologische Landschaft Schweiz, Bern, 2. Auflage 1998.

ders., Keltische Frauen und Göttinnen, Bern 1995.

Heinz **Deuschle** / Thomas **Riedmiller** (Hg.), Magnus, Drache Bär und Pilgerstab, Lindenberg 2000.

Bernhard **Diekmann**, Judas als Sündenbock, München 1991.

Peter **Dinzelbacher**, Judastraditionen, Wien 1977.

Peter **Dörfler**, Unser Schwabenland, in: Bayern, Land und Volk. Die Landschaft, München 1952.

Alfred v. **Domaszewski**, Geschichte der römischen Kaiser, 2 Bde., Leipzig 1909.

Erich **Drygalski**, Der Einfluß der Landesnatur auf die geschichtliche Entwicklung der Völker, Berlin 1922.

Richard van **Dülmen**, Religion und Gesellschaft, Frankfurt 1989.

Manfred **Eder**, Die Deggendorfer Gnad, Passau 1992.

Emil **Egli**, Mensch und Landschaft, Zürich 1975.

Mircea **Eliade**, Schamanen, Götter und Mysterien, Freiburg 1992.

Robert **Eisler**, Weltenmantel und Himmelszelt, München 1910.

R. **Falter**, 80 Jahre Wasserkrieg, das Walchenseekraftwerk, in: Von der Bittschrift zur Platzbesetzung, Bonn 1988.

ders., Rettet die Natur vor den Umweltschützern, in: SZ-Magazin Mai 1994.

ders., Wie umweltfreundlich ist die Wasserkraft? Oder vom Verlust der Landschaft, in: Kultur und Technik 4/1995.

ders., Genius Monacensiae eine ortsbiographische Annäherung an den Genius Loci Münchens, in: Lara Mallien & Johanes Heimrath (Hg.), Genius Loci. Der Geist von Orten und Landschaften in Geomantie und Architektur, Klein Jasedow 2009, S. 84-105.

ders., Das Christentum und die Dynamik der Säkularisierung = Der Europäische Sonderweg, Bd. 5, Stuttgart 2000.

ders., Halbierter Goethe - Kritik der anthroposophischen Naturauffassung, in: Natur und Mensch 6/2000, S. 22-29.

ders., Der Berg als Gott, in, Berg 2001, Alpenvereinsjahrbuch Bd. 125, S. 222-237.

ders., Heimatverbundenheit und Naturschutz, Das Beispiel obere Isar, in: Berichte der ANL 26 (2002) 133-150.

ders., Ludwig Klages, Lebensphilosophie als Zivilisationskritik München 2003.

ders., Natur neu denken, Klein Jasedow 2003, 2. Aufl. 2010.

ders., Alwin **Seifert**, Die Biographie des Naturschutz im 20. Jahrhundert, in: Berichte der ANL 28 (2004) 69-104.

ders., Strömungen im frühen Naturschutz, in: Laufener Spezialbeiträge 1/06, S. 98-137.

ders., Natur prägt Kultur, München 2006.

ders., Die Götter der Erfahrungsreligion wieder verstehen, in: Heidnisches Jahrbuch 1 (2006), S. 90-146.

ders., Horizont Quelle Berg und Fluß, in: Aufgang 5. Jahrbuch für Dichten, Denken, Musik (2008) 75- 99.

ders., Die Sprache der Natur in, Hagia Chora Zeitschrift für Geomantie 29, (2008) S. 28-33.

ders., Der Fluss des Lebens, in: Flüsse in Österreich, Wien 2008, S. 198- 204.

ders., Heimat ist Lokalisierung des Göttlichen, Interviewt von Claus Wolfschlag, in: Zukunft Zeitschrift für Weltbürger Dez 2008, S. 42-45.

ders., Salus Provinciarum, München 2009

Lucien **Febvre**, Der Rhein und seine Geschichte, Frankfurt 1994.

Thomas **Fischer** / Sabine **Rieckhoff-Pauli**, Von den Römern zu den Bajuwaren, Stadtarchäologie in Regensburg, München 1982.

Thomas **Fischer**, Römer und Bajuwaren an der Donau, Regensburg 1988.

Gerti **Fluhr-Meyer**, Prof Dr Otto Kraus (1905-1984) Erster hauptamtlicher Naturschützer Bayerns, in, Ber ANL 18 (1994), S. 7-22.

R.H. **France**, München, die Lebensgesetze einer Stadt, München 1920.

Egon **Friedell**, Kulturgeschichte der Neuzeit, München 1969.

Ludwig **Friedländer**, Sittengeschichte Roms, Wien 1934.

Justus **Fürstenau**, Entnazifizierung; Neuwied 1969

Peter **Gauweiler** / Christoph **Stölzl** (Hg.), Bayerische Profile, München 1995.

Adele **Getty**, Göttin, Mutter des Lebens, München 1993.

Nina **Gockerell**, Das Bayernbild in der literarischen und »wissenschaftlichen« Wertung durch fünf Jahrhunderte, München 1974.

Paul Edward **Gottfried**, Multikulturalismus und die Politik der Schuld, Graz 2004.

Thomas **Grasberger**, Grant, Der Blues des Südens, München2012.

Ralf **Grimmeisen**, Rätien und Vindelikien in julisch-claudischer Zeit, Essen 1997.

Roland **Gschlößl**, Im Schmelztiegel der Religionen, Mainz 2006.

Romano **Guardini**, Hölderlin, Leipzig 1939.

Johannes **Haller**, Das Papsttum Idee und Wirklichkeit, Bd. I. Die Grundlagen, Reinbekh 1965.

ders., Die Epochen der deutsche Geschichte, München 1962.

Walter **Hartinger**, Religion und Brauch Darmstadt 1992.

Peter Claus **Hartmann**, Bayerns Weg in die Gegenwart, Regensburg 1989.

Ute **Hasenöhrl**, Zivilgesellschaft und Protest, Eine Geschichte der Naturschutz und Umweltbewegung in Bayern 1945-1980, Göttingen 2011.

Heinz **Haushofer**, Agrargeschichte Bayerns, 1958

ders., Traditionen, München 1979.

ders. & Johann von **Leers**, Baiern führen den Pflug nach Osten. Wie des Reiches älteste Ostmark entstand, Goslar 1938.

Vaclav **Havel**, Versuch in der Wahrheit zu leben, Reinbek 1978.

Martin **Heidegger**, Sein und Zeit, Stuttgart 1984.

Christoph **Heilmann**, Landschaft als Geschichte, Carl Rottmann 1797-1850, München 1998.

Günter **Heinritz**, Regionsbewusstsein in der Hallertau, in: Berichte zur Deutschen Landeskunde 66 (1992), S. 303-333.

Willy **Hellpach**, Politische Prognose für Deutschland, Berlin 1928

ders., Deutsche Physiognomik. Grundlegung einer Naturgeschichte der Nationalgesichter, Berlin 1942.

Richard **Hennig** / Leo **Körholz**, Einführung in die Geopolitik, Leipzig 1934.

Paul **Herrmann**, Nordische Mythologie, Berlin 1992.

Peter **Hersche**, Devotion, Volksbrauch oder Massenprotest - Jahrbuch der österreichischen Gesellschaft zur Erforschung des achtzehnten Jahrhunderts, (1994), S. 7-34.

H. **Herwig** (Hg.), The Origins of world war one, 2003.

Theodor **Hetzer**, Das Ornamentale und die Gestalt, Stuttgart 1987.

Adolf **Hitler**, Mein Kampf, München 1941.

Max **Höfler**, Wald und Baumkult in Beziehung zur Volksmedizin Oberbayerns, München 1892.

Ludwig von **Hörmann**, Über tirolischen Volkscharakter, in: Zeitschrift des Dt. und österr. Alpenvereins 32 (1901) 100-122.

ders., Wetterherren und Wetterfrauen in den Alpen, in: Jahrbuch des deutschen und österreichischen Alpenvereins 38 (1907) 93-114.

Veronika **Hofer** (Hg), Gabriel von Seidl, München 2001.

Ernst **Hoplitschek**, Der Bund Naturschutz in Bayern, Berlin 1984.

Benno **Hubensteiner**, Bayerische Geschichte, München 1980.

W. **Hübener**, Die Nominalismuslegende, in: Spiegel und Gleichnis, Festschrift für Jacob Taubes, Würzburg 1983.

Rudolf van **Hüllen**, Ideologie und Machtkampf bei den Grünen, Bonn 1990.

Claus-Michael **Hüssen** u. a., Spätlatenezeit und frühe römische Kaiserzeit zwischen Alpenrand und Donau, Bonn 2004.

Andreas **Hünecke**, Der Blaue Reiter, Dokumente einer geistigen Bewegung, Leipzig 1989.

Johan **Huizinga**, Homo Ludens, Vom Ursprung der Kultur im Spiel, Hamburg 1956.

Paul Egon **Hübinger** (Hg.), Kulturbruch oder Kulturkontinuität im Übergang von der Antike zum Mittelalter, Darmstadt 1968.

Heribert **Illig**, Chronologie und Katastrophismus, Gräfelfing 1992.

ders., Das erfundene Mittelalter, Düsseldorf 6. Aufl. 1999.

Hans **Jonas**, Philosophische Untersuchungen und metaphysische Vermutungen, Frankfurt 1992.

Prudence **Jones** / Nigel **Pennick**, Heidnisches Europa, Engerda 1997.

Emma **Jung**, Die Anima als Naturwesen, in, Festschrift zum 80. Geburtstag von C.G. Jung, Zürich 1955.

H. **Junghans**, Ockham im Lichte der neueren Forschung, Berlin 1968.

Ulrike **Kammerhofer-Aggermann** (Hg.), Sagenhafter Untersberg. Die Untersbergsage in Entwicklung und Rezeption, Salzburger Beiträge zur Volksk., Bd. 5, 1991/92.

Wilhelm **Kaltenstadler**, Das Haberfeldtreiben, München 1999.

Günther **Kapfhammer**, St Leonhard zu Ehren, Rosenheim 1977.

Karl **Kerenyi**, Die Mysterien von Eleusis, Zürich 1962.

Jochen **Kirchhoff**, Räume, Dimensionen, Weltmodelle, München 1999.

Ludwig **Klages**, Stefan George, Berlin 1902.

ders., Alfred Schuler, Leipzig 1940.

ders., Die Sprache als Quell der Seelenkunde, Zürich 1948.

ders., Der Geist als Widersacher der Seele, Bonn 1972.

ders., Vom kosmogonischen Eros, 9. Aufl. Bonn 1988.

ders., Mensch und Erde, Gesammelte Abhandlungen, Stuttgart 1973.

Thomas F. **Klein**, Wege zu den Kelten, Darmstadt 2004.

Gisela **Kleine**, Gabriele Münter und Wassily Kandinsky, Biographie eines Paares, Frankfurt 1990.

Lothar **Kolmer**, Machtspiele, Bayern im frühen Mittelalter, Regens - burg 1990.

Ernst **Kornemann**, Römische Geschichte 1. Bd, Stuttgart 1954.

ders., Weltgeschichte des Mittelmeerraums, München 1967.

Peter **Koslowski**, Philosophie der Offenbarung, 2001.

Andreas **Kraus**, Bayerische Geschichte, München 2004.

Otto **Kraus**, Bis zum letzten Wildwasser, Aachen 1952.

Otto **Weber-Krohse**, Landschaftliche Politik, Breslau 1933

Erik R. von **Kuehnelt-Leddihn**, Gleichheit oder Freiheit, Tübingen 1985.

Erni **Kutter**, Der Kult der drei Jungfrauen, München 1997.

Karl **Lamprecht**, Deutsche Geschichte 12 Bde. und 3 Ergänzungsbän-
de, Berlin 1895 ff.

Klaus **Lankheit**, Wassily Kandinski - Franz Marc, Briefwechsel, München 1983.

Ernst von **Lasaulx**, Verschüttetes deutsches Schrifttum (hg. von H. E.
Lauer, Stuttgart 1925, 4)

Waldemar **Lessing**, Georg von Dillis, München 1951.

Karl von **Leoprechting**, Aus dem Lechrain. 2. Teil, Das Bauernjahr.
Altötting 1924.

Konrad **Liessmann**, Theorie der Unbildung, Wien 2006.

Ulrich **Linse**, Reinhard **Falter** u. a., Von der Bittschrift zur Platzbesetzung, Konflikte um technische Großprojekte, Bonn 1988.

Konrad **Löw**, Eingedenk seiner mehr als tausendjährigen Geschichte
(ursprünglich in Deutschlandarchiv 4/2003, eingestampft unter rot-
grüner Toleranz wegen mangelnder politischer Korrektheit) dann JF
17/04 S.6/7.

Konrad **Lorenz**, Der Abbau des Menschlichen, München 1983.

John **Lukacs**, Der letzte europäische Krieg 1939-1941, München 1980.

Karl **Lukan**, Wanderungen in die Vorzeit, Wien 1989, 2. Aufl. 1995.

ders., Seltsame Kultstätten, sonderbare Heilige. Wien 1995.

Bernhard **Maier**, Die Kelten, München 2003.

Wilhelm **Mannhardt**, Wald- und Feldkulte, 2. Bde. Berlin 1875.

Franz **Marc**, Briefe Schriften Aufzeichnungen, Leipzig 1980.

Christian **Meier**, Athen, München 2004

Friedrich **Merkenschlager** und Karl **Saller**, Vineta, Breslau 1935

Ingeborg **Meyer-Sickendiek**, Gottes gelehrte Vaganten, Düsseldorf
1996.

Alf **Mintzel**, Die CSU, Anatomie einer konservativen Partei, Opladen
1975.

ders., Die CSU-Hegemonie in Bayern, Passau 1998.

Montesquieu, Vom Geist der Gesetze, eingeleitet, ausgewählt und
übersetzt von Kurt Weigand, Stuttgart 1965.

Günther **Moosbauer**, Kastell und Friedhöfe der Spätantike in Straubing, Römer und Germanen auf dem Weg zu den ersten Bajuwaren =
Passauer Universitätsschriften zur Archäologie Bd 10 (2006).

Dietz-Rüdiger **Moser**, Fastnacht-Fasching-Karneval. Das Fest der ver-
kehrten Welt, Graz 1986.

Hans **Moser**, Die Pumpermetten. Ein Beitrag zur Geschichte der Kar-
wochenbräuche, in: Bayr. Jb. für Volksk., Regensburg 1956, S. 80-98.

Baal **Müller**, Kosmik, München 2007.

ders. (Hg.), Franziska zu Reventlow, Werke 5, Oldenburg 2004.

ders. (Hg.), Alfred Schuler. Der letzte Römer, Neue Beiträge zur Münchener Kosmik, = Castrum Peregrini 49 Jg. Heft 242-243, Amsterdam 2000.

Rainer A. **Müller** (Hg.), König Maimilian II. von Bayern, Rosenheim 1988.

Gerhard **Müller**, Ernst Krieck und die nationalsozialistische Wissenschaftsreform, Weinheim 1978.

Ulrich **Müller** & Werner **Wunderlich**, Mittelalter Mythen Bd. I, Helden, Herrscher, Heilige, St Gallen 1996.

dies., Mittelalter Mythen Bd. II, St. Gallen 1999.

dies., Mittelalter Mythen Bd. III, St Gallen 2001.

Lewis **Mumford**, Mythos der Maschine, Frankfurt 1977.

Sten **Nadolny**, Ein Gott der Frechheit, München 1994.

Kora **Neuser**, Anemoi - Studien zur Darstellung des Windes und der Windgottheiten in der Antike, Rom 1982.

Hans **Nöhbauer**, Die Bajuwaren, München 1979.

Hans **Nöhbauer**, Die Chronik Bayerns, München 1987.

Hermann **Noelle**, Die Kelten, Wiesbaden 1974.

Ernst **Nolte**, Der Faschismus in seiner Epoche, München 1963.

Erich **Obst**, Zur Neugliederung des Deutschen Reiches, in: Zeitschrift für Geopolitik 1928, S. 27-40.

Kurt **Oertel**, Arbogast, in Heidnisches Jahrbuch 1 (2006) 41-82.

Markus **Osterrieder**, Sonnenkreuz und Lebensbaum, Stuttgart 1995

Henning **Ottmann**, Geschichte des politischen Denkens, Stuttgart 2002 ff.

W.F. **Otto**, Dionysos, Frankfurt 1933.

ders., Mythos und Welt, Stuttgart 1962.

R. **Paque**, Das Pariser Nominalistenstatut, Berlin 1970.

Regine **Pernoud**, Die Heiligen im Mittelalter. Frauen und Männer, die ein Jahrtausend prägten, Bergisch-Gladbach 1988.

Will Erich **Peuckert**, Deutscher Volksglaube des Spätmittelalters, Stuttgart 1942.

Hans **Pirchegger**, Geschichte der Steiermark, Graz 1996.

Jürgen **Pohl**, Regionalbewusstsein als Thema der Sozialgeographie, Kallmünz 1993.

Friedrich **Prinz**, Frühes Mönchtum im Frankenreich, 2. Auflage, München 1988.

ders., Gestalten und Wege bayerischer Geschichte, München 1982.

ders., Bayerische Geschichte 1997.

ders., Ludwig II. Ein königliches Doppelleben, Berlin 1993.

ders./M. **Kraus** (Hg.), München - Musenstadt mit Hinterhöfen - Die Prinzregentenzeit, München 1988.

Christian **Probst**, Die Sendlinger Mordweihnacht 1705, Bad Tölz 1985.

Wiltrud **Proske**, Reinhard Demoll, Diss München 2004.

Othmar **Prucker**, Eine kurze Geschichte der Grünen, Wien 2005.

Paul Ernst **Rattelmüller**, Matthäus Klostermeyer vulgo Der Bayrische Hiasl, München 1971.

Josef **Ratzinger**, Dogma und Verkündigung, München 1977.

Wolf-Armin von **Reitzenstein**, Lexikon Bayerischer Ortsnamen, München 1991.

Friedrich **Rennhofer**, Ignaz Seipel. Mensch und Staatsmann, Wien 1978.

Henri **Rey-Flaud**; Le Charivari, Paris 1985.

Josef **Riedmann**, Geschichte Tirols, , Wien 1988.

Wilhelm Heinrich **Riehl**, Die Naturgeschichte des Deutschen Volkes, zusammengest. und herausgeg. von Gunther Ipsen, Leipzig 1935.

Sigmund von Riezler, Geschichte der Hexenprozesse in Bayern, Stuttgart 1984.

Ernst L. **Rochholz**, Drei Gaugöttinnen, Walburg, Verena und Gertrud als deutsche Kirchenheilige, Leipzig 1870.

Katrin **Röder**, Struktur und Verbreitung der alteuropäischen Toponymie, Diss., München , Berlin 2000.

Georg **Rohrecker**, Kelten Götter Heilige, Pichler-Verlag 2007.

Klaus **Rosen**, Die Völkerwanderung, München 2002.

Josef **Rosenegger** & Nikolai **Molodovsky**, Wallfahrten zwischen Inn und Saltzach, Freilassing 1976.

Franz **Rosenzweig**, Der Stern der Erlösung, 3 Aufl Heidelberg 1954.

A. **Rowley**, Dialekte und regionale Kultur - Sprache als Symbol des Ortsbewusstseins, in, Arbeitsmaterialien zur Raumordnung und Raumplanung Heft 43 = Regionales Bewusstsein und regionale Identität als Voraussetzung der Regionalpolitik, Bayreuth 1985.

Birgit **Rückert**, Die Herme im öffentlichen und privaten Leben der Griechen, Regensburg 1998.

Sonja **Rüttner-Cova**, Frau Holle, die gestürzte Göttin, München 1998.

M. **Rumpf**, Perchta in der Sage und in mittelalterlichen Quellen, in: Probleme der Sagenforschung, Freiburg 1973; S. 112-138.

Hans Dieter **Sander**, Die Auflösung aller Dinge, München 1988.

Renate von **Scheliha**, Die Wassergrenze im Altertum, Breslau 1931.

Erwin **Schleich**, Die zweite Zerstörung Münchens, Stuttgart 1978.

Gudrun **Schnekenburger** (Hg), Über die Alpen, Menschen, Wege,
Waren, Stuttgart 2002.

Franz **Schön**, Der Beginn der römischen Herrschaft in Rätien, Sigma-
ringen 1986.

Maximilian **Schreiber**, Walter Wüst Dekan und Rektor der Universität
München 1935-1945, München 2008.

Caspar von **Schrenck-Notzing**, Charakterwäsche. Die Politik der
amerikanischen Umerziehung, München 1981.

Hans **Sedlmayr**, Verlust der Mitte, Westberlin 1955, Salzburg.

Alwin **Seifert**, Im Zeitalter des Lebendigen, München 1941.

Manfred **Seifert**, Brauchtum, Überlegungen zu einem zentralen
Begriff der Volkskunde, in: Studientagung zur Kulturarbeit in
Niederbayern 19.7.1997, S.81-98.

Johannes **Sepp**, Die Religion der alten Deutschen, München 1890.

ders., Religionsgeschichte von Oberbayern in der Heidenzeit, Periode
der Reformation und Epoche der Klosteraufhebung, München1895.

ders., Altbayerischer Sagenschatz, München 1893.

Karl **Sälzle**, Tier und Mensch, Gottheit und Dämon, 1965.

Paul **Sartori**, Sitte und Brauch, 3. Bde., Leipzig 1910-1914.

Frederik Adama **Scheltema**, Antike - Abendland, Parallelen und Gegensätze, Schweinfurt 1964

ders., Die geistige Mitte, München 1947

E. **Schieder**, Das Haberfeldtreiben, Ursprung, Wesen, Deutung, München 1983.

Herbert **Schindler**, Bayerische Sinfonie, München 1967.

Wilhelm **Schlötterer**, Macht und Missbrauch, Franz Josef Strauß und
seine Nachfolger, Köln 2009.

Walter **Schmidkunz**, Alpine Geschichte in Einzeldaten, in, Alpines
Handbuch, Leipzig 1931.

Hermann **Schmitz**, Adolf Hitler in der Geschichte, Bonn 1999.

Carl **Schneider**, Geistesgeschichte der christlichen Antike, München
1978.

Josef **Schüsslburner**, Demokratie - Sonderweg Bundesrepublik Ana -
lyse der Herrschaftsordnung in Deutschland, Lindenblatt Media Verlag
2004.

Klaus von **See**, Barbar, Germane, Arier. Die Suche nach der Identität
der Deutschen, Heidelberg 1994.

Christoph **Sening**, Bedrohte Erholungslandschaft München 1977.

Josef **Siegl**, Franz Baader, München 1957.

Erika **Simon**, Die Götter der Griechen, München 1985.

Oswald **Spengler**, Der Untergang des Abendlandes, München 1972.

Wolfgang **Spickermann**, Aspekte einer neuen regionalen Religion und der Prozeß der Interpretatio im römischen Germanien, Rätien und Noricum, in: Hubert Cancik / Jörg Rüpke (Hg), Römische Reichsreligion und Provinzialreligionen, Tübingen 1997, S. 145-167.

Max **Spindler** (Hg.), Handbuch der bayrischen Geschichte, 4 Bde., München 1967-75.

Franz **Steinbach**, Studien zur westdeutschen Stammes- und Volksge - schichte, Darmstadt 1962.

Fritz **Steinbock**, Das Wessobrunner Gebet. Rücjgewinnung eines Ritualtextes mit heidnischen Wurzeln, in: Heidnisches Jahrbuch 3 (2008), 96-129.

Ludwig **Steub**, Wanderungen im bayerischen Gebirge - Alpenleben aus der Zeit um 1860, Taufkirchen 2001.

Mathis **Stoffel**, Die Grenzen des Wachstums Beurteilung der Kritik, Bern 1978.

Wolf-Dieter **Storl**, Pflanzendevas, Zürich 1997.

Eberhard **Straub**, Die Götterdämmerung der Moderne, Heidelberg o.J. (1987).

ders., Die Wittelsbacher, Berlin 1994.

Heidemarie und Peter F. **Strauss**, Heilige Quellen zwischen Donau, Lech und Salzach, München 1987.

Herbert **Taege**, NS-Perestrojka. Reformziele nationalsozialistischer Führungskräfte, Lindthorst 1988.

Christa **Tuczay**, Die aventurehafte Dietrichepik, = Göppinger Arbeiten zur Germanistik Nr. 599, Göppingen 1999.

Bernhard **Ücker**, Bayern - der widerspenstige Freistaat, München (7. erg. Auflage) 1984.

ders., Lieber bayrisch frei als preußisch reich - Ein weißblaues Contra aus dem widerspenstigen Freistaat, München 1991.

Bernd **Uhrmeister**, Rettet unsere Flüsse, Oberschleißheim 1998

Ulbert, Der Auerberg, 1994.

Theo **Vennemann**, Europa Vasconica - Europa semitica, Berlin 2003.

Britta **Verhagen**, Die uralten Götter Europas, Tübingen 1999.

Marten **Vermaseren**, Der Kult der Kybele und des Attis im römischen Germanien, Stuttgart 1979.

Joseph **Vogt**, Der Niedergang Roms, Zürich 1965.

Martin **Wähler** (Hg.), Der deutsche Volkscharakter. Eine Wesenskun - de der deutschen Volksstämme und Volksschläge, Jena 1937.

Horace Geoffrey **Wales**, The Mountain of God, London 1953.

Watsui Tetsuro, FUDO, Wind und Erde, Darmstadt 1992.

Otto **Weber-Krohse**, Landschaftliche Politik, Breslau 1933

Dieter J. **Weiss**, Grundlinien des politischen Konservativismus in Bayern ZBLG 62 (1999), S. 523-541.

Karlheiz **Weißmann**, Der Nationale Sozialismus, Ideologie und Bewegung 1890-1933, München 1998.

Karlheinz **Weißmann**, Nation?, Bad Vilbel 2001.

Alfred **Weitnauer**, Keltisches Erbe in Schwaben und Baiern, Kempten 1961.

Verena **Weitnauer**, Geheimnisvoller Auerberg, Kempten 1968.

Lorenz **Westenrieder**, Beschreibung der Haupt- und Residenzstadt München (1786), Neuausgabe München 1970.

Dieter **Wieland** (Hg.), Grün kaputt. München 1986.

Ulrich v. **Wilamowitz**, Der Glaube der Hellenen, Darmstadt 1982.

Georg Jacob **Wolf**, Ein Jahrhundert München, München 1921.

Konstanze **Wolf**, CSU und Bayernpartei, Köln 1982.

Herwig **Wolfram** & Andreas **Schwarcz**, Die Bayern und ihre Nachbarn, Wien 1985.

Thomas **Zeller**, Straße, Bahn, Panorama, Verkehrswege und Landschaftsveränderung in Deutschland 1930 bis 1990, Frankfurt 2002.

Slavo **Zizek**, Plädoyer für die Intoleranz, Wien 1999.

Wolfgang **Zorn**, Bayerns Geschichte im 20. Jahrhundert, München 1986.

Marie Elise **Zovko**, Natur und Gott. Das wirkungsgeschichtliche Verhältnis Schellings und Baaders, Würzburg 1996.

Iohannes **Zwicker**, Fontes Historiae Religionis Celticae, 3. Bde., Berlin 1934 ff.

Bildnachweise

Bilder und Repros
(Zahlenangaben beziehen sich auf die entsprechenden Seiten):

Markus Tremmel: Titelbild / Umschlag, 12, 17, 22, 25, 35, 40, 42, 44, 56, 57, 58, 60, 61,73, 75, 82, 85, 87, 90, 91, 92, 94, 97, 105, 106, 119, 121, 125, 132, 136, 137, 139, 143, 147, 150, 153, 180, 182, 187, 193, 203, 205, 216, 222, 224, 229, 231, 235, 236, 237,238, 245, 254, 257, 265, 267, 325,

Reinhard Falter: 37, 38,

Klaus Leidorf: 21, 232;

Dieter Ahlborn: 126;

WITTELSBACHISCHER FLECKERLTEPPICH

1777, vor dem Erbfolgekrieg; Kurfürstentum Bayern einschließlich der Oberpfalz ■ sowie der Kurpfalz und Herzogtümern ▨

DAS KÖNIGREICH BAYERN

Nach Wiener Kongreß und Folgeverträgen 1817 eingeteilt in 8 Kreise: I Oberdonaukreis, II Isarkreis, III Unterdonaukreis, IV Regenkreis, V Rezatkreis, VI Obermainkreis, VII Untermainkreis, VIII Rheinkreis.